本书由贵州民族大学区域一流学科——民族学专项经费资助出版

贵州民族大学民族学学人丛书
贵州民族科学研究院丛书

谢定国 主编

学思集

杨昌儒 著 XUESIJI

中央民族大学出版社
China Minzu University Press

图书在版编目（CIP）数据

学思集 /杨昌儒著. —北京：中央民族大学出版社，2018. 12
ISBN 978-7-5660-1558-7

Ⅰ.①学…　Ⅱ.①杨…　Ⅲ.①社会科学—文集　Ⅳ.①C53

中国版本图书馆 CIP 数据核字（2018）第 236033 号

学思集

著　　者	杨昌儒
策划编辑	舒　松
责任编辑	徐桂红
责任校对	肖俊俊
封面设计	布拉格
出 版 者	中央民族大学出版社
	北京市海淀区中关村南大街 27 号　邮编：100081
	电　话：68472815（发行部）　传真：68932751（发行部）
	68932218（总编室）　68932447（办公室）
发 行 者	全国各地新华书店
印 刷 厂	北京建宏印刷有限公司
开　　本	787×1092（毫米）　1/16　印张：25
字　　数	390 千字
版　　次	2018 年 12 月第 1 版　2018 年 12 月第 1 次印刷
书　　号	ISBN 978-7-5660-1558-7
定　　价	118.00 元

前言

这是我以往写下的一些非学术性的文章，汇集而编，取名《学思集》。取之于孔子《论语·为政》："学而不思则罔，思而不学则殆。"读书、学习必须加强思考，如果一味读书而不思考，就有可能遭到蒙蔽，陷于迷惑；只重思考而不注重学习，就有可能因误入歧途而导致疲乏及危险。

我于1977年参加高考进入贵州民族学院政治学专业学习，毕业后服从组织安排留校任教。先后担任政治经济学教研室助教、政治系党总支秘书、代理团总支书记、干训部教学秘书、党总支副书记、学生处副处长和处长、民族语言文学系主任、旅游系主任、旅游学院院长、副校长等职位。曾经多次申请报考研究生未果，责任与使命全然不顾我继续深造的冲动，于是，为了一种责任担当，履行使命，我凭借本科学习的底子开启了自学模式，因为在大学这个场域，无论做行政工作还是做教学、科研工作，都需要不断地创新。

在治学过程中，我深深体会到，一个人不论多么忙，时间多么紧张，有些事是不能忘记的。

第一件事是"学习"。学习是一件重要的事，要把每天都当成学习日，把学习当成每天的必修课。学什么？要学习的东西有很多，大体可以归为三类，即学习基本理论、交叉的学科知识以及前沿的理论。一个人要立足于自己正在做的工作，并结合自己的职业生涯设计，学习基本理论、基本知识、基本技能等，学习与自己正在做、将来要做工作有交叉的相关知识，并注意学习自己正在做、将来要做工作最前沿的研究成果。唯有此，才能承继昨天、做好今天、开创明天。当然，什么时候学，学什么也很重要。什么时候学是自己学习习惯的养成问题，学什么就要根据自己的实际与爱好来确定，重要的是学习者自己感觉“学得进”。读一本书，思考一个问题，有味道，有启发，有与作者对话的感觉，就是好时候。反之，拿起一本书，哪怕是众人推荐，书再好，读着没味道，昏昏入睡，最好作罢。

1939年5月20日，毛泽东在延安在职干部教育动员大会上发表讲话指出：“我们队伍里边有一种恐慌，不是经济恐慌，也不是政治恐慌，而是本领恐慌。”什么是本领恐慌？他形象地比喻说，“好像一个铺子，本来东西不多，一卖就完，空空如也，再开下去就不成了，再开就一定要进货。”毛泽东所说的“进货”，就是学习本领。针对学习运动中存在的“一个是忙得很，一个是看不懂”两个问题，毛泽东强调，共产党员不学习理论是不对的，有问题就要想法子解决，这才是共产党员的真精神。他讲了两个“对付”：在忙的中间，想一个法子，叫作“挤”，用“挤”来对付忙；看不懂的东西我们不要怕，就用“钻”来对付，如木匠钻木头一样地“钻”进去。“工作忙就要‘挤’，看不懂就要‘钻’，用这两个法子来对付它，学习是一定可以获胜的。”

第二件事是“思考”。一个人如果忙得连思考的时间都没有，那一定是瞎忙、乱忙，甚至是碌碌无为、忙而无效、忙而无功。思考、思想、思路是一种递进的关系，思考产生思想、思想转换成思路、思路决定出路、出路就是活路。一个人要把学到的、看到的、听到的及经手的、经办的、经过的、经历的，进行深入思考、辩证思考、历史思考、全面思考，形成自己的思想，包括观念、观点、理念、看法、想法等，再结合社会实际、工作实际、自己的实际进行思考，把其转换成指导自己工作、人生的思路。

如何思考问题呢？

思考问题的第一步，就是要把问题抓住看明白，并且要守住，怎么守住，就要做到恭敬！为什么恭敬就能守住呢？因为恭敬可以使人神气稳定不散，所以能守得住。

思考问题的第二步，就是处理问题从好的方向入手，现实的说法就是立场问题。这个立场要符合一个原则就是“善”，就是“守善勿舍”。善的大致意思是积极的、上进的、发展的。

思考问题的第三步，就是分析清楚问题出在什么地方，是硬件上还是软件上。其实人遇到的事物都是有外形、有原理的。比如说，人们使用的计算机出问题了，就要从硬件和软件两个方面去找问题。这个硬件就是形式，软件就是精神。所以，在现实中先分析清楚精神和形式。

思考问题的第四步，就是切莫凭借经验做事情。要做到“和”，也就是说遇到问题，不要用以前的精神状态来考察现在的问题，更不要以别的类似形式的经验来判断即将处理的问题。此是此，彼是彼。

思考问题的第五步，就是思索问题要思之重思之。因为事情总有难有易，那遇到真正的难题怎么办呢！一方面非得解决，一方面又无法解决。此时也要注意方法，就是不要抓住问题不放。当守住一个难题不放松的时候，外面就因为感到无法解决而觉得空虚，心里也会被问题困住不得解脱，就是“内困外薄”。因此，需要停下来总结后再进行，即“思之重思之”，这样不仅不会被问题困住，反而更有信心解决问题。

思考问题的第六步，就是分析结果出来后，要回到思考的问题上来。这样才是一个完整的思考过程。

思考问题的方式很多，但是最主要的方式就是逻辑思考和想象思考。

逻辑思考的一般方法是：1. 主观分析法，分析问题的产生是不是某些人主观因素造成的；2. 客观分析法，客观分析问题产生的具体原因；3. 反推法，如果没有这个问题会怎样；4. 换位思考法，如果我换一种思考角度，换作是另一个人，我会怎么做。

想象思考是对未来的事情发展状况做出预测和判断。首先，这个问题可能会导致什么结果，这个问题会朝什么方向发展，如果那样，又会引发什么事情；其次，我该怎么办，如果我采取某种措施，会起到什么效应；最后，这个问题对其他问题是否有影响。

第三件事就是“行动”。怎么行？要敏行、笃行、稳行。敏行，就是敏于行动。说干就干，雷厉风行，要压缩、减少“预热”、启动时间，在倡导三思而后行的同时要反对三思不行、光思不行；笃行，就是坚定行动。开弓没有回头箭，只要开了头，除非发现错了的时候可以停下来，除此之外，就要坚定不移向前推进，做到善始善终、善做善成，不允许虎头蛇尾，更不允许有头无尾、半途而废；稳行，就是稳妥行动。有句话叫“行稳致远”，意思是说行动稳妥方能到达远方。做所有的事都只有两步，起好步，走稳下一步。这两步走好了就是步步为营、稳行稳成。

如何激励自己行动起来呢？

1. 计算一下行动起来的好处和不行动的代价。如果我们不知道该如何行动起来，有时就需要别人提醒我们行动起来的好处。有时又需要弄清楚不行动会有什么坏事发生。比如说，有些人需要节食减肥，又提不起兴趣，这时需要别人提醒，减肥成功之后，样子会更好看，身体会更健康。同时也可以想一想，现在不开始减肥，会对自身的健康有什么害处。越是观望等待，消极的代价就越大。人们通过分析行动起来的好处和不行动的害处，就会自觉行动。

2. 要培养一种紧迫感。在确信自己应该行动起来之后，下一步就是实实在在地行动。要做到这一点，你心中要产生一种紧迫感。你不要选择最后的时机开始行动，而应从相反的角度看这个问题，问问你自己：“我最快什么时候能开始？”人毕竟不会越活越年轻。你甚至可以把你的目标公之于众，给自己增加一点鞭策力。

3. 拟定行动进度。另一个行动起来的方法是拟定出进度，按进度规划行动。有时候，把这些写成白纸黑字是可以鞭策自己行动的。另外，把一项大任务或大工程分解成容易完成的小任务，可使整个计划得以实现。

4. 不要坐等自己想动时才动。说到激励自己，人们常犯的错误是以为可以等到自己想动时才动，切记不要跌入这个陷阱里。大概当你开始做了以后，你才会感到想动。认准了一件该做的事，你就会行动起来。随之你的感觉会跟着你的行动走。

5. 不要等到看清楚每个问题的解决办法之后才开始干。塞缪尔·约翰逊说：“如果要先搬掉所有的障碍才行动，那就什么也做不成。”成大事者会立刻抓住大好时机，迅速做出重大决定，然后马上投入行动。如果你想成功，就要立即行动起来。

第四件事是“感悟”。感悟，既是学、思、行的深化，又是学、思、行的增值。如何去悟？要体悟、心悟、深悟。体悟，就是要设身处地、感同身受、真真切切地去悟；心悟，就是要用心去悟，用真心、善心、美心去悟，以悟修心、养德、塑行；深悟，就是深入、深刻、深度去悟。要通过表象、现象、真相悟出道、悟出理、悟出真谛、悟出意义。

感悟，是指人们对特定事物或经历所产生的感想与体会，是一种心理上的“妙觉”。它的表现形式不一，或渐悟，或顿悟，或隐藏，或彰显。真正的感悟来源于人们的亲身经历与感受，有的是渐渐的领悟，有的则是瞬间的开悟。正是不断的感悟使人们对人生、对事物以及对世界的看法发生改变。高层次的感悟与自身的心境和心力有直接关系。

学、思、行、悟，不是狭义孤立的。学习，绝不仅是看书，它应该包含看书、观察、思考、实践、体验、感悟；思考，也不只是简单地想，重点是从自我出发，将所学、所行、所悟的理论、方法、观点、体验、感悟等与你所了解的人和事联系起来思考，批判与继承，扬弃与创新当是思考之结果；行动，也绝不只是单纯地实践，而是在学、思、悟所得到的理论、方法指导下的实践，用各种方式把所学、所思、所悟的结果呈现出来，或著书立说，或与他人讲解传授，或独善其身；感悟是学习、思考、行动的深化，在学习中感悟、在思考中感悟、在行动中感悟。学、思、行、悟之间相互关联，互促互进。学就是“吃进东西”，思是“消化东西”，行是“强身健体”，悟是“提神醒脑”。光吃东西，不消化、不反刍，再好、再有营养的东西，你的体质不适合，或者时机不适合，估计吃得越多，越难受。

本文集分为书序篇、理论篇、讲话讲座篇、会议综述篇、访问篇、随想篇、思亲篇。

书序篇共收录了15篇序。承蒙作者厚爱，要我为他们的著作写序，有幸拜读了各位作者的大作，这对于我无疑是一种学习，各位作者孜孜不倦的治学精神感染了我，内心充满了敬佩之意，促使我一定要把一种知识体系、理论、情感推介和宣传。在这些书序中，有三篇是我主持的科研项目成果的介绍，《执政为民的一种诠释》是我们承担省长基金项目——“中国共产党民族理论与政策在贵州的实践”的序言。这个项目从政治、经济、文化、社会、生态等多个维度讨论中国共产党民族理论与政策在贵州实践的效果；《问之于野》是我的弟子们在中国民族理论与政策领域研究的成果集的序言，田野的艰辛与实惠，使他们蜕变，逐渐长成一个善于独立思考的学者，我为他们自豪；《散落凡尘的智慧》是我们承担省长基金项目——“贵州省世居少数民族哲学思想研究”的序言，10多位学者对贵州省17个世居少数民族的哲学思想进行了梳理与归纳，使我们洞见了不同民族的生存智慧。

理论篇共收集了19篇文章。这是我在做不同工作时发表于相关报纸、杂志上的文章，其中有关于党务工作管理、学生工作管理、教学管理的内容和关于贵州民族大学发展的一些思考。无论正确与否，都是个人思考的结果。

讲话讲座篇共收集17篇。这是我在不同场域面对不同对象的讲话稿，有些是给贵州民族大学的学生们做的讲座，如《大学与人生》《阳光心态、用心做事、成就自己》《论大学精神与大学文化建设》等；有些是给外国友人介绍中国和贵州的民族关系情况，如《贵州民族区域自治理论与实践》《布依族族源与历史文化特征》《共同促进人类文化多样性保护与和谐共生》等；有些是给贵州民族大学教师培训的讲座，如《建设国内一流民族大学，必须坚持与时俱进的精神》《提高“三个魅力”：以德立教、德识相长、创业创新》《一流学科建设的思考》等。

会议综述篇共收集3篇。其中《理论与方法的探究》是纪念贵州改革开放30周年暨贵州民族文化保护与发展研讨会的综述；《夜郎文化与文化利用》是中国贵州石阡夜郎文化高峰论坛的会议总结；《收获军训》是贵州民族大学2010级新生军训的总结。

访问篇共收集2篇，《南宁归来》是我对2011年广西民族大学召开的中国人类学民族学年会的综述，目的是为贵州民族大学民族学学科提供一种信息；《考察报告》是省政府组团赴江苏省、浙江省部分高校考察学习的综述，我们学习了江苏省、浙江省高等学校在科技创新、高层次人才培养、服务地方经济、社会发展等方面的做法和经验。

随想篇收集了14篇文章，这都是一些随笔类的文章，记录我在不同时间、地点对不同事物的认识，当然也有些文章是我在读书时悟出的一些道理。

思亲篇共2篇文章，一篇是写对祖父的思念；另一篇是对父母刻骨铭心的思念。写这两篇文章除了表达自己对亲人的思念之外，主要是想书写祖父、父母亲对我影响的点滴，梳理他们的教育方式，以供后人效仿。

本文集摘录了我工作过程中的部分内容，目的是将这些分散的文字收集起来，企图给自己唤起曾经的记忆。当然，如果能够给读者提供一点关于人和事的启示，那将是对我内心极大的安慰。

杨昌儒

目录

书序篇

理论篇

讲话讲座篇

会议综述篇

访　问　篇

随　想　篇

思 亲 篇

书序篇

走进布依族

——《清镇布依人》序

随着社会经济的发展、交通的发达，特别是信息高速公路的普遍覆盖，各民族的经济文化得以迅速交流和渗透，各民族在“物竞天择”的规律中，不断地汲取新的成分以丰富和发展自己，一种不可抗拒的民族交往正在发生着作用。如何使各民族的经济文化健康有序地发展，这就要求民族学家做大量的田野调查工作，搞清楚这个民族原本的状况和发展轨迹，从而找到该民族文化与其他民族文化的最佳结合点。《清镇布依人》一书为我们提供了清镇布依族的现状和发展的轨迹。

《清镇布依人》以写实的手法记录了清镇市两万多布依族人民的现状，分为“历史悠久的民族”“布依人遍布清镇各地”“悠久的语言　新创的文字”“玄妙有趣的住房建筑”“民间风俗异彩纷呈”“民族风情淳朴浓郁”“民族经济在发展”“文化教育不断提高”“清镇市布依族干部”“附录”等几个部分。编著者采取十分冷静而又淡然的心态，站在科学的高度，运用辩证唯物主义和历史唯物主义的观点、立场和方法来驾驭和统率材料，坚持四项基本原则，用大量丰富而翔实的资料、清丽而简洁的语言对清镇市布依族的族源、语言、服饰、风俗习惯、传统美德、经济文化以及布依族干部的成长过程等进行了得体的、全面的、准确的记述，可以说《清镇布依人》是一部地方性的、了解布依族不可多得的“百科全书”。

纵观《清镇布依人》所涉及的内容和所运用的材料，我们认为《清镇布依人》的刊行，可以起到以下几个方面的作用：

一、《清镇布依人》为清镇市政府制定布依族地区经济发展规划提供了可靠的现实依据。本书对布依族在经济发展方面做了真实的记述，显示了清镇布依族经济发展的特色，这对于政府制定清镇布依族地区经济发展的规划具有十分重大的参考意义。

二、《清镇布依人》为清镇市发展旅游业提供了重要依据。清镇市是贵阳市的“卫星城市”，这里有著名的红枫湖景区，这里的人民保存着淳朴的民风民情，是旅游业中一笔宝贵的财富。《清镇布依人》用大量的篇幅，对布依族的民风民俗进行了详细的记述，对于促进外界对布依族的了解，对于提高清镇的知名度，促进清镇市的民族旅游业具有不可估量的作用。

三、《清镇布依人》为增强布依族人民民族自豪感、树立民族自信心提供了翔实的资料。本书全面记述了清镇布依族丰富多彩的优秀传统文化和布依族人民在中国共产党的领导下所取得的巨大成就。这些都是促使布依族人民增强民族自豪感和树立民族自信心的精神源泉。

四、《清镇布依人》为布依族人民加快自我改革步伐提供了清醒剂。编著者虽然没有用大量的篇幅去叙述布依族经济文化发展的滞后因素，但他们用写实手法记述了布依族的发展现状。通过这种记述，我们看到了布依族与其他民族的差距而知痛、知改、知赶，从而加快自我改革步伐，促进经济文化的全面进步。面对与其他民族的巨大差距，谁能心安理得呢？正是编著者的良苦用心，使《清镇布依人》真正成为一剂民族自我改革的清醒剂。

此外，《清镇布依人》还是一部多学科的资料集成，它包括民族学、社会学、语言学、建筑学、文学等诸多学科的资料，虽然这些资料在今人看来是比较平凡的，但它随着时间的推移而日益显示其重要性，将对从事上述学科研究的学者们提供很大的帮助。

值得一提的是，郭书祥等编辑组的同志都是在不同行政岗位工作的，他们能够在繁忙的行政工作之余，搜集大量的资料并把它们编辑成册，真是难能可贵。相对于物欲横流、争权夺利、拜金主义的阴暗习气而言，他们为民族兴旺发达而努力奋斗的精神，显得正直、伟大、高尚，因而值得钦佩、值得赞扬。

谨记此以为序。

1999 年 1 月 31 日于觉悟斋

（时任贵州民族学院民族语言文学系主任、贵州省布依学会秘书长）

红枫情韵

——布依族民歌集《红枫情韵》导读

清镇市民委搜集布依族民歌，将其汇编成册，取名为《红枫情韵》。因为我是布依学会常务副会长，又在贵州民族学院民族语言文学系做了近8年的系主任，编委会命我撰写导读。当我读完这些带着泥土芳香而又充满智慧的文字之后，后悔我允诺的草率，凭我的修炼与功力去理解这些文字，也许就是误导误读。开弓没有回头箭，只好硬着头皮做下去，于是形成下面这些文字，还请各位多谅解。

布依族的古歌，也就是布依族的古史歌或史诗。布依族的古歌是以韵文体形式在民间流传的，从《布依族文学史》所搜集到的资料来看，基本上属于创世史诗类。它反映了布依族先民对人类社会、自然界的认识，同时也在一定程度上反映了布依族远古社会的发展情形。

当你仔细品味布依族的古歌时，你会体会到布依族先民的宇宙观、思想感情和审美情趣，你会被布依族先民的朴素的唯物主义思想所折服。

布依族古歌在清镇地区流传下来的已经不多。从《红枫情韵》中搜集到这两首古歌中，也可反映出布依族人民在历史长河的生存过程中，遇到天灾人祸时的生活状况，以及布依族先民的生存智慧。

中国有句古话叫作“无酒不成礼仪”。饮酒是人们交往过程中不可或缺的重要内容之一。在布依族的社会里，不仅“无酒不成礼仪”，而且有酒无歌也不成礼仪。所以，有酒必有歌！

当人们置身于某种节日或喜庆场景之中时，亲朋好友聚首必然要叙情与述事，相互间要祝福与鼓舞，于是因酒而歌、以歌达情便成为布依人的一种生活方式。

布依族的酒歌，因景而生、随兴而止。一般为主客对唱。主人以歌相迎，对客人的来临表示欢迎；客人以歌作答，对主人的盛情款待表示谢意。因此，对于布依族酒歌的分类是一件困难的事。从比较经典的歌曲中，我们看到有《问酒歌》《敬酒歌》《吃酒歌》《祝贺歌》《谢酒歌》等；以场景来分，我们可以看到有《迎风》《婚宴》《宵夜》《放客》等，不一而足。

《红枫情韵》搜集的酒歌，只是初识布依族酒歌的引子。当你深入布依族社会，一种朴素的人情味便随着浓浓的酒香沁入你的心田。“酒不醉人人自醉”的诗意在这里得到了最好的诠释。

以歌传情，歌为情之声，此乃情歌。优美的歌声，朴素的话语，表达了一代又一代布依人对人世间情感的体验。虽然我们无从稽考它的缘起，但我们可以说，它是布依人的一种生活样式。布依人正是用这种方式一代又一代地完成了青年男女之间的沟通，建立了布依人生生不息的社会生活秩序。

布依人向来就有公开进行社交或谈情说爱的习俗。虽然各地对这种方式的命名不一，但其性质却是相同的，即青年男女谈情说爱的活动。每每遇到赶集的日子，喜庆的节日场景或走亲访友的时候，如某一男子看中某一女子，便可托人介绍认识，如果女子愿意，就可选择一个让别人能够看得见而又只属于他们的交往空间的地方进行谈情说爱。在只属于他们的交友空间里，男子以歌邀请女子，女子在男子的多次催请之后作答，在一问一答的歌声中揣摩和评价对方，进而选择情投意合的伴侣。

布依人的情歌是丰富多彩的，按照青年男女爱情的各个阶段与社会生活的各个方面来看，我们可以将其分为相会歌、相思歌、想爱歌、失恋歌、光棍歌、鸡叫歌、逃婚歌、请媒歌，等等。

如果你愿意去体会布依人的情歌，你将会对人世间的情与义、情与性的价值判断重新认识。

用歌来表达感情是布依族人民情感宣泄的一种方式。睹物生情、随景而歌以赞颂新时代、新生活的歌，叫作新民歌。

清镇布依族新民歌的内容比较丰富，大多是以歌颂现实美好生活，畅想未来生活为题材。如果你深入布依族社会中，布依人激情满怀地引吭高歌的场面会让你久久难忘，从而激发人们对现实生活的热爱和期待。

2005年1月于觉悟斋

（时任贵州民族学院旅游学院院长、贵州省布依学会常务副会长）

执政为民的一种诠释

——《中国共产党民族理论在贵州的实践》丛书总序

2005年，贵州民族学院与贵州省民族事务委员会联姻的一个成果——贵州民族科学研究院成立，学校命我出任院长，当我和黄平副主任走上主席台，从吴嘉甫副省长的手中接过贵州民族科学研究院的牌匾时，面对幽深的摄影镜头，我感觉到其间的分量与责任。郝桂华主任对民族科学研究院寄予很大希望，在百忙中抽出时间与民族科学研究院班子成员座谈。黄平副主任多次带着李平凡所长、颜勇主编到贵州民族学院商讨科学研究事宜。

根据郝桂华主任的指示精神，我们在贵州省民族事务委员会出版的《贵州民族工作五十年》编辑思路基础上，提出了“中国共产党民族理论在贵州的实践”的科学研究旨趣，黄平副主任在听取我们的汇报之后，充分肯定该课题的研究意义，并要求民族科学研究院提出详细的研究大纲。我们把丛书的大纲提交到贵州省民族事务委员会主任办公会议上，与会的领导给予充分的肯定，并就研究工作的宗旨、原则做了具体的指示，对研究应达到的目标提出了明确的要求。2008年徐飞副主任分管此项工作后，多次听取民族科学研究院的汇报，并指示我们再对大纲进行一次认真的思考，力争出精品。根据徐飞副主任的意见，我们曾试图将丛书改为一本书，在反复磋商之后，感觉到用一本书的篇幅很难完成中国共产党执政以来对贵州民族工作实践的梳理，只好又回到丛书的编写体例中来。通过这样反复的研究之后，我们对原来的大纲进行了清理，形成了呈现在大家面前的这个丛书体例。

为了确保研究工作有序开展，我们组建了丛书编辑委员会，下设学术委员会和联络协调办公室。大概因为我是民族科学研究院院长和“夕阳西下”的缘故，大家推举我担任学术委员会主任、丛书主编，石开忠教授博士学成归来，担任民族科学研究院常务副院长，自然也就是本丛书的主要策划人和联络协调办公室的主任了。

研究工作是采取课题负责人制度展开的，由有相关专题研究旨趣且有一定研究成果的专家自愿报名，学术委员会审定，明确课题负责人，然后由课题负责人自行组织研究班子。这些课题是：“贵州民族区域自治研究”“贵州民族人口政策研究”“贵州民族研究工作研究”“贵州少数民族语言文字工作研究”“贵州民族识别工作研究”“贵州民族教育研究”“贵州民族经济工作研究”“贵州民族宗教工作研究”“贵州民族文化工作研究”“贵州民族传统体育工作研究”“贵州民族医药卫生工作研究”。各专题的同志们起早贪黑、夜以继日地工作，在各大图书馆和网络图书馆之间奔波，成就了这套“中国共产党民族理论在贵州的实践丛书”的出版。

因为第九届少数民族运动会将在贵州举行，我们试图把这套丛书作为献礼。恰逢今年是中国共产党执政、人民当家做主60周年，按照中华民族的旧制，六十为一个周期，所谓六十大庆，共和国六十大寿是要庆祝的。于是，我们希望本丛书中能够有几本书在共和国大庆时面世，为共和国祝寿。

众所周知，中国共产党的民族理论是马克思主义民族理论与中国实际相结合的产物，显然，中国共产党民族理论的实践性就成为其首要的特点。因此，回望中国共产党民族理论在贵州的实践，对于丰富中国共产党的民族理论和进一步做好贵州省的民族工作具有积极的意义。这也是我们在策划本丛书时的意旨所在，我们要求各专题在描述事件发展进程时，要用学理的眼光去审视历史，不回避问题，并尽可能地分析问题，提出解决问题的意见。如果说需要说明专题的特色，我想，这就是本丛书的特色。相信本丛书出版后能够引起有关领导和部门的重视，产生应有的效果。

回望中国共产党在贵州执政以来的历程，我们惊叹民族理论的魅力。在中国共产党民族理论指导下，贵州省委、贵州省人民政府正确贯彻执行民族政策，各民族干部群众齐心协力，以不懈的奋斗，推进经济文化发展和社会进步，努力缩小与先进发达地区的差距。贵州省18个世居民族都从各自的起点上，大踏步地前进，各民族空前团结，民族社会经济文化的发展取得了巨大的进步。虽然横向比较，贵州仍然处于“欠发达、欠开发”状态，但人民生活一天比一天好，可谓是“芝麻开花——节节高”。这却是一个不争的事实。

我在贵州民族学院从事民族理论的教学与研究近30年，以往只是针对自己感兴趣的内容做过专题研究，如此全面而又系统地梳理中国共产党民族理论在贵州的实践过程，尚为初次尝试。此次承担如此重大的使命，感受中国共产党民族理论在实践工作层面的浸润并发挥其指导作用的过程，对于提高自身的学术修养，当是有幸之至。身为本丛书的主编，写下这些文字权作丛书的一个交代。今后，我将与同行们和我的学生们一道，继续探讨贵州的民族问题，为民族的生存与发展，为民族平等与团结鼓与呼。

是为序。

2009年8月23日于花溪河畔觉悟斋

（原载《中国共产党民族理论在贵州的实践》，电子科技大学出版社，2011年7月第1版）

梳理与研究

——《建构与认同：新中国民族工作研究•以贵州省为例（1949—1956年）》序

伍小涛博士的《建构与认同：新中国民族工作研究——以贵州省为例（1949—1956年）》对中华人民共和国民族工作的开展进行了较为系统的梳理与研究。其亮点主要表现在以下两个方面。

一、研究视角新颖，突出问题意识

作者在宏观把握国家民族政策、民族工作实际的基础上，以少数民族众多、社会形态各异、经济文化发展相对滞后的贵州省为个案，做到点面结合，以小见大，以点为中心展开论述，又有面上背景的映衬。通过这有限的篇幅，向人们呈现了1949—1956年中华人民共和国民族工作和民族政策的构建过程以及中华人民共和国民族认同的拓展和政治认同的深化过程。

二、研究内容丰富，层次清晰

首先，通过民族概念的界定，进而论述民族工作关涉国家独立与统一，国家繁荣与富强的重要意义以及中国共产党领导人和中国政府对民族工作的重视，接着全面梳理了中华人民共和国的民族工作，检讨了它的不足。同时，回顾了历代王朝、中华民国和中国共产党早期的民族工作，使人感到中华人民共和国建立初期的民族工作是有着深厚的历史渊源的。

其次，从政治、经济和文化层面全面论述了少数民族地区的建政工作、民族区域自治制度、生产和经济贸易、教育、婚姻和卫生状况。凸显了贵州少数民族地区从传统社会向现代社会的转型中政府政治调控的互动关系和作用。并以一个乡和村为例，进一步揭示了民族地区政治、经济和文化制度的变迁。

再次，从文化认同和政治认同的视角，具体考察中华人民共和国成立后民族地区是怎样实现民族认同和国家认同的。主要从几方面展开论述，即民族认同的拓展；民族习俗的保持、民族语文的创制和民族识别工作；政治认同的深化；民族访问工作与民族地区深深认同中央的权威和制度。从而中国共产党实现了对民族地区的政治合法性治理。

最后，通过对中华人民共和国成立后民族工作的检视，展示了搞好民族工作必须正确处理国家与民族社会的关系和民族之间的关系的观点。总的来看，中华人民共和国成立初期，国家对社会的控制大大地加强，出现了强国家、弱社会的局面。而且族际关系在互动中也存在一些矛盾的因子。因此，做好民族工作，必须牢牢把握民族区域自治的基本政策和各民族平等相处、团结奋斗、共同发展这一主题。

此外，作者对中华人民共和国成立初期民族工作的研究，不仅揭示出民族地区的社会变迁，而且更重要的是通过民族工作的横向分割、分配、安排、划分层次、建立序列，进而探讨民族工作的多样性、地域性和复杂性，从而为当今的民族工作提供借鉴。而这，当是该研究的现实意义之所在。

2010年4月于觉悟斋

[原载《建构与认同：新中国民族工作研究——以贵州省为例(1949—1956年)》，民族出版社，2010年12月第1版]

喜悦与辛苦同在

——《百苗图现代图谱》后记

我们于2005年获得国家社科基金项目——贵州百苗图现代图谱（项目批准号：05BMZ020）。课题组成员由杨昌儒、高冰、龚锐、刘吉昌、潘盛之、周之江、杨俊江、杨旭等组成，龚锐、刘吉昌、潘盛之三位同人因为手边的工作较忙，没有参与课题的调研和写作工作，高冰同志负责图片的拍摄，杨昌儒、周之江、杨俊江、杨旭等负责文字的撰写工作。后来，根据课题的需要，杨三山同志完成了思南县的土家族田野点的调查和图片拍摄工作，柳远超同志完成了盘县彝族田野点的调查和拍摄工作，肖远平同志负责大方县满族的田野点调查和图片拍摄工作。

本项目原计划于2008年完成，因2006年我到英国学习，2007年我所在学校要迎接教育部的本科教学评估，所以，只有申请延期结题。2010年课题基本完成，回顾2005年以来我们所做的工作，可以说，喜悦与辛苦同在，享受与奔波同行。在每个田野点工作时，各民族丰富多彩的文化令我们激动和享受，当然旅途的奔波同时也使我们体认科研的辛劳。

我是从来没有做过如此大规模的调查搜集的事情，当然也就不知道它的“轻重”，就像一个莽撞的人，以为这个东西很简单，负重之后才知道它的分量，放不下而又沉重无比。好在高冰老师有私家车，可以载着课题组的同志到各个田野点去。在田野点里，我们不仅要认真记录和拍摄，而且还必须学会应对大碗的米酒。在威宁县新发乡的花园村，乡亲们把我们作为贵客，列队欢迎，杀猪犒劳，在食饮大碗米酒中体味着民族文化，田野工作结束了，酒气尚未散发干净。

在这里，我要感谢所有给我们提供帮助的各县民宗委、党委宣传部，各个村委会，没有他们的支持我们是无法完成如此规模的调查工作的。要感谢所有课题组的成员齐心协力的工作，没有这些同志的“白加黑”的努力，完成课题也是一句空话。要感谢高冰老师无私奉献，为了课题调查一辆新车变成了旧车，不仅如此，他还担负着课题组的协调工作，联系出版单位……所有这些，我都看在眼里，记在心上。当然还应该感谢本书的编辑们，他们对每句话、每幅图片的审查，为本书的面世奠定了坚实的基础。

《百苗图现代图谱》即将出版，它是我人生路上的一个风景罢了，它让我知道了科研工作的分量。

再次感谢所有让我难以忘怀的人们！

2011 年 12 月 26 日于觉悟斋

（原载《百苗图现代图谱》，贵州大学出版社，2014 年 10 月第 1 版）

旅游与设计

——《行旅悟道》序

旅游与航空服务学院前身是旅游学院，我曾经在那里工作、生活过。为了提高教育教学质量，学院组织教师们各抒己见，并汇编成册，要我写序，思之再三，便以“旅游与设计”为题作此文。

旅游是人们借游乐、观光鉴赏或对异地文化进行体验为主要目的的外出休闲活动，其本质是丰富人们的精神生活。在工业社会未充分发展起来的19世纪以前的传统社会里，由于社会生产生活的条件限制，这种活动主要体现在辛苦备尝的旅行者的生活中，对一般人而言很难企及。当然，以休闲消遣为目的的外出旅行活动，中国在魏晋南北朝时已成为士大夫阶层中部分人生活的一种时尚，而西方直到16世纪的意大利才成为可能，17世纪、18世纪才在英国、法国、德国等西欧国家发展起来。

尽管现代意义上的旅游诞生于19世纪的60年代，依据凡勃伦《有闲阶级论》一书的分析，他认为在1936年以前的社会生活中，以消遣娱乐、增长知识、丰富阅历以及疗养健身为目的而去旅游的可能性，只能在特权阶层里才能享有。以大众旅游形成而开启的现代旅游业及其发展则是20世纪30年代西方国家实行带薪休假制度之后才出现的。特别是20世纪50年代以后，大众化的国际旅游在西方社会繁荣起来。旅游也由此成了现代化的一种工具、全球化的一种标志、一种人们的生活方式，不仅是欠发达国家，就连发达国家也因旅游业而发生种种让人意想不到的变化，在经济、政治、文化、生活等层面重塑着国家、群体、个体之间的关系。

从国家的角度看，借旅游活动鼓励人的流动，进而促进资本的流动和商品消费，从而拉动一国一地的国际贸易和国民经济的发展，使旅游经济成为各国经济的一个重要构成部分。同时各国还积极投资旅游，研发旅游资源，兴办旅游设施，出台利于旅游发展的国家政策，鼓励外国游客入境旅游。于是旅游借经济活动进入国家的政治生活，旅游活动的繁荣与否成为衡量一个国家或地区社会是否稳定的风向标。

从民族的角度看，旅游促进了民族间的交往，增强了民族间的了解，构建了民族间的和谐，同时也是民族文化发生变迁的一种外部性强势力量。不可否认的是，经济欠发达民族，利用民族文化自身的独特性发展旅游业以实现民族经济的转型，带动了民族地区经济的发展。当然不应忘记的是，一个民族在利用旅游业这个舞台步入世界的同时，旅游业也为民族文化的变迁培植了土壤。也正是基于这样的事实，很多学人展开了对少数民族地区发展民族旅游业所带来的文化真实性进行讨论，从而对民族文化的保护与开发形成了多元的视野。

从个体的角度看，个体既是国家的公民，也是一定民族成员的一分子。作为国家公民，他可以成为一个潜在的游客或者一个潜在的旅游从业者。作为民族成员的一分子，他是该民族文化的载体之一，也是该民族文化的传承者之一，对民族文化的自觉关涉民族旅游的可持续发展问题。

总之，旅游业给人们带来的影响是实实在在的。旅游的效应遍及整个社会的各个体系结构。

正因为旅游业给人们带来的这种实实在在的影响，才引起社会的关注和人们对它的研究。旅游发展的早期，即 19 世纪 80 年代，在接待国外游客的观光游览过程中，瑞士人从建筑结构的变化意识到“一个新工业诞生了”，即接待游客的高层宾馆建筑。而法国学者拉乌尔·布朗夏尔则认为，“旅游业是一种开发经营业，开发供外国人来参观的国家景点。这种经营首先要便利参观。为此，必须创建入境通道，开辟道路，林间小道，铁路；然后，要安排进入的工具。具有供乘骑的牲口、小轿车、旅行大客车、舒适的火车车厢；最后还必须拥有生存和休息的场所：餐馆、旅店、别墅。”

到了 20 世纪初期，比利时的一位国际金融专家说道：“旅游业是最值得推荐的资本投资方式之一。”20 世纪 20 年代，法国学者 L. 奥夏的《致国家经济委员会的报告》宣称："从前，旅游业是一种个人旅行得好的艺术。今天，它已经成为对旅行者接待好的国家产业。由此可知，旅游已从个人或集体的消遣领域全面地转变为总的经济领域。"

第二次世界大战后的30年间，随着世界经济的复苏，许多国家、个人及其家庭的收入增加了，特别是其中的可自由支配的收入提高了，这有力地刺激了私人消费的增长，旅游业的物质财富消费和服务方面的消费自然也包含其中。毫不夸张地说，旅游业的利润增大几乎涉及各类人群和各个社会阶层。并且在这一过程中，旅游经济活动的技术性、经济性和金融性得到彰显。

由于旅游是一种人文现象，旅游过程中人们通过感官去认识事物，即使是旅游的经济活动，即为了满足自由时间或旅行需要而进行的整个协调行动和旅游资源开发，把人文资源、自然资源、资本和原材料转化为服务和产品的活动则更具有人文性、社会性和文化性。这些特征更多地体现为旅游给旅游目的地社会生活、民族文化所带来的变迁方面。比如在当今的旅游中，人们因追求经济利益而过分使用的旅游技术和商业设施所导致的社会生活同质化反而阻止了旅游价值的充分发挥。总之，旅游是把双刃剑，既有好的一面，也有不利的一面。

旅游要想获得可持续性发展，就得提高旅游生产的能力。生产是任何经济部门特有的变量之一。确切地说，旅游生产是指业务部门在一年的确定时序里，所创造的最终全部服务和物产的价值。其目的是给旅游者提供消费的物产和服务。在这一生产过程中，最有特殊性的产品，就是把旅游目的地的人文资源和自然资源加工成可供游客享用的景观、景点。这样的产品不仅富集了教育与知识含量，而且也体现了知识的科学性、文化的创造性。可以说，教育就是授人对事物思维之方式，对生活设计之手段，然后通过设计实践进行实在的生活。从这一逻辑出发，我们惊讶地看到，自人类诞生后的人为事象，其实都经过了文化的事先设计。比如，我们穿戴着的经过设计了的衣装，吃着经过设计了的食品，生活在经过设计了的房屋里，使用着经过设计了的各种物品。就连我们漫步着的街道、流连忘返的商场、人来人往的广场，等等，也都是经过设计了的。人们无意识地生活在设计的海洋中，生活本身就是设计的起源地，设计本身归根结底就是我们对生活的发声。如此看来，设计不是一种技能，而是捕捉事物本质的感知力和洞察力。如果说产品是设计的产物，那么经过精心设计的产品，就可能唤醒人们沉睡的意识，激发人们对资源利用进行创新，进而影响人们的消费模式，然后使社会生活方式发生改变。旅游产品也是教育精心设计过的产品，这种产品体现了设计的本质，那就是将潜在的可能性呈现在人们的眼前，从而描绘出人们心中所共有的愿景。下面这个例子就是明证。

“2001 年，英国第一家具有旅游性质的科学探险中心在南部约克郡开业。这个中心集中了多种极具优势的旅游活动项目，包括传统博物馆和主题公园性质的娱乐活动。它吸引人的地方在于提供了适合各个年龄阶段的人的活动项目。麦格那中心以一个过去的钢铁厂为基地，用钢铁和土、空气、火、水 4 种元素为主题开发了一系列项目。让到访旅游者参与各种富有挑战性的互动活动，非常具有吸引力，例如该中心向到访旅游者展示炼钢炉、打铁过程、电磁起重机操作和燃料添加的规范操作。在这个过程中，到访旅游者能够接触到真正的煤矿，亲自操作作业控制块，可以通过无线电制作音乐，并可以在‘时间隧道’旅行了解地球岩石在历史长河中的形成过程。”

目前，高等教育是人们旅游知识与技能培养的主要机构，为将来旅游发展储备知识和人才，为未来旅游活动提供了更大的发展空间和环境。客观地说，旅游这种生活方式在多大程度上被人们选择，与个体的受教育程度是有明显联系的。大量事实证明，长期接受正式教育的个体更倾向于参与各种形式的休闲旅游活动，尽管他们参与的活动类型与他过去毕业时的取向有所不同。个人受教育程度越高，就越倾向于参与休闲旅游活动。受过高等教育的人更倾向于参与多种活动，比如户外消遣、体育运动、文化旅游、继续教育、阅读，等等。这其中的原因，一方面是由于人们可自由支配收入增加后，有能力在休闲旅游上花费更多的钱；另一方面是因为人们有更多的机会、条件结交休闲旅游的新伙伴，接受更多休闲旅游方面的教育。

教育在旅游中的重要性不言自明。当然，作为高等教育旅游专业的设计者们如何通过教学科研提升自我的旅游产品设计能力，是摆在我们面前的一个重大任务，而具体组织实施教学科研的实体及其组织者在文化产业长足发展的今天，如何把单体的设计者凝聚起来，以发挥团队协作的力量，也是摆在我们面前的一个挑战。可喜的是，今天放在我们面前的这本集子，就是我校旅游与航空服务学院所有同仁的一份设计答卷。由于多种原因，尽管有这样或那样的不足，这是一事开端的经验缺失而致。也因这样，它又把希望预留在下一份设计中。

是以为序。

2013 年 6 月 7 日于觉悟斋

（原载《行旅悟道》，旅游教育出版社，2013 年 8 月第 1 版）

师从张正东先生

——《云贵民族考》书序

张正东先生的文集就要出版了，我的师弟石开忠教授要我写篇文章纪念张先生，欣然应允。其理由是通过深情缅怀先生为贵州民族大学民族学、社会学的学科建设、人才培养、社会服务以及为贵州民族研究和民族团结进步事业所做的贡献，检讨我校民族学、社会学发展的现状，努力搞好民族学、社会学学科建设，更好地为贵州民族地区和少数民族服务。

我的本科专业是政治学，但教学计划中有民族学的课程。刘绍励、张英志两位先生给我们讲《民族理论与民族政策》课，李智仁先生给我们讲恩格斯的《家庭、私有制和国家的起源》。张先生在20世纪70年代末调入贵州民族学院后，与姜永兴先生一道为我们开民族学专题讲座，少数民族社会制度、婚姻家庭制度、精神文化等专题深深地吸引了我，也许这些是我走上民族学教学道路的开始吧。

1983年，我从中央民族学院进修回来后，省委组织部下达任务，要我校干训部搞一个民族干部调查报告，我接受任务后，找张先生请教，先生为我草拟调查提纲，教授我搜集资料的方法。我谨记先生教诲，深入三都水族自治县，在为期半个月的调查中，获得了三都县干部队伍的基本情况，形成了《三都水族自治县民族干部调查报告》，这份报告最后在中国民族理论研究会主办的《民族理论研究通讯》全文刊登。

1984年，我把学习《家庭、私有制和国家的起源》的学习心得整理成文送至《贵州民族学院学报》编辑部，当时，张先生负责民族学方面论文的编审，先生看到我的文章后随即通知我到他的家里，逐字逐句地修改我的文章，经过两个晚上的修改，题为《试论民族与国家的相互关系》的论文最终定稿，并在《贵州民族学院学报》上发表了。

1987年，我提出重建《民族理论与民族政策》教材体系，并把写作大纲交到学校科研处，很多专家认为我年纪轻，阅历不够，难以承担这项任务，况且国家民委1985年出版的教材是权威，不可任意修改。只有张先生坚决支持我、鼓励我，与我一道讨论写作大纲，并表示愿意为我的书作序。在张先生的鼓励下，1988年年底，我完成了写作任务，1989年，贵州民族出版社为我出版了《民族理论概要》一书。

回想与先生相处的这些事，感想颇多，如果没有先生的指引和悉心教诲，我不可能是第一个对国家民委统编的《民族理论与民族政策》教材体系提出修改的学者。也许人云亦云，照本宣科的工作样式就会伴我终身，教育部民族学本科教学指导委员会的人员名单上就不会有我的名字。

回顾与先生相处的这些时间和事件，我认为有几点经验值得贵州民族大学民族学学科珍惜和铭记。

1. 鼓励和支持后学。张先生非常注重学科建设，注重学术人才的培养。学科建设说到底是学科队伍建设，要搞好学科队伍建设，首要的就是鼓励和支持后学，这样才能形成后浪推前浪的态势，方可保持学科建设昂扬向上的活力。如果学科带头人只注重自身的发展，忽视后学，也许你的峰头很高很大，但没有后浪的波峰推动，其结局必然是后继乏人，“青黄不接”“一代不如一代”必然成为描述学科现状的形容词。

2. 严谨的治学精神。先生是西南联大毕业的，曾师从费孝通等名流巨匠，言行举止间彰显了西南联大的传统。先生花了两个晚上为我修改文章，逐字逐句的修改过程中没有训斥，更多的是商量和说明为什么，每句话、每个字的使用都强调其合理性。先生这种学术品格和仁者情怀值得我们效法。

先生虽然离开了我们，但先生的精神永存。今后我们在学科建设、学术研究和人才培养方面，要珍惜先生留给我们的学术基业和精神财富，要根据当今中国和世界的发展要求，励志前行，用无愧于时代的研究成果来告慰先生的英灵。

2013年10月27日于觉悟斋

（原载《云贵民族考》，群言出版社，2014年4月第1版）

留住我们的根

——《生于平塘》序

还记得有首歌就叫《把根留住》，歌手童安格那略微有些沧桑的声音将茫然于生活奔波中的无奈者的辛酸与忙碌演绎得淋漓尽致。每当我哼着、唱着、听着这首歌，心里总会生起这样的问题：为什么要把根留住？根在哪里？2003 年 7 月 15 日，《解放日报》刊登了一篇关于上海“保根工程”的采访报道，上海社会科学院研究员赵鑫珊回答记者的提问时说：“根，是物化的历史记忆，是积淀的精神渴求。我常常会在老家后院里一待就是一天，看着浓荫匝地的老桑树，看着井沿一道道的绳痕，仿佛又见到了母亲的慈祥，又听到了外婆的呢喃。刻着绳痕的老井是我的根，是我情感寄托的所在。无论一个人还是一座城，不知来路的失忆，会是一种怎样的存在？”是啊，时过境迁之后，人们只看到繁华覆盖了曾经的废墟，却未发觉，废墟正在不知不觉中占据着人们的心灵。当我们西装革履，修眉齐发，享尽春风之际，是否仍旧记得那句话——留住我们的根！

未曾谋面但 QQ 上早有联系的老乡——杨正勇写了一本著作，取名为《生于平塘》，用散文的笔调书写平塘的前世今生。读着这些文字我仿佛看到了老家的那棵樟树，几百年来一代又一代的人拜祭它，红丝线、红布条延绵着一个生命共同体，人们相信它是寨子的保护神，有了它便有了生命的延续。

在正勇的笔下，皈依宁静田园的布依族在倒插枫树成活的启示下完成人类的繁衍，后生与月亮姑娘成亲而演绎出来的甜蜜与悲哀、善与恶的交织，成为建构“六月六”祭祀仪式的基础。虽然口头传说不是信史，但那是布依在诉说昨天的故事。

我不知平塘的苗族来路，正勇利用工作之便走家串寨，梳理了平塘四支苗族——新塘鸦鹊苗、大塘里中孔雀苗、鼠场黑苗与红苗。新塘与大塘苗族的“跳月”仪式彰显了人与人的生存规则，“送葬花”仪式则是一种豁达的生存智慧的表达。鼠场黑苗和红苗为我们洞见了一种人地关系的样式。

平塘自称“印绕”的世居民是毛南族的一个支系，周边的布依族称其为“布绒”，邻近的汉族管他们叫“佯僙”。他们在溪洞的环境里形成维系民族繁衍的规则，家长里短的话语在迎春节里得到老年妇女们的道德评判，入赘女婿从妻姓彰显男女平等的原则，火把节、耍火龙、猴鼓舞、开蛇洞是每一代毛南人在承接传统、彰显现代性的舞台。

是的，走进平塘，带着强烈的欲望不行，心中激荡着些许的冲动也不行，因为平塘不会给你大惊喜。山间水畔，谷底人家，水边寨，半坡村，按天干地支轮回的“转转”场，杂芜的历史，绵延的传说，一切有关平塘自然人文的描述与追忆，上溯下寻，访遍民间，穷尽古籍，也实难以找到一处、一页堪以彰显其大形象、大手笔的浓墨重彩。但是，百姓人家、生活情趣本来就是在苦与甜之间变换，而生存的智慧终究只是为了求得安居乐业——生之于以姓氏、村落聚集的群体，原本就不需要惊天动地的大起大落。

正勇的“平塘故事”，从山水到民间，从传统到现代，娓娓而谈，来了去，去了来的延绵不息，一方土地上生成的那份真实、真味、真情在历史的转换中依然很真。他们用自己的方式书写自己的历史，再怎样名不见经传，平塘到底还是独拥一个属于自己的传奇！

用散文的笔调书写民族志不失为一种写作方式，优美的文字为人们诉说了一个个深藏于民间的故事，充满哲理的思辨为人们解读了一个个文化事象。著名民族学家林耀华先生也曾用书写小说的方式完成了他伟大的著作——《金翼》，为人们展示了福建农村两个宗族的生活场景。正勇的著作虽然没有余秋雨的《文化苦旅》那样的鸿篇架构，采撷的物事略嫌琐碎，也没有林先生《金翼》那样的连贯完整的生活场景。但正勇的文章翻遍了整个平州与大塘，翻出了陈年旧事，翻出了深埋在地下数百年的窖藏。他的作品竟然也如此醉人，那种深翻与钩沉，若不扎根在生活的底层，怕是搜寻不到这样文化生态的、撼动人灵魂的东西。原来魅力平塘，尽在正勇的“平塘故事”中。

对正勇而言，爱好写作，先写诗歌，觉得不足以展现复杂的人生和社会，又改写小说，又觉得小说的虚构很漂浮，便转而钻研人类学田野文本，颇有些感悟。乡土文化是他永远的新娘，初恋的激情一直持续，不能自拔，始终恋不够。乡土文化是人群的根，平塘文化的寻根，多少人的故乡梦。人要有个根，不然走到哪里总像是过客或浮萍。把根留住，留住永恒的记忆。

我离开家乡多年，从求学到工作，似乎都是一帆风顺，不知道是因为自己的要求过低，还是上天的垂爱，好多好多的过往，也似乎都是心想事成。而如今，作为一个民族学、人类学学者，当回首以往的时候，没有一点关于家乡的片言只语。我所拥有的，除了岁月馈赠的年龄和表征因年龄的累积而逐渐衰老的皮肤和老气的心态，还有什么？所以，当正勇要我为他的书写点什么时，我欣然同意。

我的根就在那片给我生机和活力的土地上，不管我跑得有多远、飞得有多高，给我生命和憧憬的祖先及所有的父老乡亲都是我永远的牵挂，祝愿家乡的明天更加美好！

2014年3月17日于花溪河畔

（原载《生于平塘》，中国戏剧出版社，2014年4月第1版）

品一道味道独特的文化菜肴

——《镶嵌在时光里的秘境·平塘卡蒲毛南族风情叙事》序

贵州毛南族是一个生活在山间坝子中、江河峡谷旁的民族，他们热爱生活，能歌善舞，富有生活智慧。每年的“迎春节”“火龙节”“桥节”都会举行盛大的祭祀与欢庆活动，尤其是“火龙节”，从正月初三开始到正月十六结束，共14天，可谓盛况空前。

贵州毛南族的节日还有很多，这些节日已成为毛南人生活的一个重要部分。究其源，与他们的历史文化息息相关，毛南族的历史文化可谓不短；探其根，毛南族的文化可谓不浅。在浩荡的中华民族大家庭中，毛南族文化犹如一朵奇葩，盛开在祖国的大西南，灿烂夺目，芬芳沁脾。

贵州毛南族的文化不止限于节日，那些流传甚久的故事传说，那些隆重热闹的婚丧习俗，那些承载冀望的各种仪式，那些精彩纷呈的娱乐节目，一直以来在丰富着毛南人的精神生活，成就他们坚强的个性和开朗的性格，使得毛南族文化独树一帜。

我的祖母和母亲都是贵州毛南族佯僙人。1963年我随父亲到卡蒲小学读书，那里有我的同学和亲戚，有我的梦想和记忆，对那片土地，我一直心存感激。我知道是什么滋养着我，每次踏进毛南族山乡，要不就醉倒在香醇的米酒里，要不就陶醉在歌手和姑娘们的山歌声中。

2010年，为完成省长基金课题——毛南族文化名片，我和我的学生用民族学的理论深度审视了贵州毛南族文化。在毛南族山乡游走的过程中，我们发现自20世纪90年代以来，毛南族的知识分子们在民族学家的帮助下，奋力地挖掘和保护文化。但在独山县的羊凤乡，惠水县的和平镇、高镇镇，毛南族文化已经模糊，佯僙话消退，民族服饰正在被流行服饰所取代。即使在毛南族文化浓郁的卡蒲乡，山歌的音调已经稀疏，许多年轻人进城务工，一些山乡村寨的民俗也开始淡出社会生活。

文化是一个民族的血脉和灵魂，而文明是文化的历史积淀。一个民族的语言、服饰、民居、节日、习俗等既是民族文化的形象特征，又是民族文化的形态和载体，那是从远古到今天的文化底蕴的信息积蓄和历史印记，是本民族宝贵的物质文化遗产。在文化大交流的今天，现代文明随着科学技术的延伸、公路的通达，进入了山乡水寨、谷底人家，城镇化的引领和城乡一体化的统筹，为各民族文化的再创造和提升奠定了基础，各民族在新时代对传统文化的提升和因应时代需要而生发出来的新文化，将是中华文化绚丽多彩的表达。因此，我们没理由放任各民族文化的式微，而应当具有敢于和善于担当的勇气，推动各民族文化在新时代的蜕变，为丰富和发展中华文化做出我们应有的贡献。

《镶嵌在时光里的秘境·平塘卡蒲毛南族风情叙事》正是秉承这样的理念，以专栏的方式和图文并茂的手法从八个方面对贵州毛南族文化进行记录、梳理与诠释。因此，它既是一本介绍贵州毛南族文化的大众读物，又是一部泛着浓郁田野气息的文化志书。值得一提的是，该书作者陆青剑是一名长期与民族文化打交道的平塘籍作家，不管是他在媒体文艺部门作为职业人对民族文化的精细解读，还是在文学领域里对民族文化的深度审视，他都显现出一种特别的理性认知和竭力诠释的韧劲。因此，当他承担这部书的重任时，他并没有显得局促，反而是信心十足，文字显得游刃有余，许多细节似乎信手拈来——这与他本身就是布依族密切相关。

这部民俗随笔著作，旨在通过对毛南族的“情感交织”，意欲表达毛南族的精神内在，展示毛南人的豁达心态和坚守心理，在这个方面，陆青剑还是费了一些功夫的。我们有充分的理由相信，读者通过阅读本书，可以感觉到贵州毛南族跳动的脉搏，学者通过本书可以感知贵州毛南族的生存智慧。关于毛南族的读物甚多，但这部书是一道讲究特色味道的菜肴。品之，喜之，乐之。

是为序。

2014 年 6 月 24 日于花溪觉悟斋

（原载《镶嵌在时光里的秘境·平塘卡蒲毛南族风情叙事》，贵州人民出版社，2014 年 7 月第 1 版）

石光尤与毛南族

——《贵州毛南族志》序

石公光尤要我为他主编的《贵州毛南族志》写序，欣然同意。其理由有四：第一，我姨父郑光瑜在卡蒲公社任党委书记时，石公是生产队长，后转为公社秘书，与我姨父是同事。第二，我父亲曾任卡蒲小学校长，我随父亲在卡蒲小学读书，那里的山水给了我快乐的童年。第三，我的祖母、母亲都是毛南族，我的血液中有毛南族的成分。第四，卡蒲乡原叫"仁化乡"，我生长的村寨原属仁化乡，只是处于仁化乡的边缘罢了。

民族志原为人类学者以参与观察的方法，对特定文化及社会搜集制作数据、记录、评价，并以人类学的理论，来解释此类观察结果的一种研究方法，所以一般称为人种志或民族志研究法。

民族志起源于人类学者的使用，始于20世纪初期的文化人类学。人类学的发展与地理大发现有直接关系，人类学的工作可以追溯到19世纪末，殖民者传教士所做的纪录报告及探险家所描绘的奇风异俗志。这些早期的作品，因为不是受过训练的专业人类学者所为，因而难免带有传奇浪漫及种族中心主义的色彩。直到20世纪初，人类学才开始强调由有训练的观察者直接进行密集田野工作，主张研究者要与他所研究的对象住在一起、说他们的语言、研究他们的文化，提倡利用恰当的报告人搜集当地文物、家谱及生活史，并做系统性的纪录。

民族志研究的特征是公然的或秘密的参与人类的日常生活，且延续一段时间，观察发生什么，倾听诉说什么，探求质疑什么。事实上，就是搜集任何可利用的资料，聚焦于研究问题的核心。民族志成为一种基础的社会研究，不仅因为其悠久的历史，且因为其近似于人类日常生活中，构成对世界知觉的习惯方法。简言之，民族志的主要目的在掌握研究场景中当地人的观点，了解当地人对自身所处生活世界的看法，亦即从当地人的视野及角度看他们的文化生活，以真正掌握当地日常生活的社会过程。民族志研究的特征为：坚决的强调探求特殊的社会现象的本质，甚至于建立一个有关于现象的试验性假设；开始倾向于以“无结构”的数据从事研究，即数据未经过编码；研究小部分的个案，甚或是单一的详细个案；资料分析涉及详尽陈述意义的诠释与个人行动的功能，主要以言辞上的描写与解释呈现，辅以量化和统计的分析。

民族志所属现代词，指的是一种写作文本，它运用田野工作来提供对人类社会的描述研究。民族志专著的写作方式，将自己的描述和分析规定在单一的社会和时空。它的优点在于使人类学研究注意到文化元素所处的社会场合和时空的重要性，以及人类学者能采用被研究者的观念分析他们的文化。

编写民族志一般包括九个方面：1. 各世居民族的基本情况，如族称、族源、迁徙、分布；2. 语言文字；3. 宗族、家庭、婚姻、生育、丧葬；4. 社会组织；5. 传统生产方式；6. 饮食、服饰、器具、居住；7. 生活习俗、生产习俗；8. 宗教信仰；9. 民族工作情况等。编写好民族志有三点非常重要，即：学习马列主义民族理论，做好调查研究，邀请本民族的人参加。本民族人员参加编写民族志的好处，即：第一，本民族的人最通晓本民族的语言文字，排除了语言障碍的因素；第二，本民族的人最熟悉本民族的历史和现状，调查时可以少费许多口舌；第三，本民族的人深知本民族的风俗习惯，他们最能理解本族人民的心理状况和思想感情；第四，本民族的人与当地的干部和群众有天然的联系；第五，本民族的人参加修志可以提高他们的民族自豪感和自信心，同时也可以察觉本民族的不足之处。本书的编写基本符合民族志的规范，编委会 11 个成员中有 6 个是毛南族，这就为贵州毛南族民族志的编写奠定了坚实的基础。

石公光尤作为主编是称职的，因为他是合格的“重要文化报道人”。他出生在平塘县卡蒲毛南族乡摆旁简克寨，高中文化，曾担任生产队长，处理乡党中各种事务；他曾经担任卡蒲公社管委会主任、卡蒲乡党委书记，是贵州毛南族传统文化的继承者，又是贵州毛南族新文化的创造者。他自始至终参加毛南族的认定工作，多次陪同来自大学和科研院所的专家到毛南族村寨进行田野调查，参与《卡蒲毛南族乡儿女录》《卡蒲毛南族民族风情资料汇编》《毛南族医药》《卡蒲毛南族风情文化》《毛南族日常用语读本》《贵州毛南族》等著作编写、审定工作；参与贵州省省长基金"毛南族代表性服饰（头饰）"课题和黔南民族师范学院的"毛南族民族文化保护、传承与发展研究"等课题。这些学术活动，增添了石公光尤的学术素养，"重要文化报道人"的身份就更加名副其实了。

拜读《贵州毛南族志》书稿，一个鲜活的毛南族社会呈现在眼前。它向人们诉说了贵州的毛南族怎样从历史深处走来，在与布依族结伴而行中如何完成了自己的文化建构。尽管历史典籍有"佯僙"的记载，其他民族也称其为"羊慌"，但他们自称为"印绕""哎绕"，意即自己人；"印吞""哎吞"，意即六洞人。表明了他们生于斯，长于斯。

感谢石公光尤给我这个机会，使我又回到了那曾经熟悉的文化系统，浸润在毛南族的文化之中。相信《贵州毛南族志》不仅记载了贵州毛南族文化，而且会给读者以新知。

2014 年 1 月 26 日于贵州民族大学

（原载《贵州毛南族志》，线装书局，2014 年 5 月第 1 版）

问之于野

——《来自田野的叙述——民族理论在贵州的实证研究》序

"田野"，顾名思义，就是指田地和原野，具有浓郁的"耕耘"意味。在承载了几千年农耕文明的中国，"田野"的亲近感是不言而喻的，因为有了田野我们就可以耕种，有了耕种就会有收获。

"田野"之于民族学人，是成长成才的天地，因为"田野调查"是民族学学科安身立命的资本。这是我的恩师们留给我"传道授业解惑"的本领，我想也应该将之于弟子中传承下去。所以，我想在这"希望的田野"上做一些耕耘，播下热血的种子。

贵州是一个多民族的省份，聚居与杂居格局提供了广阔的"民族田野"，从历史深处走来的几大族系在这里交汇、交流、交往，形成了今天的18个世居民族。我感恩于这片生我养我的土地，为我提供了认识不同民族文化的平台，洞见了不同民族的生存智慧。我从民族学的研究肇始学术生涯，而较浸心于民族理论与民族政策的探讨，对田野工作和理论研究都有趣好。

综观贵州学界的长辈和同人们对贵州民族社会做过的大量调查，诸多民族志问世，为我们揭开贵州这片田野的神秘面纱奠定了基础。但是，有个比较耐人寻味的现象是，我们更多的是用民族志的"生产"，为"被描述"的"加工"提供素材。尽管学术无界别，但如何能真正客观做好"描述""解释"乃至"建构"的工作却是十分严肃的事情。这就呼吁一种能够基于"主位"认知体验上的"客位"审读，而这个工作是本土学者难以推卸的责任。

理论主义与实证主义总是在某种程度上相互责难和磨合，我也有幸在这种磨合中历经数十年的纠结。尽管日常行政事务繁重，但好在学术精神始终对我鞭策，这种矛盾让我内心不安，却也因此而不断前行。经过多年体悟，我以为人文社科的研究工作不仅是理论性的考究，实证的精神更难能可贵，哪怕我们能做到的最多是一种准实证主义的实践。基于这种思考，我告诫弟子务必要脚踏实地翻翻脚下的土地，让自己的生命在田野中闪烁学术的光芒。弟子们的长进让我欣慰，他们不断从“牙牙学语”甚或是“邯郸学步”中慢慢成长起来，逐渐有了自己的所见所识、独立思考乃至学术理解。

这次主编出版的《来自田野的叙述——民族理论在贵州的实证研究》，就是弟子们成长的一个见证。本书将以专题的形式展开研究，但以章节形成体系，一共分为七章。这些章节间看似“形散”，但却“神聚”，其神在于田野实证贯彻始终；同时，在内容上的安排还是有逻辑可循的，其逻辑根基就是对贵州民族和民族地区问题的重要方面都有所关注。

其一，关于民族发展问题的分析与探讨。民族发展是民族理论需要思考的一个首要问题，唯其如此，才能谈及民族的“上层建筑”的其他话题。事实上，“民族发展”也是一个需要党和政府高度重视的“顶层设计”的议题。故此，我们运用民族发展理论研究贵州的毛南族发展，并进一步分析民族文化旅游热引起的旅游目的地民族发展的问题，形成一般畛域和旅游目的地民族的发展比较。

通过对贵州毛南族居住的平塘县卡蒲毛南族乡的场河村、惠水县高镇交椅村、独山县羊凤乡桥头村的调研，指出毛南族的基本消费需求与收入能力矛盾依然存在，且经济发展能力不高，导致了政治、文化发展能力的薄弱，制约了毛南族群体的科教文卫事业的持续发展。为此，必须提高毛南族的发展意识，促进毛南族自我“造血”能力的提高，加强贵州毛南族地区的政治、经济、文化、社会的发展与支持，利用贵州毛南族与周边布依族等少数民族的和谐关系，推动毛南族的发展。

以旅游地民族发展作为特殊例证进行阐释，立足于旅游地民族发展问题，对民族地区旅游业发展中的影响进行分析，认为旅游业的发展与当地民族发展利益的协调是旅游业发展的关键，对旅游地民族发展问题的解决应从旅游地民族的经济、文化、权利自觉、心理变迁等入手。旅游地民族的整体发展程度取决于当地民族经济、政治、文化、社会、心理等结构内容的影响，旅游地民族的发展建立在各项内容发展的基础上，只有各项内容协调有序，才能实现综合性发展。

其二，关于民族区域自治政策实施情况的实证研究。主要关注民族区域自治权利、民族自治地方民生政策和民族地区乡镇治理政策贯彻落实情况。贵州作为多民族省份，虽非大的自治地方，但其中的自治单元是十分丰富的，构成了“三州十一县”的自治格局，因此对贵州的民族区域自治进行探讨十分必要。我们分别以自治州自治权的实践和扶贫政策在自治县的实践为个案对自治地方的贫困问题进行研究；在此基础上，对自治地方的乡镇治理也进行了实证分析。

通过对贵州黔东南苗族侗族自治州、黔西南布依族苗族自治州、黔南布依族苗族自治州等自治权的分析，在肯定了三州自成立以来的自治发展成就的同时，指出自治州的自治权还应深入下放和不断完善，从思想上加强对自治州及自治权的认识，完善自治州法制建设，推进自治州改革步伐，协调上级主管部门与地方权力部门的权力关系。

分别以三都水族自治县和威宁彝族回族苗族自治县为例，探讨了自治县的扶贫模式和开发实践等问题。在对三都水族自治县贫困问题的研究中，对扶贫模式和途径进行了再思考，提出三都水族自治县的扶贫工作首先应认真落实民族政策，创新扶贫机制，在传统经济扶持的基础上加大特色扶贫开发，以经济扶持为主线兼顾各项社会指标，坚持党和国家的领导，以政府为主导，调动各族贫困人口的参与，强化扶贫开发的合力，加强当地民族的“造血”功能，彻底消灭贫困。而通过对威宁彝族回族苗族自治县的案例分析，阐述了威宁的扶贫开发实践，认为威宁各族人民的幸福指数是实践国家扶贫开发政策的重要内容，社情民意的调查、因地制宜的扶贫措施是增强各族人民治贫能力的重要方式，结合地方资源，加强多元产业的发展与地方社会的市场化，走产业带动扶贫之路是威宁实现跨越发展的重要途径。

以长顺县凯佐乡“参与式”治理的实践为个案，讨论民族自治地方乡镇治理的问题，认为“参与式”治理改善了民生，缩小了区域差距，推动了地方基层民主的政治建设，促进了政府职能的转变。但民族地区在采用“参与式”治理时必须充分认识“参与式”治理本身“村治”功能的局限，应将“参与式”治理的理论制度化为民族区域自治制度的内容，并与地方村民自治制度有机结合，才能推动贵州民族地区的发展。

其三，关于散杂居民族问题的研究。散杂居民族问题是民族理论研究不可或缺的领域，而散杂居民族社区主体多元，无论是政治、经济、社会、文化、生活各个方面的问题都是十分复杂的。随着城镇化进一步发展，少数民族人口不断进入城市，散杂居民族社区更加复杂多变。因此，我们以“农村”和“城市”双重视角，窥探了多民族农村的发展和少数民族流动人口的城市融入问题。

以鲁戛村为个案，探讨贵州民族杂居地区的农村发展问题。指出贵州民族杂居的农村地区现代化关乎国家稳定、小康社会、和谐社会的构建，民族因素与发展因素是杂居区农村发展必须重视的两个维度，贵州民族杂居区的发展重点在于促进杂居区各民族共生互补与和谐发展的问题。贵州民族杂居地区的民族发展应关注“共同富裕”的艰巨性和历史使命，利用后发优势，在不断考问“农村如何现代化”的问题中推进经济、文化、社会等全面发展。

以贵阳市少数民族流动人口融入城市的问题为个案，讨论现代化场域中少数民族人口流动的原因、特点及趋势。采取了定量分析的方法，就调查的资料和数据进行统计分析，并根据所得信息对贵阳市少数民族流动人口的社会融入状况进行定量分析，得出贵阳市少数民族流动人口社会融入状况的研究结论。

其四，关于民族文化传承的研究。贵州民族成分较多，多彩的民族文化如何传承，或者说“文化多样性”的画卷如何被保藏和“保鲜”，这是民族理论工作者需要正视的长远构思，而文化传承“场域”的研究则是其中的基础性话题。故此，我们从民族文化传承的视角对民族精神、民族认同、民族意识进行研究。

以法国社会学家布迪厄的场域理论为工具，对贵州民族文化传承场域进行了分析，认为在构建贵州民族文化的传承场域过程中，自然环境和人文环境的变迁导致了文化的变迁，文化在变迁中的延续离不开文化的传承场域，习惯的不同导致了场域间的差异，民族文化传承场域的变化要求民族文化的发展应重视生存、发展、延续的“场”。

综上，从民族发展的一般问题到民族区域自治问题、民生问题、民族文化问题等诸方面，对贵州民族和民族问题的重要关切点都进行一定的实证考察研究，尽管这些研究的学术贡献或者与要研究的问题相比起来，九牛一毛尚显不足，但细流成海的价值却必然有之。这也是汇编出版本书的一个重要考量。

中国共产党民族理论与实践，成就了平等、团结、互助、和谐的民族关系，各民族形成了共同团结奋斗、共同繁荣发展的共识。贵州的民族问题鲜有发生，这与科学的民族理论和扎实的民族工作分不开。一方面政府为各民族的生存与发展做了大量工作，另一方面民族问题研究的同仁也不无贡献。贵州的“和谐”状态值得关注，但并不意味着贵州有何一成不变的“模式”可以一劳永逸。

民族问题与社会发展问题是密切关联的，当前我国又处于国际、国内环境的深刻变化之中，这又将迎来新的社会变革转型期。贵州的多民族社会如何应对各种嬗变，各种涉及民族发展的问题如何有效处理等，这些都呼吁一个理性的思考。同时，贵州民族地区面临的发展问题也在新的转型期中会形成突出的诉求，如何有效回应，需要政府以及学界一如既往的努力。而我和弟子们也会继续耕耘在贵州的田野上，行以跬步，问之于野，以理论之光指引实践之路，在实证中求索漫漫民族发展之路，在朴实的生命中建构学术的意义。

我在情有独钟的“田野”上行走了大半辈子，而今虽愿老骥伏枥，却也感叹岁月如梭，迎来晚年只是时间的问题。“迟暮”是一个充满美学意义的词语，而这种带有几分千年慨叹的审美意韵，其美就在于更好地迎接初生。因此，我没有选择去编辑出版“大师”的研究成果，而是想真正用心去培养师者心中未来的“大师们”，我想用这种方式展现弟子们的成长，当是一种鼓励，不妨也是共勉。

是以为序。

2014年5月6日于花溪觉悟斋

（原载《来自田野的叙述——民族理论在贵州的实证研究》，中央民族大学出版社，2016年3月第1版）

罗祖虞与布依族古越文字

——《中国布依族古百越文字首始调查暨研究》序

我在“台湾中央大学”访问时，罗公祖虞电话告之，他的团队承担的国家社会科学基金项目“布依族象形文字古越书价值及资源抢救、建设与开发利用研究”已经结项，拟以《中国布依族古百越文字首始调查及研究》为书名出版。回来后，收到罗公寄来的书稿，要我写序，思之再三，深感自己力所不及，但罗公提携之意和这沉甸甸的研究成果催促我动笔去书写。

布依族聚居区，属我国南方隆起于四川盆地和广西丘陵之间的一个亚热带岩溶化高原，环境独特，自然资源丰富。苗岭山脉盘亘其中，山的主脉由西向东延伸，支脉绵亘全区。检阅历史，“兴义人”“穿洞人”“白岩脚洞人”“观音洞人”曾是晚期智人留下的足迹，肩石锛、带肩石斧等诉说了百越文化的肇始。夜郎的自信与反抗，由国而郡，由郡而县，最后归于沉寂。秦汉以前的“濮越”或“濮夷”，东汉六朝的“僚”，唐宋的“蕃蛮”，元、明、清以降的“八蕃”“仲家”“侬家”“布笼”“笼人”“土人”“夷族”等称谓，都在证明布依族久远悠长的历史。生于斯长于斯的布依族，不管是雄立西南，还是沉寂西南，在经历一次次劫难洗礼之后，这个勇敢的民族完成了整体意义上的脱胎换骨，用歌声诉说一切。也许这就是民族精神的升华！于是这个民族的历史上镌刻着坚韧与快乐。

20世纪50年代，国家实行民族平等和民族团结的政策。为了使民族工作和专业研究更加科学化，国家民族事务委员会、中国科学院和中国社会科学院多次组织科研机构、民族教育机构，进行少数民族社会历史、语言文字等调查。据统计，我国少数民族语言的数目可能在80种以上，使用文字的民族有21个，文字24种。拥有和使用本民族文字的，有藏、蒙古、维吾尔、哈萨克、柯尔克孜、朝鲜、傣、彝、俄罗斯、苗、纳西、水、拉祜、景颇、锡伯等民族。为了保存并发展民族文化，扩大信息来源，提高科学水平，政府组织语言学专家、少数民族知识分子经过调查研究，为只有语言没有文字的民族创制文字方案，先后为壮、布依、彝、苗、哈尼、傈僳、纳西、侗、佤、黎等10个民族创制了14种拉丁字母形式的文字方案。布依族被划入“有语言而无文字”的民族之列。

布依族有无文字之问，知识分子们在方块古壮字的启发下，整理出方块古布依字，因为布依族与壮族是百越民族后裔，同源、同宗、共祖。2009年6月9日国务院国发〔2009〕28号文件《国务院关于公布第二批国家珍贵古籍名录和第二批全国古籍重点保护单位名称的通知》，将布依族古文字四部典籍：献酒备用（06861）、接魂大全（0862）、解书神庙（0863）、关煞向书注解（0864）列入国宝，布依族及布依方块文字被国家承认为中国第18个有自己民族文字的民族。布依族告别了“有语言而无文字”的民族行列。

罗公祖虞和他的研究团队在深入调查研究之后，认为布依族不仅有方块文字，而且还有古越文字。

他们在贵州省、云南省、四川省的15个调查点搜集了14册布依族古越文字典籍，通过对这些古籍的整理，初步统计、文字字符编码及字体描绘，可以确定的布依族古越文字有1440个字符。课题组用布依族古越文字去识读古骆越文字，已初步认识了近三分之一的古骆越文字符，并初步释读出115个单体字。这是何等骄人的成果，令人兴奋和鼓舞。正如评审专家的评价：“首次对布依族择吉类古文字进行了较广泛的调查，收集到了大量的布依族古文字资料，尤其是用于择吉的古文字文献资料。鉴于学术界过去主要关注布依族方块文字资料，因此，本课题的调查在一定程度上填补了布依族古越文字调查研究的空白和不足，意义重大。”“布依族古越文字是一种活态的民间文字，具有悠久历史，本科研报告建立的布依古越文字字符库及在此基础研究中获得的认识及成果，不仅具有理论意义和史学价值，并在研究方法上具有指导意义。”

罗公祖虞是从事地球科学研究的教授，执教于昆明理工大学。他在读贵阳市第一中学时，就对本民族的“大事件”极为关注；在从事地球科学的调查和研究中，接触了关岭县的“红岩天书”、普定县的“反字崖”等人文地理信息，似乎感觉到夜郎国的存在，由于没有时间和精力去研究，所以，一直牵挂于心。退休后，罗公将兴趣转移到对布依族历史与文化的追问，先后编辑出版了《布依族历史与文化研究》（2007）、《云南罗平·布依族民间音乐文化》（2009）等著作，2010年在云南民族大学“中国西南民族特色文献研究中心”挂帅申请布依族古越文字研究课题，使布依族古文字研究第一次成为国家级课题。

罗公对布依族的情结日月可鉴，值得布依族后生们敬仰。人们都有乡土性、区域性，或宗教性的效忠情结。这些乡土性、区域性，或宗教性的效忠情结会上升为民族情结，而民族情结就是对民族生存与发展的执着追求。罗公对布依族历史与文化的追问并问鼎布依族古越文字，就是这种民族情结的推动。

2000年7月19日，弗拉基米尔·普京在北京故宫留言本上写道：“民族之伟大根植于历史。一个如此热爱并珍视自己历史的民族是应当受到尊敬的。这样的民族一定会有伟大的未来。”唯愿布依族古文字研究百尺竿头更进一步，为丰富中华民族优秀文化添砖加瓦，为传承布依族文化，推动布依族发展做出更大的贡献。

是以为序。

2014年5月11日于花溪觉悟斋

（原载《中国布依族古百越文字首始调查暨研究》，云南民族出版社，2016年1月第1版）

身体行为的文化

——《乡野体育——体育人类学理论与实践》序

我国体育历史悠久，但“体育”却是一个外来词，它最早见于20世纪初的清末。当时，我国有大批留学生东渡去日本求学，仅1901年至1906年间，就有1.3万多人。其中，学体育的就有很多。回国后，他们将“体育”一词引进中国。

在我国，“体育”这个词最早见于1904年，在湖北幼稚园开办章程中提到对幼儿进行全面教育时说：“保全身体之健旺，体育发达基地。”在1905年《湖南蒙养院教课说略》上也提道：“体育功夫，体操发达其表，乐歌发达其里。”最早创办的体育团体是1906年上海的“沪西士商体育会”。1907年我国著名女革命家秋瑾在绍兴也创办了体育会。同年，清朝学部的奏折中也开始有“体育”这个词。辛亥革命以后，“体育”一词就逐渐运用开来。

体育是人类社会发展中，根据生产和生活的需要，遵循人体身心的发展规律，以身体练习为基本手段，达到增强体质，提高运动技术水平，进行思想品德教育，丰富社会文化生活而进行的一种有目的、有意识、有组织的社会活动，是伴随人类社会的发展而逐步建立和发展起来的一个专门的科学领域。体育的概念有广义和狭义之分。

广义的体育概念是指以身体练习为基本手段，以增强人的体质，促进人的全面发展，丰富社会文化生活和促进精神文明为目的的一种有意识、有组织的社会活动。它是社会总文化的一部分，其发展受一定社会的政治和经济的制约，并为一定社会的政治和经济服务。

狭义的体育概念是一个发展身体，增强体质，传授锻炼身体的知识、技能，培养道德和意志品质的教育过程；是对人体进行培育和塑造的过程；是教育的重要组成部分；是培养全面发展的人的一个重要方面。

人类学（anthropology）是从生物和文化的角度对人类进行全面研究的学科群。此词由 anthropos 和 logos 组成，从字面上理解就是有关人类的知识学问。最早见于古希腊哲学家亚里士多德对具有高尚道德品质及行为的人的描述中。1501 年，德国学者亨德用这个词作为其研究人体解剖结构和生理著作的书名。因此，人类学在 19 世纪以前，相当于我们今天所说的体质人类学，尤其是指对人体解剖学和生理学的研究。进入 19 世纪后，欧洲许多学者开始对考古学化石遗骨的发现感兴趣，这些化石遗骨常伴有人工制品，而这些制品在如今的原始民族中仍在使用，所以学者们开始注意如今原始种族的体质类型和原始社会的文化的报道。这些情况最初是由探险家、传教士、海员等带到欧洲的，而后人类学家也亲自到异文化中去搜集这方面的材料。因此，人类学中关于人类进化不仅关注人类解剖学和生理学，并进一步从体质、文化、考古和语言诸方面对人类进行广泛综合的研究。当然，由于各国学术传统的差异，对人类学的名称及各分支学科有不同的理解，在欧洲大陆，人类学一词仅作为狭义的解释，即专指对人类体质方面的研究，对人类文化方面的研究则称为民族学或文化人类学。总之，19 世纪中叶以后，人类学发展成为主要发掘人类社会“原生形态”的一门学科。

和其他学科相比，人类学田野工作（field work）是人类学最具特色的。人类学家进入要研究的文化群体，对这一族群及其文化进行的调查和研究，被称为田野工作。其特征是研究者长期与被研究者居住在一起，参与观察当地的生活，研究其社会结构，了解当地人的思想观念，以达到研究者应该有的工作需要。田野工作研究者搜集资料和建立理论规则的主要依据。文化人类学的田野工作始于摩尔根对易洛魁人的实地调查。如今的田野工作新趋势是“逐渐着重于特定问题或理论的探讨”。田野工作既是一个人为的过程，也是一个科学的过程，它是文化人类学的核心。

体育人类学是从体育的角度去研究人类全面可持续发展的一门学科。作为体质人类学和文化人类学的结合点，它揭示和分析人类与体育相关的因素，综合研究人类的体育问题。它从人类发展的漫长过程中研究体育的一般规律及其在理论上表现的具体形式，揭示体育过程的内在结构，在不同形式的体育过程和与之相似的社会现象中寻找共同的规律。体育人类学的主要研究对象包括：体育原理，以建立全面认识体育的新视角；民族体育，以深挖和弘扬人类传统文化遗产；竞技，以摆脱单纯追求人体极限的误区；定位和标示，以把握未来人类体育的发展轨迹。

一般而言，人类学着眼于人类的过去和现在。但就其新分支和属于应用人类学范畴的体育人类学来说，不能不把目光投向未来。文明的进步带来生存环境的异化，也导致体质的弱化。生产方式的突变，导致人类的体力不再是生产力的衍生因素，这必将引发体育方式的彻底变革。体育人类学正是要结合体质和文化人类学，探讨社会的异化导致的体育需求，揭示体育与人类其他人文社会实践活动的联系，确立体育在未来社会的行进方向。健康，体现着人类对自身前途和命运的基本关怀；体育，是追寻健康的积极方式，是体现这种基本关怀的最佳执行者。体育人类学，为实施基本关怀提供理论依据。国际人类学与民族学联合会第十六届世界大会期间，体育人类学者将在相关专题会议上共同探讨如何将体育和人的健康幸福更加紧密地联系起来，以保持人类作为一个生物物种的生存活力。

网络时代信息传播技术带来及时的前沿动态，极大方便了资料的查阅，同时也为炮制学术垃圾提供了便利，给传统的研究方式带来时尚的负面冲击。在一个未知因素增多、突发事件频发、生活节奏加快、心态相对焦虑浮躁的时代，人类的体育行为随社会发展浪潮起伏，体育研究更需要避免肤浅化浏览甚至随意联想臆断，跨越其他学科早已迈过的看图识字空谈概念的初级阶段，走出书斋，脚踏实地深入事实正在发生的第一线进行实证调查，遵循公认的学术范式进行专心致志的理论思考和创新。因此，人类学方法在体育研究中得到重视，顺理成章。

体育是文化，但它是与人类具体的身体运动行为不可分割的文化；体育学需要哲学，然而它面向的毕竟是一个能看到应用实践效果的领域。立足于中国的体育研究，占有能准确反映国情的真实材料，应该成为一个基本的出发点。采用人类学的立体化理论视角，通过倡导田野调查获得素材的实证方式，是一条很好的途径。

杨世如教授2008年拜于华南师范大学体育科学学院胡小明教授门下，民族体育的情结维系师徒的关系，在沉思与讨论中，他们一致认为应当培养学生“两条腿”走路的能力。即：一方面当我们面对“伴随身体行为的民族文化”时，不会因为社会科学基础理论和方法的缺失而彷徨。要学会运用民族学、人类学等社会科学理论和方法去获取最有价值的、具有世界认可度的第一手资料，从本源上回答“身体行为”的“为什么”的问题。另一方面从体育学与自然科学理论和方法的角度，掌握体质人类学、人体测量与评价、民族体质的健康评价、现代（奥林匹克）竞技体育原理、运动人体科学等学科方法的实践操作能力。

2009年，杨世如教授与胡小明教授共同提议，组成“贵州苗族独木龙舟实证调查”联合调查组，深入贵州省黔东南州苗族聚居区，运用民族学、人类学理论开展民族传统体育项目的调查研究。这是全国体育人类学首次田野调查工作实践，《体育人类学理论与实践》一书就是这次调查研究的结晶，为民族体育文化研究开创了新的研究路径。

贵州省有18个世居民族，民族节庆、欢娱活动内容丰富，项目繁多的民族民间传统体育活动为体育人类学者提供了广阔的研究平台，不同民族文化背景下的体育活动展示了人们的生存智慧，如果体育人类学研究者愿意深入民间，将会获得“伴随身体行为的民族文化”的理论与实践的参悟。

是以为序。

2014年12月4日于花溪觉悟斋

（原载《乡野体育——体育人类学理论与实践》，中央民族大学出版社，2016年3月第1版）

随心赋神

——《苗族民歌精选》序

由李锦平、万金贵、李天冀编著的《苗族民歌精选》就要出版了，锦平先生要我写序，朋友相邀不好推托，只好应允。

民歌，人民之歌。从古至今，无论东西南北，每一时代、地域、民族、国家，在不同的地理、气候、语言、文化、宗教的影响下，都会自然产生独树一帜的人类自娱、文化流传或生活实质的宣泄。他们会以不同的形色传递他们的历史、文明及热爱，而歌谣亦是其重要之一环，社会学或大众俗称为民歌（民谣）。

《诗经》中的《国风》，是我国古代最早的民歌选集。它汇集了从西周到春秋约500多年间，流传于北方15个地区的民歌。《国风》中的民歌，大部揭露了统治阶级的剥削实质，表达了被剥削阶级的反抗思想和斗争精神。如《伐檀》，它以辛辣的语言讽刺和诅咒了剥削阶级的不劳而获；在《硕鼠》中，更把剥削阶级比作贪得无厌的老鼠，刻画出劳动人民对奴隶主的切齿痛恨和对于“乐土”“乐园”的向往。

苗族（越南语：Mèo；泰语：Maew/Mong；英语：Hmong），是一个发源于中国的国际性民族，主要聚居于中国南方及东南亚，有数万苗族从东南亚迁移至美国、法国、意大利等国家居住。在中国，苗族约为942万人（2010）。苗族语言属于汉藏语系苗瑶语族的苗语支。大致可分为三大方言区：东部方言：主要通行于湖南、湖北和黔东的铜仁市；中部方言：主要通行于黔东南、黔南大部分地区以及广西、广东等省的苗族地区；西部方言：主要通行于四川南部、云南东部和黔西、黔西北。此外，还有7个次方言，18 种土语。

李锦平先生申报了贵州省教育厅《苗语歌曲进校园》课题，经过多年的苗语歌曲进校园实践，收录了中部方言的 38 首优秀苗语歌曲，分古歌、飞歌、情歌、酒歌、芦笙歌曲、儿歌、新民歌、嘎百福歌 8 类，堪称中部方言苗族民歌的精品。

古歌之古，就在于其史诗的性质。它反映了苗族先民对自然界、人类社会和人类思维的认识，同时也在一定程度上反映了苗族远古社会的发展情形。当你漫步于苗族社会的乡野，认真而仔细品味苗族古歌时，你会感觉到苗族先民的宇宙观和审美情趣，你会被苗族先民朴素的唯物主义思想所折服。

飞歌之飞，在于高昂与飞扬，源于大声呼喊渐成歌腔。飞歌声音高亢、明快、奔放，多用假声高歌。多为青年男女游方道别后隔山对唱，或劳作间隙隔河对唱。飞歌，多用在喜庆、迎送等大众场合，见物即兴，现编现唱。歌词内容以颂扬、感谢、鼓动一类为主，过苗年、划龙舟等节日喜庆活动，一般要唱飞歌。在空山幽谷间，因景而生，随性而止的飞歌抒发了无数青年男女的情愫，同时也培养了苗族人民的爽朗性格。

情歌之关键在于一个情字，以歌传情，歌为情之声，此乃情歌。情歌旋律优美、婉转动听，抒情浓郁。多为低声对唱，也有二重唱或混声合唱。优美的歌声，朴素的话语，表达了一代又一代苗族人民对人世间情感的体验。虽然我们无从稽考它的起源，但我们可以说，它是苗族人民的一种生活样式。他们正是用这种方式一代又一代地完成了青年男女的沟通，建立了苗族人民生生不息的社会生活秩序。

酒歌是因酒而歌。中国人大都崇尚“无酒不成礼仪”，酒在人们生活制度中扮演着重要角色。这种生活制度被许多少数民族吸收，并成为他们文化体系中的一个因子。在苗族社会里，这种制度被改造和升华，不仅“无酒不成礼仪”，而且有酒无歌也不成礼仪了，所以，有酒必有歌！当人们置身于某种节日或者喜庆场景之中时，亲朋好友聚首必然要叙情与述事，相互间要祝福与鼓舞。于是因酒而歌以达情，便成为苗族人民的一种生活样式。

芦笙曲词反映了苗族祭祖、求爱、礼仪、邀约、欢乐等民间传统习俗和文化内涵。在历史上历代的战争中，苗族人民以芦笙为战斗的号角，激励人们出征、战斗、拼搏。在当下的和平年代，芦笙更能吹奏出人们喜庆、欢乐和对幸福美好追求的情感。在苗族古歌和苗族谚语中有这样的记载："金竹叶子嫩青青，苗家自古爱芦笙，隔山听到芦笙响，牵动花裙牵动心。""小伙不离笙，姑娘不离针，不会吹芦笙，不是好后生。"这体现了芦笙在人们精神文化生活中占有的地位。

新民歌，用歌来表达感情是苗族人民情感宣泄的一种方式。每当人们对生活环境产生高兴与郁闷的情绪时，都可能会产生出一些抒情的歌来。这一类的歌，称为新民歌。苗族新民歌的思想内容比较丰富。以歌颂中国共产党、歌颂社会主义、歌唱社会主义的新生活、歌唱新时代的婚姻和爱情生活等最为普遍。如果你深入苗族社会，苗族人民激情满怀地引吭高歌，歌唱伟大的中国共产党、歌唱光辉灿烂的社会主义、歌唱美好新生活的场面会让你久久难忘，从而激发你对中国共产党、对社会主义新生活的热爱。

儿歌，又称童谣，是一种以儿童为主要对象的歌曲，曲调多半较为简单，歌词亦以浅白和富有教育意义，使儿童容易明白为准则。这类的歌曲多半反映了儿童的思想和内心世界。主要表现在内容多反映儿童的生活情趣，传播生活、生产知识等。

嘎百福歌，苗族的一种说唱文学形式。又称嘎别福或嘎福歌，是流行于黔东南地区的一种说唱文学。它在民间诗歌和传说故事的基础上融合而成，演唱者时而叙述时而吟唱，其内容多是反映民事纠纷和社会现象方面的嘎百福真人真事。嘎百福歌曲种流行于贵州省雷山、台江、剑河、丹寨、凯里和榕江一带。嘎百福歌以说为主，以唱为辅，说唱生动，富有风趣。说唱者善于运用比喻的艺术表现手法，讲求贴切，想象丰富。内容既有热情的歌颂，也有深刻的讽刺，表现了苗族人民爱憎分明的性格。

锦平先生是做语言文字研究的，2009 年退休后，依然承担教学任务，给研究生、本科生讲授《文化语言学》和《贵州少数民族语言》；目前主持国家社科基金项目"苗族口传家谱研究"、贵州省民族宗教事务委员会重大文化项目"苗汉英大词典"、贵州省教育厅项目"苗族歌曲进校园"。锦平先生为民族文化发展的执着与坚守，我十分钦佩，我看到了锦平先生

“智山慧海传真火，愿将前薪作后薪”的努力。

诗人袁鹰说：“人生的妙谛，人类的至情，文化的精华，艺术的真善美，往往孕育于日常生活的起居、行止、交往、饮食之中。”民歌是寓于人民日常生活的起居、行止、交往、饮食之中的文化精华，它表达了人生的妙谛、人类的至情。这是一种“随物赋形、随心赋神”的诗化的生命样式。

《苗族民歌精选》一书的出版，是我校音乐舞蹈学院第一本苗歌教材，亦可作为中部苗族地区中小学音乐教学或苗族旅游村寨的苗歌培训的教材。我相信本书的出版，对于推动民族文化建设会起到积极的作用。

是以为序。

2016 年 10 月 8 日于觉悟斋

（原载《苗族民歌精选》，贵州民族出版社，2016 年 11 月第 1 版）

散落凡尘的智慧

——《贵州省世居少数民族哲学思想史研究》序

《贵州省世居少数民族哲学思想史研究》课题至此告一个段落。回望课题申报的目标预设，不论是搜集文献资料，还是搜集民间歌谣、谚语、格言、理词、故事、传说等口碑资料；不论是该民族全国性的共性资料，还是世居贵州的地域个性资料。都力图从这些资料中提炼、剥离出相关的哲学思想内容，进行综合分析研究，梳理其哲学思想发展的脉络，找出其中闪光的智慧之花。本课题的作者们似乎已经努力去做了。

2012 年元月，我和唐建荣先生承接了贵州省长基金课题“贵州省世居少数民族哲学思想史研究”，同年 3 月签订了合同书。我们力图寻找懂得本民族文化或了解这些当地少数民族的学者加入研究团队，除了少数几个民族外，基本上实现各民族的学者自己叙述自己故事的目的。虽然合同要求是在 2014 年完成，但是由于资料搜集的困难和如何撰写少数民族的哲学思想的问题，耗费了我们相当多的时间，直到 2015 年年底，各位学者才完成承担部分的研究任务。我和唐建荣先生才开始履行主编的工作。

贵州是一个多民族的省份，有世居少数民族 17 个，是全国少数民族人数较多的“民族八省区”之一。特定的自然环境和自然历史进程，使境内各民族形成了多元共生、共同发展的格局。贵州的少数民族有着悠久的历史，较早可以追溯到古代的南蛮、越人、濮人、氐羌等几大族系，据《史记》载，“西南夷君长以什数，夜郎最大”。夜郎当在贵州境内。足见当时贵州境内有若干地方政权。汉、唐以降，汉人迁居西南，与南蛮、越人、濮人、氐羌等几大族系的人民杂处，逐渐形成当今贵州的民族分布格局。

各民族长期以来也养成了自己独特的生活方式、风俗习惯和宗教信仰，形成丰富多彩的民族文化。

贵州省少数民族哲学社会思想研究肇始于 20 世纪 80 年代。继成都中国南方少数民族哲学思想学术讨论会后，贵州省从事哲学、社会思想史教学与研究的工作者于 1984 年 12 月在贵阳召开了贵州省少数民族哲学社会思想学术讨论会。到会的学者主要来自贵州民族学院、贵州大学、贵阳师范学院、贵州省社会科学院、贵州省民族研究所和自治州县以及云南、四川两省共计 20 余人，与会者中有哲学、美学、宗教、民族学、历史学、民间文学、古生物学七个学科的学者，会议由贵州民族学院主办，副院长穆琨教授主持。①

会议认为，贵州少数民族的哲学思想蕴藏在民族习俗、原始宗教、神话传说、民歌古歌之中，因此，田野调查是贵州少数民族哲学思想的前提。会议提出，在进行少数民族哲学思想研究过程中，必须注意各民族的地理环境、所处的社会发展阶段、不同的经济生活状态以及各民族间的文化交流和相同文化的源流问题。根据不同民族的特点，追根溯源，探索不同民族的哲学思想特点，研究各民族共同的和不同的认识规律。此外，在对少数民族的原始思维、宇宙观、宗教思想、认识能力等方面进行研究的同时，还必须深入研究各少数民族的哲学思想如何为各民族社会主义现代化建设服务的问题。②

1985 年贵州省社会科学院韦启光研究员对贵州省少数民族哲学社会思想研究予以梳理与概述。梳理了关于苗族、布依族、彝族、侗族等少数民族哲学社会思想研究的成果。其中，对苗族哲学社会思想的研究涉及苗族宇宙起源说、人类起源说、原始宗教、习惯法、神话、伦理思想、生育观；对布依族哲学社会思想研究涉及宇宙起源、人类起源观念、伦理思想；对彝族的哲学社会思想研究主要集中在彝文典籍《西南夷志》《宇宙起源》《宇宙人文论》；对侗族的哲学社会思想研究主要探讨侗族人民的审

---

① 赵枫：《贵州省少数民族哲学思想学术讨论会在贵阳召开》，载《贵州民族研究》1985 年 4 月 2 日。

② 熊述碧：《贵州少数民族哲学思想讨论会概述》，载《国内哲学动态》1985 年 4 月 1 日。

美观念、道德观念和各民族平等团结的政治思想。[①] 这些研究者中，有当地学者也有外地专家，以当地学者为主。这些当地学者或长期生活在少数民族中间，与少数民族同胞打成一片，或是本身就是贵州的某个少数民族。他们运用马克思主义理论深入分析研究少数民族的哲学社会思想，并积极投身于民族研究的各种学术讨论会，发表自己的研究成果，增强了各民族学者之间的相互了解和联系。一些汉族学者亲身加入少数民族哲学研究队伍中，与少数民族学者互相切磋、联合攻关，成为研究少数民族哲学社会思想的领军人物。当地的少数民族学者熟悉本民族的风俗，了解本民族的神话和传说，接受过本民族宗教信仰的洗礼，当他们能够运用马克思主义的理论去讨论本民族的哲学社会思想时，所得出的结论是令人信服的。可以说，从 1982 年中国南方少数民族哲学思想史学会筹备后，关于贵州少数民族哲学社会思想的研究呈现出一种竞相开放的态势，研究成果不断涌现，初步揭示了贵州省民族研究的面纱。20 世纪 80 年代后期，随着贵州民族研究的深入，虽然贵州省哲学社会思想界没有召开专题的学术会议讨论少数民族哲学社会思想，但许多关于贵州少数民族哲学社会思想研究的成果都展示在各种民族学研究的学术讨论之中，这也是我们之所以能够完成本课题的基础。

哲学一词在人类历史文化上源远流长，且非常重要。在中国，“孔门十哲”“古圣先哲”等，专属那些善于思辨、学问精深者，近似西方“哲学家”“思想家”之谓。一般认为中国哲学起源于东周时期，以老子的道家、孔子的儒家、墨子的墨家及晚期的法家为代表，而实际上在之前的《易经》与“河图”“洛书”当中，哲学问题已经展示无遗了。

在英语国家，“哲学”（philosophia）一词源自希腊语，其原意为“热爱智慧”。毕达哥拉斯最早使用 philosophia（爱智慧）和 philosophis（爱智者）这两个词语。

哲学在世界文化中是一个理性文化的概念，在各个文化中都会是一个必然的表现。一般而言，哲学是关于世界观和方法论的学说与理论体系。

---

① 韦启光：《1985 年贵州少数民族哲学社会思想研究概述》，载《国内哲学动态》1986 年 5 月 1 日。

世界观是人们对整个世界以及人和世界关系的根本看法。方法论是人们认识世界和改造世界的根本原则与方法。西方自柏拉图、亚里士多德以来形成的哲学理论是，建立在主体和客体、主观和客观、现象与本质、思维与存在等二元分离基础上的知识论的哲学，它是最早的理性主义，代表的是科学精神，因为它要诉诸人的观察、诉诸人的经验、诉诸人的判断而且要经过验证。其实，从爱智慧的角度看，哲学就是对人类性的探索。正如著名哲学家冯友兰在《中国哲学简史》中说，哲学是对人生有系统的反思的思想。哲学的特点是什么？就是反思。什么叫反思？就是对思想的思想。它思考的是我们已有的观念，因为我们是通过观念来看世界，反思就是审视那些我们已经获得的关于世界、人生的观念。所以哲学永远是反思性的。从这个意义上讲，哲学的另一理论应当是如何诠释世界与人生。每个民族由于地缘、语言、历史、宗教、生产方式、生活方式等各具特色，他们以各异其趣的民族形式，多样化的“话语”方式，表达着他们对灵魂与肉体、精神与物质、思维与存在、主体和客体、主观和客观、知与行、人与自然、人与历史、个人与群体等矛盾关系的思索和理解，构建了支撑和应对他们物质生活和精神生活的世界图景和思维方式，确立了引导和规范他们思想和行动的价值观念和行为方式，创造了使他们的生活获得现实根据和终极关怀的神圣形象和意义世界。

苗族是贵州省少数民族人口最多的民族，也是一个跨国而居的世界性民族。有关专家考证，苗族来源于传说时代以蚩尤为首领的“九黎”部落。操着苗语三大方言的苗族同胞也普遍认为自己是一路迁徙而来的。在漫漫的历史长河中，苗族人民建构和反思着关于世界、人生的观念。在《跋山涉水》《开天辟地歌》《枫木歌》等创世纪史诗中，生动而鲜明地诠释了天地、万物和人类的起源。他们认为，世界万物起源于“雾罩”（水气），“雾罩生最早，雾罩生白泥，白泥变成天；雾罩生黑泥，黑泥变成地”。“天地生昆虫”“生树木”“生撵山的狗”“生犁田的牛”“生报晓的鸡”“生你们和我们”。这是一幅宇宙演化图：雾罩——泥——天地——万物——人类。在《枫木歌》中叙述了苗族发生的故事，这就是：枫木——蝴蝶——姜央。枫香树上生出妹榜妹留，按苗语意译，“妹榜妹留”即花蝴蝶妈妈的意思。蝴蝶妈妈生了12个蛋，其中一个蛋生出了姜央。于是苗族人民崇拜枫香树，乞求保佑子孙繁衍。在人生方面，苗族先民形成了劳动创造美好生活，在劳动中相互团结的理念。“穿衣同匹布，做活同一处，地方才繁荣，人口才兴旺”。黔东南苗语中的“构榔”，是维持正常生产、生活的一种社会组织形式。它以联合集体议事制订并执行公约的方式来规范人们的行为，维持正常的生产、生活。参加构榔的可以是一个“昴”(村寨)，也可以是几个昴，或一个“鼓社”，甚至整个地区。他们认为：“议榔地方就和好热闹，议榔的寨子才亲善和睦。”

有关专家考证，布依族来源于百越，布依族人民也认为他们来自越人，“布依”是音译，意译就是越人的意思。生于斯长于斯的布依族，在亚热带气候和多山的地理环境中，铸就了布依族的文化特点。在布依族田园诗画般的村寨里，山川河流、森林翠竹、珍禽异兽无不成为其衣食父母，成为自然之神。他们以历史存续下来的稻作文化思维，对自然生态景仰着、敬畏着、膜拜着、呵护着，有村寨必有青山绿水，门前绿水浇灌着阡陌的禾苗，屋旁翠竹映衬着子孙的繁衍，屋后的青山支撑着生存的秩序。在《混沌王》《盘果王》《力戛撑天》《当万和蓉莲》《赛胡细妹造人烟》等创世纪神话中，他们认为宇宙最初是“混沌”的。混沌之中包含着“清气”和“浊气”，清气上升，浊气下沉，二气相碰交粘形成了一个“四方八处昏沉沉”的“葫芦形”的混沌之气。《赛胡细妹造人烟》中这样唱道：“在很古很古的时候，世间只有清清气，凡间只有浊浊气……清气浊气同相碰，交粘成个葫芦形。清气浊气相粘后，四方八处昏沉沉，不见树木和野草，不见走兽和飞禽。”那么，混沌世界如何演化成现实世界呢？那是先民翁戛、布杰等能人的作用。“他（布杰）把清气捏在左手掌，又将浊气握在右手心……‘海扎’一声用力扳，清气浊气两离分。”布杰分开了清气浊气才形成天地：“清气上升变青天，浊气下沉变大地。”他们认为，人可以与动物、植物有亲缘关系。在《安王与祖王》的传说中有关于鱼、竹子等图腾崇拜的原始宗教观念。在人与人的关系中，尊老爱幼、礼让团结、重情重义、是非伦理等观念成为邻里之间、家庭成员间的基本准则。

侗族的主体在贵州，百越的后裔。在《人类起源歌》《嘎转莎》创世纪古歌中，他们认为天地之始是混沌的，是由大雾笼罩着的，而后由风公吹散大雾而“云开雾散”，大地才分为四季。“当初风公力无比，头脑尖象黄牛角；春天出气天下暖，夏天出气雨降落，秋天出气地打霜，冬天出气大雪落。”关于人类起源问题，他们在《侗族祖先哪里来，龟婆孵蛋》提出了卵生说。认为侗族祖先松恩、松桑是龟卵所生，“松恩、松桑传后代，世上人儿渐渐多。”在《人类的起源歌》中提出了自然衍生说。“起初天地混沌，世间还没有人；遍野是树蔸，树蔸生白菌……额荣生七节，七节生松恩。”在社会管理方面，侗族的“侗款”是极具智慧的。侗语“kuant”，汉译“款”，是侗族历史上集立法、司法、军事、礼仪、教育为一体的社会组织。“款”组织有三种活动：说款、开款、聚款。说款是按规定的时间在款坪上由熟记款约的人向款民背诵款约，一年举行两次，“三月约青，九月约黄”。开款，即由款首聚众处罚违犯“款约”的乡民。聚款则是款组织采取的统一军事行动。款约在衡量社会成员的品行、调节个人与集体的关系，要求民众维护公共利益和尽到应有的义务等方面，不仅是强制的基本准则，而且也是解决族内外矛盾和处理犯罪的典章。

土家族在贵州有100多万人口，在贵州少数民族人口中排列第四位。据贵州省土家族的分布区域看，属古代巴国南部领地，其族源与古代巴人有关。在创世纪《开天辟地与伏羲姊妹》中，土家族先民认为在天地万物包括人类产生以前，整个宇宙一片黑暗，由于风的吹动，才出现一片片、一团团的白云，这些“白云”在运动过程中，逐渐地形成天、地、万物以及人类。人类则是“白云”里面的一个卵衍生而来的。在人与自然的关系方面，土家族先民依赖、敬畏、膜拜着大自然，由此而衍生了土地神、猎神、山神、风、火、雨、雷神等崇拜。土家族基于地缘特征，形成了诸多极具凝聚力的约定。在生产方面，同姓同宗或异姓家庭间有无报酬的劳动互助的形式，形成了平等、互助和互利的社会关系。在生活方面，个体家庭修房建屋、婚丧嫁娶、生老病死等重大事件，村落群体会伸出援助之手，帮助当事家庭渡过难关。因此，在土家族社会里，勤俭持家、尊老爱幼、热心公益、团结互助、热情好客等美德渗透于各种民俗事象之中。

彝族是中国西南的少数民族之一，云南、四川、贵州三省毗连的广大地区是彝族的活动区域。学者普遍认为，彝族源于古氐羌，与历史上的哎氏族、哺氏族、昆明人、叟人、古僰人、古濮人、庄蹻的军队有诸多关联。在《宇宙人文论》《彝族源流》《彝文创世志》《洪水纪》等古籍中，系统反映了彝族的宇宙观。彝族先民认为，天地是由清浊二气产生，而清浊二气是从空空荡荡的宇宙产生。彝族对于人类的来源存在不同的观点，竹生人说、进化说、影生人说、神生人说，等等。竹生人说最为流行，认为彝族来自竹或者为竹所救，并且死后也往往归于竹筒。彝族认为天地万物几乎都有神灵，每位神灵都有自己的职责，为了祈求神灵们的保佑，需要经常祭祀他们。在《爨文丛刻·献酒经》中被献祭的神灵有天、地、日、月、星、云、风、雨、光、雾、山、水、树、石、岩原等自然神，此外还有年、月、灵、狩猎、耕牧、知识、威荣、福禄等神灵。彝族是一个很重视社会伦理的民族，注意处理各种人际关系，竭力构建各得其乐、各安其所的和谐社会。与人为善、多做好事、恶事不做、坏事少做已经成为彝族世代相传的行为准则。

仡佬族是贵州省的当地少数民族。学界普遍认为：上古时期的“濮人”，就是中古时期“僚人”的先民；中古时期的“僚人”，就是现代仡佬族的先民。《第四朝人》《兄妹成亲》《巨人由禄》《阿仰兄妹制人烟》等创世纪神话传说展示了仡佬族先民关于自然和人类起源的丰富想象，以及对世界、人类起源的思考。仡佬族敬畏自然万物和生命，认为日月、天地、万物是神灵“巨人由禄”创造。“肉就是遍坡遍地的泥巴，脑壳就是高高低低的坡头，头发汗毛就是漫山遍野的树木和草，眼睛就是大大小小的消水坑，嘴是山洞，手和脚是分枝分岔的山坡，肚皮就是那些龙潭，肠子就是弯弯曲曲的江河，骨头就是又重又硬的石头，肋巴骨就是那又高又大的大岩……”在《巨人由禄》中，描述了大地万物皆是由禄身体的各个部位变化而成的，按人体的生理结构来认识天地万物关系的奇妙想象，反映了自然界物象的人格化，也反映了仡佬族先民对人类自身的认识和肯定，热情地歌颂了作为人类化身的“巨人由禄”舍己为人的奉献精神。

水族自称“睢”，其语言属汉藏语系壮侗语族侗水（侗台）语支。水族的创世神话与古歌，主要有《开天地造人烟》《开天辟地》《开天立地》《开天辟地歌》《恩公开辟地方》《拱恩点恒》等。散文体的神话称为“凡启稿”，意为远古的故事；韵文体的古歌称为“旭济”，意为创造歌或创世纪的歌。水族先民朦胧地猜测到宇宙天地万物形成之前，宇宙间被一片黑暗笼罩，没天地、无昼夜的混沌状态。这种混沌状态是怎样改变的呢？天地是怎样形成的呢？水族古歌认为是由神奇女性的仙婆“牙娲”创造的。“初开天混混沌沌，牙巫婆真有本领。混沌气她放风吹，风一吹分开清浊，那浊气下沉变土，那清气上浮巴天，整个天成为一色，青幽幽一池蓝靛。”水族先民认为，天地形成本源是物质性的“清气”“浊气”，而促成二者加速转化是仙婆牙娲放风吹气的结果，尽管其中蕴含有神创意识的萌芽，但却是在天地原有的“清气”“浊气”基础之上的作为。人从哪里来？人是怎样来到这世界？从古至今都是人们思考的重大而严肃的问题。水族先民有自己的认识：人和野兽是从12个仙蛋中孵化出来的；人是仙婆牙娲掐树叶为小人封存繁衍而来；人和龙、雷、虎原来是兄弟，是人用火攻战胜对手而主宰人间。水族先民对生物繁衍既看到兽畜类的直接生育繁衍状况，也看到禽类、蝶类、蛙类、水生动物等的卵生现象。尤其对卵生动物的形态变化现象感到更为神秘，联想到人和野兽也是从蛋中孵化出来的神话思维。

……

综上所述，我们看到在早期自然哲学思想，尤其是哲学萌芽形成方面，贵州少数民族蕴藏着丰富的资源，对于这些哲学思想的挖掘整理可以丰富中国哲学在哲学萌芽阶段的内容。哲学萌芽源于原始社会的崇拜意识，伍雄武先生说：“哲学作为知识的总结、文化的核心，它的发生、萌芽与整个人类意识、思维和文化的发生密不可分，所以，对原始意识、原始思维以及哲学的萌芽的研究，是相互结合、密不可分的。”① 贵州各少数民族通过自然崇拜、祖先崇拜和图腾崇拜，萌生了对自身的思考和与自然关系的追寻，构建万物生命“相和相安”关系的原生信仰，“万类有命、万命同尊”，“生命平凡、生命同源、生命平等、生命欢乐、生命神圣、生命美丽”是他们共同的认知。在本体论问题上，“气本原说”成为贵州各少数民族诠释自然、宇宙万物的本原和万物生成问题的基础，由此衍生了人与自然的共生共荣关系，群与群之间的平等关系，人与人之间的互助关系；形成了各异其趣的意义世界。

---

① 伍雄武：《中国少数民族哲学史研究30年评述》，载《中国少数民族哲学及社会思想史学会》2011年8月8日。

宝贵贞说："哲学是时代精神的精华，也是民族精神的精华。哲学形成和发展的过程，既体现了不同民族之间相互影响相互融合的共性，也反映出了不同经济、政治、文化背景下的个性，即民族哲学。"① 民族精神是民族的灵魂，它根植于民族文化的沃土之中。由于民族精神实质上是各民族对人类文明的选择，也由于民族精神在形成过程中有对不同文化的广泛吸纳，因此我们说，民族精神是一个民族在特定自然环境和社会环境中选择和铸就而成的，当一个民族的文化历经历史的洗礼而凝固成为人类共有的文明。少数民族哲学就是对民族文化的概括与总结，既彰显民族个性，又体现一个地域的共性。

少数民族哲学是其文化的重要组成部分，因此，在哲学研究中可以进一步挖掘民族文化，在文化整理过程中可以深度分析民族精神。通过对一个地域不同民族哲学思想研究，可以把散落于凡尘的智慧搜集起来，发现各民族相互影响和相互促进的路径，从而促进各民族文化的发展，同时也是对各民族文化素质和理论思维的提升。

虽然贵州少数民族哲学研究是在20世纪80年代就开始了，但系统地对贵州17个当地少数民族哲学思想进行梳理和总结，本课题则是首次。我们在整理少数民族哲学思想的过程中，品尝了"万事开头难"的滋味，体验了初春耕耘的艰辛，这里没有春华秋实，但却充满了初创处女地的快乐和喜悦。初创的意义在于开辟，伴随其左右的则是某种缺失。我们乐见后来者居上，能够在贵州世居少数民族哲学社会思想领域总结出更多的精品。这是一种态度，当然也是一种希望。

是以为序。

2016年5月11日于花溪觉悟斋

（原载《贵州省世居少数民族哲学思想史研究》，贵州民族出版社，2017年10月第1版）

① 宝贵贞：《民族哲学20年，载《哲学动态》2001年第12期，第39页。

理论篇

略谈“少数民族”

在我国现有的56个民族中，汉族人口占全国总人口的94%，故称为大民族，除汉族之外的民族，只占全国总人数的6%，故称为少数民族。

民族是人类历史上所产生的一种社会现象。民族的产生有两种类型：从人类社会发展史来说，民族是从“氏族——部落——部落联盟”发展而来；从民族发展的进程来说，则是在原有的民族中，融合而形成的新民族。据史籍记载，早在3000年前的商、周时代，除商人、周人外，还有“东夷”“淮夷”“荆蛮”“鬼方”“严允”“犬戎”“肃慎”等。春秋战国时期的“戎”“狄”“蛮”“夷”“百濮”“东胡”“林胡”“楼烦”“百越”“匈奴”等。秦汉时期有“越”“匈奴”“羌”“乌桓”“鲜卑”“西域各族”等。随着社会的发展，封建割据的征战、掠夺，许多民族在政治、经济、文化上互相交往、融合、分化，形成了今天的各个民族。正如毛泽东同志所说：我国少数民族“虽然文化发展的程度不同，但是都已有长久的历史”。

各个少数民族虽然发展不一致，但也有光辉的古代文化。当中原地区还不知毛织品为何物时，蒙古族、羌族、哈萨克族、维吾尔族等已有了毛织品。据史书记载，汉张骞出使西域（今新疆），回中原时就带有芝麻、胡豆（蚕豆）、胡桃、胡瓜（黄瓜）、胡葱（大葱）和胡萝卜等种子，对中原地区农业生产的发展起到了促进作用。居住在云南的傣族、哈尼族，早在西汉时期已种植茶叶，到了唐代，云南茶叶已运销内地，最负盛名的是普洱茶。根据近年来在广西、云南出土的大量铜器，如铜鼓、铜棺等来看，这些地区的少数民族的祖先很早就发展了矿冶技术。同时，少数民族的纺织业发展也很早，著名的色彩绚丽的“壮锦”“侗锦”就是壮、侗民族妇女在长期的辛勤劳动中创造发展起来的手工艺品，海南岛黎族很早就擅长于纺织，有比较先进的技术，元代杰出的汉族纺织家黄道婆的纺织技术，就是她早年在海南岛同黎族妇女学习后逐步改进提高的。

同时，我国少数民族也有灿烂的古代文化，一向被列为我国农学史上重要著作之一的《农桑衣食撮要》一书，就是元代维吾尔族著名农学家鲁明善的杰作。著名的《万年历》的制定者乃是元代著名的回族天文学家扎马鲁丁，他在元大都建立了一个天文台，制作了许多种天文仪器，为祖国的天文学的历法的发展做出了很大的贡献。回族建筑学家亦黑迭儿丁受元世祖之命，为元大都城市建设的发展打下了基础。在我国数学史上起过重要作用的名著《割圆密率捷法》乃是蒙古族著名科学家明安图（字静庵）在距今300多年前写出的。在音乐、舞蹈、医疗、卫生、文学等方面，也有许多创造和发明。现今使用的许多民族乐器，如箫、笛、琵琶、胡琴、横吹、鼓、铜鼓等，都是从汉代开始由各边疆地区陆续传入内地的。敦煌壁画给我们展示了早在唐代以前，少数民族的舞蹈就已风靡内地艺坛的情景。名扬中外的文学巨著《红楼梦》就是清代满族文学家曹雪芹创作的。此外，历史上许多有名诗篇和乐章，如叙事长诗《阿诗玛》和古典音乐《玛卡木》等，也是出自少数民族之手。还有各民族古歌、爱情歌、排歌等，都闪烁着艺术的光芒。

由于历史上反动制度的压迫和奴役影响了少数民族经济的发展。历代反动政权把弱小民族驱赶到边远地区，居住在边远地区的弱小民族，由于交通不发达，商品经济得不到发展，造成经济上的落后，导致了政治上处于被压迫、经济上被剥削、文化上被奴役的地位。中华人民共和国成立后，中国共产党依据马列主义的民族理论，制定了一系列正确的方针、政策，使各民族在政治上获得平等地位，在经济、文化上都普遍得到提高，各民族从事政治、经济和文化工作的行政、专业技术干部，据不完全统计已达100万人。

（原载《贵州日报》，1983年10月1日第1版）

平湖布依族婚俗

平塘县位于黔南布依族苗族自治州南部，与都匀市、独山县、惠水县、罗甸县和广西南丹县毗邻。布依族人口约10万。平湖区是平塘县最大的区，是县治所在地，除一个乡为佯僙人居住外，其余多是布依族、苗族和汉族杂居。

随着生产力的提高，经济文化的发展，布依族的婚姻习俗也日益发展变化。虽然“父母之命，媒妁之言”“明媒正娶”的形式还普遍存在，但民主性正在日益的增多，基本上是以儿女的意见为主。那种“背带婚”和“包办婚”正在逐渐消除。现将该地布依族的婚嫁习俗分列于后。

（一）相亲

当男方请媒人前去提亲以后，女方就要进行一番调查，从当事人到其家庭都要了解，谓之“相亲”。

在布依族居住的地方，常常是一姓一村，一宗一寨，所以，在议亲之前，女方必须对男方做一番了解，其内容大致是人才如何（是否勤劳、心地善良、长相端庄）；家庭情况（家庭团结与否；人口情况，经济情况与邻里的关系如何等）；命相是否相配。当然，也有不同姓不同宗的大寨，这种寨内通婚，相亲程序，则为简略。如果男女双方在恋爱活动中，播下了爱情的种子，或者议亲的双方有拐弯抹角的亲戚关系，彼此间已经了解，也无须相亲程序。

“相亲”往往是在媒人的引导下进行的。相亲者或是男女当事人，或是双方的家长，或是双方亲属。媒人为了搭成这座彩桥，往往事先巧做一番安排。

（二）定亲

经过女方观察满意之后，选一良辰举行仪式，互送信物，谓之“定亲”，俗称“讨红蛋”。

仪式是在女方家进行的，男女双方都要邀约各自的内亲参加。男方备红糯米饭一篮，美酒一缸，糖若干封（每封约半斤左右），祭祀用的青香和纸钱，另外还要送女方当事人一段布料、头帕等信物。仪式开始，焚香于神龛之上，烧纸于正堂之前，一是将喜事随着萦绕的缕缕青烟告慰列位祖宗，二是宣布亲戚关系正式建立。在这个仪式上女方回赠信物，大多是男上装一件，鞋垫一双，鞋垫多用红线连接，糯饭一篮，红鸡蛋一双。定亲必须当天还回，如果路途遥远，一般为三天，三天之后必须还回。仪式结束之后，女方把糖送给亲友，其意为这个姑娘已许配人家。男方把红糯米饭分送亲友，意为已经定亲了。

（三）讨八字

定亲之后，便产生了亲家、女婿与岳父母的亲戚关系、双方家庭有大小事都负有协助对方解决的义务。每逢女方家庭有婚丧大事，女婿必须前去效劳。每逢春节，女婿必须携带一定的礼物到女方家，谓之“拜年”。如果打算完婚，还必须到女方家去取女方的生辰八字，这种仪式意为“讨八字”。这个仪式由男方主办，女方承办。因此，男方必须准备酒、肉、粮食，以作仪式开销之用。在这个仪式上，男方必须将女方所需要的“彩礼”，大致有嫁妆礼、衣料礼、结婚开销礼（结婚时，女方请客所需粮、油、肉酒、粑粑等）。有些地方还送交抚育礼、应允礼（俗称：开口银）。女方馈送男方衣料一段、鞋一双、鞋垫一双。

双方都邀约各自的内亲来参加这个仪式，仪式一般是三天，人们相互歌舞，祝福亲人，祝福主人家吉祥如意。

“讨八字”就是索取女方的生辰年月日时。男方用红纸写“庚书”，从左到右，男方写上“乾造”（横写），在乾造之下竖写男方当事人的“×年

×月×日×时建生”。然后，由女方在右边写上“坤顺”（横写），在坤顺之下对称地写上女方“×年×月×日×时树生”，均用干支记时法。

男方送“庚书”时，还必须有《祝神》《开阖》《翰墨馨香》《堂贺》等书简，否则女方家不但不给放在神龛之上，而且也不收下庚书。

第三天，女方交还已填写好的庚书。交还庚书的仪式，人们以歌的形式进行。男方的父亲或母亲在女方的堂前接受，拜别女方的祖宗和各位亲戚之后，随后便上路。当男方得到庚书之后，就完全地取得婚姻的主动权，女方亦无毁约的权利了。“讨八字”之后，便将男女的八字请算命先生“合红庚”，择吉日成亲。一般是当年成亲，有的由于其他原因，几年以后才能成亲。择好吉日，男方必须尽快邀媒人将择好的吉日通报女方，称为“送报书”。女方接到“报书”之后，就马上准备结婚嫁妆了。

（四）嫁妆

嫁妆数量和质量的多少与优劣，往往视其经济条件和父母哥嫂对姑娘的态度而定，故情况不一致。筹备嫁妆大多是女方，其母舅也相送一部分。因为在“讨八字”的时候，嫁妆礼中有一部分是敬献女方的母舅，所以，在筹备嫁妆时，母舅有义务相助，都是一柜一被，如果有几个母舅的话，女方父母在筹备嫁妆时就不用发愁了。女方筹备嫁妆多是衣服、被子、蚊帐，以及装粮食的柜子和盛衣服的箱子，床和桌子等都是男方自己准备。近些年来，在经济发达地区，不仅陪嫁柜子和箱子，还陪嫁新式的家具、缝纫机、电视机、收录机等。嫁妆在男方迎娶时，由男方请人接走，但每件嫁妆必须放有一双红包（包内放钱），以作为挑担者的酬劳，谓之“押命”。

（五）迎亲

成亲一般在农闲进行，男方根据女方嫁妆的多少，请来相应的人员组成迎亲队伍。新郎在成亲当日，有陪郎相伴前往迎亲。在迎亲的队伍中，有两位称为“拉雅”娘的未婚女子，其任务是负责催促新娘上路。随接亲队伍而来的主要负责人是“押礼”，他是男方的全权代表，男方的一切事务全部由“押礼”承担。

迎亲队伍来到之后，女方必须马上准备梳洗打扮（负责给女子梳洗的必须是多子女的双亲健在的老人），穿上男家送来的衣服，在出门之前不许换新鞋。因为如果换上新鞋，踏在娘家的泥土上，会把娘家的财富带走。

若女方对男家一切满意，便可立即“发亲”。此时，新娘头上罩上红色新帕子，拜别祖宗及长辈，哭哭啼啼，依依惜别，倘有会哭女子，哭出对祖宗、父母、哥嫂、弟妹的感情，会把满堂老幼哭得情牵意动，人人泪水盈眶。由自己的哥哥、弟弟、姐妹或旁系兄弟姐妹背着拜别祖宗。出门时，脚不准带娘家土，不准看娘家屋，背到外面便换上新鞋，于是在迎亲队伍的催促下，送新娘的陪伴下，缓缓上路。若对男方稍有不满，便故意延滞，新娘拒不出门，直到男方满足某种条件之后，或者把男方贬得十分狼狈之后才发亲。一路上，凡穿村过寨，必须打伞罩新娘，其说是防“四眼人”（孕妇）和防“鬼神”。跨沟过河，必须由接亲女子背新娘。

（六）拜堂

新娘快到男方家时，接亲娘必须飞报男家做好迎新娘的准备。此时，在大门槛上安上马鞍，大门下点上一盏灯，名曰“七星灯”，一升谷子和“巴茅叶”。传说“巴茅叶”是阴间的钢刀，所以，放上“巴茅叶”，一切恶鬼邪神都畏惧之。

司仪在堂中等候新娘的到来，当新娘来到大门边时，司仪便开始了“迎亲神礼”。首先念道：

“伏以，东边一朵红云起，西边一朵紫云开，两朵祥云来结彩，迎接新人进门来，木是陈香木，雕起玉金屋，马是白龙马，鞍是紫金鞍，新人跨过后，发子又发家。灯是七星灯，点起亮铮铮，新人跨过后，发子又发孙。”

一番祝福之后，有两位年老的福运好的妇人（儿孙满堂，二老俱在），把新娘强拉进门。此时，女方送亲的人不准拉进门，把新娘藏在自己的背后，于是就展开一场对歌，唱完“进门歌”之后，主人家需付“进门钱”。“进门钱”一般为一元二角、二元四角、三元六角，等等。有些送新娘的由于没有经验，常常被主人用红纸包上一角二分钱欺骗。争斗结束后，便把新娘拉进门。进门之后，新娘新郎立于堂中，随“司仪”的口令，分别向祖宗、长辈亲戚下跪拜礼。然后，夫妻对拜，拜错时，满堂大笑，围观的人多是未婚男女，他们就在参加这种仪式中增长见识。

接着，司仪这样念道：“明灯点得闹洋洋，玉龙杯子摆桌方，上面祖宗来迎接，迎接新女配新郎，先拜天地，后拜华堂，夫妇交拜，百事齐昌。”

拜堂之后，夫妇的“法律关系”正式生效了。

（七）洞房

洞房内外极其讲究。床、桌子等家具均用红色染成，门户张贴红纸对联，悬挂红布门帘，神龛上点着一对红色蜡烛，一派喜庆。

夫妇交拜之后，就进入洞房。入洞房时，新娘由两个女人拉进去。进去之后，第一件事就是坐床，有先入为主之说。有的地方坐粑槽，说是让新娘从此坐家。而后，宾客才可以涌进洞房，各种嫁妆都摆在适合而又显眼的地方。所有的棉被、床单都放在床上，以供来宾品评观赏。但有两种人谢绝入内，一是孕妇，一是守孝的寡妇。偶有不慎进入洞房，伴娘等必须以身遮住新娘，绝不能让她们靠近床。

（八）宴宾客

俗称“吃喜酒”或“喜事酒”。来宾一般送现金为礼，数字大小视经济情况与关系亲疏程度而定。内亲一般送重礼，一套男装、衣架、一坛酒、一担粮。姐姐、母舅、姑姑要送男装全套穿戴，女衣一件，谓之“挂红”，还要送粮食、酒等。

一般来宾贺喜的当日，吃完正餐就回家了，而送重礼的则要留下来住三天。

成亲的当天晚上，摆开阵式，开始对歌。有老太婆之间、青年女子之间、青年男女之间的对歌。不过，对歌伊始，一般都是老太婆之间和青年女子之间展开角逐。老年人唱的是敬茶、敬酒、古歌赞美之类的歌。老太婆的歌台一般上半夜就散了。青年女子之间的对歌，有敬酒赞美、试探、盘歌、开排歌之类的歌。午夜之后，许多喜欢唱歌的青年男子就开始围观了，不时也唱上几句，如果女方响应，就取得参与唱歌的权利，便开始上座对歌。男女之间的对歌，通宵达旦，对抗性较强，互不相让，胜者博得人们的敬慕，内容有开排歌、初会、赞美、盘歌、排歌、即兴歌、谢主。已婚和未婚均可以任意参加，不受约束。这与玩表有很大的区别。首先，称呼不同，不许用郎妹之类的称呼，通称为“客”。其次，内容不同，玩表唱的是爱情之类的歌，而这里不准唱这一类似的歌，倘若违反这些规章，不仅视为无礼之举，而且会被主人家驱赶出门。对于为庆贺喜事前来参与对歌的歌手们，主人家必须盛情款待，午夜必须开夜宵。

这种阵势一直到送亲的人回家时止，一般是三个晚上，因为三天之后送亲的必须回家。

（九）拜朝

新婚后的第二天早上，新娘在送亲老太婆的陪同下，同男方的父母、亲戚见面，谓之“拜朝”。在“拜朝”时，新娘要有一定的礼物敬送，而受物者必须有所回谢，所以新娘在出嫁前几个月，甚至一年，必须按男方所有血亲的数目，赶做礼物。送给父母的礼物多是被子，其他人则多是送鞋子。受物者必须按自己的经济条件准备，适当的回敬礼。这种回敬一般都是现金，用红纸包着。因此，血亲们除了送大礼之外，还必须准备送一些小礼的钱。

清晨，拜朝开始，由一位长者一一介绍，新娘和新郎敬酒。而后，新娘的代理人开始分送礼物。

见面之后，还由一个长者带领，把家里的情况一一介绍给新娘，也就是让新娘熟悉环境。

（十）回门

女子出嫁三天至七天之后归娘家，谓之“回门”。回门多在鸡叫时就开始出发，新娘由小姑（丈夫的妹妹）陪伴，一行三人，回门当天即转回。

这样，婚嫁过程就结束了。在布依山寨，婚礼时期为了礼貌，一般不许同居，因为此时还有新娘的送亲们。回门之后，女子可收拾回娘家，常常是娘家住几天，婆家住几天，一年左右便正式住下了。此时的女子不仅装束上有所改变，而且言谈、举止上都有所禁忌，否则，会被人们视为“轻浮女子”。

1986年于花溪

（原载《苗岭风谣》；责任编辑：潘朝霖）

关于民族干部学员
思想政治工作的几个问题

做好民族干部学员的思想政治工作，是民族干部教育中的重要组成部分。它不仅关系民族干部教育的质量问题，同时也关系民族地区的两个文明建设的问题，确实应该引起民族干部教育工作者的高度重视。

一、民族干部学员的培养目标

《中共中央关于教育体制改革的决定》指出：我们要“为90年代以至下世纪初叶我国经济和社会的发展大规模地准备新的能够坚持社会主义方向的各级各类合格人才。”并且指出：“所有这些人才，都应该有理想、有道德、有文化、有纪律，热爱社会主义祖国，热爱社会主义事业，具有为国家富强和人民富裕而艰苦奋斗的献身精神，都应该不断追求新知，具有实事求是、独立思考、勇于创造的科学精神。”这是所有各级各类学校都应当坚持的培养目标。为了达到这个培养目标，应当对民族干部学员分别提出更加严格的要求。在理想方面，对一般的民族干部学员应当要求他们具有《中共中央关于精神文明指导方针的决议》中提出的“建设有中国特色的社会主义，把我国建设成为高度文明、高度民主的现代化国家”的理想。这是现阶段我国各族人民的共同理想。同时还应要求他们具有“到本世纪末，要使我国经济达到小康水平”的理想。对党员干部学员，还应该具有建立各尽所能，按劳分配的共产主义社会的最高理想。同时还应当要求学员们把共同理想同各自的岗位职责和人生的追求结合起来，立志建立、立志改革、艰苦奋斗、勤俭建国、脚踏实地干事业。在道德方面，对民族干部学员应当要求他们具有发扬国家利益、集体利益、个人利益相结合的社会主义集体主义精神，发扬顾全大局、诚实守信、互助互爱和扶贫济困的精神。而对党员干部，更应当要求他们为人民的利益和幸福、为了共产主义理想，站在时代潮流前面，奋力开拓，公而忘私，勇于献身，必要时不惜牺牲自己的生命的共产主义道德。因为这些学员既是少数民族，又是干部，所以应要求他们具有全心全意为人民做公仆的思想，遵纪守法，发扬民主，做维护和发展民族平等、团结、互助的民族关系的模范，为各民族的共同繁荣共同富裕贡献力量。

对民族干部学员的培养目标，对不同对象的不同要求，不仅要贯穿在整个思想政治教育之中，而且要渗透日常的学习和生活之中。要理直气壮地提出这些要求，要旗帜鲜明地指出，这不是说教，这是时代的需要，应该努力达到这些要求，适应社会主义现代化，适应世界的发展潮流，适应未来的需要。

二、民族干部学员的特点

贵州民族学院干训部从 1984 年起开办党政干部专修科，到 1988 年共毕业三届学员，共计 423 人。从 1985 年到 1987 年又举办了三期民族乡（镇）领导干部班，共培训学员 151 人。

学员来自全省各地，由十几个民族成分组成。党政干部专修科学员都是由各地、州、市、县委推荐，经过成人招生考试录取的，文化程度是高中或相当高中毕业水平，具有五年以上工龄，平均年龄在 25 岁以上。乡长班学员是由各地、州、市、县委推荐，进行短期的理论水平和业务能力训练，文化程度参差不齐。

学员们虽然个人经历不尽相同，但却具有以下一些共同的特点：

（一）思想上存在复杂性

思想上的复杂性表现为群体和个体两个方面：

从群体方面看，他们都参加过社会实践活动，经受了一定的锻炼。因此，有一定的判断是非的能力，不人云亦云。他们经历了“十年动乱”以及粉碎“四人帮”拨乱反正的时期，并且生活在改革开放经济搞活的现实之中，有扶正祛邪的良好愿望。但是，由于“文化大革命”破坏了党的批评与自我批评的优良传统，所以，使得他们中一部分同志斗争性不强，不敢大胆开展批评与自我批评。

从个体方面看，由于他们各自的生活经历不同，来自的岗位不同，形成了各自不同的思想修养，在对某一问题的看法上，各有自己的见解，在生活和学习方面，各有自己的追求。

（二）民主意识增强

他们都是具有五年以上实践经验的干部，所以比较关心国家大事，热爱公益事业。在领导与被领导的关系、同志关系、家庭关系等方面，考虑比较周全，处理问题讲究方式方法，注重友谊和谅解。受到委屈和误解也易于忍让和宽容。当然，也有少数年轻学员对国家大事不太关心，对政治活动不感兴趣，在处理人际关系上有时简单从事。

（三）家庭观念比较强

许多学员“人到中年”，承担着工作和生活的重担，学习期间两地分居，上有老，下有小，经济上有些压力，对家庭牵肠挂肚，往往因为家庭的后顾之忧而影响学习。所以，请假回家处理家务的人很多。据统计，每学期平均每人回家一次，每次4—5天，有个别学员一学期请假50课时。

（四）纪律上的松散性

由于他们大都来自基层，在工作岗位上没有严格的作息制度，有时白天忙大半天，晚上加班到深夜，睡得晚，起得迟。对学院紧张的学习生活不适应，迟到现象较为普遍。有个别学员对紧张的学校生活产生反感，认为学院太认真了。但就大的方面而言还是遵纪守法的。

三、从国家的培养目标和学员的思想特点出发，开展思想政治工作

思想政治工作必须按照党和国家的培养目标所规定的各项要求，针对对象所具有的特点来进行。只有这样，才能做到有的放矢，收到良好的效

果。针对上述特点，主要应当开展以下工作：

（一）加强对学员的马列主义理论教育

通过系统的马列主义理论课，党课以及现行政策的教育，清除“左”的影响，提高他们的思想觉悟，恢复和发扬党理论联系实际、密切联系群众、正确开展批评与自我批评的优良传统，使他们真正认识到十一届三中全会以来的路线、方针、政策的正确性，牢固树立以经济建设为中心，坚持四项基本原则，坚持改革开放经济搞活的基本国策的思想。要适当组织学员参加社会实践活动。进行这方面的教育，要从现实生活出发，让大家展开讨论，共同找出正确的答案。

对讨论中暴露出来的糊涂思想，要引导他们自己澄清认识。这项工作并非易事，思想政治工作人员和广大教师要带头刻苦钻研，提高自己的思想理论水平，掌握正确的教育方法。

（二）加强马克思主义民族观的教育

马克思主义民族观是无产阶级世界观的组成部分。它是无产阶级对民族和民族问题的看法以及处理民族问题的方针、政策。对民族干部施之民族观的教育有着特别重要的意义。它不仅使民族干部明确民族平等、团结、互助，共同繁荣进步、共同富裕原则，而且使他们自觉防止和克服大汉族主义和地方民族主义以及各种损害民族尊严的错误观念和做法。要把加强民族团结的教育和实现共同理想的教育结合起来，努力创造一种各民族友爱、信任和谐的环境和气氛，为建设四化而努力学习和工作。

（三）加强“理想纪律”教育

邓小平同志说：“有了理想，还要有纪律才能实现。纪律和自由是对立统一的关系，两者是不可分的，缺一不可。我们这么大一个国家，怎样才能团结起来，组织起来呢？一靠思想，二靠纪律。”① 因此，要在思想教育的基础上，把民主与集中，纪律与自由结合起来，引导他们认识民主与

① 中共中央文献研究室：《坚持四项基本原则反对资产阶级自由化——十一届三中全会以来有关重要文献摘编》，人民出版社，1989 年，第 295 页。

集中，纪律和自由的关系。院（校）系（部、科）都要扩大社会主义民主，使之制度化，形成民主团结、生动活泼的政治局面。同时，要在干部学员中树立牢固的《中华人民共和国宪法》神圣不可侵犯的观念，提高守法遵纪的自觉性和遵守校纪校规的自觉性，克服那种纪律松弛的现象。要吸收学员代表参加有关学生事务的民主管理工作，充分发挥学员党、团组织、学生会、班委会的作用，使之成为加强学院和学员联系，加强纪律教育的桥梁，并且要让学员自己教育自己，自己管理自己，做到自主、自律。对学员要关心，要及时帮助他们解决学习和生活上的困难问题，对家庭有特殊困难的学员，要尽量同当地领导联系给予必要的帮助。

四、加强思想政治工作队伍建设，充分发挥广大教职工在思想政治工作中的作用

高等院校思想政治工作队伍是高等学校进行思想政治教育的骨干力量，学校要进一步重视对这支队伍的培养和建设。思想政治教育是一门以马列主义理论为基础，综合性和实践性都比较强的科学。必须配备较强的力量从事这项工作，造就一批思想政治工作的专家、教授和理论家。要把品学兼优的教师选拔到思想政治工作队伍中来。专职思想政治工作人员要以主要精力从事思想政治工作，也要承担一定的教学任务。现在高校已开始对思想政治教育的教师实行职务聘任制，有利于调动他们的积极性，但是还要进一步加强思想政治工作队伍的组织建设，特别是思想建设和业务培训工作。

办好社会主义的民族学院，培养德才兼备的民族干部学员和学生，广大教师起着决定性的作用，其他员工也有着积极的作用。教师的思想品德对学生具有潜移默化的影响。教师把思想政治工作与学科教学工作结合起来，更易为学生所接受。德高术深的教师往往对学生有“一言九鼎”的教化之力。因此要坚定不移地组织广大教师结合教学业务做好思想政治工作。所有的教师都要坚持正确的政治方向，坚持四项基本原则和改革开放的政策，忠诚于人民的教育事业，全面关心学生的成长，努力做到教书育人、为人师表。高校的绝大多数教师是经过长期的考验值得受人民尊敬的教师，在思想政治教育工作中他们将起到应有的作用。少数教师特别是青

年教师对建设和改造的实际情况了解不多，应该在进一步落实知识分子政策、改善广大教师工作和生活条件、保证教师有充分的时间从事业务工作的同时，在政治上热情关心他们、帮助他们不断提高思想政治水平，要切实改进教师的政治学习工作，生动活泼地、有效地组织教师学习政策时事，了解国内外政治形势，学习党的方针政策，了解改革的情况，正确认识改革中出现的问题，提供参加社会实践、了解社会、接触群众的机会，接触学生、了解学生的思想，做好学生的思想政治工作。

高等院校的职工对培养学生有着不可忽视的作用。要以足够的力量加强职工的思想政治工作，帮助他们树立为人民服务，为教师的教学科研工作和学生的学习服务的思想，勤勤恳恳做好本职工作，发挥服务育人的重要作用。

[原载《贵州民族学院学报》（社会科学版）1988 年第 3 期；责任编辑：杨德威]

求实创新培养四化建设人才

为贯彻党的民族政策，适应民族地区社会主义建设的需要，贵州民族学院于1958年开办民族语文系（本科），设置苗语、布依语、侗语三个语种，学制四年，面向贵州和毗邻的云南、四川、湖南、广西四个省区招生，后因贵州民族学院停办，民族语文系并入贵州大学中文系。贵州民族学院恢复后，于1985年恢复民族语言文学系，设置苗语、布依语、侗语、彝语四个语种的民族语言文学专业，学制为三年。1993年，根据民族地区的需要，增设民族文化学专业，学制两年。同时将民族语言文学专业改为两年制。1995年经国家教委批准，恢复民族语言文学本科专业，学制四年。

一、基本情况

目前，我系有教职工29人，其中教授2人，副教授9人，讲师7人，助教6人。承担着苗语、布依语、侗语、彝语等四个语种民族语言文学系的专科、本科和民族文化学专科的教学任务。民族语言文学专业的办学宗旨是培养德、智、体全面发展，能继承和发展民族语言文学，有扎实的汉语文功底的，适应民族地区四化建设需要的教师、新闻工作者和行政管理人才。民族文化学的办学宗旨是培养德、智、体全面发展，适应民委系统、文化系统和民族旅游系统需要的文化管理人才。课程有《中国社会主义建设》《英语》《古代汉语》《现代汉语》《民族古籍》《翻译理论与实践》《新闻学》《秘书档案学》《行政管理学》《方言比较学》《中国文学史》《中国文化史》《民族学》《民族文化学》等30多门课程。各专业除开设20门左右必修课，还开设10门的选修课和若干讲座。

10年来，我系共招收556人，省内外进修生65人，现有在校生150人，已毕业的学生计406人，进修生65人。这些毕业生、进修生分赴省内外的各个工作岗位，为民族振兴大业辛勤地工作，受到广大用人单位的好评。

二、教学措施与成就

恢复招生10年来，我们本着“团结、严谨、求实、创新”的精神，努力做好各项教学工作。

首先，狠抓党的组织、思想作风建设，充分发挥党支部的战斗堡垒作用。党支部在系党总支领导下，积极开展工作，关心教职工。每学期除推荐积极分子进院党、团校外，党支部还要给写入党申请书的同志上2—3次党课。要求党员经常与自己联系的入党申请人谈心，关心他们的成长进步。10年来，共发展党员67人。严格要求党员做民族团结的模范，主动抵制不利于民族团结的言行。在广大党员的努力下，我系形成了民族团结的浓厚氛围，1990年被评为“全国民族团结先进集体”，受到国家民委表彰。为了抓好思想作风建设，促进系风健康发展，我们认真抓好共青团、工会、学生会等群团工作，在学生中建立马列主义学习小组，组织青年志愿者服务队。我系马列主义学习小组曾被推荐参加贵州省高校马列主义学习经验交流会，受到贵州省高校工作委员会的表扬。我们在师生中常年开展“三努力”“两尊重”“七不准”“五反对”等系列活动，通过这些活动，融洽了师生感情，形成了师生团结和睦、治学严谨的良好系风。10年来，我系的领导、教师等被评为高校系统优秀政工干部，优秀共产党员和优秀班主任，潘定智教授被评为省级劳动模范。

其次，狠抓教学改革，提高教学质量。根据市场经济和民族地区的实际需要，我们狠抓教学改革，根据毕业生绝大部分服务于县、乡（镇）行政管理部门的实际，增加了《行政管理学》《市场学》《公共关系学》《书法理论与实践》等课程，普遍受到用人单位的好评。我们在抓教学改革的同时，狠抓教学质量。严格要求教师备好课、上好课，杜绝照本宣科的教学现象。实行系主任、教研室主任检查教案、讲义、听课、抽查学生作业等制度，帮助教师提高教学水平。为了提高教学质量，我们认真抓好师资培养工作，采取校内外培训相结合，以校内为主的方式，先后送教师到中国人民大学、中央民族大学等重点院校进修培训，安排老教授指导青年教师。要求青年教师随堂听课，写读书笔记，通过培训，青年教师很快走上讲台，教师的业务素质有比较明显的提高。在抓教学质量的过程中，我们十分注重实践环节，对每届学生，我们都要求他们运用所学知识，利用寒暑假深入民族地区进行社会调查，参与社会实践，撰写调查报告，修完教学计划规定课程后，写出毕业论文。10年来，我系学生的社会调查报告近千份，约500万字，1987年我们将部分学生的调查报告汇编成集，受到许多学者的好评。许多学生的论文、习作被有关报纸杂志采用。

最后，狠抓科研促教学。我系一向倡导教师围绕教学搞科研，以科研促进教学，使科研与教学紧密结合。要求教师每年至少写出一篇科研论文。经过多年的努力，我系已形成一支熟悉少数民族、热爱少数民族的教学和科研队伍。他们出版了著作近20部，400多万字，分开发表的论文约200多篇，100多万字。其中不少著作和论文获得国家、省级奖励，受到著名学者的高度评价，如吴启录教授的专著《贵阳布依语》，受到马学良教授的高度赞誉；潘定智教授的《论民族文艺生态系统》课题，被刘锡诚研究员、段宝林教授等称誉为："这是具有开拓性的事业，有很高的学术价值，在中外学术史上具有开拓性的意义。"

三、经验与体会

10来年的办学实践，我们深深地体会到：

第一，依靠党的领导，争取社会各界的支持。在党的民族政策的光辉照耀下，学院党委的关心和重视，使我系于1985年恢复建制并招生，当年招收苗语、布依语、侗语、彝语四个语种的学生，计86人。王朝文、龙志毅、梁旺贵、龚贤永等领导同志多次过问我系的办学情况，陈士能省长于1995年教师节到系慰问潘定智教授，赞扬潘教授对民族语言文学、民族文化学所做的贡献，并请潘教授转达他对全体教师的问候。学院党委经常深入我系了解情况，并把系作为学院的重点系科，要求我们办出特色。省民委、省教委、省计委、省招委等有关部门对我们的工作给予了大力支持，各地州市县民委、教委，为我们的学生假期实习给予极大的帮助。社会各界的鼓励，使我们坚定了办学的信心。

第二，明确办学宗旨。10 年来，我们始终坚持民族语文为民族地区建设服务的方向，经常派教师深入民族地区进行人才需求调查，根据民族地区的实际需要调整教学计划和专业方向。今年，我们征得省教委的许可，根据民族地区对人才的需求，把本科调整为双语文新闻方向，专科调整为双语文文秘方向。调整后的专业方向普遍受到民族地区的好评。正是明确了办学宗旨，几百名毕业生在党、政、司法、教育、经济等行业岗位上，发挥其双语功能，出色地完成了组织上交给的任务。

第三，采取特殊手段和特殊措施，加快双语人才的培养。在招生工作中，省招委根据我系特点给予特殊政策，即学生必须懂民族语言，报考我系双语专业的学生必须进行民语考试，然后在民语考试合格的考生中，依据参加全国文化考试成绩，从高分到低分择优录取，不参加省里统一划线。这样招生政策，既贯彻民族平等政策，又保证了生源质量，使我系顺利完成了招生任务。

第四，大力宣传贯彻了党的民族政策，不断提高对民族语言平等地位的认识。10 年来，对民族语文作用、地位的认识逐渐加深，民族语文在评定翻译系列职称中的第二门语言的地位已经得到认可，这是值得欣慰的。我们认为，在贵州这个多民族的省份，承认民族语文作为第二门语言的地位，让一部分中、高级职称的专家学者熟知我省聚居的少数民族语言文学，更好地去研究实际问题，用科技去宣传群众，动员群众，把科技变成现实生产力，这是既经济又实惠的大好事。

四、发展与展望

“九五”期间我们拟做好以下工作：

第一，今年的民族语文的验收得以顺利通过，民族语文的第二语言地位得到认可，我们将竭尽全力推广民族语文，在省民委的领导下，成立民族语文培训中心，使之更好地为贵州民族地区四化建设服务。

第二，开办民族语文“专升本”教学班。我系现有 400 多专科毕业生，他们中大部分人要求继续学习，获得本科文凭和学士学位。从提高干部的文化素质角度出发，我们向学院和省有关部门提出申请，准备1996年招收“专升本”学生。

第三，为弘扬民族文化，发挥我系现有优势，积极创办硕士授予点。招收硕士生，为贵州民族语言文学、民族文化学、民族学的深层次研究奠基。

第四，随着改革开放的深入发展，贵州民族文化已走向世界，世界亦走向贵州，为扩大国际文化交流，弘扬民族文化，我们拟招收外国留学生。

第五，10年来，我系民族语文教师几易其稿，讲义日臻完善，我们将在省民委、省教委和学院的支持下，编辑出版苗语、布依语、侗语、彝语四个语种的《现代民语》教材和工具书。为后人留下一点我们应该留下的东西。

民族语言文学是贵州民族学院的重点学科，是具有贵州特色的专业系科，为把她办成多功能、多层次的系科，“任重道远”，我们将以自尊、自重、自立、自强的精神，为民族语文教育事业的繁荣发展而奋发前进。

（原载《贵州民族》1995年第6期；责任编辑：龙锐）

强化核心地位、逐步形成高校党的工作系统

——关于高校党总支政治核心作用的认识

系党总支是党在高校的基层组织，是全系的政治核心。党对高校的领导作用，党的路线、方针、政策和各项任务在高校的贯彻执行离不开系党总支，高校党委和行政的各项任务的贯彻执行也离不开党总支。系党总支建设如何，关系到能否带领广大师生员工紧密团结在党中央周围，为实现党的奋斗目标而努力。由此可见，正确认识系党总支的政治核心作用，加强系党总支的建设，强化其核心地位具有十分重要的意义。

一、加强系党总支班子建设

一个系是一个相对独立的教学单位，是一个完整的组织系统。在这个系统中，系党总支处于核心地位。这个班子素质的高低，对于能否起到政治核心作用，具有决定性的意义。因此，必须加强系党总支班子建设。

首先是选好系党总支书记。因书记是总支班子中的“班长”，班长的素质如何，是影响这个班子战斗力的关键。因此，建议将那些长期在教学第一线的具有良好素质的党龄较长的同志选上书记岗位。这样的书记既懂得教学业务，也懂得政治工作，这样才能有效地克服外行领导内行的现象，从而使系党总支真正起政治核心作用。其次是配齐系党总支班子。系党总支由3—5人组成即可，为了使党总支真正具有权威性，条件成熟的系可以由党员大会选举产生，反之则采取委任制，从系行政领导或各种组织

的负责人中产生总支委员。无论是选举制还是委任制产生的总支委员，应由上级党委审批后正式行文，并装入本人档案。最后是在上级党委的指导下建立各种工作制度和组织生活制度。一个集体没有一定的制度约束，就会松散而无战斗力，没有战斗力的系党总支就无所谓“政治核心”作用了。当然，有了制度还必须坚决执行，否则依然是纸上谈兵。

二、坚持党管干部的原则

党管干部的原则，是保证党的政治路线贯彻执行，实现党对高校领导的重要条件。当然，高校的人事权、干部任免权是由党委掌握。但是，系党总支负有教育、管理、推荐和审查的责任，必须协助上级党委组织人事部门做好干部管理、调配、任免等工作。只有坚持了党管干部的原则，才可能保证其政治核心地位。

三、领导全系的思想政治工作

系党总支的领导班子必须围绕全面、准确地宣传和贯彻执行党的基本路线来展开思想政治工作，通过思想政治工作，帮助广大教职工和学生把握在各项工作中的社会主义方向。充分发挥工会、共青团、学生会等群众组织的作用，激发师生的热情和积极性。

要做好思想政治工作，还必须抓好以下工作：

第一，充分发挥系行政、党支部、工会、共青团、学生会的工作。系行政负责系的教学行政工作，因此，既要支持他们大胆工作，同时又要求他们把思想政治工作贯穿于教学行政之中，做到既教书又育人。党支部是党的基层组织，是党联系群众的桥梁和纽带，发挥他们的作用，是保证总支政治核心地位的重要一环。工会、共青团、学生会都是党周围的群众组织，发挥他们的作用，对于团结广大师生员工在党的周围，带领广大师生员工沿着社会主义方向前进，具有重要的意义。

第二，是抓好党员教育和发展党员工作。此项工作主要是由党支部具体去实施，但系党总支要认真指导他们。要求党支部从政治上关心党员，抓紧对党员的政治教育和组织管理，使每个党员在任何情况下，都能坚持正确的政治方向，在组织管理方面，要突出“严”字，高标准，严要求。因为只要教育好党员，才可能使先锋模范作用和战斗堡垒作用得到发挥。与此同时，要认真贯彻“坚持标准，保证质量，改善结构，慎重发展”的方针，要协助党支部对入党对象的政治觉悟、思想品质等进行严格考察，要防止和纠正只看业务能力而忽视政治素质的倾向，以及只看“宣言”而忽视实际行动的倾向，把好“入关口”。

第三，抓好树正气、刹歪风的工作。要严格各种工作纪律，奖罚严明，对于歪风邪气绝不姑息养奸，培养良好校风，创造一个良好的工作、学习、生活的环境。

第四，抓好政治学习。要对职工进行基本国情和基本路线教育、社会主义信念教育、时事政策教育、社会主义法制教育、提高师生员工的政治觉悟。其中提高教师的政治觉悟为首要，师者，传道、授业、解惑，而德为师之本，如果教师政治觉悟不高，那么，势必对学生会产生消极的影响。

四、抓好系级各种组织的配套建设，发挥系级组织的整体功能

系党总支是系一级各种组织和各项工作的领导核心，在系级组织系统中，系行政、工会、共青团、学生会等组织是这个系统的构成要素，或者叫子系统。在强化系党总支政治核心的建设中，必须把系级组织这个系统作为一个整体工程来抓。一个系的工作质量优劣，培养的学生质量如何，既取决于党总支的核心领导作用，也取决于系级各种组织发挥作用的程度。即两个方面的积极性，一个是系党总支核心领导，统一协调的积极性；另一个是系级各种组织接受党的领导，发挥职能作用，主动开展工作的积极性。这两个方面的积极性是紧密联系，缺一不可的。要处理好这两方面的关系，首先是选配好各种组织的负责人，尤其是系主任。要把那些政治思想素质好，自觉接受党的领导的同志选拔到领导岗位上来。只有这样才能确保党总支的核心作用的发挥。其次，党政领导要正确认识“核心”与“中心”的关系。所谓系党总支的“核心”作用，就是在系的各组织系统中处于政治领导的地位，负有带领广大教职工做好党的教育工作，保证学生德、智、体全面发展的领导责任。系主任的中心地位，主要

是指以系主任为中心建立统一的教学、科研、行政后勤管理的运作系统。其目的也是为了更好地完成党的教育工作，把学生培养成德、智、体全面发展的社会主义劳动者。因此，系主任在实施教学、科研和行政后勤管理工作中，必须向系党总支负责，凡属本系行政管理工作中的重大问题，必须请党总支参与讨论决定。党总支应力戒包揽行政事务，要支持系主任在其职责范围内独立负责地开展工作，维护系主任的中心地位。系主任要维护党总支的政治核心地位，充分依靠党组织做好行政管理工作。党政领导的关系应是："三分三合"，即职责上分，思想上合；工作上分，目标上合；制度上分，关系上合。从大局出发，心心相印，团结一致。这样才能有效地克服思想政治工作和行政管理工作"两张皮"的问题。

（原载《贵州民族学院报》1997年第2期）

用邓小平民族理论指导民族高等教育工作

1978年12月召开的中国共产党十一届三中全会是中国社会发生转折的重要标识。经过20多年的努力，我国基本上完成了社会转型，由社会主义计划经济时代步入了社会主义市场经济时代，开始与世界接轨。中国正在走向世界，世界也以特别的目光注视着中国这条东方巨龙。回顾我们20年来所走过的路程，足以使我们充满自信地昂首阔步。这是中国共产党十五大确认的邓小平理论的伟大胜利，邓小平理论是全党全军全国人民进行社会主义现代化建设，迈向21世纪的指导思想。在邓小平理论体系中，关于处理民族问题的理论是我们做好民族工作的思想武器。因此，对于民族高等教育战线来说，必须认真学习邓小平民族理论，用邓小平民族理论指导我们的工作。

一、正确理解邓小平民族理论

邓小平民族理论是中国共产党在社会主义建设过程中，把马克思主义民族理论与中国民族问题的具体实际相结合的产物，是毛泽东思想的继承和发展。从孕育到形成体系，经历了近半个世纪。

邓小平民族理论的基本框架是：

1. 在民族关系问题上，坚持民族平等和民族团结。首先，在国内各民族的平等团结问题上，要消除民族隔阂，必须在政治上、经济上、文化上取得成效。邓小平说："要使他们相信，在政治上，中国境内各民族是真正平等的；在经济上，他们的生活会得到改善；在文化上也会得到提高。

所谓文化，主要是指他们本民族的文化。如果我们不在这三方面取得成效，这种历史的隔阂，历史的裂痕就不可能消除。”① 邓小平认为：两种民族主义是影响民族平等和民族团结的根本因素，大民族主义是刺激地方民族主义的主要原因。“只要一抛弃大民族主义，就可以换得少数民族抛弃狭隘的民族主义。我们不能首先要求少数民族取消狭隘民族主义，而是应当首先老老实实取消大民族主义。两个主义一取消，团结就出现了。”② 其次，在处理国际民族关系问题上，坚持国际主义原则，反对霸权主义和强权政治。1982 年 8 月 21 日，邓小平在会见联合国秘书长德奎利亚尔时说：“中国对外政策是一贯的，有三句话，第一句话是反对霸权主义，第二句话是维护世界和平，第三句话是加强同第三世界的团结和合作，或者叫联合和合作。”“第三世界国家相互交流、相互学习、相互合作，可以解决许多问题。”③ 这种主张全世界各民族人民的大团结，既是国际主义的体现，也是人类共同追求的目标和当今世界发展的主题，是民族团结的最高境界。

2. 在民族发展问题上，主张各民族共同繁荣、共同富裕。邓小平关于共同繁荣、共同富裕的完整思想是：首先，共同繁荣、共同富裕是一个历史的过程。他说：“我们的政策是让一部分人、一部分地区先富裕起来，以带动和帮助落后的地区，先进地区帮助落后地区是一个义务。我们坚持走社会主义道路，根本目标是实现共同富裕，然而平均发展是不可能的。”④ 就是说，共同繁荣有一个历史过程，并且，在这个过程中，第一，一部分人或一部分地区先富裕起来，然后带动后进的地区。只有这样，才能最后达到共同繁荣、共同富裕。第二，共同富裕是社会主义的本质特征。他强调指出：“社会主义与资本主义不同的特点就是共同富裕，不搞两极分化。”⑤ “我们允许一部分人先好起来，一部分地区先富起来，目的是更好更快地实现共同富裕。”⑥ “社会主义本质，是解放生产力，发展生

① 《邓小平文选》，第一卷，第 162 页。
② 《邓小平文选》，第一卷，第 163 页。
③ 《邓小平文选》，第二卷，第 415 页。
④ 《邓小平文选》，第三卷，第 155 页。
⑤ 《邓小平文选》，第三卷，第 123 页。
⑥ 《邓小平文选》，第三卷，第 172 页。

产力，消灭剥削，消除两极分化，最终达到共同富裕。”① 第三，共同富裕不是平均主义。邓小平在论述共同富裕时，彻底否定了“平均主义”。他说：“我们坚持走社会主义道路，根本目标是实现共同富裕，然而平均发展是不可能的。过去搞平均主义，吃‘大锅饭’实际上是共同落后，共同贫穷，我们就是吃了这个亏。”② 第四，共同富裕要防止两极分化。他认为，社会主义的本质特征之一就是消除两极分化，“如果富的越来越富，穷的越来越穷，两极分化就会产生，而社会主义制度就应该而且能够避免两极分化。”③“如果我们的政策导致两极分化，我们就失败了；如果产生了什么新的资产阶级，那我们就真的走了邪路了。”④

3. 在民族法制建设上，主张实行民族区域自治。民族区域自治是中国共产党解决民族问题的普遍原则。十一届三中全会以后，邓小平在民族区域自治理论和实践上做出了巨大贡献。以邓小平为核心的第二代领导集体把民族区域自治纳入法制建设的轨道，1984 年制定并颁布了《中华人民共和国民族区域自治法》。这是我国民族法制建设和民族区域自治制度进一步完善的标志。它重申了民族区域自治是我国的一项基本政治制度，规定了实行民族区域自治的基本原则。民族自治地方和民族自治机关的组成以及它在政治、经济、文化、教育、卫生、科技等各方面的自治权利。自治法还规定了坚持四项基本原则是实行民族区域自治的指导思想，规定了民族自治地方在新的历史时期的任务。《民族区域自治法》的颁布实施，是邓小平民族理论的重大成果。

4. 在民族工作方法上，主张一切从实际出发、尊重少数民族的意愿。实事求是，一切从实际出发是邓小平理论的核心，在处理民族问题上，他的这个思想得到充分体现，他在对待民族工作方法上具有如下特点：首先，他强调要充分认识民族工作的特殊性。他说：“我们对少数民族地区确立了一个原则，就是在汉族地区实行的各方面的政策，包括经济政策，不能照搬到少数民族地区去，要区分哪些能用，哪些修改才能用，哪些不

① 《邓小平文选》，第三卷，第 373 页。
② 《邓小平文选》，第二卷，第 146 页。
③ 《邓小平文选》，第三卷，第 374 页。
④ 《邓小平文选》，第三卷，第 111 页。

能用。要在少数民族地区研究出一套政策，诚心诚意为少数民族服务。”[①]其次，他认为在民族问题上，要诚心诚意，用商量的办法解决问题。他指出：“只要我们真正按共同纲领去做，只要我们从政治上、经济上、文化上诚心诚意在帮助他们，就会把事情办好。”[②] 无论是政治、经济、文化工作，“所有这一切工作，都要掌握一个原则，就是要同少数民族商量。他们赞成就做，赞成一部分就做一部分，赞成大部分就做大部分，全部赞成就全部做。一定要他们赞成，更大多数人赞成……”[③]

总之，邓小平民族理论是一个完整科学的体系，既是对中国民族问题及民族工作的总结，也是对毛泽东思想的继承、发展和创新，是我们认识和处理中国民族问题的指导思想。

二、邓小平民族理论是我们正确认识民族高等教育的指导思想

民族高等教育是我国高等教育的一个重要组成部分，是中国共产党和中央人民政府为解决国内民族问题，培养少数民族干部而创办的社会主义新型高等教育体系。在社会主义市场经济体制确立和21世纪即将来临之际，如何认识和确立民族高等教育的地位，使民族高等教育向健康的轨道发展，是摆在我们面前的重要课题。

中国共产党十一届三中全会以后，全党的工作重心转移到经济建设上来了，我们在经济建设领域、政治社会领域、文化建设领域等实行了全方位的改革开放，社会主义现代化建设取得了巨大的胜利，人民生活水平有了明显的提高和进步。尤其是社会主义市场经济体制的确立，市场经济的利益、效益、竞争等特性，使我们的一些干部认为市场经济不相信眼泪，市场经济只讲究利益、效益和竞争，从而忽视我们的社会主义原则，进而忽视了中国共产党的民族政策，忽视了少数民族的特点和个性。于是，一种曾经被批判得体无完肤的大民族主义重新抬头。他们错误地认为，民族高等教育是党和国家的权宜措施，现在民族问题已经解决了，我们已经为

① 《邓小平文选》，第一卷，第167—168页。
② 《邓小平文选》，第一卷，第163页。
③ 《邓小平文选》，第一卷，第168页。

少数民族培养了不少的干部。所以，不应当再强调少数民族高等教育，而是要办好全民的高等教育。囿于中央没有关于撤销民族高等教育的命令，所以，他们就采取一种消极的方法，即对民族高等教育采取不支持也不反对的措施，让民族高等教育处于一种自生自灭状态。

不可否认，民族高等教育是我们党和国家解决国内民族问题，培养少数民族干部的重要措施，从延安时代起，我们党就成立了延安民族学院，为中华人民共和国的建立培养了干部队伍。中华人民共和国成立后，先后成立了 13 所民族院校，为少数民族培养了一大批的社会主义建设者，培养了少数民族的一批领袖人物。正是民族高等教育的特殊作用，使得各民族紧密地团结在中国共产党的周围，同心协力地建设社会主义。正如邓小平同志说的："我们的民族政策是正确的，是真正的民族平等。我们十分注意照顾少数民族的利益。中国一个很重要的特点就是没有大的民族纠纷。"①

但是，应当看到，民族是一个历史范畴，有其形成、发展和消亡的规律，民族的发展是一个相当长的历史过程，只有在民族平等的状态下，各民族才能得到充分的发展和进步。在我国，正是中国共产党成为执政党后，实行社会主义制度，实行民族平等政策，各民族才获得发展的机会。此外，中国共产党多次强调，我国现阶段是社会主义的初级阶段，在世界上属于第三世界，是发展中的国家。因此，在民族问题方面，我国现阶段应当是民族发展和繁荣的时期。民族问题仍然是我国目前社会主义建设的一个重大问题，所以，江泽民同志曾经告诫全党，"民族、宗教无小事"，要求我们各级干部要增强民族关系意识，树立民族问题无小事的观念。从民族理论的角度看，民族平等是民族团结的基础条件，而民族平等的实现必须建立在民族的发展和繁荣基础上。因此，要促进民族的发展，必须坚持民族平等政策，坚持一切从实际出发，尊重少数民族意愿的原则。也就是说，现在不是讨论要不要民族高等教育的时候，而是如何加强民族高等教育的问题。从贵州省的情况来看，贵州省是一个多民族的省份，1990 年全国第四次人口普查，贵州有 49 个民族成分，世居的少数民族有苗族、布

---

① 《邓小平文选》，第三卷，第 362 页。

依族、侗族、土家族、彝族、仡佬族、水族、回族、白族、瑶族、壮族、畲族、毛南族、蒙古族、仫佬族、满族、羌族17个民族，以及因各种原因迁入并散居省内各地的其他32个民族和少数未认定的人们共同体。少数民族个数仅次于云南、新疆，居全国第三位，少数民族人口占总人口的比重仅次于西藏、新疆、青海、广西，居全国第五位。据有关权威人士透露，1995年的抽样调查结果，贵州省的少数民族大学生比例仍然很低，苗族大学生占本民族人口的0.4‰，侗族大学生占本民族人口的0.8‰，布依族大学生占本民族人口的1‰。由此可见，贵州民族高等教育的任务是十分艰巨的。

随着社会主义市场经济体制的确立，市场经济促使了人才的全面流动和资源的全面有效配置，于是，民族地区的人才流动到发达地区，人才的匮乏成为当前制约民族地区经济发展的主要因素，少数民族和少数民族地区的经济建设呼唤着民族高等教育的改革和发展。

既然民族高等教育是党和政府解决国内民族问题的一种措施和手段，正如江泽民总书记为我院的题词："发展民族教育，加强民族团结。"那么，在国际民族问题日益突出和国内民族问题尚未彻底解决的今天，重视和发展民族高等教育，自然就是非常必要的了。所以，我们认为有必要提醒全社会都来关注民族高等教育，并且运用邓小平民族理论指导民族高等教育的发展。

三、加快民族高等教育改革的步伐

21世纪将至，未来的世纪对民族高等教育提出了更高的要求，民族高等教育面临着严峻的挑战。

第一，社会知识化、信息化的挑战。当今世界科学技术的发展突飞猛进，综合国力的竞争日趋激烈，知识经济已见端倪。知识经济的兴起是人类历史上一场前所未有的巨大革命，将对社会的生产方式、生活方式、工作方式、思维方式产生深远的影响。知识创新将对经济发展和社会进步起到举足轻重的作用。这些必将对我国人才培养特别是高级专门人才的培养提出更高的要求。

第二，社会转型和体制转轨的挑战。我国正在经历社会转型过程，即由农业社会转为工业社会，由传统社会转为现代社会，实现工业化和经济的社会化、市场化、现代化。这就必然要求教育制度包括高等教育制度，实现由适应工业化初期和计划经济体制向适应实现工业化、现代化和建立社会主义市场经济体制的转变。这种转变的基本内容是，教育要全面适应社会主义现代化建设对各类人才的需要，全面提高教育质量和效益。它不仅涉及教育体制和运行机制的变革，而且将触及教育思想、教育结构、教育体系、人才培养模式等整体性变革和创新。要求培养出来的专门人才不仅能适应新体制的要求，而且能为其发展、完善做出独有的贡献。

第三，教育国际化的挑战。各国经济和科技的互相依赖和互相促进，带动了人才在全球范围的流动和交流，势必要求教育用世界经济、科技、文化的最新成果培育人才，让各种人才具有全球视野，有能力走向世界，吸取人类文明的优秀成果，并能在全球竞争中赢得一席之地，为人类文明进步做出贡献。作为中国的民族高等教育，在加强国际交流与合作，积极吸收人类文明成果的同时，还面临着西方敌对势力"西化"和"分化"图谋的挑战，要求我们培养出来的专门人才必须具有正确的理想、信念和价值观，成为党在民族地区坚持党的基本路线不动摇的栋梁和骨干。

第四，我国高等教育改革与发展形势的挑战。党的十五大以后，我国高等教育作为战略问题受到党和政府的高度重视（从全国范围来看，民族院校相继被列为各级政府的重点大学，现在唯一的没有被列为省属重点高校的只有贵州民族学院），大学的地位大大提高；一批高等学校以前所未有的速度走向世界；多学科的综合性大学将成为高等教育的龙头，科技和人文的综合优势成为大学实力的重要标志；不同模式、不同层次、不同风格的大学将取代单一的办学模式。

面对上述形势和挑战，应该说，我们还存在诸多的不适应：教育思想和观念比较陈旧；专业结构同民族地区人才市场的需求还存在较大差距；教育经费来源单一，学校自我发展能力弱，办学条件难以得到改善。这就要求我们必须引起高度的重视，必须认真学习邓小平民族理论，坚持民族平等、民族团结的原则，努力加快民族高等教育的改革和发展的步伐，开创民族高等教育的新局面。

加快民族高等教育的步伐，必须注意调动内部和外部的各种因素。只有内因和外因有效地结合，民族高等教育才会有长足的发展。

从民族高等教育内部来说，第一，必须积极调整专业结构。专业设置在学校建设中处于基础性位置，因为从一定意义上说，学科和专业是学校安身立命的根本。不仅如此，学科和专业的水平还是学校水平的主要标志，学校的实力，从根本上说取决于学科和专业水平。此外，从民族高等教育的发展过程来看，它是从政治干部培训开始的，到20世纪50年代中期以后，随着社会主义民主改革任务的完成和社会主义建设开始，民族地区需要大量的各方面的专门人才。于是，民族高等教育步入了正规化教育。因此，在这个转变过程中，民族高等教育中的人文学科的比重较大，科技性学科的比重相应地呈现出弱势。然而，从民族地区的市场经济需求来看，市场经济不仅需要大量的人文学科的人才，更需要大量的科技性学科的人才。所以，民族高等教育的改革必须放弃抱残守缺的安于现状的观念，紧紧地围绕着民族地区实现工业化和经济的社会化、市场化、现代化的需要调整专业结构，向多学科的综合性大学发展，成为民族地区需要的科技和人文的综合性大学。如果我们背离了民族地区市场经济的需要，民族高等教育就会迷失发展的方向。第二，民族高等教育必须努力提高教育质量。提高教育质量是学校工作的永恒主题。这对于民族高等教育来说，更显得重要，因为民族高等教育在抓教学改革、教学基本建设和教学管理三个方面比其他学校需要付出更多的努力。第三，民族高等教育必须坚持多层次、多形式的办学格局。民族高等教育在发展过程中，形成了多层次、多形式的办学格局，并已成为自己的传统和特色。她既有本科、研究生教育，又有大学预科教育和干部继续教育。实践证明，这种办学格局是适应少数民族和民族地区发展需要的。因此，民族高等教育应坚持这一传统，并努力使这种多层次、多形式的办学格局更加完善，全方位地满足少数民族和民族地区对各类人才的需求。

从加快民族高等教育的外部因素来看，除了前面我们提到的树立正确的观念，给予民族高等教育更多的理解和支持外，还必须加大对民族高等教育的投入。这是民族高等教育发展的重要物质保证。首先，我们必须看到，我国目前的贫困地区大多数分布在民族地区，所以，有人认为民族地区等于贫困地区。贫困地区的子弟入学费用不能与发达地区相同，如果相同的收费，就会有很多少数民族子弟失去求学的机会。这是不符合民族平等、民族团结政策的。因此，必须给予少数民族子弟优惠，使他们能够完成学业，报效民族地区。这就势必减少学校的相关费用，影响学校的教学基本建设。其次，由于民族高等教育的教育对象入学的分数相对低一些，因此，在教学基本建设和教学改革、教学管理方面要付出更多的人力、物力、财力，只有投入相对多一些的人力、物力和财力，才能培养出民族地区需要的合格的社会主义建设人才。

民族高等教育是国家高等教育体系中一支不可缺少的生力军，少数民族是中华民族的一员，中华民族的发展离不开少数民族，民族高等教育是在为少数民族和民族地区发展服务的，是一项基础性的工作，没有民族高等教育，少数民族的发展会更加缓慢。民族高等教育为少数民族和民族地区培养了合格的人才，不仅为少数民族和民族地区的市场经济发展做出了贡献，而且还为国家的稳定、祖国的统一做出了贡献。

总之，加快民族高等教育的发展，要坚持邓小平民族理论为指导，坚持民族平等和民族团结的原则，要从内部改革和加大教学投入着手。只要全社会都来关注民族高等教育，我们相信：各民族共同发展、共同繁荣的步伐就会由远而近。

（原载《民族高等教育研究》，贵州人民出版社，2001 年 4 月）

贵阳市设立民族文化节的意义

贵阳市委、市人大常委会、市政府对张国文等市人大常委会代表提出在贵阳市设立“四月八民族文化艺术节”的议案十分重视，并广泛征求意见，多方听取举办这个节日的可行性和必要性的建议。这不仅反映了我们地方党委政府对民族文化的重视，而且体现了我们在现代化、工业化进程中，树立文化形象，寻找文化支撑，整合贵阳人精神文化意识的信心。对此，我深表赞同。

从文化学的角度看，节日文化是在特定的时节进行的程式化的群体生活样式，是包括各种生活内容的特殊文化，即包括物质生活、习俗礼仪、民间信仰、社交娱乐等方面，其核心是社区群体的特定节日活动。它具有文化整合功能，培养人们的社区文化认同意识。历史上各民族形成的节日文化基本上是社区群体自娱自乐的生活样式，但从 20 世纪 80 年代末起，中华大地上兴起了文化旅游的热潮，使得节日文化发生了变异。有的地方把某一民族的传统节日提升为地区性的文化节，如内蒙古自治区蒙古族的“那达慕”大会、云南省傣族的泼水节、四川省彝族的火把节、广西壮族自治区壮族的三月三节、西藏自治区藏族的雪顿节，等等。有的地方以某一文化现象为基础设立的文化节，如山东省的孔子文化节、新疆维吾尔自治区的葡萄节、沈阳的秧歌节、宁夏回族自治区的黄河节，等等。从举办文化节的目的来看，是为了吸引更多的旅游者，获得较好的经济效益和社会效益。从举办的样式来看，都是把某种文化展示给旅游者，为旅游者提供有利于身心健康的文化消费。这种文化必须是土生土长的、特殊的，而且是经过提炼的。只有这样才能给旅游者耳目一新的感觉和有利于旅游者的身心健康。因此，从某种意义上讲，文化节就是一种文化的展示和文化的提升活动。贵阳市民族文化节的时间定在农历四月初八，与贵阳少数民族的传统节日“四月八”衔接起来，具有广泛的群众基础，有了群众基础，节日才具有活力。

举办民族文化节，目光只盯着眼前的经济效益是不可取的，还必须注重社会效益。因为，有了社会效益才会产生长期的经济效益。要想使一个文化节产生社会效益，必须使社区的公民把这种节日作为一种生活样式和生活追求。事实上，任何节日如果不成为人们的一种生活样式和生活追求，它都是短命的。要做到这一点，不能仅仅停留在政府行为的层次上，必须通过立法和政府行为加以引导。历史上，历代朝廷也有类似的做法。例如清明节，本是我国农历的二十四节气之一，最初也仅是一个农事节日而已。到了春秋时代，清明节则与寒食节纪念介子推相合而演变成祭祀扫墓节日，但也仅是当时晋国百姓的主要生活样式。到了宋代，朝廷就规定，从“寒食”至“清明”祭扫坟墓三天，当时的“太学”清明放假三天，“武学”（军校）放假一天，以便让师生回家扫墓。在民间，每到清明节，家家户户更是祭扫祖先坟墓。此后，清明成为全国性节日。中华人民共和国成立后设立的国庆节、五一节等也都是通过立法的形式来达到的。当然通过立法而形成的节日可能带有强制性，但等到人民培养起节日意识后，它就变成了习惯，成了生活样式。这时不用政府动员，群众自己会自觉成为节日的主人。只有改变那种举办节日政府当主角，百姓作壁上观的现象之后，文化节的社会效益才会显露出来。

设立贵阳市“四月八民族文化节”，不仅是对贵阳市各民族艺术文化进行展示、荟萃，更重要的是在贵阳都市化的建设中，寻求民族文化生态保护和发展的路径；在各民族逐步走向经济文化一体化的进程中培育起贵阳人自己的新的文化意识，找回失落的文化之根，建立新的文化家园。

贵阳市是贵州省的首府，是贵州各民族人才汇集之地。这些来自各民族的人才与本民族有天然的联系，其他民族对待本民族的态度、本民族发展状况常常是他们关注的焦点。举办民族文化节，为各民族提供一个民族文化展示的场所，创造一种民族文化提升的机会，无论是对各民族政治、经济、文化的发展，还是对贯彻执行党的民族平等政策，发展平等、团结、互助的民族关系都是有益的。

可以肯定，设立民族文化节具有积极的现实意义和深远的历史意义。

2000年9月于觉悟斋

（原载《贵州民族与宗教》2001年第4期）

生存危机的思索

——贵州民族学院的走向选择

贵州民族学院是一所地方性的多学科性大学，她是应中国共产党民族平等、民族团结政策的要求而诞生的，与其他的12所民族院校共同组成中国民族高等教育的体系。明年将是她的50寿辰，尽管她在生存与发展的道路上充满着艰辛，曾经一度在极“左”思潮的影响下被迫关门，但她始终沐浴着中国共产党的朝阳雨露，通过几代民院人的努力而蹒跚地走过来了。随着社会主义市场经济的到来，整个社会体制的转换，民族高等教育面临着前所未有的挑战。或者说，地方民族院校面临着生存的危机。因此，作为一个为她付出了青春和理想的民院人，满怀着关注、热情与理性，企图讨论他的走向，以引起人们的普遍关注。

一、贵州民族学院的历程描述

在中国共产党民族政策的关怀下，贵州民族学院于1951年5月17日在贵州省的省会贵阳市成立。从1951—1956年间，其主要任务是培训少数民族的政治干部，开办了半年制、一年制的少数民族干部轮训班，为贵州省少数民族地区培养了一批干部，这些干部成为中国共产党在民族地区建党建政的中坚力量。从1956年起，开始向学历教育转变，首先从广西民族学院分出一个布依语言班（大专）到贵州民族学院，1957年招收了布依、侗语言班。1958年正式建立了民族语文系、艺术系和预科部（即“两系一部”），并于当年招生。1959年，在极“左”思潮的影响下，贵州民族学院与贵州大学合并（实际上是停办贵州民族学院）。1974年在周恩来总理的关怀下，贵州省成立了“贵州民族学院筹备组”，开始着手贵州民族学院的恢复工作。1976年组建政治系并招收了一期民族干部班，1977年全国恢复高考制度，组建了中文系，招收了政治理论和汉语言文学专业的本科生，由此开始了贵州民族学院的大学本科教育。时至今日已经发展成为有17个系部30多个专业，包括本科、专科、成人教育的体系，成为以文科为主，兼有理科的多学科性大学。现有1.7万多学子服务于贵州省的各个层面和领域，为贵州省的社会发展做出了贡献。这样的成绩，与自己的过去比较，应当说成绩是巨大而辉煌的。但与其他高校相比较，其发展的速度与规模、层次与质量尚存在很大的差距。

回顾贵州民族学院的发展过程，有几点教训是应当注意汲取的。

第一，正确贯彻执行中国共产党的民族政策。20世纪50年代末，由于我们党内出现了极“左”思潮，认为中国的民族问题已经解决了，各民族正在融合，继续办民族学院已经没有必要了。从而把贵州民族学院与贵州大学合并，使贵州民族学院停办了17年，给贵州民族高等教育造成了不可估量的损失。

第二，正确认识民族高等教育与民族地区经济文化建设的关系。过去我们忽视了民族地区的社会需要，偏重于培养少数民族的政治人才和文化人才。所以，出现了以文科为主，兼有理科的办学格局，致使我们在面对市场经济时难以为继。

第三，抓住机遇，发展自己。机会是可遇不可求的，20世纪80年代末90年代中期是全国高等教育的大发展时期，这一时期，由于我们在办学思路上误入歧途，错过了申报硕士授予权的机会，当我们清醒过来的时候，机会已擦肩而过，把我们锁定在本科教育的层次上。

二、现实问题

随着教育体制的变革和高等教育的重组，民族高等教育出现了“边缘化”的倾向。这种边缘化倾向体现在政府的高等教育重组政策和投资政策，以及业内外人士对民族高等教育的认识等方面。正是这种边缘化的倾向，使我们感到了空前的生存危机。

从中国高等教育发展史来看，中国共产党的民族政策为民族高等教育起到推动作用。因此，民族高等教育是为贯彻中国共产党民族政策和培养少数民族干部服务的。从20世纪40年代的延安民族学院到中华人民共和国成立后的10多所民族学院都说明了这一点。由此不难看出，高等教育的补充性成为民族高等教育的首选特征。也就是说，因为其他的高校不可能大量地培养民族地区需要的少数民族干部，为尽快培养民族地区需要的干部，必须建立民族高等教育体系。正是由于民族高等教育具有补充性的特点，使一些政治家、教育家产生了认识的误区，认为现在的大学体系已经形成，而且许多少数民族的优秀子弟对重点大学投以极大的热情，民族高等教育对民族干部的培养只占总量的16%，市场份额很低。所以，培养少数民族干部的任务其他高校可以承担，民族高等教育理当寿终正寝了。这样的认识我们不敢妄加评论，因为从表象上看，民族高等教育的专业设置除个别专业具有特殊性外，大多数专业确实与其他高校相同。但是，我们可以肯定地说，民族高等教育体系运行几十年的经验证明：正是有了民族高等教育体系，构建了适合各民族的专业培养模式，使各民族的干部得到有效的培养；正是有了民族高等教育体系，才使我国的整个高等教育体系得以完备，可以说，有民族高等教育参与的高等教育体系符合多元文化共存的现实社会；正是有了民族高等教育体系，我们采取一些特殊的政策，为各民族培养了一批具有社会主义觉悟的干部，把各民族人民团结起来，为中华民族的发展提供了有力的保障；正是有了民族高等教育体系，才使各少数民族的文化得以弘扬，丰富了中华民族的文化。其次，中国共产党的民族平等、民族团结纲领，规定了民族高等教育必须面向民族地区，面向少数民族。这也是民族高等教育的重要特征。

层次与质量问题是贵州民族学院走向边缘化的因素之一。贵州民族学院由成人教育（培训）——正规学历教育（专科、本科）；20世纪70—80年代，由本科到专科，20世纪90年代中期，专科的比例大于本科；20世纪90年代中后期逐步调整，形成了以本科为主，专科为辅的教学体系。从其发展轨迹来看，在本科和专科这两个层次上波动。众所周知，20世纪80—90年代是中国高等教育大发展的时期，许多大学在这一时期向研究生层次迈进，形成了完备的高等教育体系。而贵州民族学院在这一时期是由本科向专科逆行，与机会擦肩而过，没有向研究生层次迈进。所以，在21世纪来临之际，她被锁定在本科教育的层次上，从而客观地走向高等教育的边缘。正如人们对中学的判断一样，只有初中的中学，称为初级中学，只有高中的中学，称为高级中学，两者兼有称为完全中学。

在教育质量方面，因没有一个科学的评估指标体系，难以准确地描述贵州民族学院学生质量的外貌。但从近些年教学质量的跟踪访问来看，大多数学生在面向社会的适应能力、接受新知识的能力、动手能力等方面基本上达到社会的要求。然而，由于我们在办学层次上没有突破，一些有所成就的教师不断地向有研究生层次的院校流动。这样，贵州民族学院的教师队伍给人们的印象是：高质量的、拔尖的教师不多。这种印象必然影响人们对教育质量的判断，甚至会认为学生质量不过关。无论是投资者，还是求学者都会自然地把贵州民族学院置于高等教育的边缘。这是贵州民族学院未来发展的困境之一。

速度与规模也是贵州民族学院的生存问题之一。在市场经济时代，速度与规模涉及市场的占有份额、办学成本、投入与产出等问题。没有适度的办学速度与办学规模，市场占有份额低，办学成本高，就没有足够的经费投入到教学中去，就不可能培养出一流的人才。从贵州民族学院的发展史来看，从“两系一部”到17个系部30多个专业，从纯粹的文科到文理兼有，从成人教育走向国民教育，其速度与规模也是令人欣慰的（见下表）。

贵州民族学院1991—1997年的统计

年份	毕业生数	招生数	在校生数	教师数	教授	副教授	讲师
1991	394	408	1477	692	6	42	131
1992	477	451	1450	837	3	51	139
1993	424	700	1726	876	3	51	149
1994	399	846	2173	880	9	70	245
1995	370	863	2663	915	9	70	248
1996	908	889	2181	881	15	86	220

续表

年份	毕业生数	招生数	在校生数	教师数	教授	副教授	讲师
1997	751	903	2349	820	14	93	227

资料来源:《中国教育统计年鉴》1991—1992 年卷，第 156 页；1992 年卷，第 144 页；1993 年卷，第 140 页；1994 年卷，第 140 页；1995 年卷，第 140 页；1996 年卷，第 140 页；1997 年卷，第 142 页。

但与其他高校相比，其差距是很大的。所以，贵州民族学院的市场占有份额很低，办学成本较高。这就必然地构成贵州民族学院的生存危机。

生源问题也是令人关注的。贵州民族学院每年的招生，大多数在当年录取分数线下 5—10 分的考生中择优录取。这基本上成为一种规律。许多学生家长在子女填报大学志愿时，通常把贵州民族学院作为保底选择。虽然我们从情结上（教学质量的角度）不愿意接受这种事实，但必须冷静地思考这是为什么？我认为，其原因如下：

第一，贵州省政府的招生政策限制贵州民族学院招收非民族地区的汉族考生，而且其政策规定没有任何灵活性。这种政策虽然可以保证少数民族子弟入学比例，但不利于各民族学生的交流。这种政策导向必然地限制了贵州民族学院的生源，而且也不利于贵州民族学院在市场经济时代参与竞争。

第二，贵州民族学院虽为综合性大学，但其专业结构是人文社会科学居多，自然科学类甚少。这就必然影响考生的选择，导致生源质量下降。

第三，办学层次不完备，导致高水平师资外流，影响教师队伍的整体形象，从而丢失办学的吸引力。此外，许多优秀的高中生之所以选择名校，除了拓宽视野、参与竞争的因素外，就是要在完成本科学习之后，继续研究生的学习，而名校的优秀本科生可以推荐进入研究生的学习。按照这样的推理，贵州民族学院没有研究生层次的教育，对高中生的吸引力自然就下降了。

第四，由于招生政策的限制，贵州民族学院的生源地基本上是边远落后的地区，由于种种因素的作用，这些地区的教师水平、教学设备较之发达地区落后，使中学生不能得到很好的中学教育。所以，当我们在整理以往考生档案时，发现我们的学生在语文、数学、外语等科目及格率较低，尤其是外语，非外语专业的学生，外语及格率几乎等于零。这种状况不能不令人担忧！

教育投入也是民族高等教育的生存问题之一。虽然民族高等教育的办学方向符合联合国教科文组织颁布的《高等教育改革与发展的优先行动框架》，即“高校入学率与国际公认的标准相比相对低的国家，应确保高等教育的规模符合社会和私营部门的有关需要；应制订扩大招收各类学生的计划，尤其是招收少数民族和处境不利群体学生的计划。”但是随着市场经济体制的确立，投资体制的变革，高校的投资途径发生了前所未有的变化，由原来的单一政府拨款变为政府拨款、学生交费入学和社会赞助等几个渠道。应当说这种投资途径的变化给高校注入了活力。然而，目前贵州民族学院的经费来源给人一种锐减的印象。其表现为：政府按照生均数拨款，各校都一样，没有什么特殊的照顾。学生入学交费这一块较低。因为物价局在审定专业收费时，考虑到少数民族地区的 GDP 相对较低的因素和中国共产党的民族政策，所以，确定贵州民族学院的收费标准相对其他高校要低些。但是我们还必须从经费中划出一部分作为学生的助学金和困难补助费用。在社会赞助这一块，因我们的专业人文社会科学偏重，且学生基本上服务于民族地区的社会管理，厂矿、企业及有关社会团体的利益无法在这里得到实现，这样他们也就不可能对贵州民族学院投之以桃。如此看来，一进一出，必然地使贵州民族学院的资金出现入不敷出的现象，在教育投入方面自然地乏力。当然，教育的投入除了资金的注入外，还有政策支持等方面的因素，在此不一一叙述。

三、未来的选择

目前，我国已经由社会主义计划体制向社会主义市场经济体制转轨，因此，高等教育的选择，应是以市场为导向编制自己的发展计划。显然，民族高等教育的发展也不能例外，把服务于贵州省地方的政治、经济、文化建设为己任当作贵州民族学院的必然选择，舍此别无他途。

在未来的选择中，我们必须注意贵州民族学院的定位。因为定位的模糊，必然造成方向的迷乱，走向边缘化。要明确贵州民族学院的定位。

第一，必须明确民族高等教育存在的必要性。当今世界的发展呈现出一种深刻而有趣的现象：一方面不同民族、不同文化日益融合、交流、统一，那种相互隔离、孤立的时代已经一去不复返了；另一方面社会形态和文化类型却越来越多元化、复杂化、异质化，共同构成了世界文化的“百花园”。人类学家提出了“多元文化论”，并得到了政治家和社会科学家的认可。在教育界，“多元文化教育”成为当今世界教育的重大热点之一。中国传统文化是以“汉文化”为主体不断同化和融合各少数民族的文化而逐渐丰满起来的。众所周知，今天占全国人口绝大多数的“汉族”是秦汉以后逐渐发展壮大的。如果追溯这个“汉族”的起源，可以发现它是春秋战国以来，以中原文化为中心的华夏族不断融合各个少数民族的结果，“汉文化”是各民族文化融合的产物。所以，在我们的教育观念中应当确立“文化的多样性”“文化的统一性”“文化的整体性”。“文化的多样性”要求我们首先要确立文化平等的思想，这是建立在民族平等的认识之上的。其次要在具体实施上体现民族化。也就是说，要根据不同民族独特的文化背景和现实环境，在考虑不同民族政治经济、文化心理、人口语言等诸多方面历史传统、现实状况和发展需求的基础上，采取有效的措施完善民族教育体系。“文化的统一性”要求我们首先传授共享的普遍文化，即人文社会科学、自然科学等知识。其次在教育内容中体现不同民族优秀文化的整合。“文化的整体性”要求我们把 56 个民族的文化视为一个整体，着眼于培养个体的中华民族认同感和责任感。面对世界文化的发展趋势，我们必须有正确的教育观念，完备民族高等教育体系。

第二，必须了解贵州省的历史沿革和民族构成。贵州省现在的行政区域在建省前，分属于广西、湖南、四川、云南等省区，是这些省区的边缘区域。因此，自明代建省后，不同行政省区的文化观念在这里交融与碰撞。从古代民族的交流来看，这里是百越、南蛮、氐羌、百濮等民族的交汇点，自唐以来，不同时期的汉族、蒙古族、满族、回族等民族的加入，不同民族的人们在这里相对封闭（自然的、社会的因素）又有限度的交流，形成了不同文化不同社会形态的群体。当历史发展到社会主义初级阶段，中国共产党以民族平等、民族团结、民族繁荣作为自己的行动纲领时，当中国实施对外开放，各民族人民走向世界时，发展各民族的政治、经济、文化的任务就显得十分艰巨。

第三，必须了解贵州省的发展现状。贵州省的人类发展指数水平低。

据国务院发展研究中心吴敬琏教授主持编写的《1997年中国人类发展报告》公布，贵州省1995年人类发展指数的位次居29位，国内生产总值的位次居30位，教育指标为0.64。据《2000年中国可持续发展战略》公布，贵州省可持续发展总能力指数为33.94，居全国第30位。贵州省教育水平较低，人均受教育年限小于4.82年，① 平均每万人口中的在校大学生为20.39人，仅比西藏（14.03人）略高些，不到全国平均水平（47.6人）的一半。平均每万人口中的小学生数为1417.23人，比全国平均水平（1129.66人）略高。② 说明贵州省目前处于小学入学高峰，对今后数年义务教育普及和高等教育将形成压力。在上述数字面前，使我们倍感贵州民族学院存在的必要。

由此可见，民族高等教育的作用是不可舍弃的。因此，贵州民族学院必须立足于贵州，面向全国乃至世界。

立足贵州，就是要根据贵州民族地区社会发展的需要，编制发展计划，培养民族地区需要的合格人才，弘扬各民族的文化。当然，不能认为贵州民族学院完全可以占领贵州民族地区的市场。事实上，从教育理论的角度看，教育的全民性会排斥某校的独占地位。因此，只能根据市场的需求量和自身的力量，尽可能占有一定市场份额可谓足矣。由于市场的竞争性，要求我们必须拓展自己的市场，如果我们仅仅把眼光盯住民族地区，那么，我们的路就可能越走越窄，而且也不利于各民族文化的交流。为此，我们呼吁，政府的主管部门和我们的决策者必须开阔视野，把目光投向全国乃至世界，只有同时在多个市场上出击，我们才能在市场中获得活力。由此看来，修订相关的招生政策势在必行。

面向全国乃至世界，就是因为文化的民族性与世界性的统一，要求我们必须走向全国乃至世界，加入全国乃至世界的高等教育体系，实现资源共享，加强文化交流。我们的一些专业，如民族学、少数民族语言文学、社会学、艺术学等，与其他地区和高校的研究方向不一样，而贵州省又不可能需要很多这方面的人才，如果我们不能走出贵州，必然造成资源的浪费。此外，从理论的角度来说，民族教育是国家教育体系的一个部分。如

① 资料来源：1997年人口变动情况抽样数据。

② 资料来源：教育部，Http：//www. scpe. net/Education/data/97-13. htm。

果我们人为地把这一部分封闭起来，就可能会促成这个部分的萎缩，因为封闭的东西必然会走向落后。所以，要想激活民族高等教育的活力，必须将其纳入整个高等教育体系，使其产生碰撞和整合，从而发挥其应有的功能。

加强基础学科和应用学科的建设步伐，是贵州民族学院的又一选择。

在加强基础学科建设的过程中，我们不能简单地用“陈旧”一词去否定原有的人文社会科学类的专业，如果对原有的所谓“陈旧”专业进行认真的分析研究，就会发现这些专业在基础理论研究方面有自己的特点。在近20年的发展过程中，这些专业逐步与贵州的地方特色、民族特色相结合，出现了一批具有地方特色的研究成果。[①] 显然，用“陈旧”去否定贵州民族学院的人文社会科学类专业，可能会造成对基础理论研究的否定。虽然这些学科不能像应用学科那样，能够很快转换为社会生产力，但在解放社会生产力方面，在认识贵州社会的途径方面起到了很好的作用。最近，有专家撰文指出：人文社会科学的任务就是解放和发展社会生产力。所以，我们没有理由用“陈旧”一词去否定这些专业。现在的问题在于如何去加强这些基础性学科的建设，作为人文科学，怎么样为人们提供认识贵州各民族的知识；作为社会科学，怎么样建立适合贵州和贵州各民族发展进步的社会理论。在上述两个方面，贵州的人文社会科学界刚刚起步，应该说，贵州民族学院在这一方面是大有作为的。

加强应用性学科建设是贵州民族学院的当务之急。应用性学科甚少是贵州民族学院不能适应贵州发展的关键所在。虽然在过去的岁月里，贵州民族学院为贵州省民族地区输送了一大批建党建政的人才。但是，现在贵州省民族地区面对市场经济时，更为迫切需要的是财经类、工商类、自然科学类的应用型人才，而这些恰恰就是贵州民族学院的弱项。因此，必须加大教育投入，组建一批应用型的学科。只有这样，贵州民族学院才能在贴近贵州民族地区实际的同时，增强自身的办学活力。这是一个“双赢”的办学选择。

“发展才是硬道理”是邓小平同志的名言，是实践已经证明了的真理。

---

① 1999年贵州省第四次哲学社会科学评奖，从教师数量的比例看，贵州民族学院获一等、二等奖的数量居全省第一位。从获奖的绝对数看，贵州民族学院获一等、二等奖的数量居第二位。

那么，贵州民族学院如何发展呢？我认为应该走内涵式发展为主、扩张式发展为辅的道路。所谓内涵式发展就是要加强教学管理，提高教学质量，不断地增加新的专业，在办学层次上向研究生层次迈进，以此来达到扩大规模，从而形成规模效益。我们应当学习大连民族学院等兄弟民族院校的经验，以高标准、高起点为要求，以现代科技发展方向为依据，组建民族地区需要的应用型专业，力争在21世纪初开办研究生教育层次。所谓扩张式发展就是走联校的道路，与省内的某些高校联合，把他们的管理经验和人才等融入民族高等教育体系，使贵州民族学院的专业不断扩大，以适应民族地区的需要。上述两种发展道路各有利弊，内涵式发展是在原有基础上逐渐生成，但发展的速度要显得缓慢些。扩张式发展能在短时期内见到效益，但可能出现“水土不服”的症状。而贵州民族学院现在的状况犹如大病初愈的人，经不住折磨。所以，扩张式发展在目前只能作为一种辅助道路，或者说，与一所院校联合尚可，与多所院校联合，也许会消化不良。当然，发展道路如何选择，贵州民族学院必须发挥主观能动作用，但还必须有政府主管部门的强有力支持和帮助才能完成。虽然内因是变化的根据，但毕竟外因是条件。没有条件，鸡蛋是不能孵化出小鸡的。

当然，贵州民族学院在未来的选择中还有许多工作要做，诸如：教学质量的提高、教学管理、师资队伍建设、成人教育，等等。限于篇幅不一一叙述。但只要我们站在战略的高度认识民族高等教育，在发展的关键点上做好选择并付之行动，相信能够激活贵州民族学院，并使之成为民族地区发展的一支骨干力量。

2000年11月30日于北京大兴国家高级教育行政学院第17期校长班

从心理学的角度探讨大学生思想政治工作的途径

当今社会是充满竞争与挑战的时代，这就要求我们培养的人才不仅有知识、有能力，而且应当具备健康的心理素质，才能适应激烈的社会竞争，经受困难与挫折的考验。而当代的大学生是跨世纪的一代，是祖国的未来和希望。加强大学生思想政治工作，不仅是广大学生健康成长的需要，是适应社会主义现代化建设和21世纪国际竞争的需要，也是培养德、智、体全面发展的有理想、有道德、有文化、有纪律的社会主义事业的建设者和接班人的需要。然而，当前我国大学生的心理现状不容乐观。他们正处于青春期后期，面临着从青少年向成人的转化，心理发展处在由不成熟迅速走向成熟的过渡阶段，经历着人生的第二次断乳期，心里充满矛盾和冲突，随着竞争压力的增大，社会阅历的扩展及思维方式的变化，在学习、生活、人际交往和自我意识等方面可能会产生各种心理问题。

贵州民族学院所招收的学生大部分来自偏僻、贫困的民族地区，重视少数民族大学生的心理健康问题，使其能够保持一个良好的心理状态，这是摆在我们面前的一个十分急迫而严肃的问题。为此，本文试图以贵州民族学院在校大学生群体为研究个案，以期探讨大学生思想政治工作的途径。

一、影响学生心理健康因素的相关研究

健康是每个人都渴求的，但并非人人对健康都有一个正确的认识。长期以来，人们对健康的认识一直局限于没有疾病就是健康。有人把健康定

义为人体各器官系统发育良好，功能正常，体格健壮，精力充沛并具备良好劳动效能的状态。毫无疑问，这个定义也不够全面，没有关注到人的精神的、心理的健康。随着现代医学的发展，以及人们关于健康观念的转变，人们越来越意识到，心理的、社会的和文化的因素同生物生理的因素一样，与人的健康、疾病有非常密切的关系。与之相应，健康的概念也超越了传统的医学模式，心理的健康成为“健康”概念和范畴中的必然而重要的组成部分。

1. 何谓健康。1948 年，世界卫生组织在其《世界卫生组织宪章》中开宗明义：健康不仅是没有疾病和病态（虚弱现象），而且是一种个体在身体上、心理上、社会上完全安好的状态。由此可见，健康应包括生理、心理和社会适应等几个方面。所以，只有当一个人身体、心理和社会适应都处在一个良好状态时，才是真正的健康。

1946 年，第三届国际心理卫生大会对此定义为：所谓心理健康，是指在身体、智能以及情感上与他人的心理健康不相矛盾的范围内，将个人心境发展成最佳状态。具体表现为：身体、智力、情绪十分协调；适应环境、人际关系中彼此能谦让；有幸福感；在工作和职业中，能充分发挥自己的能力，过有效率的生活。除此定义表述外，人们还从不同的方面来进行解释。有人认为心理健康是人们对环境能高效而愉快地适应；也有人认为心理健康应是一种积极、丰富而持续的心理状态，在这种状态下适应良好，具有生命活力，能充分发展其身心潜能而绝非仅仅没有心理疾病；还有人认为，心理健康表现为积极性、创造性和人格统一，有行动热情和良好的社会适应力。较为普遍的观点认为心理健康是能够充分发挥个人的最大潜能，以及妥善处理和适应人与人之间、人与社会环境之间的相互关系。具体来说，包括两层含义：一是与绝大多数人相比，其心理功能是正常的，无心理疾病；二是能积极调节自己的心理状态，顺应环境，能有效而富有建设性地发展完善个人生活。基于以上观点，我们认为，心理健康是指个体在适应环境的过程中，生理、心理和社会性方面达到协调一致，保持一种良好的心理状态。

2. 关于心理健康的标准。学术界众说纷纭，所谓仁者见仁，智者见智。综合各家观点，并根据大学生心理特征和大学生特定社会角色的要

求，以及心理健康学的基本理论，现代大学生的心理健康标准主要应从以下八个方面来考虑：①

（1）能保持对学习的浓厚兴趣和强烈的求知欲望。智力正常是人一切活动的最基本的心理条件。心理健康的学生珍惜学习机会，求知欲望强烈，能克服学习中的困难，学习成绩稳定，能保持一定的学习效率，从学习中体验满足与快乐。

（2）能保持正确的自我意识，接纳自我。自我意识是人格的核心，心理健康的大学生能体验到自己存在的价值，既能了解自己，又能接受自己，对自己的能力、气质、性格和优缺点能做出恰当的、客观的评价，有自知之明；对自己不会提出苛刻的、非分的期望和要求，对自己的生活目标和理想也能定得切合实际，因而对自己总是满意的，善于正确地“自我接纳”。

（3）能协调和控制情绪，保持良好的心境。情绪影响人的健康，影响人的工作效率，影响人际关系。

（4）能保持和谐的人际关系，乐于交往。心理健康的大学生乐于与人交往，不仅能接受自我，也能接受他人，能认可他人存在的重要性和作用。

（5）能保持完整统一的人格。人格指人的整体精神面貌，人格完整指人格构成要素的能力、气质、性格和理想、信念、人生观等各方面平衡发展，其所思、所言、所行协调一致。大学生人格完整具体表现为：既有积极进取的人生观，又能与社会的步调合拍，也能和集体融为一体。

（6）接受生活，乐于工作。心理健康的大学生能珍惜和热爱生活，积极投身于生活，能享受生活而不认为是重负，能从工作中获得满足和激励，并能从工作中积累知识、经验、技术，以使自己的工作更有成效。

（7）能保持良好的环境适应能力。较强的适应能力是心理健康的重要特征。心理健康的大学生，能和社会保持良好的接触，一旦发现自己的需要和愿望与社会需要相矛盾时，能面对现实，对环境做出客观的认识和评价，能迅速自我调适而不是逃避现实。

① 吴远、施春华：《大学生实用心理学》，河海大学出版社，1999年，第258—260页。

（8）心理行为符合年龄特征。心理健康的人认知、情感、言行、举止都符合他所处年龄段的要求，心理健康的大学生应该精力充沛、勤学好问、反应敏捷、喜欢探索。过于老成、幼稚、依赖都是心理不健康的表现。

3. 有关调查结果表明：学业，情绪，人际关系，人格缺陷，意志品质，焦虑，大学生活适应等问题是目前影响大学生心理健康的常见问题。①

学业问题。在应试教育的今天，很多学生从小学到高中的唯一目标就是考上大学。当他们到了大学以后，突然之间没有了目标。又由于这时候脱离了家庭，学校给学生的环境又比较宽松，很多同学一时间找不到学习目标，也就没有学习的动力。因此有的大学生在校就是睡懒觉、逃课、打工、谈恋爱……有的沉迷于网络游戏或上网聊天就是不肯认真读书，结果学习成绩不佳，进而对学习产生厌倦、对考试感到焦虑。萎靡的生活方式腐蚀了他们的思想，引发一系列的心理问题。

情绪问题。稳定的情绪、积极良好的情绪反映，是学生成才很重要的因素，也是学生心理健康中值得重视的问题。而大学生的情绪处在最富动荡和最复杂的时期，鲜明的特征是情绪的两极性。情绪起伏过大，左右不定，而缺乏对事物的客观判断；强烈的情感需求与内心的闭锁，情绪激荡而缺乏冷静的思考，极易走向极端，使他们常常体验着人生各种苦恼。由此产生内心矛盾冲突而诱发各种心理障碍。

人际关系问题。良好的人际关系是学生成长与社会化过程中的重要组成部分，也是保持良好心理状态的必备条件。然而刚进入大学的大学生，远离原来熟悉的生活与学习环境，面对新的人际群体，学生多少有些不适。部分学生对大学的师生关系，同学关系，异性之间的关系显得很不适应。

人格缺陷问题。性格过于内向的人，心胸狭窄、过于斤斤计较的人，孤僻封闭的人，自卑忧郁的人，急躁冲动的人，固执多疑的人，爱慕虚荣的人，娇生惯养而感情脆弱的人，都比个性开朗大度、乐观的人更易出现心理疾病。

---

① 张介平：《大学生心理状况与心理健康教育研究》，载《河套大学学报》（哲学社会科学版）2005年第3期，第94页。

意志品质问题。相当一部分大学生自制能力差，对挫折缺乏必要的承受能力，惧怕失败。一遇到矛盾就自责自怨或一味埋怨社会和他人，灰心失望，精神不振，由此造成恶性循环，而陷入消极的心理状态。久而久之，就形成了心理疾病。

焦虑问题。学生的焦虑具有一定的代表性，其来源并非现实的威胁，而是内心，无明确的客观对象和具体内容。主要表现在考试焦虑与自我焦虑。有的学生面对困难不能正确地处理和调节，存在压抑，而出现焦虑不安感，甚至以某种变态的形式表现出来。

大学生活适应问题。从中学到大学，环境改变很大，无论是学习方面还是生活方面，乃至人际关系，都需要重新适应。比如学习方面，中学老师讲得多，而大学要培养自学能力；生活方面，中学时父母照顾多，而大学要培养自理能力。从心理适应讲，中学的学习尖子周围充满着赞扬声，优越感强；但到大学，尖子荟萃，自己原有的优势不明显，学习上遇到一点挫折就会产生消极的自我评价而使情绪低落。

二、贵州民族学院学生心理健康研究概述

为了了解贵州民族学院大学生的身心健康状况，找出影响他们身心健康的重要因素，做到对有心理问题的学生早期发现、及时给予帮助，进行有效的疏导，以避免不必要的事情发生。并建立大学生心理变化和成长的档案，积累学生的个人资料，有针对性地开展心理咨询工作。从而维护大学生的心理健康，全面提高大学生的身心素质，提高学业水平和能力，为国家、为社会培养出合格健康的现代化人才。这对少数民族大学生目前及以后的生活都有重要的实际意义。也为更加有效地提高少数民族大学生的身心健康水平提供理论依据。我校学生工作部长张鹏程副教授将主持“贵州民族学院大学生心理健康状况研究”项目，对我校大学生心理健康状况开展调查研究。

1. 项目组的基本设想

大学生的心理健康受到人际关系、恋爱观、焦虑、职业兴趣、心理适应性、学习动机、意志力问题的影响，其中人际关系、焦虑和意志力问题可能是影响大学生心理健康的重要因素。而在这些因素中涉及的性别、民族、是否独生子女、学习成绩、年级、生源、家庭经济状况、父母文化程

度等变量都可能会造成大学生心理健康状况的差异性。

为此，研究假设是：

（1）大学生的心理健康状况与性别、民族、是否独生子女、学习成绩、年级、生源、家庭经济状况、父母文化程度存在差异性。

（2）大学生的人际关系、恋爱观、焦虑、职业兴趣、心理适应性、学习动机、意志力问题在性别、民族、是否独生子女、学习成绩、年级、生源、家庭经济状况、父母文化程度等变量上存在差异性。

（3）大学生心理健康状况与人际关系、恋爱观、焦虑、职业兴趣、心理适应性、学习动机、意志力都存在不同程度的相关。

（4）对大学生心理健康有显著回归效应的变量按大小依次为：人际关系、焦虑、意志力和学习动机这五个主要的问题。

2. 项目组采用整体随机抽样法

样本来自大一、大二、大三和大四的部分同学，共发放问卷 1500 份，回收问卷 1235 份，剔除无效问卷 115 份，有效问卷 1120 份，有效率为 90.7%（见表 1）。

表 1 被试的基本情况

变量	类别	人数	百分比
性别	男	433	38.7
	女	687	61.3
民族	汉族	490	43.8
	少数民族	630	56.3
独生子女	是	240	21.4
	否	880	78.6
学习成绩	好	208	18.6
	中	813	72.6
	差	99	8.8
年 级	大一	653	58.3
	大二	139	12.4
	大三	135	12.1
	大四	193	17.2

续表

变量	类别	人数	百分比
生　源	城市	370	33.04
	农村	750	66.96
经济状况	好	38	3.4
	中	627	56.0
	差	455	40.6
父亲文化	无	38	3.4
	小学	206	18.4
	初中	338	30.2
	高中	327	29.2
	中专	144	12.9
	本科以上	67	6.0
母亲文化	无	188	16.8
	小学	289	25.8
	初中	308	27.5
	高中	223	19.9
	中专	79	7.1
	本科以上	33	2.9

3. 调查结果

(1) 大学生心理健康状况

采用心理健康自测量表对大学生测查的结果（见表2)。

表2　心理健康自测量表

心理健康类别	人数	百分比
A类	207	18.5
B类	9	0.8
C类	193	17.2

表2结果表明：有18.5%的同学可能会有神经衰弱的倾向；0.8%的同学可能会有精神分裂的倾向；17.2%的同学可能会有强烈的妄想倾向。

(2) 大学生人际关系状况

采用人际关系量表对大学生测查的结果（见表3）。

表3 人际关系量表

人际关系	人数	百分比
人际关系良好	993	88.7
人际关系不良	127	11.3

表3结果表明：有11.3%的同学人际关系不良；88.7%的同学人际关系良好。

(3) 大学生心理健康状况

采用恋爱观自测量表对大学生测查的结果（见表4）。

表4 恋爱观自测量表

恋爱观	人数	百分比
正确的恋爱观	999	89.2
错误的恋爱观	121	10.8

表4结果表明：有89.2%的同学在恋爱问题上有正确的认识；10.8%的同学存在着错误的恋爱观。

(4) 大学生的焦虑状况

采用焦虑自评量表对大学生测查的结果（见表5）。

表5 焦虑自评量表

焦虑症状	焦虑	人数	百分比
无焦虑症状	$T \leqslant 50$	846	75.5
有焦虑症状	$T > 50$	274	24.5

表5结果表明：有75.5%的同学无焦虑症状；24.5%的同学有焦虑症状。

(5) 大学生的职业兴趣

采用职业兴趣量表对大学生测查的结果（见表6）。

表6 职业兴趣量表

职业兴趣	人数	百分比
A>B	489	43.7
A<B	296	26.4
A=B	335	29.9

表6结果表明：有43.7%的同学思想活跃，善于与人交往；26.4%的同学具有耐心、谨慎、肯钻研的品质；29.9%的同学具备上面两种类型的长处，不仅能独立思考，也能处理好人际关系。

(6) 大学生的心理适应状况

采用心理适应性量表对大学生测查的结果（见表7）。

表7 心理适应性量表

心理适应性	人数	百分比
适应性较强	714	63.8
适应性一般	406	36.2
适应性不良	0	0

表7结果表明：有63.8%的同学适应性较强；36.2%的同学适应性一般；没有适应不良的同学。

(7) 大学生的学习动机问题

采用学习动机自我诊断测试量表对大学生测查的结果（见表8）。

表8 采用学习动机自我诊断测试量表

学习动机	人数	百分比
学习动机有少许或一定问题	899	80.3
学习动机有严重问题	221	19.7

表8结果表明：有80.3%的同学在学习动机上存在着少许或一定的问

题；19.7%的同学在学习动机上有严重的问题和困扰。

(8) 大学生的意志力状况

采用意志力自测量表对大学生测查的结果（见表9）。

表9 采用和意志力自测量表

意志力	人数	百分比
意志力较强	648	57.9
意志力一般	465	41.5
意志力较弱	7	0.6

表9结果表明：有57.9%的同学意志较坚强；有41.5%的同学意志品质一般；0.6%的同学意志较薄弱。

三、思想政治工作的途径

从项目组的研究结果看，贵州民族学院大学生心理健康状况不容乐观，虽然大部分的大学生心理健康状况良好，但有36.5%的大学生存在一定的心理障碍问题。针对这种情况，如何加强贵州民族学院大学生思想工作，是摆在我们面前的重大课题。

心理健康源于思想道德观念的获得，思想是存在于人们头脑中有意识的主观精神，包括政治、道德、法律等内容。从心理学的角度看，思想观念的形成是人在实践基础上的切身体验和思维活动的结果，是伴随着认识、情感、情绪、意志的转移而完成的。所以，人的知、情、意等心理因素是品德形成与发展的先导，并直接影响思想道德观念的转变，关系着人的内心政治、思想、道德等信念转移的方向和程度。因此，捕捉学生的心理变化规律，有意识地运用心理学原理去观察、认识、分析学生的心理因素，解决其思想、观点、立场和行为，使学生形成健康的心理素质，成为合格的社会主义建设者和接班人，是高校思想政治工作者的首要任务。根据贵州民族学院大学生心理健康状况调查结果，我们认为，做好大学生思想政治工作，应当从以下几个方面着手：

1. 遵循认识规律，引导个人认识

人的认识来源于社会实践和人对社会的体验。人的认识有一个从感性到理性认识的过程。而这一过程也是一个心理体验、积淀的过程。个体的政治、思想、道德等认识都是由社会存在决定的，是由社会存在经过人脑的反映及一系列心理过程而形成的观念。所以，认识也是心理倾向定势的表现之一。当代大学生处于瞬息万变、信息急剧膨胀、各种思想纷至沓来的特定时代，这对于思维敏捷、思想活跃的大学生来说往往会由此引起深层次的思考，形成诸多“热点”问题，在思想上产生跳跃式迷惘，认识出现多元化倾向。从前面列举的数据来看，有 18.5%的同学可能会有神经衰弱的倾向；0.8%的同学可能会有精神分裂的倾向；17.2%的同学可能会有强烈的妄想倾向；有 11.3%的同学人际关系不良；有 80.3%的同学在学习动机上存在着少许或一定的问题；19.7%的同学在学习动机上有严重的问题和困扰。这样一些枯燥的数字提醒我们高校思想政治工作者，要求我们站在时代的高度，从社会主义市场经济背景下的大学生思想实际出发，不但要有敏锐的目光和扎实的科学理论功底，施以适当的方式方法，还要努力研究大学生认识的心理过程，从认识心理的规律出发，纠正大学生认识上的偏差，进行科学引导，以实现大学生内心信念的科学转移。为此，需注意以下几点：

第一，实事求是面对现实。思想政治工作者要敢于正视社会现实的诸多矛盾，直面大学生的思想实际，以科学的理论为导向，坚持从实际出发，解答学生普遍关心的问题，努力化解学生的困惑和迷惘，帮助学生形成正确的思想道德观念和自我教育方法。

第二，坚持双向交流。即师生间相互尊重，以平等的关系进行交流。教师要以理服人，着重与学生进行心灵的沟通，不能搞居高临下的“我说你听”“我说不行就不行”。应从学生的认识基础出发，站在学生的角度思考问题，努力在思想情感的交流中形成共振，以实现思想政治工作的目标。

第三，启发学生的主体意识。他们正处于青春期后期，面临着从青少年向成人的转化，心理发展处在由不成熟迅速走向成熟的过渡阶段。因此，必须注重启发学生的主体意识，教育学生以科学的世界观、方法论和社会主义思想道德要求指导自己的行为，在实践中锻炼提高思想道德素质，努力发展开放性意识和创造性思维，实现自我发展、自我完善。

2. 适应需要动机，激发人生追求

需要是人生的生理和社会的客观需求在头脑中的反映。当人的需要有了可以达到满足的条件时，就产生一种满足这种需要的主观愿望和动机，进而产生为实现这种主观愿望而进行的行动。因此，需要是人行为的基础和根源，而动机是人从事某种活动的直接原因。

需要、动机、行为三者的关系是：

需要→心理紧张→动机→行为→需要满足→紧张→解除→产生新的需要。

不难看出，需要在人的生活实践中有着极为重要的作用。所以，在思想政治工作中了解和认真解决大学生的需要，以形成高尚的动机，对转变学生的思想，充分调动其积极性有极为重要的意义。大学生的需要是多种多样的，大体上可分为两类：即物质需要和精神需要。对在校学生来说，最突出的需要就是生活上的需要（主要是饮食需要）、求知需要、健康需要、求助需要、荣誉需要、文艺娱乐和体育锻炼的需要、恋爱的需要，等等。只有正确对待学生的多种需要，并承认其合理性，我们的思想政治工作才能有坚实的思想基础。

应该看到，在实际工作中还存在一些思想问题，往往是由于我们没有正确对待学生的某些需要，对学生提出的某些需要表现出厌烦、冷漠的态度，甚至认为学生多事，强调客观理由太多，太强调个人利益，这种思想有碍于学生正当需要的解决，甚至会激发大学生的逆反心理。

因此，在思想政治工作中，我们首先要学会调节平衡，做好需要的转化工作。对不合理、不切实际或者合理、但又一时不能满足的需要，要以党和政府的政策、法令和规定加以限制和否定，使学生的需要保持平衡，有所抑制。因为人的需要从低级向高低不断发展，不会停留在一个水平上，思想政治工作也是如此。其次，思想政治工作者还要善于把学生的知识需要、成才需要转化为大学生的自身需要，形成群体的内在动机，把学生的主观能动作用，发挥到为社会主义建设而奋发努力学习上来。最后，在学生个人与集体需要发生矛盾时，思想政治工作者应及时正确引导，把社会需要转化为个人的实际行动，使个人行为与集体的需要协调一致，而不为一时之利所束缚。

3. 实施情感渗透，升华理想信念

情感是心理的动力因素，是以个人的需要是否得到满足和对客观事物表

示爱憎好恶的内心体验。人的情感是在人类社会历史发展过程中形成的高级心理因素，具有社会的本质属性，它包含着人类所特有的社会意义。对于个人和集体而言，情感具有强烈的驱动力、凝聚力。在人们的认识过程中，情感是认识活动的基本因素之一，是认识结构中最为活跃、最为恒定的因素，它伴随着人类认识发生过程的始终。情感使人际交往变得深入、丰富、细腻。它是打开心扉的钥匙，是沟通心灵的桥梁，也是德育成功的前提。强烈的情感可以舒展情怀，净化心灵，催人奋进，形成较强的意志。

当代大学生的情感是复杂、动荡、微妙的。他们常常因自己的需要和愿望得到满足而欢欣鼓舞，也会因一时得不到满足而悲观失望。他们的情感一般易于外露，喜怒哀乐溢于言表，但有时也表现为内向性和闭锁性，这是由于他们自我意识的发展，自尊心、自信心很强，不愿把内心秘密和真实思想轻易向别人吐露。

如果学生不愿和领导或辅导老师说心里话，认为说了也不解决问题，心门紧锁，那么，思想政治工作就难以奏效。常言道："人非草木，孰能无情。"情感在思想政治工作中起着重要作用。情感操纵着人心灵大门的启闭，对接受外来的教育影响起着过滤和催化作用。高校思想政治工作要遵循情感心理过程的规律，注意满足学生的情感需求，进行情通理顺、顺情入理的教育。这就要求思想政治工作者要以高尚、炽热的情感，真心实意去关心、感化、激发、培养学生的积极情感，克服消极情感，发挥情感在生活实践中的积极作用。同时应对学生充满爱心，争取以情感叩开学生的心扉，努力进入他们的精神天地，从而引导大学生在理智上不断升华理想、信念的境界，确立为实现全面建设小康社会目标、为中华民族的伟大复兴而努力学习的志向和抱负；在情感上不断升华对祖国和民族的自豪感、责任感和对学校班级集体的荣誉感、义务感，把为祖国和为集体贡献一份力量作为自己追求的目标；在审美上不断升华对心灵美、行为美、语言美和仪表美的追求和修养，以健康、稳定、高尚的情感去塑造自己的人生。只有通过与学生进行情感交流，才能较深刻地了解德育对象的情感、情绪倾向和状态，才可能启动情感、引导爱憎、培养意志，有的放矢地进行教育。

4. 重视意志品格，塑造完美个性

意志是人们自觉克服困难、完成预定任务的心理品格，是心理因素的基本组成部分，也是人的能动性的突出表现。大学生属于较高的社会知识层次，他们由于知识量逐年增加，实践能力日益增强，意志品格水平也不断提高。在学习竞争和社会生活中意志相应得到锻炼。但当代的大学生多数是在良好的学习、生活条件下成长起来的，在社会尊重知识、尊重人才和应试教育的氛围下，他们的人生道路比较顺利，受挫折少。进入大学，他们的自我意识迅速增长，参与社会的意识逐年提高。面对社会急剧发展所带来的各种刺激，面对大学生活的新特点，他们的心理定式被打破，意志脆弱的心理缺点有所暴露。当学习遇到困难、人际交往出现障碍、竞争遭受失败、恋爱受到挫折时，一些学生就会茫然失措，无所适从，从而产生失落感和困惑感。尤其是当挫折强度较强或时间较长时，如意志不强，不能及时对自己进行适应性调整，就可能由失落化为自卑、失望，甚至心灰意冷，精神上出现萎靡不振，心理上产生严重障碍。

因此，高校思想政治工作者要遵循心理规律，重视对学生意志品质的培养。一要通过系统而有效的教育和实践，帮助大学生增强努力学习、刻苦锻炼、讲究道德、追求完善的自觉性，在危急关头挺身而出、乐于奉献的果断性，在困难面前百折不挠、锐意进取的坚持性和在情感与理智发生冲突时的自制力等，使其成为意志坚定的一代新人；二要通过用正确的思想道德理论指导学生，用英雄模范和先进人物的事迹鼓舞学生，用教育者自身的人格力量感召学生，使其追求的方向明确、目标具体。

总之，大学生的心理健康意识有待提高，心理健康问题应该引起足够的重视。我们应该从心理学的角度，积极探索思想政治工作的途径，为他们能够预防、摆脱心理上的困扰，提供方法论的保障。当然，更需要学生个体和学校、家庭、社会各方面的积极协调和配合。相信在全社会共同努力下，走出大学校门的大学生一定会越来越健康、成熟、自信、优秀。

鸣谢：本文是在张鹏程副教授的《贵州民族学院大学生心理健康状况调查研究》项目的基础上完成的，他们的调查数据是我完成本文的基础。特此鸣谢！

（原载《贵州民族学院学报》2007 年增刊）

学校如何全面贯彻落实科学发展观

“科学发展观，第一要义是发展，核心是以人为本，基本要求是全面协调可持续，根本方法是统筹兼顾。”

——胡锦涛

科学发展观是以胡锦涛为总书记的党中央在全面建设小康社会中形成的重大指导思想，也是把马克思主义基本原理同建设中国特色社会主义实践相结合中产生的最新理论成果。科学发展观在继承毛泽东、邓小平和江泽民同志关于发展思想的基础上，用一系列新思想、新观点、新论断丰富和发展了马克思主义的发展理论。它从社会主义现代化建设和党的建设的全局看发展，认为发展在中国特色社会主义全部理论和实践中居于中心地位，把发展观提到统领全局的高度。它把以人为本作为发展观的核心和本质，科学地回答了发展的目的和发展的动力；把坚持以人为本和经济社会全面、协调、可持续发展统一起来，强调按照“五个统筹”的要求推进改革发展和维护社会稳定，使发展的内涵更加清晰，发展的途径更加明确，发展的眼光更加深远，进一步明确了我国为什么要发展、什么是发展、怎样发展的重大问题，不断深化对中国特色社会主义的认识。这是我们党对社会主义现代化建设指导思想的新发展，是与时俱进的马克思主义发展观。

如何全面贯彻落实科学发展观？我认为可以从国家层面、单位和个人层面来讨论。

一、从国家层面来看，《中共中央关于制定国民经济和社会发展第十一个五年规划的建议》（以下简称《建议》）提出了在“十一五”期间要坚持“六个必须”的原则，即必须保持经济平稳较快发展，必须加快转变经济增长方式，必须提高自主创新能力，必须促进城乡区域协调发展，必须加强和谐社会建设，必须不断深化改革开放。科学发展观相对于传统的发展观，是宏观经济管理指导思想的一次飞跃。

树立科学的效益观是落实科学发展观的必然要求，要按照以人为本的要求，从解决关系人民群众切身利益的现实问题入手，更加注重经济社会协调发展，加快发展社会事业，促进人的全面发展；更加注重社会公平，使全体人民共享改革发展成果；更加注重民主法制建设，正确处理改革发展稳定的关系，保持社会安定团结。

落实科学发展观需要全方位的创新。“创新”一词在《建议》中共出现 31 次，是《建议》中使用最多的一个词，可见创新在落实科学发展观中的重要作用。《建议》中所说的创新是全方位的创新，包括了方方面面，从创新内容看，不仅局限于技术创新，还包括理论创新、管理创新、体制创新、制度创新和发展模式创新。从创新主体看，不仅要求企业创新，政府机关、学校、事业单位、军队、各社会团体都要创新。从创新形式上看，不仅鼓励原始创新，还鼓励集成创新和引进消化吸收再创新，也就是鼓励学习型创新。这一点对于创新来说十分重要，特别是在我国许多方面还大大落后于发达国家的现实情况下，更应将学习型创新与原创型创新相结合，凡是能拿来的一定要拿来，在消化吸收的基础上进行创新，拿不来的和外国没有的要组织自主创新。这样做可以提高创新效率，少走弯路。

《建议》提出：“要从增强国家创新能力出发，解决经济社会发展面临的重大科学技术问题，增强科技竞争力。要坚持有所为、有所不为，集中力量在一些重点领域、关键环节取得突破。要针对经济社会发展中的技术瓶颈，在能源、资源、环境、农业和信息等关键领域取得重要进展。”对其中的“坚持有所为、有所不为”应理解为国家科研资金的使用方向和对国家级的科研机构以及大企业集团的研发工作提出的要求，不应当误解为非关键领域的技术创新就不需要。非关键领域的技术，只要是市场需要的，普通科研单位和相关企业都应当积极进行研究和创新。《建议》明确提出，“发挥各类企业特别是中小企业的创新活力，鼓励技术革新和发明创造。实行支持自主创新的财税、金融和政府采购政策，发展创业风险投资，加强技术咨询、技术转让等中介服务，完善自主创新的激励机制。加大知识产权保护力度，健全知识产权保护体系，优化创新环境”。这些政策的落实，将极大地促进全方位的创新。

节约、环保也要贯彻科学二字。保护生态环境、建设资源节约型、环境友好型社会，促进经济发展与人口、资源、环境相协调，是科学发展观的实质内容。但保护环境和资源节约应是全方位的，而且应当是科学的。这方面有许多亟待深入研究的课题。如保护环境是不是一定要保持自然的原貌？植树造林是不是多多益善？如何对待生态才能对人类的生存和发展更有利？目前对这些问题的认识十分混乱，存在大量形而上学的片面认识，严重制约经济发展和生态改善。要明确保护生态的目的是使人类有一个可持续的更好的生存发展环境，必须以人为本，不能为保护生态而保护生态，要促进经济发展与人口、资源、环境相协调。

同时，树立和落实科学发展观是构建社会主义和谐社会的重要保证。发展是科学发展观的第一要义。科学发展观强调只有以经济建设为中心，不断解放和发展社会生产力，不断增强综合国力，才能从根本上解决前进中的问题。就构建社会主义和谐社会而言，它必须建立在物质财富相对宽裕的基础上。贫穷不是社会主义，在贫穷的基础上更不会建成社会主义和谐社会。这就要求我们必须贯彻落实科学发展观，紧紧扭住发展这个党执政兴国的第一要务，进一步营造“聚精会神搞建设，一心一意谋发展”的浓厚氛围，创造更多的物质财富，为构建社会主义和谐社会奠定坚实的物质基础。

总之，落实科学发展观是一项复杂的系统工程，要采用一切经济的、行政的、法律的和宣传教育的手段，全方位地促进科学发展观的落实，保证我国经济社会持续、健康、快速、协调发展。

二、从单位和个人层面看，必须在思想上树立科学发展观的意识，在行动上落实科学的发展观。

在思想上如何树立科学的发展观。一个人，他有什么样的世界观将对他产生重大的影响，他的世界观决定了他要走的人生道路；同理，一个国家坚持什么样的发展观，对这个国家的发展会产生重大的影响，不同的发展观往往会导致不同的发展结果。过去，我们国家在发展问题上也走过一段弯路，但从改革开放以来，我们国家的经济建设取得了长足的发展，从中总结了一些宝贵经验。这些经验和教训说明了一个问题，任何事物都有一个认识过程、都有一个实践过程，任何事物的发展并不是一成不变的，都是在曲折中前进的。因此，要在思想上树立科学的发展观，也应该有一个认识的过程，就是对科学发展观的认识，弄清楚什么是科学的发展观。

什么是科学的发展观呢？简而言之，就是要坚持以人为本，全面、协调、可持续的发展观。这句话虽然简单，但是它有着深刻、丰富的内涵。坚持以人为本，就是要以实现人的全面发展为目标，从人民群众的根本利益出发谋发展、促发展，不断满足人民群众日益增长的物质文化需要，切实保障人民群众的经济、政治和文化权益，让发展的成果惠及全体人民。全面发展，就是要以经济建设为中心，全面推进经济、政治、文化建设，实现经济发展和社会全面进步。协调发展，就是要统筹城乡发展、统筹区域发展、统筹经济社会发展、统筹人与自然和谐发展、统筹国内发展和对外开放，推进生产力和生产关系、经济基础和上层建筑相协调，推进经济、政治、文化建设的各个环节、各个方面相协调。可持续发展，就是要促进人与自然的和谐，实现经济发展和人口、资源、环境相协调，坚持走生产发展、生活富裕、生态良好的文明发展道路，保证一代接一代的永续发展。

要想在思想上牢固地树立科学发展观的意识，仅仅知道什么是科学的发展观那是远远不够的，知道什么是科学的发展观只是一个概念性的认识，要想树立这样的意识和进一步提高认识还需要与实际的工作相结合、与所在的社会环境和文化等相结合。针对高等学校而言，对科学发展观的内涵应当从以下几个方面入手：

科学定位

高校要围绕全局来定位，胸怀全局、立足全局、围绕全局、服务全局。高校要密切关注时代发展，善于从国际国内形势的相互联系中把握方向，从经济政治文化因素的综合作用中掌握全局，做到审时度势，与时俱进，顺时而动，因势利导，瞻前顾后，统筹兼顾。任何高校的发展只有在全局中定位，才能发挥优势，拓展思路。比如，这几年国家提出重点建设高水平大学，建设重点学科，提高教育质量，发展职业教育，这些都是全局意识的体现。所以，真正从全局出发，才能准确定位，主动融合，整合优势，合理布局，外延拓展，内涵深化，统筹协调，才能看得远、看得清、看得准。当前最重要的是制定高校发展战略规划。规划是对未来的规划、安排、部署、展望。规划是一种生产力。抓规划就是抓科学、抓定位、抓长远、抓统筹协调。

以人为本

科学发展观把以人为本作为发展理念、战略理念、价值理念，作为最高理念确立起来，这是人的观念的一次历史性进步。

现代教育逻辑支点的核心是不断提升人的自身建设水准。人的发展是最根本的，以人为本是对人性的唤醒和尊重。真正的教育应当是以人为本的教育，让人体验美好，体验崇高，体验成功，体验快乐，培养积极的生活态度、鲜明的价值判断、丰富的思想体系。以人为本的教育理念主要包括三点。（1）以人为中心，突出人的发展；（2）把教育与人的自由、尊严、幸福、终极价值紧密联系起来，使教育真正成为人的教育，而不是机器的教育；（3）体现人文关怀和道德情感。

需要强调的是，以人为本是讲教育实践活动要从对人的成长、从人的利益出发考虑问题，但不能把个人利益置于国家和集体利益之上。有些人认为“无私奉献”过时了，只有国家对我好，我才能对国家好。美国前总统肯尼迪墓碑上刻着一句名言：“不要问国家为你做什么，而应该问你为国家做了什么。”哈佛大学校门上有一段话：“为增长智慧走进来，为服务祖国和同胞走出去。”如果我们把“以人为本”变成“以我为中心”，就曲解了“以人为本”的本质含义。

持续跨越发展

持续跨越发展，就是要保证高校又快又好地发展。我们所说的快，就是要保持高校平稳较快发展；我们所说的好，就是要强调高校发展的质量和效益。把快与好辩证地统一结合起来，是我们任何时候都应当坚持的发展理念。持续，就是要突出强调发展是第一要务，是解决一切问题的关键所在。发展是硬道理，坚持教育优先发展、率先发展、加快发展、科学发展。同时，要转变教育增长方式，确保教育增长效益和质量。持续是一个很高的要求，持续发展必须强调发展的连续性、持久性和可再生性。如果高校能在调整中持续，在调控中持续，在转变中持续，在提升中持续，那么高校就一定能迈上一个新的更高更大的台阶。高校应该着重在突出特色、人才战略、提高质量、科技创新等方面加以突破。

推进改革

改革是促进高校发展的强大动力，是形成更具活力、更加开放的体制机制，从根本上解决制约高校发展瓶颈的必由之路。现代大学的竞争力不仅是资金、人才和技术，更重要的是现代大学制度的建设。大学制度的改革要重视人文精神，体现以人为本，对人的尊重，对学术的敬畏，对规则的自觉遵守。坚持和完善具有中国特色的现代大学管理体制，即党委领导，行政管理，教授治学，民主治校。当前迫切需要继续推进教师聘用制度、基本的组织制度、人才培养制度、学校管理制度、校内服务制度的改革。我们现在仍然强调突出改革精神，要有一股冲劲，一股闯劲。现在高校很多方面滞后，原因就在改革滞后上。我们要按照市场化的思路、国际化的眼光、现代化的理念，实现工作思路的新突破。

建设和谐大学

和谐是一个相对发展的概念，是运动中的平衡，差异中的协调，纷繁中的有序，多样化中的统一。

和谐大学建设的核心是人的素质的全面提升和各方面积极性的充分发挥，让一切有利于发展教育的思想充分活跃起来，把一切有利于发展教育的资源充分释放出来，使一切有利于发展教育的积极性充分发挥出来，大力解放和发展教育生产力，以造福社会，满足人民。

和谐大学建设的目标是“和而不同”，即共性与个性的统一，要符合国家教育方针，顺应教育发展规律，又要有自己独特的办学理念；教师之间、学生之间以及师生之间要人格平等、合作真诚，又要提倡个性张扬，健康竞争。

和谐大学建设的思路，要以发展求和谐，以民主法制求和谐，以提高治校能力求和谐。

坚持马克思主义在高校的指导地位，坚持社会主义办学方向，加强高校思想政治工作。思想政治工作是党的政治优势，说服力就是凝聚力，导向权就是领导权，思想政治工作的影响力、辐射力、竞争力是党在高校执政能力的重要体现。尤其对当代大学生思想政治教育的使命作用，应当有更加崭新的视角，更加辩证的思考，更加理性的审视。一个人学习不好是次品，身体不好是废品，品德不好是危险品，是对社会潜在的威胁。有才无德要误事，有德无才要坏事。成小事靠业务本领，成大事靠思想品德和综合素质。教育学生学会做人。学会做人，是立身之本；学习知识、掌握知识，只是服务社会的手段。前者的学习是根本性的，后者的学习是工具性的。如果重智轻德，必然导致学生片面发展。

正确协调各种利益关系。利益关系协调是指各个方面的发展要相互适应，资源配置和资源利用的协调，学校导向政策的协调，学校与社会公共关系的协调。随着高校改革的深入，各种利益关系群体的需求出现了多元目标。必须善于协调、兼顾各个利益群体。

加强大学文化建设。大学文化是引导人、激励人、鼓舞人的一种内在动力，是凝聚人心、鼓舞斗志、催人奋进的一面旗帜。大学历来是社会文明的源头，引领文化潮流，传播科学思想，应当成为先进文化、健康文化、高雅文化最有市场最有人气的地方。大学的精神气质和文化品位是最重要的“软实力”，是大学的核心竞争力，它将产生博大的精神力量，深刻的道德力量和巨大的感召力量。

其次再谈一谈如何在行动上落实科学的发展观。科学的发展观相对于传统的发展观，是宏观经济管理指导思想的一次飞跃。实现这种认识上的飞跃实属不易，但更难的是将科学发展观落实到各项政策法规中和工作行动上。下面对如何在行动上落实科学发展观谈几点体会：

1. 建立科学的综合评价体系和制定科学的业绩考核办法。加强制度管理，形成制度管理与情感管理相结合的校风。学校的管理，说白了就是平衡不同层次教师的心态。正确处理制度与人情之间的辩证关系。必备的制度管理不可缺少，更重要的是推行情感管理。

学校要在科学管理及规范制度上下功夫，用合理的制度来制约人，引导人，激励人建立科学的评价制度。各项规章制度要以公正、透明、守信、互惠为原则，将“职工利益第一”放在首要位置，个人利益服从集体利益，一切为有利于学校发展服务。各处室管理人员要有公仆意识，自觉接近和深入群众，关心职工愿望、倾听职工呼声、解决职工难题，激发全体教职工参与学校建设的热情和愿望。要认真落实教职工聘任制、工作目标责任制、工作质量考核制和绩效工资制，建立正确的发展机制、建立规范的用人机制、建立合理的分配激励机制、建立严格的考核机制、建立科学的管理机制，实行严格的管理程序，形成一个人人有使命感，人人有紧迫感，人人有责任感的氛围，使日常管理规范化。

在管理过程中，要加强与教职工的交流、沟通，要了解教师的想法，要对教师真心呵护，诚心关怀，耐心扶助，细心体察，全心依靠，做到思想工作灌注情，物质激励富于情，精神鼓励满含情。青年教工的婚姻、中年教工子女的升学、就业，退休教工的生活、健康等，学校都要给予关心，用“真心换来诚心，热情换来激情”。形成心往一处想，劲往一处使的工作局面。

2. 需要全方位的创新并且敢于创新。落实科学的发展观需要全方位的创新，这包括了方方面面，从创新内容看，不仅局限于技术创新，还包括理论创新、管理创新、体制创新、制度创新和发展模式创新。从创新主体看，不仅要求管理者创新，教师、学生都要创新。从创新形式上看，不仅鼓励原始创新，还鼓励集成创新和引进消化吸收再创新，也就是鼓励学习型创新。这一点对于创新来说十分重要，特别是在我国许多方面还大大落后于发达国家的现实情况下，更应将学习型创新与最新最好型创新相结合，凡是能拿来的一定要拿来，在消化吸收的基础上进行创新，拿不来的和外国没有的要组织自主创新。这样做可以提高创新效率，少走弯路。

3. 从细小处促进和谐，讲究效益的科学性。学校是人才的事业，是靠人才培养人才，一方面塑造德才兼备的教师队伍，一方面以培养德智体全面发展适应市场需求的现代化人才为宗旨。实施人才战略是学校一项重大任务。重点要做好制定政策、整合力量、营造环境的工作，做到用事业造就人才、用环境凝聚人才、用机制激励人才、用政策保障人才，使真正的人才创业有机会、干事有舞台、发展有空间。

学校众多的人才中，一线教师和一线管理人是重要的人才，由于两种人才的工作性质、考核标准大相径庭，有必要对教师和管理人员分别进行不同的考核和激励机制，实行动态管理，工作业绩突出的，可以晋升，不干事的，会受到一定的处罚。通过良好的激励机制，不光提供动力，而且能提供压力，让每一位职工时刻有来自完成工作任务得到奖励的动力，又面临着可能完不成任务而拿不到全部薪金和奖励的压力，在压力和动力双重的作用下，每位教师的工作潜能和热情得到最大限度的发挥和挖掘，真正做到“一切为了学生，为了学生一切”，从教育对象的实际出发，完善各项教育教学工作计划。处室人员才能本着为教学一线服务、为教师、学生服务的思想，不断加强管理，把全员育人、全面负责、全方位服务贯彻到教育、管理的始终。

围绕以学生为主的教育理念，给学生发展打下扎实基础。以人为本，就是一切以学生的发展为核心，给学生提供良好的发展平台，创造良好的发展条件，实现学生最大和最好的发展可能。虽然我们学校有 58 年的历史，但中途间歇了 10 多年，1974 年恢复时，几乎是新建的状态。在计划经济状态下，师资短缺、管理模式落后等造成了我们“先天不足”，直到 1999 年的本科合格评估，民院人才开始意识到落后的痛苦，于是抓师资队伍建设和改进管理模式。2007 年教育部本科教学水平评估，才使贵州民族学院人警醒，要凝聚民族精神、彰显办学特色。因此，我们要立足实际，抓住特色。我们有优秀的学生，有学习中等的学生，当然更多的是学习困难的学生。我们要根据学生个性上的差异，在课堂教学中关注每个学生、挖掘每个学生的潜能，保证每个学生都能得到充分的发展。在教学中，我们应运用科学发展观指导自己的工作，同时也需要引导学生关注社会发展问题，引领学生获得一种学习的快乐并成长为有责任感的人；引导学生用自己所学的知识来解决语文与社会生活的关系问题，就是要帮助学生认识学科的社会价值；引导学生具有问题研究的意识和能力，就是要建立学生终身学习的基石。

“学高为师，身正为范”，不仅要悬挂在墙上，更重要的是要铭刻在我们每一位教师心中。教师从事育人工程，教师的人格对学生有着直接影响，我们教师必须用自己热爱祖国、热爱社会主义教育事业的情怀、敬业和奉献精神、对学生真挚的热爱、对学生的全面负责，用自身遵纪守法、行为文明、严于律己的言行，用自己良好的心理素质和自我调解、自我完善的能力，来吸引学生、感化学生，赢得学生的信任、尊重、欢迎，在潜移默化中影响学生的人格、志趣，甚至影响学生的人生选择。

今天的大学该怎样落实科学发展观。笔者认为，当今中国大学在发展过程中存在的最大的不科学，就是物质与精神的失衡。落实科学发展观的首要任务就是解决这一问题。

大学在其发展的过程中积累的财富由物质财富和精神财富共同构成，它们在学校的可持续发展中起着同等重要的作用，都应当予以高度重视，从育人的角度看，精神财富的作用更加重要，精神财富才是学校的核心竞争力。

精神财富既包括学校在历史演进的过程中形成的历史传统，也内含着现实中活的精神存在。主要包括三个方面的重要内容：

1. 大学的传统精神。在大学精神的传统领域，既有以爱国主义为中心内容、以推动社会进步为己任的优良革命传统，也有淡泊名利、潜心学问的学术传统，还有求真务实、追求真理的科学精神和以爱为中心而构成的人文精神。任何一所大学都有自己的精神传统，北京大学在100多年的历史进程中形成了“敢为天下先”的光荣传统，生活在北京大学的思想界的先驱们曾经率先高举起民主与科学的旗帜，发起了永远载入中国历史的五四运动。清华大学传统精神的集中体现就是“厚德载物，自强不息”。校园的传统精神经过历史的积淀和现实的升华，其精髓已经成为师生们的精神支柱，并且成为学校进一步发展的精神动力。

2. 校园现实的精神存在。在校园的精神生活领域，有师生之间的真挚情感，同学们之间的互相关爱，浓厚的求知精神和高尚的人生追求。包括学校全体成员的思想修养、道德情操、精神状态、价值取向、素质结构、人际关系、生活方式，等等。教师和学生是大学的两个主体群，他们在学校的精神园地里，起着同等重要的作用。大学生既是校园精神的接受者，也是校园精神的创造者，不仅学校的教学水平要靠学生的科学文化素质水平来衡量，而且学校的文明程度也是通过学生群体的思想道德素质体现出来的。大学生的道德行为、求知欲望、创新精神以及日常行为中所表现出的文明程度，是大学精神的最好体现。所以人们常说：“欲看一所大学的精神，先看这所大学的学生。”几乎每一所学校都十分重视大学生日常文明行为的养成与培养，注重大学生主体素质的建设，特别是大学生人文精神素质建设。教师是大学精神领域的另外一个主体，从动态的角度看，教师群体比学生更具有相对的稳定性，他们在校园里生活与工作的时间更长，教师经过校园精神传统的熏陶与积淀，形成了对学校历史、现实和未来的一般认识和稳定的情感，成为大学精神的直接体现者。教师的主要工作是教学与科研，当然还要教书育人。教师的道德水准、创造精神、批判精神、社会关怀精神不仅决定着教学水平和科研水平，而且会对学生的精神生活产生直接的影响。清华大学教师们的求真务实、自强不息的精神令一代代的清华人受益匪浅，在实际工作中独领风骚，成就卓著。教师与学生精神生活的互动共同构成校园精神的园地，共同创造学校的精神财富。

3. 学生们走出校园以后所创造的精神财富。历届毕业生们秉承母校的精神传统，在实际工作中所创造出的精神财富，既是校园精神的延伸，也是校园精神的重要组成部分。走出校园的毕业生们，身体中仍然流淌着母校精神的血液，他们在自己的工作岗位上仍然为母校创造着精神财富。

什么时候中国的大学在物质和精神两个方面得到了协调发展，科学发展观得到了真正的落实，什么时候中国的大学才具备了成为世界一流大学的基本条件。

在学校新一轮的创业中，全校教职工特别是各级领导干部必须以高度的政治责任感和历史使命感，牢固树立科学发展观，推进学校和谐发展，使之贯穿和体现在带领全校师生开创有中国特色的社会主义教育事业新局面的伟大实践中。

目前，我校正处于发展的关键时期，坚持用科学的发展观统一师生意志，凝聚力量使学校和谐发展，显得尤为重要。在充满机遇和挑战的21世纪头20年，面对竞争愈演愈烈的背景，面对前进道路上各种难以预料的困难和风险，我们要实现学校“巩固成果、立足提高、内涵发展、创新品牌”的要求，在教育规模稳步发展的基础上，积极构建提高教育质量的新机制，必须进一步把可以团结的力量团结起来，把一切可以调动的积极性调动起来，进一步形成聚精会神搞建设，一心一意谋发展的和谐局面。在今天这样一个社会大变革时期，各种思想文化相互碰撞，人民内部各种利益矛盾日益凸现，社会的向心力和凝聚力面临新的挑战和考验，这就迫切需要我们统一意志，凝聚力量。科学发展观作为我们党的最新理论成果，它不仅以其确定的以人为本这个核心价值观念，集中反映和体现着最广大人民的共同利益和愿望，而且以其确立的全面、协调、可持续发展的思路和方法，为我们党带领全国人民应对挑战、化解风险、开拓新局面、实现共同目标提供了行动指南。我们必须以更大的热情做好科学发展观教育人、激励人、凝聚人心的工作。要大张旗鼓地宣传科学发展观的理论价值和实践指导意义，宣传在科学发展观指导下取得的新成就，宣传以科学发展观为指针推动和实现和谐发展的先进典型，把人们的注意力和积极性引导到贯彻落实科学发展观上来，促进学校和谐发展。

把科学发展观作为学校谋划建设，促进和谐发展的基本方针，是当代中国高校发展的唯一正确选择。在我国现阶段，高等教育发展阶段特征归结到一点，就是必须在合理解决制约高等教育发展的突出矛盾和问题中培养出更多更好的人才。其任务十分艰巨，矛盾和问题也异常突出。比如，如何提高学校的办学层次和综合实力，如何抓好重点学科建设、重点实验室建设和师资队伍建设，如何提高科技水平和增强科研原创力，如何处理好新形势下规模与质量、发展与投入、教学与科研、改革与建设的关系，如何提高本科和研究生的教育质量，进一步提升学校的综合竞争力，等等。解决这些矛盾和问题，必须以科学发展观为主导，通观全局，着眼长远，精心谋划，合理运筹和谐发展。从根本上讲，解决发展中的矛盾和问题，关键还是要靠发展，而且必须是全面、协调、可持续的发展。只有按照科学发展的要求，既顾及全面发展又善于抓重点，使各方面协调运转；既立足于现实又前瞻未来，使各方面朝既定目标稳步推进，才能不断开创新的和谐发展的局面。

科学发展观是马克思主义真理观和价值观的统一，作为真理观，科学发展观回答和解决的是遵循经济社会发展规律的问题；作为价值观，科学发展观回答和解决的是为人民谋福利的问题。共产党人始终坚持人民利益高于一切的宗旨。科学发展观是造福于人民的发展观，它坚持以人为本，把为人民发展、靠人民发展、确保发展成果惠及全体人民高度统一起来，充分体现我党坚持“权为民所用、情为民所系，利为民所谋”的执政理念，体现了马克思主义关于实现人的全面发展的最高目标，体现了实现全体人民共同富裕的社会主义制度基本特征，因而是马克思主义价值观的集中概括，我们确立科学发展的指导地位，构建社会主义和谐发展的局面，就是要用科学发展观这个价值尺度去衡量利弊，检验得失，促进和谐发展。

把科学发展作为衡量利弊、检验得失的价值尺度，是带全面性的重大问题。它不仅触及许多陈旧观念和做法，而且还牵涉人们的利害关系，因而充满着艰苦性和复杂性。值得我们深思的是，至今仍然有严重偏离科学发展观的事时有发生，片面追求产值、规模和速度，追求一时的政绩。究其原因，很大程度上是缺乏贯彻科学发展观的自觉性。所以，必须强化科学发展观作为价值尺度衡量利弊，检验得失的严肃性和权威性，有效杜绝违背科学发展观的不良现象和因素，用科学发展观全面审视长期以来形成的思想观念、工作思路和政策制度，把这一尺度贯彻到各项建设和全部工作中去，在全社会形成有利于促进和谐发展的舆论导向和政策导向。

科学发展观作为指导发展的马克思主义世界观和方法论的集中体现，不仅为我党执政兴国、执政为民确立了根本指针，而且为广大党员和干部修身立德、建功立业提供了基本准绳。科学发展观蕴含的价值取向，是共产党人必须坚持的理想追求，他所贯穿的公正原则，是共产党人必须遵循的道义规范。它所倡导的务实精神，是共产党人必须具备的品格、作风，每个党员和干部，只有把科学发展观作为重要指导思想确立起来，才能把科学发展观作为真理追求，把贯彻落实科学发展观作为庄严使命来履行，从而使自己成为科学发展观的忠诚实践者。

我们应该清醒地看到教育发展面临的挑战、困难和问题，一方面人民群众对现代化教育有着强烈的需求，另一方面优质教育资源供给严重不足。这就构成了我国教育面临的基本矛盾，教育投入的长期不足，教育发展改革过程中出现的新情况、新问题，追求“政绩”，急功近利的行为，等等，都要求我们必须进一步改革教育观念、教育体制、教育结构和人才培养模式。每一位高校的共产党员特别是领导干部，要把贯彻落实科学发展观作为立身、立德、立业的重大人生课题，下真功夫，加以解决。要结合党性修养和锻炼，坚持以科学发展观为指针，牢固树立正确的人生观、地位观、利益观和荣辱观，把科学发展作为人生追求的准则，多谋多抓那些对师生有益和对长远建设和发展有好处的事情，努力创造无愧于人民、无愧于时代的和谐发展的业绩。

总之，在学校管理中树立和落实科学发展观，一定要改变那种“以管人为中心”的管理方式，代之以“以人为中心”的管理，尊重教师和学生的人格，尊重教师的工作和学生的学习，关心每一个教师和学生的情感，关心每一位教师和学生的存在和价值。只有这种以人的发展为根本，为人的发展服务的学校管理才能真正达到“管是为了不管”的最高境界，才能最大限度地调动广大教师和学生工作、学习的积极性、主动性和创造性，进而促进学校良好的教风、学风的形成和巩固，为国家实现全面发展、协调发展、可持续发展提供人才保证和智力支持做出应有的贡献。

贯彻落实科学发展观
促进学校又好又快发展

——学习党的十七大心得体会

党的十七大报告提出要提高自主创新能力，建设创新型国家，要注重培养一线创新型人才。这是党中央从建设中国特色社会主义、加快推进全面建设小康社会伟大工程的战略高度，对广大科技和教育工作者提出的战略要求，为高等教育的新一轮发展指明了方向。同时，加快建立以企业为主体、市场为导向、产学研相结合的技术创新体系，促进科技成果产业化的政策，也对人才的培养提出了更高的要求和更大的社会需求。

贵州民族学院创建于 1951 年 5 月 17 日，是中华人民共和国创建最早的民族院校之一，隶属贵州省人民政府，是贵州省重点建设的高校。学校自 1958 年开始开办本科教育，1999 年通过教育部本科教学工作合格评估，2004 年获准与西南政法大学联合培养研究生，2006 年 1 月，经国务院学位办批准，增列为硕士学位授予单位。学校在省委、省人民政府的领导关心下，2007 年 12 月，顺利通过教育部本科教育教学水平评估，获得了较好的评价；2008 年 3 月，贵州省人民政府与国家民委签署合作共建贵州民族学院的协议。可以说，贵州民族学院已经获得了一个较好的办学环境和条件。接下来的问题就是如何利用来之不易的环境和条件，努力提升办学水平，办好人民满意的民族教育。我个人认为，提升学校的软实力是提高办学水平的关键，因此，学校必须按照科学发展观的要求，狠抓师资队伍建设和内涵建设，不断提高办学水平和人才培养质量，促进学校又好又快发展。

一、内涵建设的关键：加强师资队伍建设

师资队伍水平是学校内涵建设的关键。学校坚持“用好现有人才，引进紧缺人才，培养骨干人才”的方针，不断完善“引才、育才、用才、留才”机制，通过实施四大措施，扩大师资队伍规模，优化师资队伍结构，强化师资队伍建设，形成了一支能满足本科人才培养需要、整体结构合理、发展趋势良好的师资队伍。

一是以学科建设为引领，转变理念，培养骨干教师和领军人才。通过抓学科建设和组织学科梯队，提高了教师的团队协作精神和了解学科前沿发展动态的能力。鼓励现有年轻教师攻读硕士和博士学位，提升师资队伍质量。为学术骨干、科技英才和各学科领军人物脱颖而出创造必要的条件。学校现有教职工 1037 人，其中专任教师 655 人，专任教师中具有副高以上职称 271 人，占专任教师数的 41.4%；具有硕士以上学位的教师 326 人，占专任教师数的 49.8%，具有硕士以上学位的教师多集中在青年教师中。教师中先后有 10 人获国务院政府特殊津贴；有 6 人入选贵州省学术学科带头人；有 6 人获贵州省政府津贴；有省管专家 13 人，全国杰出专业技术人才 1 人，全国十大杰出中青年法学家 1 人，全国优秀教师 2 人，教育部学科教学指导委员会委员 3 人，国家哲学社会科学评审委员会委员 1 人，教育部高校青年教师奖 1 人，贵州省十大优秀科技人才 1 人，有 3 人获贵州省高等学校“教学名师”称号。

二是以科学研究为向导，提高教师的学术水平。科研是知识的实现和技术的再创造，作为一名本科院校的教师，要通过科学研究不断提高自己的学术水平和学术素养，只有高水平的教师才能培养出高水平的人才。学校营造良好的科研工作的软环境和硬件条件。在软环境建设方面，学校为教师建立了课题项目指南、专利写作申报、产业合作联系等服务窗口；建立科研激励制度，对引进人才设立科研启动经费，对青年教师设立科研基金；设立科技成果转化和知识产权管理办法、学术交流管理办法和科研奖励办法。在硬件建设方面，学校积极搭建科研平台，加大专项科研经费的投入。学校先后成立了贵州民族文化艺术研究院、贵州民族科学研究院、贵州民族经济研究院、西南夜郎文化研究院、西南傩文化研究院、水书文

化研究院6个研究院。另外，贵州省民族文化学会、贵州省苗学会、贵州省布依学会、贵州省侗学会、贵州省土家学会、贵州省彝学会、贵州省仡佬学会、贵州省水学会8个民族学会及其研究中心均挂靠我校，形成了强大的民族文化研究阵容。2004年以来，学校主持承担科研项目303项，其中：国家级项目20项，省部级项目105项，校级项目175项，其他项目3项；科研成果获省部级政府奖35项，在国内外学术刊物上发表论文1682篇，出版学术专著及编著93部。

三是以人为本的制度保证，促进教师队伍和谐发展。学校在加强教师队伍的建设中，十分注重管理的科学性和“以人为本”理念在实际工作中的落实。学校根据发展需要，继续深化了人事制度改革和岗位的聘任，有力地推动了教师队伍的建设，校园内一种和谐向上的氛围初步形成，以“德、能、绩、效”综合评价教师工作能力与水平已成为校园文化建设的重要组成部分。学校制定了人才引进制度，加强引进高层次人才，提高教师教学科研水平；加强培训力度，选送教师在职攻读硕士、博士学位，选送教师出国进修和深造；制定了中青年教师参加社会实践锻炼的制度，提高了青年博士们的实践能力。

二、内涵建设的龙头：加快学科专业建设

作为一所省属重点大学，学校把学科建设的重点从狭义的人才、基地、项目三要素向教学、科研、师资三方面延伸，提出了“学科的人才梯队建设是学科建设的关键，是确保本科教学特色的基础，科技水平的提高是学科建设的重点”的观点，使学科建设渗透到我校的各项工作中，为内涵建设打造了综合平台。

一是舆论先行，强化对学科建设重要性的认识。从1999年本科合格评估开始，学校就十分重视学科建设，使广大教师认识到只有抓住学科建设，才能快速推进学校的各项工作。在迎接2007年本科教育教学水平评估的过程中，学校又提出了“以学科建设为龙头，以深化改革为动力，发展品牌学科和特色专业，实现学校的快速发展”的重要战略思想。学科建设理念深入人心，全校各级领导把学科建设作为自己的首要任务，广大教师积极参与学科建设，各职能部门为学科建设创造良好环境。这些都为学科

建设的顺利实施打下了坚实的基础。

二是强化理念，提出“大学科建设”的概念。在推进学校的学科建设中，通常有两种倾向：或者认为学科建设集中在重点高校，忽视了省属本科学校和应用型本科院校；或者着眼于研究生学位授予点建设，忽视了本科教育。由于历史的原因，我校在科研、学科建设以及师资队伍等方面还比较薄弱，在这种情况下，强调学科建设常常会使一部分人不理解或反对。实际上，研究生学位授予点的建设只是学科建设中的一部分，学科建设的内涵已经从研究生学位授予点的建设向本科专业建设延伸；从重点学校向一般学校甚至专科、民办高校延伸；从狭义的人才、基地、项目三要素向更宽泛的教学、科研、师资三方面延伸……也就是我们所说的“大学科建设”的概念。

三是面向发展，构建合理的学科建设框架。我校原有的专业布局具有以文科为主的特点。随着社会主义市场经济的建立，地方经济建设、政治建设、文化建设、社会建设要求我们必须重新构建学科专业布局。学校根据社会需求和自身特点，提出了文理渗透，多学科集成更新和改造传统学科、使其在新的方向上发展为新学科的思路。近年来，我校在学科建设上取得了明显的成效。2005 年在我校的《十年发展规划》中，提出了以服务贵州，面向全国，涵盖了文、史、法、管、理、经、工、教育等学科交叉渗透、协调发展的规划。学校现设 18 个学院，1 个系，3 个公共课教学部门，有普通本科专业 43 个，硕士研究生专业 6 个。我校基本形成了以人文社会学科为主体，民族类学科为特色，多学科协调发展的学科建设的构架，为学校的进一步发展奠定了基础。

四是分层递进，构建重点学科建设的三级平台。合校初期，学院确立了“分层递进、重点突破”的重点学科建设战略，根据各学科的发展基础和发展需要，将学科分为重点建设学科和一般建设学科，并在资金投入、人才引进和设备建设等方面向重点学科倾斜，促进其快速发展。通过四期校级重点学科建设，学校在学科建设方面取得了明显的进展。目前，学校已形成了省、校两级的重点学科格局，民族学、中国少数民族语言文学、法学、数学与应用数学、社会学、马克思主义基本原理为省级重点学科；应用物理学、汉语言文学、旅游管理、美术学、计算机科学与技术、概率论与数理统计、有机化学、民族传统体育学、音乐学等为校级重点学科。校内的优势学科已经形成，在重点学科的带动下，一般学科和专业发展也在稳步发展。

三、内涵建设的核心：狠抓教育教学质量

学校始终把提高人才培养质量作为内涵建设的核心，将教育教学质量作为学校各项工作的出发点和归宿。

依据“培养具有创新精神和实践能力的、具有国际视野的高层次人才”的目标，学校确立了“厚基础、宽口径、重实践、高素质”的人才培养原则。“厚基础”即夯实本科知识基础，增强发展后劲；“宽口径”即拓宽学生的知识面，适应社会需求；“重实践、高素质”即通过加强实践教学环节，提高学生发现问题和解决问题的能力。

依据上述的培养原则，学校构建了由理论教学、实践教学、素质教育三个教学体系及“分层递进”模式所组成的人才的培养体系。该培养体系充分体现了应用型人才不仅要有扎实的理论基础，更要具备创新精神和实践能力的要求。

理论教学体系主要由“平台+模块”组成。平台包括公共基础课平台、学科大类基础课程平台和学科专业基础平台。公共基础课平台是为全面培养学生的综合素质而设置，是人才培养计划的核心部分，主要由公共基础课程和公共选修课程组成，面向全校学生开放。学科大类基础课平台是为逐步实现大学科类别的宽口径培养教育目标而设置，面向专业大类学生开放。学科专业基础课平台是按照应用型人才培养的要求而搭建，以达到专业的培养要求。专业模块是根据学科专业特点，追踪学科前沿，依托行业，贴近企业，由柔性专业模块和系列课程组成，包括专业必修课程和专业选修课，以实现专业的培养目标，凸显专业特色。

实践教学体系分为四个平台，即公共基础实践平台、公共基础综合实践平台、学科专业实践平台和学科专业综合实践平台。公共基础实践平台包括公共基础课程和学科大类基础课程所包含的各类基础性实验；公共基础综合实践平台包括工程实训、社会实践、国防教育等；学科专业实践平台包括各类学科专业基础及专业的实验教学、课程设计、实习；学科专业

综合实践平台包括毕业实习、毕业设计（论文）、课内外科技创新活动、职业资格竞赛与职业资格鉴定、创业教育活动等。

素质教育体系采用“第一课堂”与“第二课堂”相结合，着重培养学生的科学精神和人文素养，加强职业道德教育，学会做人、做事。“第一课堂”以“思想政治课”教学为主渠道，增设人文选修课，提高学生思想政治道德和人文素质；“第二课堂”以课外科技活动、校园文化活动和社会实践活动为主要内容，提高学生的文化和科学素养。

“分层递进”教学模式在理论教学中，体现为：通识教育—学科基础教育—专业教育；实践教学中体现为：认识—实验—实训—综合能力培养。让学生由宽泛的理论和实践课程学习，逐渐转入有针对性的实践能力和工程素质的培养。

围绕上述人才培养体系，学校不断强化教学规范管理，建立健全了教学质量保障与监控体系，实施教学督导制度。制定和完善了各主要教学环节的质量标准和质量保障制度，在教师职务晋升中严格执行教学质量“一票否决制”。

四、内涵建设的动力：积极推进各项改革

学校坚持以改革为动力、以改革促发展，积极推进各项改革，为内涵建设提供强劲的动力，促进学校又好又快的发展。

逐步深化干部聘任和人事制度改革。学校非常重视干部队伍建设，改善干部队伍结构和素质。

积极探索与实践教育教学改革。学校构建了人才培养计划、课程体系、实验实训体系等。2003 年起，学校实施学分制管理，学生网上选课、选时、选教，教学资源不断优化，各项规章制度日趋完善。

适时推行分配制度和内部管理体制改革。2003 年起学校实施了分配制度改革，初步建立起向高层次人才和关键岗位倾斜的分配激励机制。学校进一步深化分配制度改革，把教职工收入与岗位职责、工作业绩直接挂钩，淡化课时，强化职责。学校在 2003 年推行了校、院系两级管理体制的改革，强化了院（系）办专业的能力。

稳步推进后勤社会化改革。自 2002 年后勤社会化改革以来，后勤在管

理水平、硬件建设和提高服务质量上都有了新进展。

五、内涵建设的活力：创立新型大学文化

在现代大学的四大功能（育人、知识创新、服务社会和大学文化）中，大学文化对于社会有着重要的引领作用，也是内涵建设的归宿。

我校以“自强不息，全面发展”为校训，既体现了几千年来中华民族精神的核心，又坚持了与时俱进，体现了“三个代表”重要思想、党和国家的教育方针对高校的根本要求。“自强不息”指自觉地努力向上，开拓奋进，永不懈怠，造福天下，振兴中华。“自强不息”出自《周易》：“天行健，君子以自强不息。”意为天体运行，周而复始，永不停息，君子应效法天，强制自己，努力奋进，坚持不懈，造福天下。“自强不息”是我国儒家思想的精华，也是中华民族精神之核心。几千年来，“自强不息”深植于古老的中华传统文化中，体现了中华民族的人格之美，塑造了绵延于世、坚强屹立于世界民族之林的中华民族。“全面发展”指自觉按照党和国家的教育方针要求，坚持为社会主义现代化建设服务，为人民服务，与生产劳动和社会实践相结合，成为德、智、体、美全面发展的社会主义建设者和接班人。“全面发展”出自党和国家的教育方针，是马克思主义的核心，是“三个代表”重要思想和党与国家教育方针对高校的基本要求。党的十六大报告指出：“党要承担起推动中国社会进步的历史责任”，就必须“推动社会全面进步，促进人的全面发展”。

秉承“自强不息、全面发展”的校训，我们要求学生“明德、明学、明事”，“明”为“清楚，懂得，知晓，明白”等，引申为学会、通过学习而掌握。“德”，指人们共同生活及行为的规范，如公德、道德准则；又指个人内在的优良品质，如美德、品德；还指德行，即有道德的行为。中国文化中，“德”被认为立身之本。“明德”，即通过教育，使学生学会怎样做人，怎样做有德之人。中国传统教育十分注重培养学生的道德修养。“学”，指分门别类的系统知识，如哲学、数学等；又指个人所掌握的知识，如学问、学术、学识、博学多才等。《广雅》曰：“学，识也。”“明学”，就是通过教育，使学生学会怎样治学。与通行的“博学”“厚学”等相比，“明学”更加强调对学问的追求，强调使学生掌握做学问的方法，

强调学以致用。“事”，指自然界和社会中的现象与活动，如事情、事件、事业等；又指职业，如“谋事”，即找职业、找工作。“明事”，就是通过教育，使学生学会怎样做事。中国传统文化往往把“会做事”作为对人的一种积极评价，《论语·学而》强调“君子敏于事而慎于言”。现代大学教育十分重视对大学生动手能力和实践能力的培养，即培养学生做事的能力。明事，重要的是“明事理”“明事功”“明事巧”，即懂得做事的道理、做事的价值、做事的技巧。概而言之，“明德、明学、明事”，就是通过教育，使学生学会做人，学会治学，学会做事。

以“自强不息，全面发展”的校训为基础，开展文明单位创建、和谐校园建设，扶植学生社团，学校成立大学生艺术团，繁荣校园文化。丰富多彩的校园文化活动为学生搭建了展示自我的广阔舞台，提高了他们的文化素质，也收获了累累硕果。学校先后11年被中宣部、团中央和教育部评为“全国大学生优秀志愿者服务队”和“全国大学生社会实践先进单位”，等等。2002年、2003年我校连续两次荣获大学生数学建模竞赛一等奖；在全国青年歌手大赛中，我校学生榜上有名；在“多彩贵州”歌唱大赛中，我校荣获金、银、铜奖。

通过以上多种形式的文化建设活动，把德育与智育、体育、美育有机结合起来，提高了学生的文化素质，打造了精品校园文化，逐步培育和形成具有我校特色的大学文化。

学校三次被国务院评为“全国民族团结进步模范单位”，并获“全国‘三五’法制宣传教育先进单位”、“全国‘四五’法制宣传教育先进单位”、教育部“‘四五’普法示范学校”、贵州省“民族团结进步先进集体”、贵州省“精神文明建设先进集体”、贵阳市“红旗文明单位”。

目前，全校师生正认真学习和深入贯彻党的十七大精神，进一步解放思想，深化改革，开拓创新，求真务实，深入贯彻落实科学发展观，继续深化和加强学校内涵建设，以进一步提高教学质量、强化办学特色为中心，全力促进学校规模、结构、质量、效益协调发展，为将学校建成学科优势明显的教学研究型大学而努力奋斗。

新时期中国特色社会主义统一战线理论基本规律探究

党的十一届三中全会以后，党的中心工作转移到经济建设上来，我国进入了改革开放和现代化建设新的历史时期，统一战线也进入了一个新的历史发展阶段。新时期中国特色社会主义爱国统一战线以邓小平理论和“三个代表”重要思想为指导，坚持党在社会主义初级阶段的基本路线、基本纲领和基本经验，高举爱国主义和社会主义两面旗帜，实现大团结、大联合，共同致力于中国特色社会主义的伟大事业，为建设富强、民主、文明的社会主义现代化国家做出了巨大贡献。新世纪新阶段统一战线在全面建设小康社会、构建社会主义和谐社会的历史条件下，在以胡锦涛同志为总书记的党中央领导下，全面贯彻落实科学发展观，不断巩固和壮大了当代中国最广泛的爱国统一战线。

一、中国特色社会主义统一战线理论

中国特色社会主义，就是在中国特色社会主义道路下，坚持中国共产党的领导，立足基本国情，以经济建设为中心，坚持四项基本原则，坚持改革开放，解放和发展社会生产力，巩固和完善社会主义制度，建设社会主义市场经济、社会主义民主政治、社会主义先进文化、社会主义和谐社会，建设富强、民主、文明、和谐的社会主义现代化国家。中国特色社会主义是中国共产党对现阶段纲领的概括，也是中国特色社会主义统一战线前进的方向。改革开放以来，统一战线在总结历史经验的基础上，建立并不断巩固壮大新时期爱国统一战线，先后形成了邓小平统一战线理论、

“三个代表”重要思想统一战线理论和十六大以来以胡锦涛同志为总书记的党中央关于统一战线的重要论述，构成了中国特色社会主义统一战线理论。中国特色社会主义统一战线理论传承于马克思主义统一战线理论和毛泽东统一战线思想，来源于中国特色社会主义建设的伟大实践，着眼于新时期爱国统一战线的巩固壮大，科学地阐明了建设中国特色社会主义条件下需不需要统一战线、需要什么样的统一战线以及如何建设统一战线的根本性、战略性问题，系统回答了新时期统一战线的历史地位、基本特征、发展道路、发展战略、根本任务、永恒主题等重大理论政策问题。既继承前人又突破陈规，既不断创新又不离其宗，具有鲜明的时代特征和中国特色，从而开辟了马克思主义统一战线理论发展的新境界，拓宽了改革开放以来统一战线实践发展的新视野，反映了中国特色社会主义对统一战线提出的新要求，为爱国统一战线的巩固壮大指明了方向。

作为新时期中国特色社会主义理论体系重要组成部分的中国特色社会主义统一战线理论，包含了邓小平新时期统一战线理论、“三个代表”重要思想中关于统一战线的理论以及科学发展观中关于统一战线的一系列重要思想。在21世纪新阶段，系统总结和归纳中国特色社会主义统一战线理论的基本规律，把握时代脉搏，不断深化完善统一战线理论，使之成为马克思主义中国化统一战线理论的最新成果，对于丰富中国特色社会主义理论体系，开创统一战线工作新局面，充分发挥统一战线服务中国特色社会主义现代化建设、实现自身科学发展具有重要的意义。“中国特色社会主义统一战线理论体系凝结着党中央与全国各族人民特别是统一战线成员的智慧，反映了统一战线工作实践的成功经验，具有鲜明的时代性、显著的实践性、严谨的科学性和高度的独创性，标志着改革开放以来中国特色社会主义统一战线理论发展到了一个崭新阶段，达到了前所未有的历史新高度。”①

胡锦涛在党的十八大报告中强调指出：“要巩固和发展最广泛的爱国统一战线。高举爱国主义、社会主义旗帜，巩固统一战线的思想政治基础。坚持长期共存、互相监督、肝胆相照、荣辱与共的方针，加强同民主

① 黑龙江省社会主义学院课题组：《中国特色社会主义统一战线理论基本特征和规律研究》，载《黑龙江社会主义学院学报》2012年第2期。

党派和无党派人士团结合作，加强党外代表人士队伍建设，选拔和推荐更多优秀党外人士担任各级国家机关领导职务。全面正确贯彻落实党的民族政策，坚持和完善民族区域自治制度，深入开展民族团结进步教育，加快民族地区发展，促进各民族和睦相处、和衷共济、和谐发展。全面贯彻党的宗教工作基本方针，发挥宗教界人士和信教群众在促进经济社会发展中的积极作用。鼓励和引导新的社会阶层人士为中国特色社会主义事业做出更大贡献。落实党的侨务政策，支持海外侨胞、归侨侨眷关心和参与祖国现代化建设与和平统一大业。”

二、中国特色社会主义统一战线理论的基本规律

（一）坚持社会主义道路，以马列主义毛泽东思想为指导

中国特色社会主义统一战线作为中国特色社会主义理论的重要组成部分，它的理论基础和指导思想是马列主义、毛泽东思想。19 世纪中叶，马克思、恩格斯在科学总结无产阶级革命斗争经验、创立科学社会主义的同时，创立了无产阶级统一战线理论。以毛泽东为代表的中国共产党人，结合中国的实际，创造性地将马克思主义统一战线的基本理论与中国的革命和建设有机地结合起来，并在理论和实践中发展了这一理论，形成了中国特色的革命统一战线。中华人民共和国成立初期，以毛泽东为领导核心的第一代领导集体结合国际形势和国情，创造性地继承、运用和发展了马列主义的统战学说，符合实际地调整和概括出中华人民共和国成立初期统一战线的历史任务；建立了统一战线的组织机构；确立了具有中国特色的多党合作和政治协商制度；制定了正确的民族政策，确立并实施了民族区域自治制度；发展了马列主义的国际统一战线思想，为社会主义建设争取了有利的国际环境；提出了和平统一祖国的思想，为“一国两制”构想的提出奠定了理论和实践基础。这些统战思想和措施不仅对新时期统战理论和实践具有重大的指导意义，也奠定了中国特色社会主义统一战线理论的基础。以邓小平同志为核心的第二代领导集体继承、发展了马列主义、毛泽东思想，与时俱进地建立了具有中国特色的科学理论——建设中国特色社会主义理论，探索和解决了统一战线的理论和实践问题，进而形成了当代

富于中国特色的统一战线思想——邓小平统一战线思想。以江泽民同志为核心的第三代领导集体一脉相承地发展了马列主义、毛泽东思想、邓小平理论关于统一战线的精髓，将统一战线发展到一个崭新的阶段。以胡锦涛同志为总书记的党中央深入分析和研究统一战线发展的重大理论和实践，提出了许多重要的新思想、新观点和新举措，使统一战线理论有了重大发展。正是在马列主义、毛泽东思想的指导下，中国特色社会主义统一战线理论随着实践的发展不断发展，并最终成为中国特色社会主义的重要组成部分，成为中国特色社会主义统一战线的指导思想。

（二）坚持共产党对统一战线的领导，增强统一战线的凝聚力

坚持和改善中国共产党对统一战线的领导，是巩固和发展最广泛的统一战线的根本保证。我们党始终注意坚持和改进对统一战线的领导。领导权问题是统一战线中最根本的问题。党对统一战线实行坚强正确的领导，是统一战线的根本特点，也是统一战线得以在长期的革命和建设实践中发挥作用的根本保证。在社会主义现代化建设的新时期，爱国统一战线同样离不开中国共产党的领导。我国革命和建设的实践已经证明，没有中国共产党这个核心，就不可能凝聚、动员和组织全国人民的力量为建设中国特色社会主义而共同奋斗。因此，坚持中国共产党的领导是统一战线巩固和扩大的核心问题，也是中国各民族、各党派和各界人士的共同愿望和共同利益。历史已经证明，中国统一战线必须在中国共产党的坚强领导下，才有正确的方向、蓬勃的生机和光明的前途，才能增强统一战线的凝聚力。如果没有一个坚强的领导核心，统一战线必然涣散无力，不会有协调一致的步伐。实现党对统一战线的领导，一要靠党的正确的路线和政策及广大党员的先锋模范作用，团结党外人士为实现共同目标和任务而奋斗；二要与党外人士平等协商，认真听取意见，接受监督，使他们理解和接受中国共产党的主张；三要尊重党外人士的利益，了解他们的思想状况和具体要求，帮助他们解决应该解决的问题；四要发扬自我教育的优良传统，做好思想政治工作。①

---

① 杨建国、邓方国、贺俊春：《试论统一战线的历史经验》，载《吉林省社会主义学院学报》2011 年第 4 期。

（三）坚持理论联系实际，把握时代主题，与时俱进

中国特色社会主义统一战线理论作为中国特色社会主义理论一个重要的组成部分。统一战线的历史任务和主题总是伴随着国际国内形势的变化和时代的发展经历着不断地发展与变化。在坚持马克思主义基本原理的基础上，中国共产党结合中国的实际情况，坚持理论联系实际，把握时代主题，与时俱进地进行了伟大的制度创造和政治实践，结合新的情况赋予统一战线在不同时期以新的历史任务，从而不断丰富和发展了马克思主义统战理论。

在新民主主义革命时期，毛泽东根据中国的具体国情和社会发展的实际，创立了新民主主义学说，并提出了这个时期各个革命阶级联合专政的思想，他指出："中国无产阶级应该懂得：要胜利，就必须在各种不同的情形下团结一切可能的革命的阶级和阶层，组织革命统一战线。"① 并提出了"两个联盟"的重要思想。一个是工农联盟，这是统一战线的基础；一个是工人阶级、农民阶级和全体劳动者与一切可以联合的非劳动者的联盟，这是建立在工农联盟基础上的更广泛的联盟。中华人民共和国成立后，随着中国共产党成为执政党，党的统一战线历史任务也发生了历史性的变化，统一战线的主要任务是团结一切可以团结的力量，为全面确立社会主义制度而奋斗。特别是三大改造完成以后，我国的经济结构、阶级关系都发生了根本的变化，我国也开始由社会主义革命阶段进入社会主义建设阶段。新的历史条件需要确立新的统战历史任务，这就需要统一战线任务随着社会发展阶段的变化而调整主题。十一届三中全会后，历史进入了以经济建设为中心的新时期，我国现代化建设需要发挥各方面的积极性，统一战线就要为实现现代化提供社会力量保证，也就是组织和争取社会主义劳动者和一切爱国者为现代化建设献计出力。因此，邓小平指出"新时期统一战线和人民政协的任务，就是要调动一切积极因素，努力化消极因素为积极因素，团结一切可以团结的力量，同心同德，群策群力，为把我国建设成为现代化的社会主义强国而奋斗。"并首次使用了"新时期统一

① 《毛泽东选集》第二卷，人民出版社，1991 年，第 645 页。

战线”和“爱国统一战线”两个概念，完整地表述为“我国的统一战线已经成为工人阶级、工农联盟为基础的社会主义劳动者和拥护社会主义的爱国者的广泛联盟。”[①] 江泽民则根据时代发展的需要提出“高举两面旗帜”“贯彻基本路线”“实现四个服务”新论断，把毛泽东、邓小平关于统一战线历史任务的思想发展到了新的阶段。21世纪新阶段，“大团结、大联合”成为统一战线的主题，发展成为统一战线的首要任务。

（四）坚持以人为本，体现“和合”思想与构建和谐社会的一致性

统一战线体现的“和合”思想与和谐社会在本质上是一致的。《论语·子路》中说：“君子和而不同，小人同而不和。”在中国特色社会主义事业的建设中，我国经济和社会结构发生了深刻变化，在社会主义市场经济体制建设过程中，由于出现了多种经济成分、多种分配方式，进而产生了新的利益群体和社会组织团体，利益多元化必将导致价值取向和思想观念的多元化。所以在统一战线内部也可能会出现某些不和谐因素。但是统一战线自建立以来，就一直致力于通过平等相待、民主协商的方式，将这些“不同”和“不和谐”的存在转化为平等友爱、融洽和谐。因此，统一战线中所体现的“和合”思想与社会的和谐在本质上是一致的。不论是从统一战线的对象看，还是从统一战线的性质来看，抑或是从新时期统一战线的主题来看，都能体现坚持以人为本，体现了“和合”思想与构建和谐社会的一致性。从统一战线对象看，尽管大家由于思想观念、历史文化背景等的不同，但却能坐在一起参政议政，畅谈国事，互相监督，共同为经济建设和社会事业的发展出谋划策，这本身就是社会和谐的一个象征。从统一战线的性质来看，新时期的统一战线是全体社会主义劳动者、社会主义建设者、拥护社会主义的爱国者和拥护祖国统一的爱国者的广泛的政治联盟。这种联盟本身就具有极大的包容性和广泛性。从新时期统一战线的主题来看，“大团结、大联合”是统一战线永恒的主题。构建和谐社会，需要社会成员间亲密合作、互谅互让、精诚团结，才能构建和谐的社会。社会主义和谐社会是政治更加民主，经济更加繁荣，文化更加先进，利益

① 《邓小平文选》第二卷，人民出版社，1994年，第187页。

分配更加合理，能够充分调动人的全面发展，社会体制不断创新和健全的安定有序的社会。中国特色社会主义统一战线在本质上与构建社会主义和谐社会的奋斗目标是相一致的。

（五）坚持服务于中心工作，把握时代使命，贯彻落实科学发展观

统一战线作为党的总路线、总政策的重要组成部分，历来是为党的中心工作服务的。中国特色社会主义统一战线在国家政治和社会生活中只有围绕中心大局、服务科学发展，才能体现存在的价值和作用。党的十一届三中全会以来，经济建设成为党和国家的中心任务，统一战线最大限度地把各政党、各民族、各宗教、各社会阶层、港澳台同胞和海外华侨华人的力量都凝聚到经济建设上来，牢牢抓住发展这个第一要务，多方位、多角度、多层次地参与经济建设，使统一战线的很多独特优势和作用得到充分发挥。新世纪新阶段，统一战线为完成党中央提出的建设中国特色社会主义、构建社会主义和谐社会的重大战略任务，把握时代使命，全面贯彻落实科学发展观，团结一切可以团结的力量，调动一切积极因素，为促进中国特色社会主义建设服务，为中华民族复兴的伟大事业服务做出了贡献。中国特色社会主义统一战线充分发挥了人才荟萃、智力密集、联系广泛的优势，对于凝聚人心、汇聚力量，对于促进国家的经济发展和社会的全面进步做出了巨大的贡献，为建设富强、民主、文明、和谐的社会主义现代化国家发挥了重要作用。

总之，党的统一战线理论是一个不断发展的历程，特别是中国特色社会主义统一战线理论有其发展的基本规律。在新的时代背景下，根据国际国内形势的变化发展，党的统一战线理论还需与时俱进，不断发展；同时，应根据中国特色社会主义统一战线理论发展的基本规律及其启示，不断探索出新的统战工作思路，与时俱进，不断提高统一战线服务科学发展的水平，在新的历史起点上，把统一战线理论与实践推进到一个新的高度。

大学重建的思考

接到党委办公室的通知，学校要召开发展战略构想研讨会，思之再三，决定从两个维度来思考贵州民族大学的发展战略构想，一是因为我的学科背景是民族学，从文化的角度来讨论大学发展战略也许会得心应手。关于校园文化的构建与提升问题，我已经在《贵州民族学院学报》2009年第5期发表意见；二是我目前分管教学、科研工作，讨论与之相关的问题更有发言权。

贵州民族大学地处我国西部，在我国东部大学各种指标统计中稍显后位。我们不难发现，贵州民族大学也和其他大学一样，只是学习知识与技能的地方，学生为了将来服务于社会的某一职业，谋求自己的生存而接受老师传授的知识。这是大学吗？《大学》开篇说："大学之道，在明明德，在亲民，在止于至善。"这里把"止于至善"作为大学的最高境界。

其实，真正的大学，绝不只是我们通常所理解的传授和学习知识，对现有知识毕恭毕敬的学堂，应是人们质疑、批判、否定、更新知识的自由殿堂。没有研究和探索，没有表达和争论，没有反问与沉思，就没有真正的大学。

于是我便有了以下的思考：

- 大学文化应当主导校园生活氛围

现代大学作为文化、教育、科学中心，是不同学科的知识分子形成的共同体。大学精神的源泉是无形的思考、探索、对话、交流、合作、创新的学术氛围，在多元文化的背景中形成自由、宽容、大气、进取、严谨、朴实的文化风尚。

大学的根本不是外在形式、指标、规模、等级、资历、设施，而是本校文化在历史中的沉淀，当历史沉淀出昂扬向上的文化时，这个学校的内涵、胸怀、远见、底蕴、创造力便显现出来了；当历史沉淀出没落的文化，这个学校也就寿终正寝了。因此，大学的文化氛围才是灵魂，大学发展的核心必须落实在昂扬文化的重建上，而不是制度化的过程和模式化的结果。

探索者更多地看重求知的过程，而实用主义者只是看重知识的结果。大学是在开放的、对话的过程中形成和发展的。它不是个别人面壁悟道，然后收徒传授，也不能拘泥于圣人的经典，由它指点迷津。事实上，理论更多的是工具或助手，而不是答案。

说大学很复杂，也很简单，简单到只要几个要素就够了：一是一群求知欲旺盛的青年学生；二是一批真正的以学术与思想为乐的学者；三是图书馆和信息资料工具（尤其是现在的互联网）。青年人与学者，有书读，有交流，有探讨，有相互激发、碰撞与融合，就形成了大学的灵魂。

- 大学文化应当形成崇尚公开、自由的学术批评，建立民主、公正的业绩评估

现代学术，尤其以自然科学的各个学科最为典型，表现为严格的公理化逻辑体系和模式化的教科书。每个学科都有其思想原则、学术规范、操作方式，有专业学会，定期举行学术协作、交流、评价活动，出版学术资料。

- 大学教育使命的深远定位

大学教育区别于基础教育，也不同于职业技能训练，要培养和挖掘人们超越现实的品格和潜力，要从人类文化发展的高度，认识和改造现实，不只是适应和顺从现实。大学聚集着知识精英和青年学子，以丰富的文化内涵而成为社会发展的先导。

教育者和受教育者都是人本身。人、人类、文明是社会的最高目的。教育应当以人为目的，为人服务。

如果教育仅仅是现实的经济、政治利益的工具，它对于人类文化的承继与开创的使命便无从谈起，对于社会文化和国民素养提升的责任无从实现。过去的教育旨在培养政治思想好的专才，做社会机器的螺丝钉，现在的教育仍是培养科学知识的容器，技术手段的载体。这种工具主义、功利主义的职业教育，把人训练成“经济人”“机器人”“工匠”“螺丝钉”。

完整的人不只是功利的，更是有灵魂、思想、激情、个性、道德、情趣，有想象力、创造力、文化底蕴的。

历史潮流、未来历程、人生遭遇都是复杂而多面的，随着社会的多元化，人的内在素养和综合能力才是根本。每个大学生应当在中外历史、文学艺术、哲学文化、经济管理、社会法律等领域，至少选修四到五门课。每个学校至少要开出八到十门课备选。另外，必修马克思主义、社会主义的原理和学说史。

一年级：刚刚摆脱考大学的外在目标约束，需要一个打开视野，启迪灵性，接受高品位文化熏陶的过程。多读些文学、艺术和历史，一方面培养自己超越日常思维的想象，一方面对深厚的历史文化的认同，树立文化在心中的参照系。人不能只是生活在世俗中，还要有内在精神生活，有文化的广度、深度和厚度。这才是个性、力量、创造性的源泉。

二年级：生活与学习的体验积累到相当程度，便有许多问题在思考，这就需要系统了解一些哲学与宗教。宗教用信仰的方式获得对人生终极价值观和规范的认同。哲学则是通过反思，通过关于人生与世界基本问题的思维的整理、追问、反思、再创造，树立自己人生观、价值观及思维方式、生活方式。哲学思维真正超越文化的具体层面，因而具有更高的个性和创造性。

三年级：从全面的理论视野出发认识社会，涉猎民族学、社会学、经济学、政治学、法律学、伦理学等社会科学理论。在复杂的社会现象面前，要具备自上而下的理论为基础，全面把握社会发展进程，以此发展分析和解决问题的能力，不是就事论事。

四年级：掌握一些社会现实生活的技术性能力，并且把自己所学所思融会贯通，着力锻炼自己独立的思维、创作、设计、选择的能力，寻找事业的目标和方向，准备迎接职业生活和更为独立的生活的挑战。

• 大学教育目标的根本转换

现在倡导的重视基础训练，拓宽专业口径，大幅压缩专业设置，实行大类招生，这个方向是正确的。但人们追求实用、对口的短视，极其顽固。社会、家庭的观念裹挟着大学生的选择，而中国大学本身在潮流面前显得十分脆弱。

大学教育的重点在人格的养成、思维的训练及基础知识的掌握上。低年级应当淡化专业意识，着重基础训练。高年级再依据个人兴趣特点和社会职业需要两个维度选择一定的专业方向，而且要保持自主选择、灵活调整、自由更换。

各个领域要有专业分工，但不能过细过窄，需要有综合性的对话与协作环境。无论是教师还是学生，作为人，不是在做机械的运输和物质的交换，而是在人与人之间无形的文化氛围里相互影响，如同有机物在生态平衡中多层次的共生与默契。

多学科综合，给人们打开视野，提供自由选择和相互借鉴的机会。受学生欢迎的好教师十分缺乏，但通过自由选课授课，好的课程教学影响成倍扩大，而且造成劣质课程及其教师的巨大的挑战。这对于一些启迪性强的课程尤为重要。

我们面对的世界只有一个，从不同视角、不同关系观照它，才形成各个专门领域。如果这种划分成为不可突破的藩篱，一种知识和能力为大片无知和无能所包围，会造成很大的局限。一味钻牛角尖的学者，只能看到片面的真理；“螺丝钉”式的专家，只能在社会分工中等待现成的需要，充当别人的工具。

随着视野的扩大，技术体系的复杂化，专业分工越来越相对化、暂时化，专门的技术操作为自动化技术设备取代，“能工巧匠”式的专家的优越地位越来越被具有宽阔视野、创造性思维和直觉能力的大学者、总设计师所取代。即使是专业工作者也需要扎实的人文根底，广阔的知识背景，从宏观上把握本专业的发展，主动借助相邻专业思维、方法和手段，取得开拓性成果。

- 整顿大学教学体系

教师被称作“教书匠”。大学教师每年就那么点课，平时不坐班，还有两个长长的假期，可有人一上课就烦，这是为什么？话不投机半句多，如果不是面对有共鸣的听众，表达真正的思想，内心会有多么难受！

给学生灌输教条思维和死的知识，既不符合理性精神，也不切合实际需要。随着时代的变迁，陈腐的教条思维渐渐瓦解，死知识在现实生活中也未必有用，学生长大后仍没有自主精神与独立意识，在生活的压力和诱惑面前沦为世俗文化的俘虏。

教学不是智慧的启迪，而是程式化的知识灌输，机械地记住结论。稍有头脑、有个性的学生也只是判断老师讲的对与不对，有用与没用。一些学生在课后发议论，好像要体现一种独立性，却不敢、不习惯、不善于当面讨论，根本没有对话的勇气。

问题的关键并不在什么客观条件，而是既得利益者的主观因素。越没学问的人，讲不好课，往往越把心思用于利益争夺。为争工作量与报酬，越要多讲课。于是学生课多任务重，能听的课很少。

每个学校都会有一批真正杰出的尖子老师，讲课效果极好，学生自发地给予他们很高的评价。让他们开一批自由选修的大课，尤其是公共基础课程，优秀课程比例提高好几倍，而且很快就会营造出全新的教学氛围。

国外大学有些课程，教师布置一些问题，给出一些参考书目，然后大半个学期不管了。学生天天泡图书馆，读书写报告，最后回到课堂来，分组讨论。

传统学年制是规定学习年限、必修课数量，统一制定并管理教学内容、方式、学时、进度、规格等各个具体细节。学生按专业、课程组成班级教学单位，每学期对每个学生进行统一考核，以确定升级、降级、退学等学籍问题。

学分制是对学年制的否定，旨在强调学习者的个性发展，采取多样的教育规格和灵活的过程管理，以总学分作为获得毕业和学位的计算依据。自由选修是学分制的基本特征，学生根据各自的兴趣、爱好、能力、擅长等个人因素的特点与差异，自主地选择课程、教师、时间等以获取学分，可以适时调整自己的学习专业、内容，速度、方法及知识结构。

学分制实行严格的目标管理，而对学生学习方式（是否听课）、学习进度（每学期修课门数）则不做硬性规定，取消固定班级，只按所修课程和学分临时组成教学单位，实施柔性的、弹性的、选择性的教学计划。学生可以自己决定中途离校，安排学习以外的活动，提前或延缓毕业时间。

- 大学校园环境的全面改造

大学不仅是知识的宝库、思想的摇篮，而且还应当是文学、美术、诗歌、音乐、舞蹈的海洋。大学时代是人生的春天，大学校园是诗意的、浪漫的、梦幻的文化常青园，正是这里成长着一个民族未来的想象力和创造力，孕育着未来世界的图景。

因此，大学校园绝对不应当由市井生活的原则来主导，不是人们逃避外部生存竞争的养老休闲之所。中国大学不仅要有大气、高贵气质，文化中心的典雅、诗意品位，而且要有传统书院的独立、和谐氛围，庙堂的尊严、华贵气派。

早年北京大学的“学术自由，兼容并包”，清华大学的“自强不息，厚德载物”，西南联合大学的“刚毅坚卓”，武汉大学的“自强弘毅，求实拓新”，复旦大学的“博学而笃志，切问而近思”就更富有文化内涵，而且不会随时代变迁而褪色。

近几十年来兴建的高校建筑以及校园的布局，大多只考虑一时的实用，造成雷同的局面，缺乏内在的、协调的美感，体现不出大学应有的独立个性、文化品位和历史内涵。

从大学侧门外延伸出的为学生提供吃、喝、玩、乐、住的街道，一幢幢横七竖八的房子就如雨后春笋般立起来，形成高校“侧门文化”。高校学生人数激增和后勤的社会化，更带来许多纪律、道德、法律、卫生问题。

建议学校与花溪区协商共同治理“侧门文化”，使周边的环境符合大学文化的需要。

- 大学人文精神的自由成长

汉语“学习”与英文“study”并不完全一样。“学”是效法，“习”

原指鸟频频练习起飞的姿态，“学习”只是接受知识，培养技能，尽管孔子提醒人们“学而不思则罔，思而不学则殆”。而“study”却包含研究的意思，强调人主动的思考与探索。

有一种说法，教师要有一满桶水而不是半桶水，才能给学生的杯子灌满水。如果这是要求教师有深厚的底蕴，有扎实、诚恳和负责的工作态度，当然是对的。但如果要求教师在知识上无所不知，表述上面面俱到，完整正确，无懈可击，这要么做不到，要么就是虚假的。这种教学只是现成的知识灌输，缺乏思想的启发，没有问题的提出。

孔子说，知之为知之，不知为不知，是知也；苏格拉底也说，知道自己无知是最大的智慧。学生即便没有自信的见解，仅仅有一些疑问也是不错的。承认自己不理解比什么都不觉得要好，这就是智慧的开始。大学就是人与人之间直接的交流，伟大的思想离不开个人孤独的沉思，也离不开相互间的对话和交流。

学问学问，勤学好问，这是中国智者总结的学习态度。学习要与思考结合起来，否则学的就是死知识。

但是，通常只是片面的学生提问，老师回答，而不是对话、讨论。一切智慧都存在于提问、对话、争论之中。一个不是炫耀和卖弄学问的人，一个乐于探索的人，一个自信而坦荡的人，绝不怕别人给自己提出质疑，甚至否定自己的观点。

中小学要启迪学生灵性，但主要是让人明白事理，解决困惑了，因此中小学课主要是知识传授，让人越听越明白。

大学则主要是启发学生自主学习的能力，形成独到的思维，获得发现和解决问题的方法。因此，大学课堂的关键不是让人越听越明白，而是越听越“糊涂”——培养反省、批判、怀疑、提问、探索的能力。学生提问可以随时打断讲课，展开讨论。

大学教师不应当是系统知识的灌输者，而是新视角的提出者、新问题的发现者、新思维的探索者。他可能是片面的、不成熟的，甚至是偏执的，但正是这些教科书上没有的东西才是真正鲜活的，有生命力的，比那些四平八稳的结论更加重要。

亚里士多德说，人是政治的动物。马克思也说，人是社会关系的总和。然而，从人类文明的全景来说，人绝不只是政治的或者社会关系的，政治只是人类生活中一个有限的方面。社会和个人的全面发展是双向互补的。如果我们认真总结已经形成的思想政治教育的方法，将人文教育融入其中，使青年学子内心世界构筑在深厚文化底蕴上，形成与社会和谐的价值体系，我们民族发展的内生动力就会强大，在世界民族之林的位序便不言自明了。

2014 年 7 月 14 日夜于觉悟斋

贵州的方言与民族

主持人：在我国，绝大多数省、市、自治区都有自己独特的地方话，凭这种“标志性”方言的差别，很容易就识别出他（她）是哪里人。相比之下，贵州比较特殊，外界很难凭地方话的“标志性”差异，对“贵州”或“贵州人”进行识别。对这个问题，应该怎么看？

杨昌儒：现在贵州方言的分区，大体与历史沿革与汉族移民来源一致。川黔方言区与四川有密切关系；黔东南方言与湘方言、湘鄂西南官话有明显相同的地方；黔南方言其音素与湘赣方言也有一些相似之处。贵州没有自己明显性标志的方言，这一现象与贵州历史沿革、民族地理分布密切关联。

第一，汉族、少数民族城乡二元结构及特征在贵州建省目的的物化结果中，体现了可用民族差距标识的城乡二元结构。明初大通道的打通，以汉族移民为主体，沿驿道设屯置堡，在通道上以哨铺驿站等功能性机构，保障物流与人流的通畅。城镇便以此为依托慢慢形成。最早出现的安顺城、明朝中期出现的贵阳城，以及之后出现的遵义城，都是这一机理运行的结果。卫城同构，或驿铺扩展，其人口构成的基础，是与王朝共进退的汉族；后移民进入城镇，多是经商者和手工业者，亦是汉族。这样，城镇人口中汉族人口占绝大部分的格局便得以形成。

第二，通道与边沿（边缘）差序结构，实质上就是通道与边沿（边缘）的民族二元结构。明代之前，聚居于“贵州”边缘的各少数民族因地缘与民族同缘关系，与毗邻省的同族之间还存在一定的交往关系。例如黔东北的土家族以湘西、四川土家族的部分地区同隶属田氏土司世袭地；黔西北的彝族与云南彝族存在家支体系的交往，等等。而在“贵州”地域内，因山地的封闭、河谷的切割、民族文化的异源、社会发育的局限，各地域里生存的不同民族都是一个个孤立的单元，从平面空间上看，亦是板块的铺陈。明朝建省，能标示这个政区有内在关联，并直接受控于地方政府的，即是贯通全省东西境域的大通道及驻扎于此的汉族军士、家属和其他来源的汉族移民。无论从通道对贵州政区的意义，还是附着于通道生存的汉族移民与政府的亲缘性关系，通道无可置疑地成为贵州建省，政区功能实现的载体。

第三，民族分布区域自然环境差异性结构。例如，黔西北建省前以彝族为主要民族的区域特征，到清末时已经变为汉夷杂处、以汉为主的民族区域性特征。黔东南苗族、侗族地区虽在明清500年变迁中民族主体未变，但其经济活动方式已经从建省前单一型农耕变为林粮兼种的立体型开发。黔中地区建省前是多个少数民族杂居相处，在不同海拔高度的土地上粗放耕作，清末以降，黔中地区则变为汉族作为主要民族，商贸也逐渐发展，成为西南重要商品集散地之一。

（原载《贵州日报·黔论》2011年5月6日；责任编辑：沈彬、赵怡）

贵州民族教育的过去、现在和未来

——在第六届东盟国际教育活动周第十次国际双语学研讨会上的发言

贵州是一个多民族的省份。根据会议的主题和相关安排，我在这里向大家介绍一下贵州民族教育的情况。具体就是贵州民族教育的过去、现在和未来。

一、贵州民族教育的过去

所谓民族教育，主要指的就是在多民族国家或者地区内对人口居于少数的民族实施的教育。民族教育从广义上讲，是增进少数民族学生知识、技能，影响其思想品德，发展其个性的社会活动；从狭义上讲，民族教育就是对除汉族以外的其他 55 个少数民族学生所实施的教育，是国家有目的、有计划地培养少数民族专门人才以及提高各少数民族成员思想、道德、科学文化素质的活动。所以少数民族教育在我国教育事业中占有重要的地位，是不可缺少的部分。

我们知道，贵州虽然偏居中国西南一隅，但从汉代就有儒家文化传入。例如西汉时就有牂牁名士盛览向当时的著名辞赋家司马相如请教写作辞赋的方法，是贵州传播儒家文化的先行者。东汉时毋敛（今贵州省正安县、道真仡佬族苗族自治县一带）人尹珍曾师从许慎和应奉学习，也是贵州学校教育的拓荒者。现今仍然存在的贵阳市扶风山尹道真祠的建立，就传达着人们对这位贵州教育先行者的崇敬和怀念。清代贵州著名经学家和诗人郑珍，字子尹，其名和字中有尹珍二字，就是要以这位在贵州传播儒家文化的先师为楷模。1914 年贵州在正安县的东北部置道真县，并以尹珍之字道真名县，其意也在纪念其开拓贵州文化教育之功。

儒家文化大量传入贵州则始于明代。明王朝为了拱卫云南，在贵州大量屯军，通过推行屯田制度，以保证当地驻军和官吏的粮食供应，大量的移民随之进入贵州实行军屯、民屯和商屯。特别是明王朝为了巩固其统治，在文化教育方面也采取了一些措施，以培养忠于封建王朝的人才，文化教育事业由此在贵州的汉族移民中发展起来，并影响了不少当地的少数民族。如明洪武二十五年（1392）十一月就置贵州宣慰司儒学，设教授一员、训导四员，并在贵州所属府、州、卫、县普遍设立学校和开科取士。同时还将一些土司子弟送入国子监学习，规定土司子弟不入学者不得承袭土司职位。这些措施，极大地促进了贵州民族地区学校教育的发展。到明代后期，贵州各级学校学生已达上千人。

清代，贵州的土司制度走向衰微，地主经济逐渐取代了封建领主经济。清王朝需要培养各族子弟充实官僚队伍，官学、书院、社学、义学较之明代更有所发展。例如增设了黔西府学、平远府学、乌撒府学、大定府学、开州州学、古州厅学、荔波县学、兴义县学等 37 所县以上的学校，并在有条件的一些乡也办有学校，通过科举考试选拔官吏，少数民族子弟中入学中举者也不少。

民国时期，贵州于 1935 年成立“特种教育委员会”作为推行边地教育的机构，同时在民族地区开办了一些民族学校。到了 1936 年，贵州少数民族地区即设立省立初级小学 12 所并专收少数民族子弟入学。而一些外国传教士为了传教的目的也开办了教会学校并招收少数民族子弟入学读书，其中主要以小学教育为主。如基督教会仅在威宁县的彝族地区就办了 24 所小学，在苗族聚居的石门坎也办了石门坎华光小学和石门坎中学，并办了许多分校，培养了一批当地少数民族的早期知识分子，如获得医学博士学位的苗族学生吴性纯和张超伦等都是从石门坎中小学毕业的。

1950 年后，贵州的民族教育得到了长足的发展。在 1950 年 12 月贵州省人民政府发布的“关于少数民族地区工作指示”中，对省内民族地区的教育发展工作便做了具体规定。而在 1951 年召开的第三届教育行政会上更具体规定：对中学专设、一般中学附设民族班、与汉族合班三种形式发展民族中学教育。同年还创办了贵州民族学院，专门招收少数民族学生和培养少数民族干部。从1950年至1957年，贵州省采取多种措施发展民族教育，民族教育事业得到长足的发展。全省专设的民族学校已有民族学院1所，民族师范学校3所，民族中学804所。当时，全省少数民族学生的人数已达到357914人，占全省在校生总数的22.1%。但是在1958年之后，尤其是在“文化大革命”中，由于受到党内错误思想的影响，民族政策遭到践踏，民族教育事业被摧残，贵州民族学院以及上千所民族中小学、中等师范学校先后被撤销，对少数民族学生的特殊照顾也被取消，贵州民族教育事业遭受了严重挫折。

1976年粉碎“四人帮”拨乱反正之后，贵州的民族教育事业得到恢复和发展。1977年，贵州省政府贯彻了党的民族政策，贵州民族学院才真正得以恢复和正式开始招生。1978年以后，在黔南布依族苗族自治州、黔东南苗族侗族自治州、黔西南布依族苗族自治州先后创办了民族高等师范专科学校，恢复和创办了一批民族中小学、民族师范和其他民族中等专业学校。1985年又建立了黔南民族医学专科学校。政府逐年增拨民族教育经费，对民族学校和学生实行减免书费、学费，发放生活补贴，对参加高考的学生实行给予民族照顾分和适当降分录取的原则，以提高民族学生的录取率。对不通晓汉语的少数民族地区的学生，从1981年开始在学校中推行学习民族语文和汉语文的双语教学，贵州民族学院于1984年恢复了预科，招收贵州省边远地区的少数民族学生，培养大学本科预科生。1985年还开办了苗语、布依语、侗语、彝语4个语种的语言文学专业。这些措施促进了民族教育的发展，提高了少数民族学生的在校比例，为民族地区的发展培养了大批的人才。

至2004年，全省有独立设置的民族本科院校2所、民族专科院校3所、民族高职院校3所、民族中等专业学校2所、中等师范学校4所、民族职业高中18所、民族职业初中5所、民族普通中学88所、民族小学137所、民族幼儿园13所，各级各类民族学校共计275所。全省各级各类学校少数民族在校学生共322116万人，占全省各级各类在校学生总数的38.16%。2006年贵州省民委设立民族教育专项经费751万元，一次性对88所学校开展民族文化进校园、191所民族地区学校改善办学条件、46个民族寄宿学校贫困高中学生进行补助。

二、贵州民族教育现状

根据第六次全国人口调查的数据，到2010年年底为止，除塔吉克族和乌孜别克族之外，贵州省共分布有54个民族，少数民族人口1255万人，占全省常住人口的36.11%。苗族、布依族、土家族、侗族、彝族常住人口数量排前5位，其中苗族397万人、布依族251万人、土家族144万人、侗族143万人、彝族83万人。

在长期的发展过程中，贵州的民族教育也取得了很大的发展和进步。尤其是在民族基础教育的改革与发展方面，全省各地都取得了显著的成绩。仅以黔东南苗族侗族自治州为例，截止到2002年年底，全州就有幼儿园140所，学前班1254个，其中少数民族在园（班）儿童41902人，占在园（班）儿童的74%。有小学2049所，教学点116所，其中独立设置的少数民族学校23所，在校小学生490481人，其中少数民族学生414226人，占在校学生的84.45%。有普通初中202所，普通高中30所，其中独立普通高中13所，独立的少数民族中学22所；普通初中有在校生201111人，其中少数民族学生162116人，占普通初中在校生的80.61%；普通初中有专任教师9007人，其中少数民族教师7758人，占普通初中教师总数的86.13%；普通高中有在校生39427人，其中少数民族学生32781人，占普通高中在校生的83.14%；普通高中有专任教师1948人，其中少数民族教师1414人，占普通高中教师总数的72.59%。有职业初中12所，职业高中17所，其中独立设置的少数民族职业中学2所；职业初中有在校生7548人，其中少数民族学生7111人，占职业初中在校生的94.21%；职业高中在校生4573人，其中少数民族学生3988人，占职业高中在校生的87.21%。有特殊教育学校5所，其中独立设置的少数民族特殊教育学校1所。

为了发展民族教育，州、县政府在部分条件较好的中小学校开办了民族寄宿制班，招收边远农村的少数民族学生就读。全州共有寄宿制班312个，学生13335人，其中小学202个班，学生8216人；初中74个班，学生3377人；高中36个班，学生1742人。部分县（市）每年从财政经费中划拨出一定经费解决寄宿制班学生的学习用品和生活补助。2000年，该州创办了一所民族高级中学，面向全州招生并择优录取。根据该地区居住分散和交通不便的实际情况，该州还在一些农村开办早、晚班进行复式教学和巡回教学，在边远偏僻和生源不多的苗村侗寨则建微型学校并实行隔年招生和开展复式教学等，办学形式灵活多样。

为了有效提高教育质量，黔东南苗族侗族自治州积极推行“双语”教学。全州绝大部分县（市）均在不通晓汉语的少数民族地区的小学低年级采用本民族的母语作为教学辅助语言，即使本民族语言得到了保留和应用，又能较快地使学生理解用汉语文表述的教学内容和思想，有效地提高了教学质量。同时，在学前阶段开展“双语”教学实验。该州先后在天柱县石洞小学（侗族地区）、剑河县久仰小学的学前班和榕江县载麻乡的6个村级小学的学前班开展了“双语”教学实验，使学前儿童在进入小学前通过汉语关，为其进入小学学习打好基础，取得了较好的效果。

黔东南苗族侗族自治州还积极将民族文化和民族艺术引入课堂。该州少数民族群众能歌善舞，民族文化十分浓厚。在一些地方，姑娘长大不会纺纱、织布、刺绣、蜡染和民族的音乐、舞蹈，就会被别人瞧不起。为了弘扬优秀的民族文化和吸引女童入学，一些学校结合开展劳动技术教育和音乐、体育教学，将当地群众喜爱的编织、刺绣、绘画、蜡染、泥塑等生产技艺和健康的民族歌舞引入课堂，收到了很好的效果。不仅有效地提高了适龄儿童、少年入学率，降低了辍学率，而且还发展了学生个性、培养了各方面人才。如榕江县车江小学长期以来坚持把侗族音乐引入课堂作为教学的重要内容，从江县在高增小学、小黄小学、岜扒小学和大洞小学等开设了侗族大歌班和芦笙班，台江县职业中学把踩木鼓、跳芦笙舞等苗族文化引进课堂，黎平县肇兴民族小学把侗族音乐引入课堂开办侗歌班等均取得了较好的效果，麻江县铜鼓小学苗族学生的作品在参加国际儿童艺术节美术比赛中多次获奖，从江县小黄小学女子班学生吴增建等侗族小歌手及榕江车江民族小学侗族学生陈琼仙等先后赴法国参加国际儿童艺术节演出，曾轰动巴黎，观众场场爆满，受到广泛好评。

为了解决边远贫困山区教师派不进和留不住的问题，黔东南苗族侗族自治州积极采取各种措施加强教师队伍建设：一是对在边远农村任教的教师给予浮动一级至二级工资，如五年后不调动再向上浮一级至二级，同时在评优和晋级时向边远山区的教师倾斜，鼓励教师扎根农村工作；二是认真开展支教活动，组织城镇中青年教师轮流到农村任教；三是抓好教师继续教育工作，积极组织教师参加中师函授及卫电师专等学习、培训，并从1998年起，州教育局连续3年拨出专款选送一批教师到贵州师范大学进修学习。

与此同时，贵州民族高等教育也在省委、省政府的重视下得到了较快发展，目前贵州已有30多所高校。仅在三个自治州中，黔东南苗族侗族自治州有凯里学院、黔东南民族职业技术学院；黔南布依族苗族自治州有黔南民族师范学院、黔南医学高等专科学校、黔南民族职业技术学院；黔西南布依族苗族自治州有黔西南民族师范高等专科学校、黔西南民族职业技术学院。此外在土家族人数主要居住的铜仁地区有铜仁学院、铜仁职业技术学院；在彝族主要居住的毕节地区和六盘水市有毕节学院和六盘水师范专科学院、毕节职业技术学院、六盘水职业技术学院。贵州民族大学于2007年还开始招收了研究生。这些都为贵州民族地区的建设和发展培养了大批的人才。

另外，民族预科是贵州高等教育的特殊层次，是民族高等教育的重要组成部分，是少数民族子女进入大学的金色桥梁。随着高校的扩招和高中阶段教育的发展，贵州民族预科招生逐渐扩大，许多乡村的第一个大学生或者第一个女大学生都是通过预科进入大学本科的。

但是，由于多方面的原因，目前贵州的民族教育面临的形势还比较严峻。除了经费、师资以及教学特色等问题外，广大少数民族地区的基础教育还面临着以下几个方面的问题：

1. 民族教育结构不合理，管理机制不完善

我省民族教育形成一套比较完整的教育体系，但少数民族地区的教育以普通教育为主的局面并没有多大变化，结构不够合理。首先是高级中学少，满足不了教学需要。例如黔东南现有普通高级完全中学38所（其中独立高级中学25所），高中毛入学率26.9%，黔南布依族苗族自治州高中毛入学率30%，六盘水市高中入学率仅22%，而全国高中阶段毛入学率是53%；其次是学校结构不合理，普通中等教育远远大于中学职业技术教育、

幼儿教育，民族地区职业技术教育、幼儿教育非常薄弱，与普通教育的比例严重失调。

2. 优质教育资源严重缺乏，教学质量低

贵州民族地区由于经济欠发达，较边远的县（市）财政十分困难，能够投入发展教育的经费极为有限，以至于学校办学条件改善步伐缓慢。按国家关于农村普通中小学校建设标准，黔东南苗族侗族自治州尚缺校舍（包括教学及辅助用房、学生宿舍、食堂、教师宿舍等）3538696平方米，还需投入159241.32万元；按照国家关于普通中小学校教育教学设备配备目录标准，全州尚需投入4502.9万元购置教学仪器设备、1540.3万元购置图书、16545万元购置计算机、2094.4万元修建水泥篮球场。黔南、遵义、安顺民族地区农村初中学生有近80%需要住宿和食堂就餐，而学校学生宿舍简陋，住宿、食堂过小、狭窄、拥挤，卫生条件很差。

由于边远少数民族地区教学设施落后，教师素质不高，优质教育资源严重缺乏，再加上山区交通不便、信息不畅，农村小学也几乎没有什么教研活动，工作负荷又重，因此造成了边远山区的农村学校教学质量远远低于中心城区学校的状况。以雷山县一所县城小学与42所农村小学一次语文期末统考成绩对比为例，一年级人均分为82：38，及格率90%：18%；三年级人均分75：42，及格率84%：14%；六年级人均分70：46，及格率84%：21%。此外，在民族地区比较突出的问题是一方面入学率和完成率低，另一方面辍学率和文盲率高。由此可见，民族地区农村与城市教育质量的差距不断拉大，进入初中后很多农村学生跟不上课程，心理压力很大，造成厌学、逃学、辍学现象，严重影响九年义务教育的普及进程。

3. 民族贫困生面大，完成学业困难

我省近60%的县为国家扶贫重点开发县，贫困面大，贫困程度深，不少学生不能完成学业，这在边远山区和少数民族聚居区更为突出。例如黔南布依族苗族自治州荔波县小学贫困生占在校生总数的36%，初中贫困生占41%，高中贫困生占45%；黔东南苗族侗族自治州小学、初中分别有32%、38%的学生家庭贫困程度较深，需要给予不同形式的救助才能完成学业，如减免书费和杂费、给予生活补助等。按照一费制标准减免书费、杂费，全州要投入4923.2万元救助这部分学生。尽管民族地区得到了不少救助贫困生的项目和经费，但民族地区贫困面大，有很多贫困生得不到补助。例如雷山县有14000多名贫困生，有6000人获资助；台江县2004年中小学在校生24910人，获免费教科书5820人，还不到30%。

4. 双语教学步履艰难

在贵州省1200多万少数民族人口中，有900多万人以母语为交际工具，其中500多万人不通晓汉语；有200多万人半通晓汉语，就是居住在省城贵阳附近20公里的苗族和布依族群众，仍然大都以本民族语言为主要交际用语，儿童入学必须借助于“双语”教学。据统计，贵州省有1500个校（点）35万名学生存在“双语”教学需求，而坚持开展“双语”教学的校点不足10%。开展“双语”教学较好的松桃县，也只有6个乡（镇）12所学校开展“双语”教学，仅占全县小学数的3%，占学生总数的1%。“双语”教师也非常缺乏，只能满足实际需要的20%~30%。语言障碍成为制约民族地区提高教育质量的重要因素。

5. 民族职业教育不能满足需求

“十五”期间，民族职业教育有了较大发展，招生形势趋好，但却因长期投入不足而难以满足办学要求。如台江县职业中学近年发展较快，在校生比2001年增加5倍多，由于招生规模扩大，严重缺少教室，只好租用县农业教育办公室的房子作为临时教室。沿河沙子镇初级民族职业中学，学生800余名，师生只能挤在4间破旧的木楼和3间砖混结构的教室上课，另租6间民房作为教室和微机室，按最低标准计，该校需投入300万元进行基本建设。同时，民族职业教育还普遍缺乏专业教师。如天柱县找不到一名焊工教师，许多职业学校没有英语教师。

6. 民族教育基础差，发展不平衡

中华人民共和国建立之前，贵州省少数民族的社会发展很不平衡，发展层次差别很大。相应的民族教育发展也不平衡，大都基础很差。有些民族没有自己的文字和学校教育，有的只有寺院教育或极少数贵族所能享有的教育。地处城镇和交通沿线条件较好地区的教育发展较快，都匀、兴义、凯里、贵定、龙里、镇远等县市2000年就已经普及九年义务教育，玉屏自治县1996年即实现普及九年义务教育。而居住在贵州深山区、石山区和高寒山区的民族，文化教育发展缓慢，处于极低状态。特别是麻山、瑶山、雷公山、月亮山、乌蒙山、武陵山等地的村寨，女孩入学率只有60%。

7. 民族教育赖以存在和发展的文化、物质条件不足

民族教育是一定的民族经济状况和文化状况的一种反映，后者又是前者发展的条件和保证。我省少数民族的生产生活确有很大的改善和变化，但应承认目前的水平并不高，全省有大量尚未解决温饱的绝对贫困人口和低收入人口，并且主要集中在民族地区。黔东南、黔南、黔西南3个自治州贫困发生率平均达到9.97%，高出全省贫困发生率（全省平均水平为8.74%）1.23%，11个自治县贫困人口占全省贫困人口的24%。从我省目前农民收入分配、物质生活、精神生活、人口素质、生活环境、安全保障6个方面16个指标的综合评价，贵州农村小康综合分值只及小康标准的30%，比全国农村发展进程慢五分之二；从考核小康标准的核心指标分析，我省农民人均纯收入只占全国平均水平的64.4%。按人均收入300元以下的标准划分全省87个县（市、区、特区），贫困县有46个，占52.9%，贫困人口占30%，比全国平均水平高17.7%。特别是那些居住在边远山区、高寒山区、深石山区的少数民族同胞，生活条件更为艰苦，支持子女入学的困难更大。

而在民族高等教育方面，目前所面临的问题主要是：一、经费严重不足，这是造成贵州民族高等教育落后的重要原因。几乎所有院校都因为经费的严重不足而影响了自身的发展，有许多好的思路、课题、培养规划、学科发展等都受到经费的制约。办公经费严重不足、公用经费递减拨付，导致改善办学条件、改善教职工待遇等比较困难。二是高学历、高职称师资不足，使教学质量、办学水平、办学层次受到制约。三是高学历教师队伍不稳定。如黔南民族师范学院有专职教师337人，其中博士1人，硕士5人，而5名硕士有3人不辞而别。四是新生报到率下降较大。因为贫困，一些边远山区的学生过早进入社会，外出打工。五是贫困学生比例大，特困学生较多。如贵州民族大学贫困生超过30%，特别是贫困少数民族女大学生在这些院校中比例非常大。

同样，贵州民族预科教育也面临以下一些问题：一是学生收费标准太低，和全国其他院校预科的收费标准相比，仅有别人的一半，甚至三分之

一。二是贫困生比例大，银行又不允许预科学生贷款。三是集中办学的院校，对校外学生的培养经费到不了位。四是硬件设施不足，办学条件差，没有语音教室、微机室。五是学生报到率越来越低。六是学生录取的优惠政策落实不够。

三、贵州民族教育的未来

前面说过，贵州是一个多民族省份，无论是人口数量还是分布区域在贵州所占的比重都很大。可以说，贵州全省教育事业的发展，在很大的程度取决于贵州民族教育的发展。

在《贵州省中长期教育改革和发展规划纲要（2010—2020年）》中，第一章的序言："富民兴黔、教育为本"中就指出："教育是民族振兴、社会进步的基石，是提高国民素质、促进人的全面发展、开发人力资源的根本途径，关系着贵州的未来和希望，关系着千家万户对美好生活的期盼。因此，兴黔必先兴教，实现现代化必先实现教育现代化。特别是进入新的世纪后，教育的先导性、基础性、全局性、战略性位置更加突出，优先发展教育，振兴贵州教育，提高教育的现代化水平，对实现贵州经济社会又好又快、更好更快发展，对全面建设小康社会，实现富民兴黔目标具有决定性意义。"

而在第九章："民族教育"的"积极发展民族教育事业"中则说："加快普及民族地区学前教育和高中阶段教育。建立扶持民族地区义务教育和中等职业教育发展的长效机制。加强民族中小学、民族职业学校和民族高等院校的建设。支持黔东南、黔南、黔西南3个自治州及11个自治县新建、扩建一批民族学校。支持和帮助黔南民族师范学院、凯里学院、兴义民族师范学院扩大本科教育规模，突出办学特色，提升办学水平。按照省政府和国家民委共建贵州民族学院的协议，加大对贵州民族学院的扶持力度。完善有关民族政策，扩大少数民族预科教育规模，积极在省级示范性普通高中举办专门招收边远民族地区优秀农村学生的民族班。"

在"大力提升民族教育水平"中说："在民族地区中小学和民族中小学普遍开展形式多样的民族民间文化教育活动，到2020年，省级民族民间文化教育项目学校达到100所左右。建立民族民间文化教育专业支持与服务体系，提高民族民间文化教育发展的保障水平。建立双语教育支持服务体系，加强和改进双语教育，大力推行普通话教学，克服少数民族农村儿童语言障碍，切实提高双语教育质量。在中小学普遍开展民族团结教育，提高民族团结教育的针对性和实效性。认真组织实施国家少数民族高层次骨干人才培养计划，等等。”

结合贵州民族教育实际，我们应树立全面协调可持续发展观，并在宏观和微观的有机结合上发展民族教育。在宏观上，应努力促进“四个协调”：一是促进民族基础教育、高等教育和职业教育三大类教育的协调发展。近几年，基础教育和高等教育出现了较快的发展局面，但民族地区职业教育发展相对缓慢，民族地区经济社会发展已呈现技能型人才严重不足的情况，应引起重视。今后一段时期，民族地区职业教育改革与发展应成为贵州民族教育工作的一个重点；二是促进民族地区城乡教育协调发展。由于历史原因，贵州民族地区城乡教育发展不平衡，存在较大差距，从而影响着教育的公平性和公正性。促进城乡教育协调发展，是改变城乡二元结构和农村落后面貌的一条重要途径。在现阶段，民族地区农村教育应主要立足于提高劳动者素质和为解决“三农”问题服务，同时也要为高校输送优质生源；三是促进教育与经济协调发展。现阶段要处理好民族地区教育适度超前发展和教育、经济同步发展相协调的关系。从贵州民族地区实际出发，农村教育、基础教育要坚持适度超前发展；四是促进公办教育和民办教育的协调发展。民办教育滞后是民族地区教育落后的一个重要标志，加快发展民办教育，增加教育资源，是民族地区教育改革的一个重要途径。应采取切实有力的措施，贯彻《民办教育促进法》，加快发展民族地区民办教育的步伐。

在微观上，要抓好各项工作的落实。在基础教育方面，处理好以推进课改为核心的素质教育与培养学生具备扎实的基本理论、基本知识、基本技能的协调发展；处理好“两基”攻坚与“两基”巩固提高的协调发展。在高等教育方面，处理好民族高等教育与经济社会的协调发展，当前和今后一段时间，民族高等教育应基本保持同步发展；处理好扩大高等教育规模与确保教育质量的协调发展；处理好推进高等教育大众化与合理规划民族高等院校规模的关系；处理好高校人才培养与市场对人才需求的协调发展，努力探索建立民族高等院校人才培养模式、专业设置、学科建设等与市场对人才需求相适应的有效机制。在职业教育方面，处理好“三教统筹”、农科教结合的协调发展，尤其要把为“三农”服务、开展对农民进行实用技术培训、开展农村劳动力转移培训作为工作重点并有机结合起来；处理好中等职业教育与普通高中协调发展，两者保持适当比例，最终完善市场配置；处理好职业教育既要扩大规模又要在自身的学制改革、专业设置等方面与技能型人才的需求相适应的关系。

总的来说，贵州少数民族人口众多和分布广泛，民族教育基础差，发展贵州民族教育责任重大。现在，贵州民族教育既存在不少的问题和困难，但同时也面临着很多的发展机遇。特别是随着国家和省经济实力的不断增强，对贵州民族教育的投入也在不断加大。我们相信，只要全省上下共同努力，贵州的民族教育事业就必定会在当前的基础上不断地发展和进步，并最终达到我们所要达到的目标。

参考文献

[1] 尹明芳：《贵州少数民族地区学校教育史略》，载《贵州民族大学学报》2010 年第 4 期。

[2] 唐建荣、杨顺清、石世文：《贵州少数民族教育现状、问题及对策思考》，载《民族教育研究》2004 年第 6 期。

[3] 金黔编：《浅析贵州民族教育现状》，载《贵州民族报》2006 年 10 月 26 日。

建设民族团结进步繁荣发展示范区的路径选择

国务院颁布了《关于进一步促进贵州经济社会又好又快发展的若干意见》即国发〔2012〕2号文件，明确提出贵州省要建成民族团结进步繁荣发展示范区。这是在全面建成小康社会进程中对贵州省的战略定位和发展要求。民族团结、民族和睦是在我国社会主义现代化进程中发展新型社会主义民族关系、正确处理民族问题、构建和谐社会的保证。在新的时代背景下，为了实现中华民族的伟大复兴和民族地区、少数民族中国梦的实现，建设民族团结进步繁荣发展示范区是国情的需要、时势的需要、是以人为本的体现。我们所要建立的民族团结进步繁荣发展示范区是指要在示范区域内形成各民族平等、团结、互助、和谐的新型社会主义民族关系，使得各民族在全面建成小康社会的进程中，在经济、政治、文化、社会、生态等方面都获得进步，在共同团结奋斗的基础上各民族都能促进本民族的发展，示范区内的各民族都能够共享改革开放的成果，示范区内各民族呈现出和谐融洽、欣欣向荣、繁荣昌盛的愿景。

那么，为什么建设、如何建设民族团结进步繁荣发展示范区等则是我们必须认真研究的问题。

一、建设民族团结进步繁荣发展示范区的理论构建

民族理论和民族政策的研究表明：民族问题历来是社会发展中的一个重要的社会问题。无论是在多民族国家内，还是在世界格局中的国家（地区）之间都是一个对人类社会持续产生重大影响的社会问题。因此，如何

正确认识和处理民族问题？如何根据民族实际状况和国情制定和实施正确的民族政策？就成为考验执政者执政智慧的试金石。

全球化浪潮的冲击，全球范围内的民族问题逐渐凸显出一系列明显的变化动向：苏联东欧剧变引发的全球范围内的恐怖活动和民族分裂活动更加突出；西方发达国家如欧美以及日本等正逐渐全面掌控世界范围内的民族问题和试图操纵冲突管理的“话语权”；处于相对弱势的主权国家在处理民族冲突事件中的地位及作用受大国的影响发生了相应转变，逐渐从“政府管理”模式转变成“全球治理”模式，国家间的联合管理作用变得日益重要；民族问题与国际政治、大国战略利益的关联更加紧密。面对这一重大问题，各国政府都在积极寻找良策，因此各种解决民族问题的理论逐渐成为学术界研究和探讨的热点话题，多元文化共存理论应运而生。

多元文化主义理论作为对已然存在的主流政治哲学及传统社会科学理论进行反思和批判的一种政治思潮。它产生于20世纪70年代左右，80—90年代后逐渐为联合国教科文组织肯定并推行。20世纪70年代，迫于移民群体的强烈诉求——享有平等权利的政治压力，美国政府最终放弃了“同化”“熔炉”这两种处理民族冲突的政策模式，不得不汲取博厄斯历史学派提出的多元文化主义，转向更为变通与宽容的“多元文化模式”，从而允许并从实际行动上支持其国内少数族裔群体承继本身的文化传统。针对少数民族群体在多元化社会中的处境和地位，多元文化主义认为，应从存在于多民族构成国家内部的那些少数民族群体的立场出发，强调文化平等，倡导社会和文化的多样性特征，在解读不同文化时，不应人为地去划分优劣、先进落后。它反对同质化的文化霸权，并强烈呼吁国际主流社会充分尊重各民族群体的文化差异，同时要求国际社会赋予各民族群体相应的公民权利以及更多地参与政治、经济、文化和社会生活的相对均等的机会，从而实现不同文化之间的协商合作、平等对话、和谐共存。其出发点是：为达到整合社会的目标，满足少数民族群体提出的权利需求，由此使其能继续依附在民族国家的体系下生活，进而尝试成为国家的一员。刚开始还有人担心，如果一旦国家满足了这些少数民族群体在文化权利上的要求，那么这些群体很有可能会从心理上逐渐疏远所在国家，进而从行动上分裂国家，但结果出乎预料。事实证明，那些少数民族群体没有像之前人们预料的那样疏远赋予其权利的所在的多民族构成国家，恰恰相反，他们与所在的多民族构成国家的关系更为密切了。理论和事实本身回应了对“多元文化主义”理论的质疑。1992 年，联合国教科文组织国际教育大会发布了题为《教育对文化发展的贡献》的文件，对多元文化主义理论做了肯定评价：鉴于当今世界各个现代国家都必然不同程度地面临着多元文化现象的事实。因此，“跨文化教育”和“多元文化教育”能够促进人们对文化多样性特点的尊重、相互理解及丰富。

事实上，多元文化共存理论在马克思主义民族理论体系中早就存在，恩格斯在讨论国际民族问题时就提出了民族平等原则，他在 1882 年 2 月致考茨基的信中说：“只有在平等者之间才有可能进行国际合作，甚至平等者中间居首位者也只有在直接行动的条件下才是需要的。只要波兰还被分割，还受压迫，那么，……不可能同除流亡者以外的任何波兰人进行真正的国际交往。”① 显然恩格斯在这里讨论的国际合作问题就是多元文化共存的基础理论。列宁、斯大林在领导苏联社会主义实践中，有许多关于民族平等、团结的论述，把民族平等、团结问题看成社会主义革命和建设过程中不二的选择。中国共产党在领导中国革命和建设的进程中，系统地梳理了马克思主义民族平等理论，把民族平等理论总结为：第一，主张一切民族的平等；第二，要求各民族在一切权利上完全平等；第三，民族平等的实质要求消灭阶级，实现社会主义；第四，要求实现各民族事实上的平等。在 1949 年《中国人民政治协商会议共同纲领》中明确规定：“中华人民共和国境内各民族一律平等，实行团结互助……使中华人民共和国成为各民族友爱合作的大家庭。反对大民族主义和狭隘民族主义，禁止民族间的歧视、压迫和分裂各民族团结的行为。”“各少数民族聚居的地区，应实行民族的区域自治，按照民族聚居的人口多少和区域大小，分别建立各种民族自治机关。凡各民族杂居的地方及民族自治区内，各民族在当地政权机关中均应有相当名额的代表。”“各少数民族均有发展其语言文字、保持或改革其风俗习惯及宗教信仰的自由。人民政府应帮助各少数民族的人民大众发展其政治、经济、文化、教育的建设事业。”以上这些规定均写进

① 《马克思恩格斯文集》第十卷，人民出版社，2009 年版，第 472 页。

了宪法，作为社会主义民族关系的一般原则。

应当说，中国是最早提出多元文化共存的国家，在几十年实践过程中，积累了相当丰富的经验，形成了比较完整的理论体系。

二、贵州省民族团结进步事业的历程与成就

中华人民共和国建立之初，为了尽快建立人民民主政权，真正实现各民族人民当家做主，首先组建了贵州省人民政府，成立了贵州省民族事务委员会。受历史上旧制度残余的影响以及当时经济发展水平的影响，贵州民族民主政权的建立必然地与相关的制度改造同步进行，如土地改革、社会主义改造等。

贵州民族民主联合政府的建立过程，最初是设立民族事务管理工作机构，然后经由专区级、县级建立民族民主联合政府，进而逐步建立民族区域自治地方。贵州是一个有着 18 个世居民族的多民族省份，在中国共产党的正确领导下，民族区域自治地方的建立、民族平等团结总政策和民族区域自治基本政策的贯彻和执行，各民族当家做主的愿望得以真正实现。党的正确领导、民族政策的正确执行，使得民族自治地方的建立得到了各民族人民积极参与，各民族地区的民族民主联合政府普遍建立起来，各民族人民真正当家做主，彻底废除了旧制度下的民族剥削和民族压迫，实现了政权的平稳过渡，人民安居乐业。

伴随着中华人民共和国的成立，1949 年 11 月 22 日，中国人民解放军贵阳市军事管制委员会成立。军事委员会下设军事、民政、财政、文教、建设、公安等接管部门。12 月 26 日省人民政府成立，省政府下设财政经济委员会、人民监察委员会、民族事务委员会、民政厅、公安厅、财政厅、工商厅、交通厅、文教厅、劳动厅、卫生处、新闻出版处等部门。军管会主要作用是对贵阳进行军事管制。其工作方针是，依靠基本群众，争取团结各阶层和少数民族以及一切愿与我们合作的力量，肃清敌人残余和匪特，建立革命秩序。①

1950 年，中央在《关于西南少数民族问题的报告》中指出：民族区域

① 郎维伟等著：《邓小平与西南少数民族》，四川人民出版社，2004 年，第 43 页。

自治的实现要经过联合政府创造条件。因此，贵州省委响应党的号召，根据贵州省的民族和区域实际，决定在境内大部分地方建立民族民主联合政府，少数地方则进行民族区域自治试点。为了保证建立民族民主联合政府的顺利进行，中央派出了以费孝通为首的民族访问团到贵州进行民族情况的调查了解。1950 年 6 月至 9 月，贵州省人民政府组织贵州省民族访问团到罗甸、独山、荔波、三都、榕江、从江、雷山、台江、黎平等地进行考察，向各地少数民族进行了中国共产党的民族政策宣传并在各地开办了民族训练班。

1950 年 12 月，贵州省政府颁布了《关于少数民族地区工作的指示》指出："民族杂居地区，到有了相当数量的干部时，成立各级政府委员会。按各族人口比例吸收各族适量名额的干部参加各部门的工作。各级政府主要负责人（专员、县长、区长、乡长、村主任），由各该地区内人口最多的民族任正职，人口次多民族任副职。"同时还指出："少数民族聚居地区，条件具备时应实行区域自治。"根据这一指示精神，贵州大部分地区相继成立了民族民主联合政府。1951 年，贵州省遵照《中央人民政府政务院关于地方民族民主联合政府实施办法的决定》，建立了贵阳、镇远、独山、安顺和毕节 5 个专区，一批少数民族干部担任了联合政府的领导职务。① 1951 年 1 月在中央民族访问团的帮助下，贵州原炉山县建立了炉山苗族自治区，经过各族代表大会表决选举出自治区人民政府委员会及自治区区长，这也是贵州建立的第一个民族区域自治地方政府。

到 1951 年年底，贵州省共建立了贵阳、镇远、安顺、独山、毕节 5 个专区民族民主联合政府，贵筑（今贵阳市花溪、乌当、白云 3 个区）、贵定、龙里、长顺、惠水、平越（现福泉市）、都匀、独山、三都、炉山（今凯里市）、黄平、丹寨、施秉、三穗、清镇、平坝、安顺、贞丰、水城、黔西、大定（今大方县）、织金、纳雍、毕节、金沙、赫章、威宁、松桃（一、二、三区）28 个民族民主联合政府，这些民族民主联合政府的领导职务多由少数民族干部担任。②

在民族民主联合政府成立的同时，在少数民族聚居地方还建立了乡一

① 《贵州少数民族文史资料专辑》，中国文史出版社，1991 年，第 322 页。

② 《贵州民族工作五十年》，贵州民族出版社，1999 年，第 109 页。

级的地方行政区域——民族乡。1951 年 1 月，在凯里成立了具有历史意义的乡一级民族区域自治人民政府（即舟溪、悦平、化廉自治乡，凯里镇联合政府）。紧接着，其他地方也跟着成立了民族乡政权。截至 1954 年上半年，共建立（区）乡级自治区 50 个。此后各地相继结合普选又建立一大批民族乡。民族乡的建立意味着中国共产党在贵州省少数民族地区社会管理系统完备，管理的触角伸到少数民族更基层的地区，从而更有利于对少数民族地区的治理。

民族民主联合政府是在特定的历史下出现的产物，民族民主联合政府的建立始终按照先成立民族事务工作机构到民族民主联合政府的成立进行的，充分地尊重了境内各少数民族人民的感情，是贵州各民族在中国共产党的领导下建立平等团结互助的民族关系的重要标志。贵州民族民主联合政权的建立为少数民族走向社会主义铺平了道路，各地方民族民主联合政府的成立夯实了贵州民族工作的基础，融洽了民族内部的关系，为后来各民族自治地方的建立提供了宝贵的经验，加快了贵州民族地区社会经济文化的发展。

1952 年《中华人民共和国民族区域自治实施纲要》颁布和 1954 年《中华人民共和国宪法》颁布，为民族区域自治的推行提供了法理的依据。贵州省依照《纲要》和《宪法》，在全省各民族聚居地方逐步建立民族自治州和自治县。贵州省先后建起了 3 个自治州、11 个自治县和 252 个民族乡，自治地方和民族乡的国土面积占到了贵州省国土面积的 68.2%。进入 21 世纪以来，民族区域自治的配套法规规章不断完善，贵州省现有的民族区域自治配套法规规章 71 件，其中地方性法规 1 件、自治条例 14 件、单行条例 51 件、变通规定 3 件、地方政府规章 2 件。法规规章的不断完善，保障了民族自治地方依法行使自治权，保障了自治地方少数民族的合法权益。

贵州省委、省政府高度重视民族工作和民族地区的经济社会发展，在不同时期分别召开了全省民族工作会议、民族团结进步表彰大会和专题会议，制定了一系列加强民族工作，加快少数民族和民族地区经济社会发展的保障政策和措施。事关少数民族民生的一些重大问题逐步得到解决；事关民族工作的重点得到加强和改善；民族平等权利和合法权益基本得到保障；民族自治地方经济发展不断加快；财政转移支付力度逐年加大；民族地区新阶段扶贫开发稳步推进；少数民族干部和人才队伍进一步壮大。

20世纪50年代，贵州省在民族地区开展“民族团结月”活动，主要是民族团结宣传教育，检查民族法律、法规和民族政策的执行情况，表彰在维护和加强民族团结方面做出突出贡献的集体和个人。20世纪80年代至2008年以来，贵州省群众性创建民族团结进步事业活动广泛深入地开展，省委、省政府共召开了6次民族团结进步表彰大会，大力营造民族团结的社会氛围。

贵州省规定每四年举办一次全省少数民族文艺会演、少数民族传统体育运动会；对自治州、自治县逢十周年举行庆典活动时，贵州省委、省政府分别组织祝贺团进行祝贺，并给予资金补助。在全省1000多所中小学组织开展了民族民间文化进校园的活动，建立了34个少数民族传统体育项目基地。这些项目的实施，宣传扩大了党的民族政策的影响，展示了民族地区的发展成就，弘扬了优秀的民族文化，为创建民族团结进步繁荣发展示范区注入了新的活力。

三、贵州省建设民族团结进步繁荣发展示范区的思考

贵州省的民族团结进步事业取得了举世瞩目的成绩，但要建设成为民族团结进步繁荣示范区，还必须勇于创新和敢于实践。

第一，努力解决“三农”问题，构建民族团结的物质基础。

贵州有18个世居民族，各民族的主体基本上都在农村，因此，从某种意义上讲，贵州的民族问题就是农村、农业、农民问题。

同时，对于贵州省民族地区和少数民族的现实发展状况和发展需求及潜在的资源优势要有充分的认识。这就需要我们全面地科学认识少数民族和民族地区的基本现状和发展方向，把加快发展作为党执政兴国的第一要务，坚持以经济建设为中心，坚持发展是硬道理，坚持改革开放，加大国家政策和资金的扶持力度，借助发达地区的帮助，充分调动少数民族和民族地区人民群众经济发展的积极性，努力提高少数民族和民族地区自我发展能力。坚持和完善民族区域自治制度，深入贯彻落实民族区域自治法以及国务院、贵州省的实施规定，加大对少数民族和民族地区的支持力度，

确保党的各项民族政策落到实处。继续巩固和发展平等、团结、互助、和谐的新型社会主义民族关系，加强民族团结、促进各民族人民群众繁荣发展，实现各族人民群众在经济、政治、文化、社会、生态方面的全面发展，让改革开放的成果惠及各族人民群众。

切实做好贵州民族工作，推动贵州民族团结进步事业不断发展，不仅在贵州政治、经济和社会发展中具有十分重要的意义，而且在全国民族工作和民族团结进步事业中也有着十分重要的地位。要用科学发展观指导民族团结进步活动，以十八大精神和十八届三中全会精神为指导，把握西部大开发和国发〔2012〕2号文颁布的发展契机，促进贵州省民族地区和各少数民族科学发展；切实解决民族地区和少数民族的实际困难和问题，进一步保障和改善民生；大力加强民族团结宣传教育，夯实各族人民共同团结奋斗的思想基础；认真总结经验，不断开拓创新，深入持久地开展民族团结进步活动。因此，建设民族团结进步示范区必须统一思想、提高认识，为各族人民群众提供思想保障，不断开创民族团结进步事业的新局面。

第二，要为建设贵州省民族团结进步繁荣发展示范区提供理论保障。

建设民族团结进步繁荣发展示范区的实践离不开民族理论和民族政策的支持。在新世纪新阶段，建设贵州省民族团结进步繁荣发展示范区对于巩固和发展新型的社会主义民族关系有着深远意义。围绕“共同团结奋斗、共同繁荣发展”的民族工作主题，不断创新工作方法，促进发展、改善民生是维护贵州省民族团结的需要，也是维护国家长治久安的需要。贵州省作为我国最不发达的省份，也是民族成分众多的省份，不仅与东部沿海发达地区存在着发展的差距，即使贵州省内各民族之间也存在着发展的差距，没有贵州省少数民族的小康就没有贵州人民的小康，没有贵州人民的小康就没有全国人民的小康。因此，我们要坚持民族地区和少数民族的发展实际，遵循民族发展的一般规律，了解并正确贯彻执行党的民族政策。在民族团结进步繁荣发展示范区的建设过程中，要集思广益、群策群力，建立专家智库，广泛邀请民族学、社会学、人类学、政治学、经济学等学科的资深专家参与，研究创建民族团结进步繁荣发展示范区的相关理论，分析民族团结进步繁荣发展示范区建设实践中出现的问题，提出解决问题的方案、对策和建议，形成有关民族团结进步繁荣发展示范区的一些经验。努力提高创建活动水平，取得更多创建实效。

积极探索加快民族地区发展的新路子，比如集中一定的资金组织实施一批以产业结构调整、民族文化保护、民族团结和谐、建设生态文明为重点的民族团结进步示范工程。积极探索开展民族团结进步创建活动的思路和方法，拓宽渠道、探索新方法，调动各方面的力量、整合多方资源，做好管理中的计划、控制、组织和协调，勇于创新，推动民族团结进步创建活动深入、广泛、持久地开展，为促进贵州省后发赶超、实现又好又快发展助力。

第三，要为建设贵州省民族团结进步繁荣发展示范区提供经济保障。

“各民族共同团结奋斗、共同繁荣发展是现阶段民族工作的主题。加快少数民族和民族地区经济和社会发展，是现阶段民族工作的主要任务，是解决民族问题的根本途径。”① 物质基础决定上层建筑，要充分重视经济社会发展对建设贵州省民族团结进步繁荣示范区的重要意义。要加快贵州省少数民族地区经济社会的发展，因地制宜地大力发展特色经济、调整产业结构，充分利用贵州省的旅游资源和生态资源，大力发展优势产业和文化产业。我国当前的根本任务是解放生产力、发展生产力，根本目的是消灭剥削、消除两极分化，最终达到共同富裕。贵州省目前的根本任务也是加速少数民族地区的发展，缩小民族间、地区间的发展差距。特殊的地理位置、复杂的地形地貌、优美的生态环境、多彩的民族文化，是大自然所赐予的环境优势。贵州省有着极为突出的资源优势，能源、矿产、生物、旅游资源得天独厚，最具特色，在西电东送中，要注重发挥贵州省独有的“水火互济”优势。贵州省是一个多民族大家庭，有着丰富多彩的民族文化，要注重民族文化的保护与利用，为旅游业的发展提供动力。在发展经济的过程中，值得注意的是，要注意照顾当地民族的利益，并把生态环境的保护和建设，放在重要位置。

第四，要为建设贵州省民族团结进步繁荣发展示范区提供机制保障。

机制保障在一定程度上是关乎民族团结进步繁荣发展示范区建设的能

① 吴仕民主编：《中国民族理论新编》，中央民族大学出版社，2008 年，第 244 页。

否实现。因此，要切实加强和改善党对民族工作的领导，牢牢把握民族工作主题。建立并不断改善民族工作机制，形成党委统一领导、有关部门各司其职、密切配合、通力协作的工作格局。妥善处理好新世纪新阶段的社会主义民族关系，防止发生侵害少数民族合法权益、不尊重民族风俗习惯、伤害民族感情的事情，避免民族间的摩擦和冲突，尤其是要高度重视民族性、群体性事件的发生。扎实有效地推进民族工作，树立以人为本的工作理念，坚持全心全意为人民服务的宗旨，增进对广大少数民族群众的深厚感情，促进少数民族和民族地区的发展。

一是建立健全民族法律法规体制机制。要以《宪法》为基础，以《民族区域自治法》为骨干，由地方性法规、自治条例、单行条例、规章组成的具有地方特点和民族特色的法规体系，用法律调整民族关系，促进民族团结和社会稳定。二是建立健全民族沟通协商的政治机制。要积极探索少数民族公民有序政治参与的内容、形式、程序的制度化建设，扩大少数民族有序政治参与渠道，实现各民族广泛的民主参与。三是建立健全民族事务服务机制。要全面开展面向少数民族的职业培训、就业咨询、急难救助、流动人口管理等方面的工作，推动全社会关注和支持各民族的发展，扩大各民族的交往交流，实现各民族共同繁荣。

继续加强对全省各地、各部门贯彻落实全省民族工作会议、国办33号文件、维护少数民族合法权益等情况的督导检查。坚持督导，坚持时间长、规格高、范围广的做法，确保使检查的过程成为民族工作认识进一步深化的过程，成为落实党的民族政策、为少数民族和民族地区办实事的过程。加大调研、协调工作力度，协同有关部门制定民族贸易民族用品生产工作的各项规范化管理意见和规定，根据有关部委的要求及时调整充实民族用品生产企业，确保有效执行了国家对民族贸易、民族用品生产企业的优惠政策。

第五，要为建设贵州省民族团结进步繁荣发展示范区提供舆论保障。

要在认真学习贯彻党的各项民族政策的基础上，在全省广泛开展民族团结进步事业宣传教育活动，深入开展形式多样的民族团结进步创建活动。把民族团结进步创建活动与加强民族团结宣传教育结合起来，巩固民族团结进步的思想基础。要广泛开展“两个共同”“三个离不开”教育，让这些观念深入人心。

加强民族团结教育的主战场之一就是学校教育。2002年，贵州省印发了《关于在全省各级各类学校开展民族民间文化教育的实施意见》，要求全省中小学、特别是民族地区中小学要将优秀的民族民间文化作为素质教育内容，将当地人民喜闻乐见的民族音乐、绘画、舞蹈、体育、文学、传统手工艺等列入教学活动中。所以一方面要在高校开展民族教育，让大学生们更多地了解少数民族、理解少数民族文化。另一方面就是在中小学进行多种形式的民族团结教育。要增强针对性和注重实效性，把民族团结教育纳入公民道德教育全过程，推动党的民族理论和民族政策、国家民族法律法规进课堂、进教材、进学生头脑。

对全民进行民族团结教育，就要充分利用全省民族团结进步表彰大会的召开，通过对先进集体和先进个人的表彰活动来加强舆论宣传。通过表彰先进，交流经验，组织宣讲，在全省营造民族团结的良好氛围。协助民族自治州、县做好逢十周年庆典工作。以发展民族团结进步宣传活动月为载体，着力营造良好的社会氛围。凭借省委、省政府确定的每年10月为"全省民族团结进步宣传活动月"的契机，认真组织开展民族法律法规的宣传教育活动，充分利用新闻媒体和印发资料等形式进行广泛宣传。为进一步巩固和发展平等团结互助和谐的社会主义民族关系，培育有利于民族团结进步的社会文明风尚。建设统一开放、竞争有序的文化市场体系，建设一批少数民族文化产业园区和基地，以文化繁荣发展引领民族团结进步。营造氛围、加强宣传，提供坚强的舆论保障。

总之，在新世纪新阶段，建设贵州省民族团结繁荣发展示范区任重而道远，在民族工作中要突出重点、全面推进，要根据贵州省的民族实际和地区实际，选择符合建设贵州省民族团结繁荣发展示范区的路径，努力为民族团结繁荣发展示范区建设提供思想、理论、经济、体制和舆论保障。

（本文是2013年贵州省委统战部在贵定县召开的统战理论座谈会的发言）

精神·价值·使命

——“一带一路”倡议下民族学的责任与担当

2013 年，习近平总书记在中亚和东南亚国家进行国事访问期间提出“丝绸之路经济带”“21 世纪海上丝绸之路”（即“一带一路”）的构想。这一构想是对我国现阶段“西部大开发”加速发展阶段的升华以及在新形势下对国际形势把握后的战略部署。西部地区是我国少数民族的主要聚居区，我国“民族八省区”① 基本位于西部地区，且这些地区也是我国边疆建设与国防安全的重点区域。因而，在“新常态”下把握国际潮流，加快西部地区的民族发展与边疆建设，依托历史文化，大力发展国际经贸，积极与周边邻国构建良好的国际合作关系、促进西部各民族的发展已是情势必然。因此，以促进各民族“和睦相处、和衷共济、和谐发展”为目标，推动各民族实现“各美其美、美人之美、美美与共、天下大同”理想社会的民族学学科理当大有作为，勇于担当。

一、“一带一路”倡议背景下民族学的学科精神

民族学（文化人类学）以“民族”作为学科研究对象，其研究对象“民族”是人们在一定历史阶段形成的，拥有共同历史渊源、生产方式、语言、文化、风俗习惯以及心理认同等要素的稳定的人们共同体。民族学是研究不同民族及其文化行为的学科，“或者也可以讲是从文化这个角度

---

① “民族八省区”即新疆维吾尔自治区、西藏自治区、内蒙古自治区、广西壮族自治区、宁夏回族自治区、青海省、云南省、贵州省。

研究人的科学”[①]，它“研究人类所创造的物质文化和精神文化的起源、特点及其发展变化的规律，对不同人类群体文化的相似性和相异性做出解释，应用人类学的理论方法研究和解决现代人类社会有关的实际问题”[②]。

早期的民族学主要侧重于对“前现代社会”的研究，其关注的对象主要是那些无文字的民族群体。第二次世界大战以后，世界各国的民族解放运动、民族独立运动的浪潮促使民族学将研究对象逐渐转向现代社会中的民族群体。随着全球一体化进程的加快，国际关系与民族关系更加复杂，社会背景的变化、研究对象的扩大、研究内容的多元对民族学提出了更高的要求。民族学在解决实际问题时，往往擅用其独特的田野作业（field work），零距离接触不同民族群体，梳理他们的历史记忆，帮助他们认清其现代境遇，并在此基础上为其未来的发展指明道路。

“一带一路”倡议覆盖了国家、区域、民族等层面，这便要求在国家战略、区域规划、民族发展中，民族学必须将具体的民族群体置于特定的社会背景与区域环境中，根据民族的生物属性、自然属性、社会属性的特点，对民族以及民族之间的经济、政治、文化、社会、生态等问题进行科学的分析并提出应对之策。

古今中外，任何民族的存在与发展都通过特定的文化反映出来，这些文化是各民族在长期的生产生活中的智慧结晶与历史积淀，是在特定的自然环境与社会环境的影响下形成的，并表现为物质、制度、精神等层面的内容。受自然因素与社会因素的影响，民族文化也表现出极大的差异，并反映了民族生存与发展的差异。这些差异不仅表现在不同民族之间，甚至同一民族内部也存在着不同程度的差异。“民族差异是民族问题产生的基本原因。民族差异主要是指民族之间特征、特点的不同。民族之间在交往联系中，由于各个民族在其特征、特点等自然特性（或民族性）上的区别而呈现出民族之间的差别。这种差别，在一定条件下会导致民族之间的矛盾。”[③] 如何协调好民族关系，并有效地解决好各种民族问题一直是世界各

① 夏建中：《文化人类学理论学派》，中国人民大学出版社，1997 年，第 1 页。
② 黄淑娉、龚佩华：《文化人类学理论方法研究》，广东高等教育出版社，1996 年，第 8 页。
③ 吴仕民主编：《中国民族理论新编》，中央民族大学出版社，2008 年，第 112 页。

个国家治理的重要内容。[1] 而要实现这一目的，就必然要求对不同民族的文化历史、现实需求、发展趋势进行解读，在“平等、团结、互助、和谐”的原则下，处理好民族关系问题，并进一步促成各民族“共赢”的局面。对此，在“一带一路”倡议中，立足民族学的学科视野，分析民族的文化结构，增进民族间的彼此认同，对不同民族群体给予人文关怀是民族学的学科精神，也是其意义的重要体现。

二、“一带一路”倡议背景下民族学的学科价值

在“一带一路”倡议背景下，合理统筹国家战略、区域协调、边疆建设、民族发展，并对相关问题提出有效的解决之策是民族学学科的价值所在。在国内，“一带一路”倡议涉及新疆、陕西、甘肃、宁夏、青海、内蒙古、黑龙江、吉林、辽宁、广西、云南、西藏、上海、福建、广东、浙江、海南、重庆等省、自治区、直辖市；在国际上，其涉及中亚、西亚、波罗的海、地中海、东南亚、南亚、印度洋、东非、北非、欧洲等区域。在这一宏大的战略蓝图中，国内民族发展问题与国际民族关系问题具有举足轻重的地位，特别是西部“民族八省区”的民族发展问题，直接关系到我国的边防建设与区域稳定。

20 世纪 80 年代，在“梯度发展”与“两个大局”理论的指导下，我国优先开发东部沿海地区；20 世纪 90 年代，随着东部沿海地区取得了一系列的成就，我国的区域发展战略逐渐向西部民族地区转移。2010 年以后，我国西部大开发战略进入加速发展阶段，这一阶段的重点是“在前段基础改善、结构战略性调整和制度建设成就的基础上，进入西部开发的冲刺阶段，巩固提高基础，培育特色产业，实施经济产业化、市场化、生态化和专业区域布局的全面升级，实现经济增长的跃进”[2]。经济的发展是缩小民族差距的关键因素。在民族学学科视野中，民族经济生活是一种民族

---

① 对单一民族国家而言，其民族关系主要表现为与其他国家（民族）的国际关系；对多民族国家而言，其民族关系问题既涉及国内不同民族间的关系，还涉及国际间的民族关系。

② 西部大开发总体规划可按 50 年划分为三个阶段［EB/OL］. http：//news. sina. com. cn/green/2010-12-02/105521571077_ 2. shtml2010-12-02.

在物质资料的生产、消费过程中的组织形式和行为方式的总和。[①] 在“一带一路”倡议实施的过程中，技术转型成为西部民族地区实现“经济增长的跃进”的决定性因素。然而，西部地区多民族的实际要求我们应将经济发展、区域建设与西部地区多民族的实际联系起来，审视各种经济活动。“一带一路”倡议涉及的西部地区与东部沿海地区的发展路径有着极大的差别：从东部沿海地区的情况来看，由于这一区域在历史上开发较早，依托海运经济与富饶的水利农业，加之民族成分较少，民族利益在区域开发中的影响较低，故其发展成本较小；而西部地区长期以来一直处于欠发达地区，自然环境恶劣、生态环境脆弱、民族成分多样，不同区域的不同民族群体往往拥有不同的利益需求，这也决定了西部地区的开发成本相对东部沿海地区要复杂许多。因此，统筹国家战略与民族需求，保障各民族的发展权益，围绕发展需求及时调控好各民族间的发展关系便成为重点。

西部地区各民族环境的特殊性决定了发展的艰巨与复杂。“一带一路”倡议背景下的民族问题既有国家安全与边疆建设，也有民族关系与民族发展，甚至还涉及民族纲领与民族政策等问题。这些“既有历史遗留下来的问题，也有现实生活中新出现的矛盾；既有经济领域的问题，也有政治领域中存在的问题；既有文化方面的，也有思想意识领域和宗教方面的问题”[②]。长期以来，我们大多是从宏观层面，基于历史经验来认知西部地区的民族问题并提出解决方案的，对民族问题的认识大多局限于问题本身，而忽视了对相关问题的思考，如对贫困问题的解决，传统的解决方式大多着眼于经济层面和文化层面，对政治层面和社会层面等因素却考虑不足，由此削弱了决策的实践效果。日本民族学家鸟居龙藏认为，中国国内民族的研究应从历史文献与实地调研两方面着手，这也是我们在“一带一路”倡议中解决民族问题的重要途径。因此，在解决西部地区民族问题时，除了历史经验的梳理与文献资料的运用，还应利用民族学学科的田野作业（field work）。在田野作业中，民族学者“深入他（她）所研究的特定社区的日常生活，最大限度地参与所研究对象的社会活动，通过细致入微的观

① 杨昌儒：《民族理论论纲》，贵州人民出版社，2006 年，第 96 页。

② 金炳镐：《民族理论通论》，中央民族大学出版社，2007 年，第 302 页。

察，来收集与研究主题有关的一系列专门性的地方知识……参与当地人日常生活的方方面面，顺应当地习俗并尽可能参加一切仪式和活动，力求获取能解决自己疑问的细节和信息，从而加深对所在社区日常生活的了解”①。20世纪前半期，自民族学作为一门独立学科传入我国以来，历代学人便长期坚持社会调查并取得了丰硕的成果，如费孝通先生的《江村经济》以及其与张之毅先生的《禄村农田》《易村手工业》《玉村农业和商业》等。② 此后，民族学的田野作业一直为国内学人广泛使用。“民族学的田野调查，是建构理论的基础，工作的目的是验证特定的假设，通过田野工作可以检验、增强或修改已有的理论框架。正是民族学的田野调查活动，使人们不断纠正以往的理论上的失误和错误，对人类社会做出更接近实际的、更有说服力的解释。”③ 因此，在我国“一带一路”倡议实施过程中，围绕西部地区的民族问题，通过大量的民族学田野实践，发现当前我国西部地区民族问题的根源与成因，为相关政府服务部门提供科学、翔实、可信的材料。同时，相关部门也应重视民族学的学科价值，积极促成政府机构、学术部门、社会团体之间的通力合作，解决好西部地区的国防安全、边疆建设、民族关系等问题。

三、“一带一路”倡议背景下民族学的学科使命

在“一带一路”倡议实施的过程中，民族学学科的发展可谓机遇与挑战并存。各种机遇与挑战也反映出当前我国无论在国家层面、区域层面、社会层面，民族学等社会科学越来越彰显出其重要性。如何利用学科理论解决好“一带一路”倡议中的国家、区域、社会等问题便成为时代赋予民族学学科的学术使命。具体而言，“一带一路”倡议背景下民族学的学科使命主要体现在以下几个方面：

---

① 潘天舒：《发展人类学概论》，华东理工大学出版社，2009年，第112—113页。

② 1987年，《禄村农田》《易村手工业》《玉村农业和商业》由费孝通先生重新编写并定名为《云南三村》。

③ 聂蒲生：《民族学和社会学中国化的探索：抗战时期专家对西南地区的调查研究》，中国社会科学出版社，2011年，第359页。

（1）经济发展

在民族学学科视野中，一切民族的经济活动都是在特定的文化环境中形成的，民族的经济活动是一种具有特殊意义的社会行为，其本质是民族的生产力的发展。“一定的生产力，是在一代给另一代的生产力的延续和积累中，在以往已经创造出来的生产力的保存中获得发展的；而生产力的这种保存与积累，又是在生产力的流动中实现的。”① 相对于东部沿海地区，西部地区的社会生产力水平仍然滞后，这也导致了民族的资本积累能力薄弱，物质资料的生产能力欠缺，特别是在自然环境、社会因素、民族素质结构等因素的影响下，西部地区与当地民族的发展往往表现出不同程度的困难。因而，“要正确解决民族问题，最根本的是加快各民族经济文化的发展，其中发展经济最为关键”②。前文提到的费孝通与张之毅两先生的《禄村农田》《易村手工业》《玉村农业和商业》便是以民族学独特的学科视角，结合地方实际，对云南三村的民族经济现状及问题进行的分析，这些材料至今仍有极大的参考价值。

（2）政治认同

“一带一路”倡议背景下的政治认同主要涉及国内各民族共同的政治认同。我国的政治认同是基于“我国是统一的多民族的国家”这一现实国情而言的，它反映为各民族在政治理念上对我国国家利益与民族权益的认同。历史上，各民族不同程度地参与了中国的缔造，并做出了巨大的贡献。从“一带一路”倡议在国内的区域来看，从东部地区到西部地区，各民族具体的政治权益与民族区域自治制度仍然有待完善。因此，在政治认同层面，民族学应运用田野调研，强化民族政治的比较研究，尤其是着重民族政治在民族结构中的影响，坚持国家统一与民族团结的原则，保障各民族的发展权益，缩小区域间与民族间的发展差距，从而促进各民族的政治认同。

（3）文化认知

在民族学中，对民族文化的研究常常会使用“主位”与“客位”的认知方式。对民族学而言，理解一个民族或群体的文化，在初期必须抛弃自

---

① 杨昌儒：《民族理论论纲》，贵州人民出版社，2006年，第98页。

② 王铁志主编：《新时期民族政策的理论与实践》，民族出版社，2001年，第189页。

身的文化偏见，将自己融入所研究的文化群体中，去把握其内部结构。我国西部地区的民族文化不同于东部地区，“东部民族主要位于农耕稻作文化区，经济基础发达，其文化发展较为先进；西部各民族主要位于山地游牧文化区，少数民族大多生活在欠开发地区，文化发展较为滞后。文化发展的差异与差距必将引发文化交流中的矛盾冲突，特别是在语言文字、风俗习惯、宗教信仰等敏感内容上更容易引发民族关系问题”①。因此，我们应采取科学而客观的文化态度，通过民族学的文化研究，把握民族文化的内部结构，取其精华，去其糟粕，将其转化为各民族的文化资本，不断增进各民族对自身以及其他民族的文化认同，促进各民族和谐民族关系的发展。

（4）社会整合

经济的发展决定社会发展的差异。夏商周以后，我国确立了中央王权与地方民族的“五服”制（甸服、侯服、绥服、要服、荒服），中央的行政力量由中央王畿向周边蛮夷戎狄等地辐射。这种行政格局也对后世区域社会发展的“中心—边缘”的差序格局产生了决定性影响。“中心”地区往往是区域经济、政治、文化的中心，社会发展程度较高；“边缘”地区的经济、政治、文化发展水平则相对滞后，社会发展程度较低。改革开放以后，西部民族地区也不同程度地发展起了市场经济，但是，社会环境的边缘化使大多数西部民族地区成为发达地区的附庸，“中心—边缘”的社会格局依然存在，城乡差距不断拉大，导致了各种社会资源聚集在发达地区，使发达地区与欠发达地区呈现出不平衡现象。因此，强化“中心”与“边缘”地区的社会联系，缩小不同区域间的民族差距，推动区域间的社会整合便成为“一带一路”倡议的重要内容。在此背景下，民族学应发挥其专业特长，围绕“一带一路”倡议所涉及的各民族社会进行比较研究，结合历史上的“丝绸之路”等历史遗产，消除人们对民族地区、边疆地区、欠发达地区的社会误解与偏见，铸造共同的社会价值取向，加速不同民族的社会整合。

① 杨旭：《试论西部大开发中影响民族关系和谐发展的因素》，载《贵州民族研究》2014年第6期，第8—9页。

（5）生态环保

生态环境的优劣决定着一定区域内民族群体的资源存量，特别是对于以农业、畜牧、渔猎、旅游等为支柱产业的民族更是如此。“一带一路”倡议的实施，必将推动西部民族地区生产方式的变革。但是，在此期间，我们如何优化西部地区各民族传统的经济模式并保存其中所蕴含的文化信息，在保护好生态环境的同时，逐步解决民族生产生活的生态问题，不断提高自然环境质量则成为“一带一路”倡议背景下生态环保的重要内容。“自然环境是民族生存和发展的自然物质基础。民族是在同自然界进行斗争中利用、保护和改造自然环境，努力实现人与自然的和谐来提高自己的生存和发展的质与量。一个民族所处的自然环境，主要是指其生活的地域及其地理位置、地貌、地质、各种自然资源、气候条件及生态环境等。每个民族所处的自然环境不同，因而民族发展的自然条件也有差别。”① 我国民族经济类型大体有狩猎—采集、斯威顿、畜牧、农业、工业等五种类型，这些经济形态都是各民族在特定的生态环境中发展起来的生计方式，并反映出特定的民族与自然界的关系。因此，在“一带一路”倡议实施过程中，民族学的研究应将此区域内和不同民族的生产生计方式与生态环保结合起来，促使“经济—社会—生态”实现有机协调。

（6）国际关系

2世纪，西汉政权派遣张骞出使西域，首次打通了中原与西域诸国交往的“丝绸之路”；隋唐以降，随着经济重心的转移，陆上丝绸之路逐渐被海上丝绸之路所取代。历史上的“丝绸之路”强化了中国与周边邻国的历史联系，并成为今天我国与周边国家构建战略合作关系的历史基础。“一带一路”倡议所涉及的国际区域，覆盖中亚、西亚、波斯湾、地中海、波罗的海、阿拉伯海、印度洋、欧洲、非洲东海岸、北美洲西海岸等，这必将进一步增进我国与这些区域国家的国际交流，有利于加强我国与“一带一路”经济圈内各国的政治互信与国际合作，加速资源的跨国、跨区、跨洲流动，实现最大化的资源共享。与此同时，国家与国家之间的交往将更加频繁，基于文化差异与政治差异，各种新的机遇与挑战也不断出现。

① 金炳镐：《民族理论通论》，中央民族大学出版社，2007年，第167页。

对此，民族学应强化其关于世界民族志、跨境民族、国际政治、国际文化认同等内容的研究，并以此增强我国与世界各国的沟通，获取世界各国的认可与支持。

综上所述，“一带一路”倡议的提出是在西部大开发的基础上，对我国进入21世纪以来的区域战略与国际战略的深化。作为以“民族”及与其相关事象为研究对象的社会科学，民族学在“一带一路”倡议背景下，也自然地肩负起神圣的历史使命，这便要求学者们本着民族学学科的人文关怀精神，围绕国内民族与国际民族两条主线，从学科视野对异域与异族的历史与现状进行剖析，为各民族的未来指明方向。只有如此，民族学才能在国家繁荣、边疆稳定、民族发展中扛起责任与担当。

（2015年11月，在西藏民族大学，中国人类学民族学学科负责人会议上的发言）

中国民族学的发展道路

在进入21世纪以后，面临变化了的世情和国情，中国民族学发展进入了一个新的发展阶段。在新形势下，民族学学科的地位更加重要，任务也更加艰巨。民族学学科发展对于深入研究和回答国际社会和谐发展和我国在全面建成小康社会中的重大理论和实践问题，推出一大批有影响的学术成果，对于坚持和发展中国特色社会主义，有着重要的理论和现实意义。

一、中国民族学研究应该回顾历史，根植于中国本土研究

“民族学”一词，起源于古希腊文，由′γos〔ethnos（族体民族）〕和λγos〔logos（科学）〕两字组成，是指研究民族共同体的学问。英文的Ethnology、法文的Ethnologie、德文的Vlkerkunde，都是民族学的意思。英国的“社会人类学”（Social Anthropology）、美国的“文化人类学”（Cultural Anthropology）和当前合称的“社会文化人类学”（Sociocultural Anthropology），在研究对象和范围上与民族学相近。

众所周知，在世界文明古国的文献记载中，就有关于民族学方面的零星知识。随着民族之间的交往与联系的加强，经济生活与科学技术的进步，人们视野的不断扩大，人们开始注意到与“我”不一样的人群，于是，在一些历史著作、地理著作、旅行札记中，记述了所遇见的不同民族的体质特征、居住地域、历史活动、文化习俗及民族之间的关系。民族学作为一门科学，在19世纪中叶伴随殖民主义步伐在欧美各国产生和兴起。

民族学在中国有特定的含义，尽管这种特定的含义在理论上尚未做出全面的阐述，但民族学鲜明的“中国化”特色已经成为不可否认的事实。

民族学自传入中国以来就面临着“中国化”的问题，它发展的历史表明，其研究范畴、研究对象、研究方法、乃至于研究目的，无不具有中国社会和中国文化的特征，使它成为区别于世界其他民族学的“中国民族学”。

在近代中国的政治实践中，产生于西方的马克思主义经过本土化的处理，并且形成了马克思主义中国化的两大理论成果。中国近代史既是马克思主义本土化的过程，也是马克思主义与中国实际相结合并实现马克思主义中国化的过程。民族学的本土化或者中国化，旨在使中国人类学家走向世界，以便能够广泛、深入地进行国际对话，并在国际上有一定的声音，构建自己的话语体系。而做到这一点的前提就是既要照顾历史，又要面向未来。所谓照顾历史，就要考虑到学科体系的某些局限系当时社会政治的产物，非民族学者个人所能改变。

所谓根植于本土研究，就是民族学研究要立足于中国的国情和民族情况以及变化了的时代要求，与时俱进地对中国特色社会主义现代化建设进程中出现的新情况和新课题进行研究。由于国情不同、意识形态和指导思想的不同，中国所需要的民族学和欧美资产阶级民族学应带有本质的区别，在科学借鉴学习国外民族学理论的基础上，我们应建立并不断发展完善中国民族学。在观点、研究方法和研究内容上都与西方有所区别，构建本土化的中国民族学体系。中国的民族学应侧重于中国本土化研究，可以借鉴国外民族学的相关理论，结合中国的实际，以求适合中国的特殊情况。

具体来讲，根植于中国本土化的民族学研究，必须根据变化了的世情和国情。新世纪新阶段，城镇化进程中农民工市民化问题研究，民族地区农村职业农民研究、少数民族文化传承研究等具有明显时代印记的新课题摆在民族学研究者的面前。由于中国民族学的起步较晚，我们既没有古人传统的经验拿来做“母版”；由于中国国情的不同，我们也不可能照搬国外的经验来做“翻版”。因此，唯有根据时代的变化，结合中国的现实，根植于中国的本土化研究，铭刻符合时代和国情的“新版”。

二、中国民族学应该直面现实，强化民族学服务社会的功能

习近平总书记在哲学社会科学座谈会上的讲话中指出：当代中国正经

历着我国历史上最为广泛而深刻的社会变革，也正在进行着人类历史上最为宏大而独特的实践创新。这种前无古人的伟大实践，必将给理论创造、学术繁荣提供强大动力和广阔空间。因此，我们以什么样的眼光来回顾和总结中国民族学以前的发展和取得的成果，又以什么样的眼界来瞻望未来中国民族学发展方向，是我们当下需要明确回答的问题。也唯有如此，我们才能根据世情和国情的变化，明确现阶段民族学的主要目标和任务，运用已有的民族学的研究成果，并不断进行具有独创性的实践创新，不断拓宽民族学研究的领域并挖掘民族学研究的深度，才能充分发挥民族学在中国特色社会主义现代化建设中的作用。

费孝通先生早就提出了“以恢复农村企业，增加农民收入”来解决中国农村问题的出路。郝时远教授在接受新华网记者采访时也指出：“但另一方面，其田野工作的范围已不限于一村一寨的局限，需要面对现代化进程中出现的各种社会现象和问题。而这类问题，在广阔的西部地区往往与少数民族、民族地区经济社会发展以及民族问题联系在一起。”目前，我国已经进入全面深化改革的攻坚期和深水区，全面建成小康社会和中华民族的伟大复兴向民族学提出了许多亟待研究的新情况和新课题，内容非常丰富，尤其是在全球化浪潮的冲击下，中国现在正处于社会转型的关键期。现在中国人类学民族学学科正处在上升发展阶段，队伍不断壮大，成果不断积累，服务或参与政治、社会、经济、文化发展的能力不断提高，国际交流日益频繁，未来发展前景也非常乐观。但我们必须同时清楚地看到，学术研究应该为社会服务，同时又应保持学术的独立性，避免低水平重复性研究。应把握好学科发展和应用的关系尺度，更不能让学术研究浸染世俗的气息。

习近平总书记在哲学社会科学座谈会上强调指出：观察当代中国哲学社会科学，需要有一个宽广的视角，需要放到世界和我国发展大历史中去看。因此，我们在新形势下要加强民族学研究，就不能自言自语，闭门造车，我们应该借鉴国际上民族学的成果和理论，这非常必要的，但是它不应该就是中国民族学的学科模式。以往我们从国外民族学的理论与实践中得到了许多有益的启示，促成了中国民族学的生长并促进了中国民族学的发展，然而这并不是问题的全部，同时也应看到国外民族学理论对中国民族学所产生的消极影响。在中国民族学学科的早期实践过程中，最早是进行学科理论的翻译和引进，但这并不是“西化”的表现，因为在进行民族学文献和文物的收集整理过程中，我们充分结合了中国的国情并且我们一直在实践的基础上不断进行创新。举个具有典型性的例子，在我国20世纪50年代的民族识别过程中，我们以斯大林的民族定义作为指导性理论，按照斯大林民族定义的四个特征作为依据来指导我国的民族识别，虽然我们没有完全迷信斯大林的民族定义，但在很大程度上还是有一定的依赖性，也是因为我国的民族学理论还没有建立起自己的体系。

尽管如此，我们回头来看，我国的民族识别并不是一味依赖斯大林的民族定义所涵盖的四个特征来进行。而是以马列主义的民族理论和我们党和国家的民族政策为指导，运用辩证唯物主义和历史唯物主义的基本原理，对我国民族的自然地域、语言文字、经济生活、文化和心理素质等要素，进行综合考察和分析，科学地确定民族成分和名称。改革开放以来，中国民族学所处的环境与条件已同以往大不相同。从中国民族学的外部环境看，已与以往有了很大变化，改革开放成为我国发展的主题，随着经济体制和政治体制改革的不断深入，过去的计划经济已经在很大程度上转变为市场经济，这对于我国的各个方面都产生了根本性的影响。经过长期的思索与实践，2005年，中国共产党在关于民族问题的基本理论和政策的阐述中提出构成民族的“六要素”，构成民族六要素的理论，是立足现实，着眼实用，开拓创新，与时俱进的科学理论。另外有的学者以日本为例批评中国民族学对汉族缺乏研究，而是更多地研究少数民族。这主要是基于中国民族众多的现实，且对少数民族的研究非常缺乏，而对于汉族尽管从民族学角度研究较差，但是其他学科汉族的研究已经达到了相当的水平。我国的民族政策也不是对少数民族的优惠政策，而是一种旨在使各民族都平等当家做主的保障性政策。

三、中国民族学应该面向未来，构建民族学研究的国际话语体系

所谓面向未来，就是要看到随着国内形势和学科的发展，国际学术交流的频繁，民族学必然要逐渐扩大研究领域，同社会科学的许多学科发生

交叉，出现一些交叉学科或边缘学科。尤其是在新形势下，全球化的浪潮不仅席卷了世界上的每一个角落，在“互联网+”条件下，世界变得愈加开放，这是时代发展的趋势。不仅改变着人们的生产和生活，而且深刻影响着学科的发展。在一定时期内，仍以传统民族学的调查研究为主，如系统概括和总结中华人民共和国建立后民族学的理论和体系，填补过去研究中存在的空白，加强应用问题的研究，重视研究方法的引进，等等。在扎扎实实搞好主体学科的基础上，逐步、发展交叉学科的研究。如此，既能进一步深入研究传统的民族学，不断完善学科的体系，又不至于束缚交叉学科的发展，影响扩大民族学的研究领域。

中国民族学自20世纪30年代产生以来，在学科建设和一定程度上受到西方的影响，这主要是因为我国的民族学先驱大多师从西方早期的民族学、人类学家。他们学成回国以后，应用西方民族学的理论，在与中国实际相结合的基础上建构了中国特色的中国民族学。但也正因为如此，中国民族学从一开始就烙上了西方的印记，以至于有人讲中国民族学不过是西方民族学在中国的翻版。对此我们要冷静看待中国民族学、人类学与世界民族学、人类学之间的关系问题。因此，我们要注意加强民族学学科话语体系建设。杨圣敏教授在《今日人类学民族学论丛》首发式暨研讨会上指出，“近几年中国民族学、人类学的研究成果很多，但在世界上的影响不大，而且我们所使用的主要理论都是西方人的”。

在解读中国实践和社会发展、构建中国民族学理论体系方面，我们应该最有发言权，但实际上目前我国民族学在国际上的声音还不够响亮，这与我们的大国地位和改革开放以来取得的巨大成就是不相符的。尽管改革开放以来，中国的学术研究走出了狭隘封闭的状态，逐渐与世界学术接轨，在学术成果方面，也产生了一些影响较大的论文和专著，学术水平也在不断提升。在国家民族事务委员会的直接领导下，对中华人民共和国成立以来的民族研究成果进行总结，并展开广泛而深入的田野调查。因此，中国民族学的发展，应着力打造易于为国际社会所理解和接受的新概念、新范畴、新表述，引导国际学术界展开研究和讨论。这项工作要从学科建设做起，每个学科都要构建成体系的学科理论和概念，在国际讲坛上，不仅是能发声，还要奏出中华民族的时代最强音。在有条件的情况下，要积极加入国际性学术组织和建立海外中国学术研究中心，不仅要重视中国民族研究，还要加强对世界民族特别是跨界民族的研究。要聚焦国际社会共同关注的问题，推出并牵头组织世界性的民族学研究项目，增强中国民族学研究的国际影响力。争取发表具有世界性影响的文章，向国外推介高水平研究成果，构建中国民族学的话语权。

总之，中国民族学的发展，已经积累了丰硕的经验和成果。从民族的角度看，因这种环境条件的变化，各个民族的社会结构、心理意识、思想观念，以及他们的生产生活方式，都发生了很大的改变，这与新世纪以前的情况相比，已不可同日而语，而由此产生的错综复杂的新情况、新问题便非常现实地摆到了中国民族学的面前。因此，在新形势下，我们必须结合中国民族的特点，结合现阶段中国社会的发展实际，加强中国民族学的应用研究和理论建设，不断完善中国民族学的理论体系，建立起中国民族学的理论大厦，并加强国际交流和合作，构建国际话语权。

（原载《贵州社科新视野》2016 年第 6 期）

民族团结之新见

在第四次中央民族工作会议上，习近平总书记发表重要讲话，强调民族团结是我国各族人民的生命线。做好民族工作，最关键的是搞好民族团结，最管用的是争取人心。要正确认识我国民族关系的主流，多看民族团结的光明面；善于团结群众、争取人心，全社会一起做交流、培养、融洽感情的工作；加强各民族交往交流交融，尊重差异、包容多样，让各民族在中华民族大家庭中手足相亲、守望相助；创新载体和方式，引导各族群众牢固树立正确的祖国观、历史观、民族观；用法律来保障民族团结，增强各族群众法律意识；坚决反对大汉族主义和狭隘民族主义，自觉维护国家最高利益和民族团结大局。在今年的全国“两会”期间，习近平总书记参加新疆代表团审议时指出，像爱护自己的眼睛一样爱护民族团结，像珍视自己的生命一样珍视民族团结，像石榴籽那样紧紧抱在一起。

那么，什么是民族团结呢？根据国家民族事务委员会的定义，民族团结是各民族要通过共同努力达到相互依存、良性互动、友好相处、密切合作的状态。这一定义包含了以下几个层面的内涵：

一、民族团结的前提

社会化大生产的出现，为各民族团结和交往提供了物质基础。在马克思主义看来，社会化大生产的日益扩大，商品经济的不断发展，科学技术的长足进步，交通通信的日趋完善，不仅冲击着每个民族社会生活的各个方面，而且也对民族关系产生了巨大的影响，从而出现了“过去那种地方的和民族的自给自足和闭关自守状态，被各民族的各方面的互相往来和各方面的互相依赖所代替了。物质的生产是如此，精神的生产也是如此。各民族的精神产品成了公共的财产。民族的片面性和局限性日益成为不可能”的社会现象。正是由于社会化大生产的出现和发展，奠定了各民族团结的物质基础。但这并不意味着经济发展了，必然出现民族团结的现象。要使各民族团结起来还必须有其他的因素。这也对如何维系各民族间的团结提出了要求，即各民族只有共同努力维护好民族团结，才能保证社会化大生产的发展。

民族团结和国家统一符合社会化大生产的客观要求，是人类文明史的进步，对民族发展而言，其收益具有长期性和整体性。而分裂和不团结则与社会生产力发展背道而驰，体现的是一种历史退步性。

第一，团结是力量之源。人类社会在发展中，总是要对付来自两种力量的侵害：自然的侵害和人为的侵害。为了对付这两种侵害，人类选择了合作形式。而团结统一增大了合作的规模和力量，有助于有效对抗自然对人类的危害，也有助于有效对付外部敌对势力的侵害。

第二，团结有利于分工合作和发挥区域比较优势，提高生产效率。分工合作是提高效率的一种有效手段。在经济发展的历程中，经济效率的提高总是与分工合作的深化成正比例关系。在我国，由于地理资源环境和历史传统等众多因素的影响，各民族在发展过程中形成了各自的区位优势和生产优势。如新疆有新疆的经济优势，西藏有西藏的经济优势，内地有内地的经济优势，在团结统一的大环境中，各民族可以发挥各自的资源特长和经济优势，分工合作，共同发展，共同富裕，这对各方都是十分有利的事，而不是相反。随着国家对交通等基础设施建设投入的不断增加，这将进一步促进地区和民族之间的交往，各民族地区分工与协作的优势也将会更进一步得到放大和增强。

第三，团结有利于增加各民族每一个成员的消费效用和消费水平。一是民族风情的多样性提供了消费选择的多样性。各民族在交往中，既可以体验不同的生产方式，也可以体验不同的生活方式。在体验中，各民族既提高了生产发展效率，也提高了生活消费质量。二是团结统一有利于降低了消费者的消费成本。因为关税的取消既降低了生产成本，也降低了消费成本，从而也就降低了消费品的价格，增大了消费量。这样从生产和消费两方面提高了社会群体和个人的福利水平。

第四，从现实看，统一和团结显示了一种历史进步趋势，而分裂和不团结则相反。由于社会经济发展的客观需要，统一和团结将越来越取代战争与分裂。在人类历史发展的早期，由于民族奴役和民族压迫现象较为严重，也许分裂有一定的合理性。但随着人类社会的不断进步和发展，民族平等已经成为全球共同理念，民族奴役和民族压迫现象已经越来越少，各民族之间出于社会经济发展利益的客观需要，将会更加注重统一和团结。如东德和西德的统一进一步促进了德国的强大和繁荣。欧洲国家不断推进的一体化进程，显示的也是一种统一和团结的趋势。团结统一既是社会经济发展和分工深化的客观需要，符合各方的共同利益，同时也体现了一种世界发展和进步的潮流。分裂和不团结，既丧失了合作的优势，也不符合社会经济分工深化的要求，同时也不符合世界发展的潮流和趋势。所以，在当今时代，分裂是没有出路的，是不符合社会经济发展的客观需要的，是一种落后性的具体表现。

目前，中国正在建设社会主义和谐社会，需要解决的问题很多，而稳定和团结是解决这些问题的重要基础和保证，我们应珍惜稳定团结和统一的大好局面。团结和统一，既符合各民族发展的整体利益要求，也符合各民族发展的长远利益要求。维护民族团结和国家统一，意义重大而深远。

二、民族团结的重要内容和衡量尺度

“相互依存、良性互动、友好相处、密切合作”是民族团结的重要内容，是衡量民族团结的主要尺度。

“相互依存”是指人们为了实现那些无法独自实现的目标而加入群体，并通过群体的存在获得个体存在的意义。这是人们结成群体的重要原因之一。通过“相互依存”的纽带作用，群体成员中个体目标实现的概率不断增强，群体成员间的关系也进一步密切，群体成员的社会联系不断增多，群体协作的主动性也不断提高。因而，群体目标的“指向—引导—激励—调整—强化”构成了民族成员或不同民族群体之间团结关系的机制内容，这是民族交往、交流、交融的重要基础。

“良性互动”是指个体之间、群体之间基于坦诚相待，理性互利，各美其美的原则，在生产生活中所进行的持久的互动交往。民族间的互动构成了一定的民族关系。一般而言，民族关系可以分为和谐与矛盾两种。“良性互动”是和谐民族关系建立的基础，而各民族共同的价值认同与互相尊重是“良性互动”持续的基础。因为，任何民族的发展都是在与其他民族合作中独立完成的，通过生产资料的交换以实现物质资料的生产与人口繁衍的目的，通过文化的交流而实现文化繁荣。这充分说明各民族形成良性互动的关系，各民族间应在理性相待，共守规则的前提下，互荣共赢，如此才能促进各方协调发展。

“友好相处”是指各民族基于平等的权利地位，相处各方理性地对待对方而形成的和睦关系状态。这也是民族之间“密切合作”的前提条件。民族间友好相处的关系状态的基础之一，就是平等的权利地位，可以通过法律的建设完成。而“理性地对待对方”则需要相处各方遵循社会化大生产的要求，既有分工又有协作；坚持“和而不同”的理念，承认不同，但是要“和”，只强调“同”，而不能“和”，结果只能是人类的毁灭。“和而不同”是人类共同生存的基本条件。20 世纪 50 年代后，我国民族关系由封建社会的歧视、剥削、压迫转变为社会主义平等、团结、互助、和谐的新型民族关系。新世纪新阶段，随着我国民族关系的发展，民族间的理解与交往进一步增多，民族关系呈现出和谐的关系状态。2005 年 5 月，胡锦涛同志在中央民族工作会议暨国务院第四次全国民族团结进步表彰大会上指出：“民族关系是多民族国家中至关重要的社会关系。正确处理民族问题，使各民族人民和睦相处、和衷共济、和谐发展，对于我们建设社会主义物质文明、政治文明、精神文明与和谐社会，具有十分重大的意义。”

“密切合作”是指基于共同的目的，不同民族之间彼此配合的密切互助行为。各民族都有自己的优点和长处，同时又都存在着劣势和不足，这便构成了民族合作的社会基础。正是由于各民族有自己的优势和劣势，需要各民族相互依存、良性互动、友好相处，进一步形成密切合作的关系，从而发挥长处，克服不足，以达到繁荣发展的目的。民族间的“密切合作”既是民族团结的重要形式，也是民族团结的主要目的。“密切合作”是为了达成一定的目的，各民族通过合作，增强民族间的社会生存能力。在此过程中，民族团结又将进一步促进各民族间良好的分工与协作，从而推动各民族的发展。

三、民族团结是一种民族关系状态的反映

要保持良好的团结状态，必须开展批评与自我批评。民族团结状态的维系与强化，必须通过各方的共同努力来完成。在民族交往中的各方应勇于对狭隘的民族主义开展批评与自我批评，与破坏民族团结的行为开展斗争。这便要求我们应将民族团结视为民族事业的根本保证，同时要讲究策略和方法，使批评成为一种维护民族团结的武器。对狭隘民族主义的自我批评，要求在民族交往中，各民族要敢于和善于检讨的各自的行为和思想，对各自的缺点不要讳莫如深，只有正视自己的缺点和错误，才可能增进各民族间的理解，才能为和谐民族关系创造有利条件。因此，民族团结的形成是各民族共同努力的结果，是各民族为共同的目标和任务而形成的团结奋斗的关系状态。

（原载《贵州民族报》2017年3月20日，A3版）

讲话讲座篇

建设国内一流民族大学必须坚持与时俱进的精神

江泽民同志在党的十六大报告中指出，贯彻“三个代表”重要思想，必须使全党保持与时俱进的精神状态，不断开拓马克思主义理论发展的新境界……能否始终做到这一点，决定着党和国家的前途命运。这是江泽民同志向全党提出的一个带有根本性和战略性的要求，他深刻地告诉我们，在进入新世纪的伟大征程中，在建设中国特色社会主义的伟大实践中，中国共产党和整个中华民族，必须保持一种崭新的精神面貌，那就是与时俱进的精神状态。

面对新世纪的新形势、新任务、新情况和新要求，我们的各项工作能否实践“三个代表”的要求，贯彻落实“三个代表”重要思想，关键一点就是看我们以一种怎样的精神状态来面对我们所从事的各项工作。江泽民同志曾经指出，形势在发展，时代在变化，我们必须紧跟世界发展的潮流，必须坚持解放思想、实事求是的路线，大力发扬求真务实与创新精神，创造性地推进党和国家的各项工作。

贵州省委、省政府为我校设定的发展目标是建设成为国内一流民族大学。这个目标不仅是对我校全体教职学工提出了更高的要求，而且也是贯彻落实中国共产党民族平等政策的一项有力的举措。因为中国的高等教育体系必须有民族高等教育，才是完整的教育体系。尽管这个目标对于我校来说，还是很遥远的事，因为我们的硬件不硬，软件太软。但是有了这样一个目标，我们就有了奋斗的方向。在实现这个目标的过程中，只要我们坚持与时俱进精神，全面落实“三个代表”重要思想，努力克服前进道路上的困难，通过全院教职学工的努力，这个目标是一定能够达到的。

——坚持与时俱进，就是要有明确的发展观。与时俱进的核心是发展，“进”就是前进，就是发展，没有发展就不能称为与时俱进。我在《认真学习邓小平理论　努力做好少数民族高等教育工作》一文中提到，少数民族由于历史的原因，发展滞后，人才匮乏；市场经济体制的确立，促进人才全面流动，民族地区的人才流动到发达地区，从而使民族地区的人才更加匮乏，所以，少数民族和民族地区的经济、文化建设呼唤着民族高等教育的发展。如果我们没有与时俱进的精神状态，没有明确的发展观，怎么能够适应少数民族和民族地区的需要？现在贵州省委、省政府给我校提出了更高的要求，如果我们没有与时俱进的精神和发展能力，又怎样去建设一流的国内民族大学？因此，无论是从少数民族和民族地区的现状来说，还是贵州省委省政府给我们设定的目标，都需要我们必须坚持与时俱进的精神。当然，在发展中会出现问题，但这些都是前进中的必然现象，既不能轻视这些问题，也不能因此而停止不前。发展中出现的问题只有通过进一步的发展来解决。只要我们坚持发展这个硬道理，坚持用与时俱进的精神状态面对这些问题，坚持全面的发展观，我们就会不断解决面临的困难和矛盾，始终保持贵州民族高等教育健康顺利的发展，才能为不断提高全民族的思想道德素质和科学文化素质做贡献，为少数民族和民族地区现代化建设提供足够的人力资源和智力支持。

——坚持与时俱进，就是要进一步深化民族高等教育改革。与时俱进的本质是先进，“时”就是时代，没有先进性就无法代表时代。时代的进步是不可阻挡的，时代的车轮更是滚滚向前的，不先进就会落后于时代，要保持先进就必须不断改革创新。从我校来说，近年来发展的势头良好，教育改革的步伐也在加快，但面对高等教育改革与发展形势的挑战，我们存在诸多的不适应：教育思想和观念比较陈旧；专业结构同民族地区人才市场的需求存在较大差距；教育经费来源单一，学校自我发展能力弱，办学条件一时难以得到较大的改善。因此，深化民族高等教育的改革，缩短某些非常规的环节是非常必要的。只要我们改革的思路和措施符合时代要求，顺应社会发展，具有创新和进步因素；只要用与时俱进、开拓进取的思想和精神对待我们的实际工作，对待我们的现在和未来，我们就能继往开来、推陈出新，学校工作就有了生机与活力。

——坚持与时俱进，就必须营造良好的校园文化。与时俱进的根基在人民群众。马克思主义的唯物史观告诉我们，社会的发展，时代的进步，归根到底是人类文明的进步。人民群众是历史前进的火车头，是社会实践的主体，是物质文明和精神文明的创造者，是构成社会先进生产力的决定因素。要建设国内一流民族大学，必须营造良好的校园文化。任何一种文化的形成与发展，都是人民群众共同创造和承继的，没有人民群众参与的文化是不可能存在的。作为贵州省民族高等学校来说，它应当成为贵州各民族开启文明之风的窗口，而窗口的形成则应当努力营造良好的校园文化。在营造良好校园文化的过程中，领导干部的作风、教师的教风和学风则是最为关键的环节，只有领导干部率先垂范、教师的言传身教和献身学术的精神才可能形成良好的校园文化（这是我参观名校所得出的结论）。作为一所大学，如果没有一大批愿意献身学术的教师和清正廉洁的干部队伍，要想形成良好的校园文化是不可能的。试想，领导干部唯利是图，和一批拜金主义色彩很浓的教师组成的学校，你还奢望他能够教育出高素质的人才吗？

在当今时代，教育作为培养、造就先进生产力的知识群体和核心竞争人才的领域，在培养数以亿计的素质优良的劳动者与数以千万计的高级专门人才方面，具有不可替代的地位和作用。因此，坚持与时俱进，就必须重视教育，振兴教育；就必须脚踏实地的落实科教兴国战略。这是在21世纪前20年，实现全面建设小康社会，实现现代化建设的第二步宏伟目标，实现人的全面发展，实现中华民族的伟大复兴，所必须采取的战略决策，也是我们必须承担的历史责任和时代任务。这就要求我们广大教育工作者，面对现实，面向未来，认清形势，认清责任。解放思想，实事求是，用与时俱进的精神状态和开拓进取的精神面貌，认真学习贯彻十六大精神，为进一步振兴新世纪的中国教育，为新世纪教育的改革和发展做出新的贡献！

贵州民族区域自治理论与实践

所谓有朋自远方来，不亦乐乎？十分欢迎各位尊贵的客人到我们贵州做客！贵州山清水秀，气候宜人，应该是个旅游观光的好“来处”，尤其是山色就更不用说了，自古以为天下之山萃于云贵，而实际上贵州要分得多些。同时，贵州是一个多民族的省份，全省人口3000多万，其中少数民族就占了三分之一还多。贵州多民族、大杂居、小聚居等民族格局特点，使得各民族，特别是我们各少数民族的经济文化和社会生活各方面都显得特别复杂多元，多彩迷人。贵州简称“黔”，是我国古人类发祥地之一，有着独具魅力的民族风情和民族文化。我想，这些秀丽的山水和独特的民族人文应该能让诸位记住贵州的。当然，长期以来，贵州由于自然条件、历史遗留问题等原因，经济发展一直较落后于其他发达地区。但是，从今天的发展程度来看，经济、社会、文化等方面都明显优于过去。中华人民共和国的建立，特别是十一届三中全会以来，贵州的发展得到了稳步推进。对于我们贵州这样一个历史以来多民族、发展不平衡的地区而言，取得健康协调发展的成就应归于我国的民族区域自治理论与政策的成功实践。所以，今天我想与大家一起来谈谈民族区域自治理论在贵州的实践情况。重点谈三个方面的内容：一是贵州民族与民族区域自治简况；二是实行民族区域自治的理论依据；三是民族区域自治在贵州实践的成就和经验。

一、贵州少数民族与民族区域自治简况

贵州是一个多民族省份，在我国西南乃至全国的少数民族地区中扮演

着极其重要的角色，其境内民族关系和谐与否直接关系到国家的稳定与发展。从地域特点来看，贵州也明显具有战略稳定的重大意义。贵州多民族、多文化和发展极不平衡的特点决定了在其境内实行民族区域自治的重要性，这将是协调民族关系和发展民族经济、社会、文化事业的主要途径。基于这样的认识，以下内容我们就先来了解一下贵州少数民族与民族区域自治的简况。

（一）贵州少数民族概况

在贵州省17.6万平方公里的土地上，有18个世居民族：汉族、苗族、布依族、侗族、土家族、彝族、水族、瑶族、仡佬族、回族、壮族、毛南族、白族、羌族、蒙古族、满族、畲族、仫佬族。据2001年统计，我省共有49个民族成分，世居民族数仅次于云南和新疆，居全国第三位。全省少数民族人口占总人口的38.75%，仅次于西藏、新疆、青海、广西，居全国第五位。其中人口超过10万人的少数民族有苗族、布依族、侗族、土家族、彝族、水族、白族、回族、仡佬族9个。其中苗族429.99万人，是我省人口最多的少数民族；布依族、侗族、土家族人口均在100万以上。布依族、水族、仡佬族90%以上人口生活在贵州。

贵州的少数民族有着悠久的历史，较早可以追溯到古代的南蛮、越人、濮人、氐羌等几大族系，据《史记》载："西南夷君长以什数，夜郎最大……此皆椎结、耕田，有邑聚。"夜郎当在贵州境内。足见当时贵州境内有若干地方政权。汉、唐以降，汉人迁居西南，与南蛮、越人、濮人、氐羌等几大族系的人民杂处，逐渐形成当今贵州的民族分布格局。各民族长期以来也养成了自己独特的生活方式、风俗习惯和宗教信仰，形成丰富多彩的民族文化。各少数民族在艺术、科技、医药、体育等方面都有许多优秀的传统技艺和创造，尤其是民族歌舞和民居建筑更具民族特色。如苗舞侗歌在省内外都占有重要的位置和一定的影响。还有，众多独具民族风格的民居建筑，充分利用当地的自然资源就地取材，并发挥了高度的民族智慧和精湛的工艺技巧，使建筑不但朴实大方，坚固实用，而且造型优美独特，如苗族的吊脚楼，布依族的石板房和著名的侗族鼓楼、花桥等，已引起了国内外工程建筑和文化艺术界的关注。这些优秀的民族文化不仅属于贵州的各族人民，也是中华民族传统文化不可分割的重要组成部分。此外，值得一提的还有各民族手工技艺和民族节日文化。如苗族的刺绣、布依族的蜡染、侗族的纺织以及部分民族的古法造纸等，都具有鲜明的民族特色，同时少数民族服饰制作技艺也十分精巧，款式丰富多样，种类达200种以上。而在节日方面，比如苗族和布依族的“四月八”、布依族的“六月六”、彝族的“火把节”、水族的“端节”、瑶族的“盘古王节”等是规模较大的节日。总之，贵州的民族和民族文化的多样性无法一一枚举。

（二）贵州民族区域自治概况

少数民族大多分布在武陵山、苗岭、乌蒙山等山区。由于历史的、社会的、自然的综合因素的影响，经济落后，人民生活很艰苦。以贵州为例来看，中华人民共和国成立前，各少数民族受尽了封建统治阶级的民族压迫和剥削，他们逃居深山，与世隔绝。中华人民共和国成立后，在共产党的领导下，各族人民翻身解放做主人。中国共产党制定、完善和推行了一系列发展民族经济文化的特殊政策和措施，尤其是民族区域自治制度的有效实施，促进了民族地区的较快发展，经济文化建设取得了巨大成就，社会面貌发生了很大的变化。贵州的发展就直接得益于民族区域自治制度在民族聚居地区的有效实施，民族自治制度在贵州的实施十分彻底，成就非常明显。

从今天的情况来看，贵州的民族区域自治形成了“三州十一县”的大格局。三州，即黔东南苗族侗族自治州、黔南布依族苗族自治州、黔西南布依族苗族自治州；十一县，即威宁彝族回族苗族自治县、松桃苗族自治县、三都水族自治县、镇宁布依族苗族自治县、紫云苗族布依族自治县、关岭布依族苗族自治县、玉屏侗族自治县、印江土家族苗族自治县、沿河土家族自治县、务川仡佬族苗族自治县和道真仡佬族苗族自治县。另外，贵州还有253个民族乡。其中贵阳市有18个，六盘水市50个，遵义市8个，安顺市11个，毕节地区77个，铜仁地区56个，黔东南州17个，黔南州12个，黔西南州3个。具体民族乡就不做赘述了。全省少数民族自治地方的土地面积占全省总面积的55.5%。在这里必须指出，民族乡与民族自治地方是有着明显区别的，民族区域自治地方最小只能到县级，民族乡由于地域过小、人口较少不能构成民族自治地方，但它无疑是民族自治地方的有效补充和整合形式。中国的民族乡是指在相当于乡的少数民族聚居地方建立的一级国家政权，或者说民族乡是中国在不具备实行民族区域自治条件的少数民族较少的聚居地方建立的由少数民族自主管理内部事务的乡级基层政权。它是解决中国散杂居少数民族问题的一种特殊的政治形式，是中国民族区域自治制度发展和完善的结果。因此，从某种意义上讲，贵州的民族区域自治是由“三州十一县”和253个民族乡构成的有序整体。

从中华人民共和国建立至今，可以说，民族区域自治制度在贵州的实践已经过去了50多年，取得的成绩也是十分明显的。贵州民族自治地方深化改革，扩大开放取得显著成效，地方工业快速发展，基础设施不断改善，科教文卫等社会事业不断发展。尤其是三个自治州的发展一直在稳步推进，各自治县的发展势头也在逐年上升，而各民族乡镇也取得不少可喜的成绩，特别是在改革开放至近些年，较之中华人民共和国成立前已经有了翻天覆地的变化。当前，贵州各族人民在中国共产党十七大精神的指引下，正在为在21世纪的头20年全面实现小康社会而团结奋斗。

二、实行民族区域自治的理论依据

中国的民族区域自治，是中国共产党把马列主义民族理论与中国民族问题的实际相结合，解决中国民族问题的基本政策和重要的政治制度，也是具有中国特色的解决中国民族问题的基本形式。它能最大限度地满足各少数民族平等自治、自主管理本民族、本地区的内部事务的需要，在加强我国各民族之间的团结，巩固国防，促进经济社会发展方面，也起到了重要作用。

中国民族区域自治理论的主要理论来源，就是马克思列宁主义的国家学说，即关于坚持民主集中制，坚持建立统一而不可分割的共和国，坚持建立尽可能大的国家的原则。马克思主义关于民族平等、团结、互助、和谐发展的民族问题理论。中国历史上关于地方自治的思想。

马克思列宁主义的国家学说，基于以下原因：

首先在于这类国家符合整个社会发展的要求。人类社会总是不断地由分散、孤立状态走向集中、统一的。建立民主集中的、统一的大规模的国家，乃是顺应和促进这一发展趋势的重大的历史步骤。

其次在于这种国家有利于经济发展。社会生产力和生产规模越发展越扩大，就更加要求有越来越大的活动范围，越来越广泛的分工合作和在资源、生产资料及科学技术等各方面的互相交流。集中的统一大国，显然比小的国家更能适应这种要求。

马克思列宁主义的民族平等、团结、互助、和谐理论，基于以下认识：

第一，各民族都是人类物质财富和精神财富的创造者，对人类历史文化的发展都做出了应有的贡献，因而每个民族同其他任何民族都应当是平等的。

第二，马克思主义坚持民族平等和民族团结原则是从民族问题发展的、客观规律出发的。

列宁说："在资本主义的发展过程中，可以看出在民族问题上有两个历史趋向。第一个趋向是民族生活和民族运动的觉醒，反对一切民族压迫的斗争，民族国家的建立。第二个趋向是民族之间各种联系的发展和日益频繁，民族壁垒的破坏，资本、一般经济生活、政治、科学等的国际统一的形成。"①

这两个历史趋向。对资本主义来说，是民族问题上的一种不可克服的矛盾。因为资本主义的社会化大生产，必然驱使各民族越来越接近，这是一种历史的趋势。但是，由于资本主义所具有的贪婪性和掠夺性，又必然地加剧民族矛盾，产生彼此对立和分离。这就决定了资产阶级根本无力解决民族问题。马克思主义从社会发展、各民族的接近和实现社会主义的角度出发，坚持民族平等和民族团结的原则。首先是坚持民族平等和语言平等，不容许在这方面有任何特权；其次是坚持国际主义原则，因为只有这样，才能把阻碍民族接近的障碍减少到最低限度，才能使各民族工人和劳动人民消除民族隔阂，加强信任，团结起来，为各民族在社会主义基础上

① 《列宁选集》第二卷，人民出版社，1995年，第340页。

的日益亲近和接近创造条件。

马克思列宁主义国家学说和民族平等理论都来自人类社会发展的现实基础。当人类从分散、孤立状态走向集中统一的社会形态，首先遇到的是帝国体制。在帝国内存在主体民族与非主体民族之分、主流文化与非主流文化之别。于是，非主体民族及其文化要求有自己的发展空间，他们为争取自治权进行了英勇的斗争，由此而生成了民族自决意识。我认为，民族自决的意识发轫于人类进入帝国时代。公元前6世纪的波斯帝国，曾经被迫允许受它统治的犹太人和腓尼基人享有广泛的自治权利。在罗马帝国的统治范围内，也曾实行过自治，如古罗马自治市。特别是作为被压迫民族的日耳曼人，为了求得民族独立和当家做主的权利，同罗马帝国奴隶主统治者进行了长期斗争，并且终于取得了胜利。对此恩格斯指出："同瓦鲁斯的会战，是历史上最有决定意义的转折点之一。这次会战使德意志永远摆脱罗马而取得了独立。"①

中国关于地方自治的实践。中国古代史上的羁縻制度、土司制度、盟旗制度等，就是历代统治者解决民族自决权的一种制度安排。这种制度安排给予了少数民族自己处理地方性事务的权利，在一定程度上缓和了民族之间的矛盾，为国家的稳定奠定了基础。

羁縻制度，是中国秦朝至宋朝时期，中央封建王朝在西南及长江以南少数民族地区实行的一种管理制度。即封授少数民族首领一个官职称号，由他们世袭其地，世长其民，朝廷不过问其内部事务，只要求表示臣服就行。

土司制度，是利用世居少数民族中的上层分子充当地方政权机构的长官的制度，是元、明、清王朝对西南少数民族地区实行的一套较为严格的管理制度。是由羁縻制度发展演进而来的。始于元、盛于明、衰于清。

清朝在蒙古地区建立了许多"旗"和"盟"，它们既是基层政权组织，又是军事和社会组织。每旗设札萨克（旗长）等官员管辖，数旗合为一盟，设盟长和副盟长；清朝通过理藩院管辖各盟旗，即盟旗制度。这是满族贵族创建的八旗制度与蒙古族原有社会组织鄂托克和爱马克相结合的产

① 《马克思恩格斯全集》第二十五卷，人民出版社，2001年，第222页。

物。具体建立过程是：清朝对归附的蒙古诸部逐一编旗，划定疆界，从蒙古王公贵族中选任札萨克管理旗政，然后指定数旗定期会盟，商讨盟内重大事务。

中国民族区域自治理论的内涵。从中华人民共和国民族区域自治制度实践的50多年情况来看，我们可以总结出，民族区域自治是在中华人民共和国领土之内，在中国共产党和中央人民政府统一领导之下，遵循宪法规定的总道路前进的，以少数民族聚居区为基础的区域自治。民族区域自治的实质是在统一的多民族的社会主义国家内，使有着一定聚居区的少数民族，有当家做主、管理本民族内部地方性事务的权利，保障少数民族的平等地位，充分发挥他们的积极性，保证各少数民族按照总结的政治、经济和文化特点，发展经济文化事业，促进民族发展和繁荣，巩固祖国的统一和各民族的团结。

其主要内容有三个方面：一是建立民族自治地方。这是实行民族区域自治的首要问题。民族区域自治地方的建立主要是依据民族聚居情况、当地民族关系、经济发展条件并参酌历史情况，在有利于自治地方的发展和民族团结的原则下，在各有关民族平等自愿的基础上，经过充分协商后确定。二是设立自治机关。这是我国民族区域自治的两个基本问题之一，也是实行民族区域自治的关键。自治机关作为统一国家中的一级地方政权机关具有二重性特点，必须强调维护国家的整体利益，但同时自治地方在国家这个大前提下要实现自治民族自主治理的权利。三是行使自治权。这也是我国民族区域自治的两个基本问题之一，也是实行民族区域自治的核心。自治权是指民族自治地方的人民代表大会和人民政府，根据本民族、本地区的情况和特点，自主地管理本民族、本地区的内部事务的权利。民族区域自治制度的特点有四个方面：（1）民族因素与区域因素的正确结合；（2）经济因素与政治因素的正确结合；（3）自治机关的二重性；（4）自治机关自治权的广泛性。

通过上述对中国民族区域自治的内涵进行分析，我们不难看出，民族区域自治制度的实施始终都是坚持马克思主义实事求是的思想路线。这与共产党的领导是有直接关系的。中国共产党从建党初期就重视国内的民族问题，很早就提出了民族平等和民族自决的原则，1952年政务院（国务院）就颁布了《中华人民共和国民族区域自治实施纲要》，1984 年出台了《中华人民共和国民族区域自治法》。可以说，中国的民族区域自治理论是中国共产党在长期探索解决国内民族问题的途径的实践过程中逐渐形成和发展起来的。

中国的民族区域自治理论，主要是有关民族区域自治的本质、内容、形式、原则、特点、作用及民族区域自治的产生和发展规律的理论。它既是中国民族区域自治实践基础上的科学概括，又是在指导中国民族区域自治实践过程中得到实践检验的经验结晶，是中国共产党把马克思主义理论与中国民族问题的实际相结合提出的具有中国特色的民族理论，是毛泽东思想、邓小平理论的重要组成部分。中国的民族区域自治实践，是以马列主义、毛泽东思想、邓小平理论为指导，在中国共产党和中华人民共和国政府的倡导和推行下，在各民族人民的积极参与下，长期进行的社会实践，是具有中国特色的民族工作实践的重要组成部分。中国的民族区域自治理论和实践，丰富和发展了马克思列宁主义民族理论，树立了多民族国家解决民族问题的范例。总之，实行中国民族区域自治的理论依据就是马列主义的民族理论，以及结合中国实际的中国共产党的民族理论与政策，反过来，民族区域自治制度的实施和理论的系统形成和不断优化，又进一步充实和丰富了马列主义和中国共产党的民族理论与政策。

而民族乡实行的主要理论依据，也是沿袭了马列主义实事求是的思想路线，但也可以看作中国共产党民族理论的一大创新。中国共产党针对我国散杂居的民族分布特点，独创性地提出了构建了“民族乡”的政权体系，通过宪法的形式确定了“民族乡”的行政地位，进一步完善了我国的民族区域自治制度。民族区域自治制度是用《中华人民共和国民族区域自治法》这样的成文法来进一步确保其地位和完善其体系的，而民族乡制度，则也有相关的行政法规来进行规范，一般称为《民族乡行政工作条例》。从今天我国民族自治的实践情况来看，无论是宏观的政策法规上还是具体的实践途径上都有了较为系统化的理论体系。

三、民族区域自治在贵州实践的成就

中国民族区域自治的实践，具有规模化的推行应该是从 1950 年开始的。1952年，制定颁布了《中华人民共和国民族区域自治实施纲要》。1954年，民族区域自治载入宪法。当然，在民族区域自治的发展道路上并不是一帆风顺的，从20世纪50年代末到60年代初，民族区域自治受到党内“左倾”思想的严重影响。接下来的“十年动乱”期间，民族区域自治遭到严重破坏，直到粉碎“四人帮”以后，特别是党的十一届三中全会以后，在邓小平民族理论的指导下，我国的民族区域自治政策得到了进一步完善和发展。截止到1998年年底，全国共有5个自治区、30个自治州、120个自治县（旗）；45个少数民族建立了民族自治地方，民族自治地方总面积占全国总面积的64%；实行民族区域自治的少数民族人口占少数民族人口总数的75%。实践证明，民族区域自治是适合中国国情、具有强大生命力的政治制度。民族区域自治在贵州的实践与全国实施自治政策是基本同步的，已经有了50多年的实践史，其取得的成就是明显的。从我们前面对贵州少数民族和民族区域自治情况来看，贵州少数民族地区在全国具有典型性和代表性。因此，认真总结50多年民族区域自治在贵州的实践与发展过程，将有利于更进一步推进贵州的民族进步发展事业。

民族区域自治在贵州实践的成就（以黔东南苗族侗族自治州为例）

第一，第一个成就是，构建了“三州十一县”和253个民族乡的民族区域自治格局，形成了由贵州省人民政府宏观格局下的“州、县、乡”有序的民族地方政权体系，最大限度地满足了人民群众的自治需求，并且也构成了解决民族问题的一整个有效机制。

第二，体现在经济上，经济综合实力明显增强，经济结构不断优化，基础设施条件明显改善，人民生活水平显著提高。中华人民共和国成立至今的50多年，贵州省各族人民高举社会主义伟大旗帜，经过不断的探索和努力，通过改革开放，促进了经济的快速增长。以贵州黔东南苗族侗族自治州为例来看，到2004年，全自治州生产总值达到115.75亿元，比1949年增长14.4倍，比自治州成立时的1956年增长14倍，比1978年增长7.1倍。在生产总值中，第一产业增加值42.32亿元，第二产业增加值36.68亿元，第三产业增加值36.75亿元，分别比1949年增长2.4倍、163.8倍和114倍。从这些数据看来，中华人民共和国成立50多年来，黔东南苗族侗族自治州经济发展突飞猛进，综合实力显著增强，也从中可以窥视贵州其他民族地区经济的发展情况。1950年前，贵州民族地区基本上处于传统的自给自足的农耕社会，工商业很不发达。1950年后，在中国共产党的领导下，在民族区域自治制度的有效实施下，广大民族干部和人民群众从自身的发展实际入手，使得贵州民族地区的产业结构不断得到了调整和优化，第一、第二、第三产业均得到了有效发展。产业结构的调整，有力地推动了全自治州经济的快速增长。当然，与此同时，农业也得到持续稳定的发展。经济的不断增长，自然直接受益者就是广大自治地方的少数民族群众。经济收入的增加，生活水平就自然而然在提升，人们不仅解决了长期以来难以解决的温饱问题，大多数家庭还拥有了很多现代化家电，生活质量明显改善。同时，由于经济的发展，政府和人民有余力提高生产能力，加大投入，形成了持续健康发展的模式。

第三，在政治方面，贵州民族自治地方确立了各民族平等的地位，培养和造就了一支宏大的少数民族干部队伍，有利于自治地方的民主政治建设。中华人民共和国成立50多年来，党和国家从消除民族压迫和民族歧视、实行民族区域自治、大力培养民族干部等方面，致力于实施民族平等的政策，保障了民族平等政策落到实处。全省“三州十一县”和253个民族乡的政府机关干部均由自治主体民族的公民担任，并且确定了民族自治地方权力机关、行政机关的领导成员和工作人员中民族干部的配置比例。贵州省在培养民族干部方面也是加大了力度的，从中华人民共和国成立初开始就设置了自己的民族学院为培养民族干部服务，同时积极引进大量的各类人才，至今已经形成了一支宏大的少数民族干部队伍，比如2003年年底，黔东南苗族侗族自治州少数民族干部占78.7%。这些干部的政治水平较高，业务水平也比较高，他们代表着自治地方的人民群众行使国家权力，十分有利于自治地方的民主政治建设。

第四，在社会发展方面，城乡基础设施明显改善，各项社会事业全面发展。中华人民共和国成立之初，贵州民族地区的基础设施十分落后，交通闭塞，水利、通信、文化、教育、卫生等方面的基础设施基本上是一片空白。人民政府十分重视民族地区的基础设施建设，在充分了解自治地方的特点基础上，从自治地方的实际出发，不断加大投资力度，改善基础设施条件，取得了十分明显的成绩。比如，从1950年到2004年的55年间，黔东南苗族侗族自治州全社会固定资产投资累计达到315.3亿元，其中从2000年到2004年的5年时间，就累计高达232亿元。投资的增长，一是极大地改善了自治地方的交通条件；二是水利、电力、通信和城乡基础设施建设得到加强；三是文化、教育、卫生和体育等基础设施得到不断改善。比如，到2004年，黔东南苗族侗族自治州有图书馆17个；广播和电视覆盖率分别达到77.8%和94.2%；有高等院校3所，普通中学280所，中等职业技术学院24所，普通小学1989所，各类学校在校学生人数达78.47万人，全自治州普及九年义务教育人口覆盖率达到85.1%；有医院和卫生院等，另外还建成了凯里体育馆等一批体育场馆。基础设施的改善，推动了经济社会文化的发展。

第五，在民族文化的发展方面，主要体现在各民族的优秀传统文化得到有效保护和发展上。首先是民族语言文字工作得到发展。贵州的大部分民族自治地方都在推行双语教学，为保护和发展民族语言文字工作提供了保障，这本身也符合自治民族的意愿。同时，民族文化的保护，有利于吸收民族文化的优秀成分，并在文化融合中更好地服务于地方自治。民族区域自治制度的实行，极大地推动了民族文化的繁荣与发展。比如从1980年至2000年间，黔东南苗族侗族自治州民委先后扶持了雷山、黎平、从江、丹寨、榕江、台江、镇远、凯里、天柱等10多个县市业余文化工作队费用160多万元，各县文工队挖掘整理了一大批优秀的传统剧目和传统艺术，极大地丰富了民族文化。

第六，加强了各民族的团结，促进了社会主义民族关系的发展。贵州民族的分布情况十分复杂，在各民族大杂居、小聚居的民族分布格局的基础上，又形成了各民族不同区域范围的交错插花居住的状况，因此各民族之间形成了密切而复杂的民族关系。民族区域自治的实施使得贵州民族关系发展成为新型的社会主义民族关系，巩固了祖国统一稳定的大局和边疆的安定。民族区域自治地方的建立，首先就是要将当地的民族分布、民族关系、历史传统和经济文化发展等方面的情况进行综合考虑，自治地方的一切工作都必须从维护民族团结、促进自治地方发展的目的出发。几十年的实践都紧紧围绕着团结和发展这个中心开展，民族区域自治地方出现了民族团结、社会稳定、经济发展、文化教育各项事业欣欣向荣的局面。

总之，民族区域自治地方的建立，不仅使各民族的团结获得了巩固发展的政治基础，而且促进了民族间在经济文化上的互助合作，各民族之间的关系日益发展，逐步形成了“汉族离不开少数民族、少数民族离不开汉族、少数民族之间也相互离不开”的亲密关系。

四、结语

总之，贵州50年民族区域自治理论与实践的成果十分丰富，留给我们的经验启示也非常多，但与此同时，我们要尽可能地去认识和发现不足，在总结经验教训的基础上，进一步推进贵州乃至全国的民族区域自治工作。在当前新的历史发展阶段，我们的民族自治工作要找准发展的重点，要将之与我们的社会总体发展主题结合起来，尤其是在构建和谐社会的语境下，我们的民族区域自治工作要与社会主义和谐社会的追求目标协调一致，要努力坚持“共同团结奋斗、共同繁荣发展”的主题原则，不断去开创民族区域自治工作的新局面。

和谐民族关系辨析

一、民族关系

（一）民族是什么

民族是人类特有的社会现象，是一个历史范畴。人们对这种社会现象的认识，是随着社会历史的发展而逐渐形成和发展的。

我国最早给“民族”定义的是孙中山先生。他在《三民主义》中说：“我们研究许多不相同的人种，所以能结合成种种相同民族的道理，自然，不能不归功于血统、生活、语言、宗教和风俗习惯这五种力。这五种力，是天然进化而成的，不是用武力征服得的。”① 由于孙中山先生在民主革命时期的影响，当时我国学术界和辞书对“民族”一词的解释大都如此。

上述民族定义，用血统、宗教等要素来诠释民族，显然是非科学的，不能作为科学的定义。但毕竟是人类对“民族”的一种认识过程，仍具有一定的学术价值。

第二国际后期（20 世纪），奥地利社会民主党内的机会主义者卡尔·伦纳和奥托·鲍威尔提出了唯心主义的民族定义，把民族看成由公民登记的办法组成的“相对的性格共同体”“是与土地无关的文化共同体”。他们的机会主义民族理论，对当时第二国际各国政党产生很大的不良影响。

---

① 《孙中山选集》下卷，人民出版社，1956 年，第 593 页。

针对当时国际上和俄国国内的工人阶级政党内部在民族问题上出现的混乱状况，以及俄国形形色色的“民族主义的浪潮日益汹涌地逼来”。斯大林在列宁的启发下，根据马克思、恩格斯、列宁有关地域、语言、心理特点和经济条件等民族特征的论述，在维也纳完成了《民族问题与社会民主党》（即《马克思主义和民族问题》）这篇文章。在这篇文章里，斯大林对民族概念做了如下界定：

“民族是人们在历史上形成的有共同语言、共同地域、共同经济生活以及表现于共同的民族文化特点上的共同心理素质这四个基本特征的稳定的共同体。”①

这一定义科学地指出：民族是历史上形成的；民族有“四个基本特征”；民族是一个稳定的共同体。

斯大林的民族定义的提出并未结束真理，而是为真理的发展进一步开辟了道路。自从这个定义发表以来，国内外学者对这个定义展开过讨论，有的学者想从根本上否定斯大林的民族定义；有的学者认为斯大林的民族定义有缺陷，提出了一些修正意见；有的学者认为这个定义符合民族形成早期的情况，而不符合变动以后的情况，等等。应该说这些争论意见对于我们认识民族这一人们共同体是有裨益的。

我们认为，虽然斯大林的民族定义是针对资本主义民族而言的，但经过长期实践检验证明斯大林对“民族”现象的概括是正确的，它具有普遍的意义。因此，我们在运用这一定义时切不可把它当作教条，必须结合各国民族的实际情况，正确理解，灵活运用。中国共产党在民族考察和民族识别工作中，正确运用了这一理论，使民族识别工作取得了伟大的成就。

2005 年中央民族工作会议，对“民族”作出了新的解释：“民族是在一定的历史发展阶段形成的稳定的人们共同体；一般来说，民族在历史渊源、生产方式、语言、文化、风俗习惯以及心理认同等方面具有共同的特征；有的民族在形成和发展的过程中，宗教起着重要作用。”

为什么要研究“民族”？在当今世界，民族是一种普遍存在的社会

① 《斯大林全集》第十一卷，人民出版社，1955 年，第 286 页。

现象。据赵锦元、戴佩丽主编的《世界民族通览》一书的统计，现在世界上大约有3000个左右的民族，分布在180多个国家里面，有两个以上民族的多民族国家占绝大多数。随着经济全球化的步伐，不同国家、不同民族的人们为了商贸或其他的活动而迁徙流动，使一些原本可以算是单一民族构成的国家出现了多民族混居的现象。在所有这些国家中，人们都分属于不同的民族或同属于一个民族，在“我群”和“他群”的区分意识作用下，以文化为显著特征的民族构成了人们之间的一种自然界限。那么，究竟什么是民族？民族具有哪些特征和属性？民族形成的动因、时间、进程如何？民族是怎样发展的，发展的原因是什么？民族发展趋势如何？所有这些问题都是民族理论学科所要研究并必须回答的。应当指出的是，民族理论学科不负责回答某一个民族何时形成，怎样发展，如何消亡等具体问题。它所要揭示的是民族这一社会现象发展的一般规律性。

按照我们的理解和看法，民族理论学科的研究范围应当包括以下几个方面：

1. 研究民族理论的发展史。研究民族理论的发展史和各个流派的思想流变，重温前人思想的发展过程，了解其思想形成的社会历史条件，是学科发展的需要。只有在与前人“对话”的基础上，我们才可能在新的形势下更好地继承和发展民族理论学科。因此，人类对民族和民族问题认识的思想成果，以及他们所提出的解决民族问题的原则与方法，都应当收入民族理论的视野之中。

2. 研究“民族”本体的基本理论。民族概念和构成民族的要素，民族的基本属性，民族形成的基本条件，民族发展的基本内容、条件环境和基本模式等基本理论，都是民族理论学科必须涉及的范围。我们只有研究民族内部的结构和运行机制，揭示民族运行的一般规律，才可能为民族的发展和各民族共同繁荣做好服务工作。

3. 研究民族问题的基本理论。研究民族问题的成因、族际的关系、民族问题变化的趋势、民族问题与社会总问题的关系，揭示民族问题发展变化的一般规律，为解决民族问题提供基本的理论基础。

4. 研究解决民族问题的原则与方法。科学的理论价值在于解决实际问题，理论的描述是为理论的价值服务的。因此，民族理论的任务不仅在于对民族和民族问题的描述和解释，更重要的是对民族和民族问题的有效控制。民族理论学科在揭示民族和民族问题的基础上，研究解决民族问题的原则和方法，就是对民族和民族问题的有效控制的探究。这样，民族观及其基本内容、主要的表现形式，解决民族问题的民族纲领和基本原则、政策等就成为民族理论学科的研究范围。

5. 研究与民族相关的问题。如语言问题、经济生活问题、心理问题、宗教信仰问题，等等，虽然这些问题有语言学、经济学、心理学、宗教学等学科都在研究，但是这些学科并不负责解释这些问题与民族的关系。因此，民族理论学科还必须把这些问题收入自己的行囊之中，并加以认真的研究，从中探究民族和民族问题发生与发展的某些规律性的东西。

6. 研究古今中外关于解决民族问题的经验与教训。如前所述，对解决民族问题的原则和方法的研究应该建立在对各国具体情况的考察基础上，才可能得出接近正确的原则与方法。各个时代、各种不同类型的国家在处理民族问题的过程中，都有一些成功经验和失败的教训，因此，我们在研究解决民族和民族问题的原则和方法时，必须“立足本国，放眼世界”，注意研究世界各国的民族问题和解决民族问题的经验教训。

（二）民族关系

民族关系是社会生活中普遍存在的一种社会关系，只要有民族交往，就有民族关系问题。可以说，它是人类必须面对的社会问题。

民族关系的好坏是民族问题发生的直接因素，对民族问题的认识和处理往往涉及民族关系的理论，因此，民族关系研究是民族理论学科体系中一个重要的课题。

民族关系是族际的互动作用力的表现形式。既然民族关系是一种发生在民族界面的关系，那么，其归类的最小单位最少包括两个民族，通常情况是包容更多的民族。民族关系的出现，必然形成发生关系之间的民族的相互作用，各自都得动用各自蕴含的力量。这种力量是各民族文化在其正常运作中汇聚发散出来的文化运作力，由于相互间的作用力大小不同，作用方向各异，生成作用的方法与方式也不相同。

民族是经济、政治、文化利益的集合体，但在现实社会生活中，有的时候它表现为一种经济共同体，有的时候它表现为一种政治共同体，有的时候它则表现为一种文化共同体，无论它是以哪一种共同体的面目出现，经济、政治、文化利益的综合性总是它的生存背景。每个民族为了维护自己的权利与利益、地位和待遇，在与他民族的交往中，都会根据对方的态度和策略来决定自己的处世态度和策略，决定自己与他民族的交往程度和方向。

因此，我们可以这样来理解民族关系的概念，民族关系是在民族交往中，发生联系的民族在维护自己的地位和待遇、权利与利益的前提下，相互作用而形成的社会关系。

民族关系有多种表现形式，有以民族群体（或其部分）交往形式表现的民族关系；有以不同民族成员之间相互交往中表现出来的民族关系；有以国家为背景表现的国与国之间的某种民族关系；有以国家与民族自治地方关系形成的某种民族关系。

以民族成员之间交往形式表现出来的民族关系，通常是在当民族成员以民族代表的身份出现的情况下发生的。比如说，古代的民族首领之间的交往，他们常常以民族代表的身份出现在社交场合，他们握手言和的行为将给双方带来和平发展的机会，他们怒目以对的表情则常常是民族间战争的开始。所以，古代中国的统治者经常使用和亲方式作为修复民族关系的一种策略。此外，民族的普通成员虽然不能获得民族代表的身份，但是在民族交往中，如果双方成员的交往涉及民族的情感和利益，如对民族风俗习惯的尊重与否的态度，涉及一个民族的整体利益，就可能构成某种民族关系。

以国家为背景所表现的国与国之间的某种民族关系，是在国家利益与民族利益相一致的情况下，国家之间的关系构成了某种民族关系。如日本侵华战争，虽然是日本军国主义与中国的矛盾关系，但它已经危及中华各民族的生死存亡的问题，从而构成了中华各民族与日本大和民族的矛盾关系。尽管从理性的角度看，这是日本军国主义者与中华民族的矛盾，大和民族的人民也是被统治者驱使而成为炮灰，也是受害者，但中国人对“日本鬼子”的印象总是挥之不去。2003年美英联军进攻伊拉克，在伊拉克人民还没有反应过来时，很快将萨达姆政权推翻了，尽管萨达姆政权是专制的、暴虐的，但当它被美英联军推翻时，伊拉克人民也没有因此而欢呼雀跃，相反，从此在伊拉克人民心目中埋下了对美英国家的仇恨。

以国家与民族自治地方关系表现出来的某种民族关系，是在民族利益与自治地方利益相一致时，而国家的中央政权又是站在某一民族的立场上处理与自治地方的关系，在这种情况下，有可能构成某种民族关系。如苏联的中央政府常常站在俄罗斯民族的立场处理与其他加盟共和国的关系，从而构成了以国家与自治地方关系形式表现出来的民族关系。

民族关系的内容与民族的发展程度是相互联系着的，它受到时代发展和社会性质的制约，也受到当时社会总问题的影响。从人类社会历史发展的进程来看，民族关系的核心问题是民族利益、民族权利和民族发展问题。

1. 民族利益是民族关系的焦点

民族利益是指正当的、合法的、民族应得的利益。民族利益是民族关系中的核心问题之一。从一定意义上讲，民族关系就是各民族之间的一种利益关系，特别是从经济方面来说更是这样。公平合理的利益划分和享受，可使民族关系和睦，利益划分和享受上的不合理或差别，有可能导致民族间的矛盾和摩擦。对合理的民族利益要求给予满足和照顾，将有利于民族关系的改善和发展；反之，民族间的矛盾和摩擦将会增多。这是一种必然的规律。在存在着阶级压迫的社会里，统治阶级总是把自己的阶级利益凌驾于民族利益之上，总是宣称自己是民族利益的代表，从而使民族利益附着于阶级利益，使民族关系呈现出错综复杂的状况。在人民民主专政的社会里，人民群众当家做主，阶级利益与民族利益的一致性，要求我们必须正确处理民族利益的划分问题，如果民族利益划分不当，就可能影响社会的稳定与民族团结。就我国现阶段而言，我们特别要注意，在一段时期内，我国东部沿海地区和西部民族地区之间发展差距拉大的趋势不会改变。发展差距的存在，将使民族地区和沿海地区、少数民族与汉族之间在经济利益上产生的矛盾增多。民族利益问题是民族关系发展中的焦点。

2. 民族权利是民族关系的热点

民族权利，指的是法律赋予的、各民族应有的各方面的平等权利、民主权利。民族权利也是民族关系中的核心问题之一。从一定意义上说，民族关系是各民族之间的一种权利平衡关系，特别是从政治方面来说更是这样。民族平等、自治、发展的民主权利和民族权利的享有及行使的程度是民族关系发展程度的一种标志和测量表。如果一个民族在其所处的国度里，得不到法律赋予的平等权利，或者在法律上体现了这种平等权利，而由于种种原因他们无法享受这种权利，那么，民族权利将成为民族斗争的依据，成为政治家博弈的政治资源。因为民族权利的享有，涉及一个民族的地位与待遇、利益与情感等问题。在我国，随着民族地区脱贫致富和温饱工程的基本完成，各民族人民的注意力除仍然关注消除民族间经济、文化上的事实上不平等问题外，将开始转到政治上充分实现和行使民族平等自治权利问题的关注。随着民主政治建设的逐步完善和发展，各民族人民的民主意识将会不断提高，完善和发展民族区域自治制度的要求会更加强烈。在这些方面保障和实现民族权利并有所发展，那么，民族关系也将相应地有所完善。可以说，民族权利与民族关系的状况是互为前提的正比例关系。

3. 民族发展是民族关系的主题

发展，永远是历史和社会的主题。发展，始终是民族和社会追求的目标。民族的发展，是全方位的、多角度的，包括政治、经济、文化、教育等社会生活的各个方面。无论是民族关系中政治、社会领域里，民族的权利、地位等的矛盾问题，还是经济、教育领域里的发展利益等问题，以及文化领域里的发展权利、利益和情感问题，都是为了使本民族取得均等的发展机遇、同等的发展条件、同等的竞争起点、大致相同的发展结果。民族发展的权利和利益是民族关系发展的核心问题。发展的利益，特别是各民族共同发展的利益是各民族人民的共识。

在我国，平等、团结、互助的民族关系基本完成。但是，由于我们依然处于社会主义初级阶段，这种民族关系表现出某些相对的不完整性。

对此，我们必须有充分的认识。

民族平等的不完全性。虽然我们废除了民族压迫制度，实现了民族平等，并力求加以保障。但各民族间经济文化上的事实上的不平等依然存在，实际生活中民族平等的法律保障机制不健全，社会生活领域享受民族平等权利时受到各种制约因素的影响。

民族团结的相对性。中华人民共和国成立后实现了民族大团结，把我国建设成为一个民族平等友爱、团结合作的大家庭。随着社会主义事业的发展，民族团结得到进一步加强。但是，这些都具有时代的和程度的相对性，民族间不团结的因素还存在。

民族间互助合作的有限性与竞争的共生性。社会主义时期各民族之间是相互帮助的，但是，在社会主义初级阶段，由于种种原因，相互帮助是有一定限度的。比如在经济方面，由于各民族自身经济发展程度的限制，即使比较先进一些的民族，在财力、物力、人力上支援其他民族也是有限的。一些较落后的民族在接受帮助或与其他民族发展横向经济联系方面也受到自身基础条件的限制。

共同繁荣的初步性。社会主义时期是各民族充分发展、共同繁荣的阶段。但是，共同繁荣是以各民族自身发展繁荣为前提、为基础的。因此，在社会主义初级阶段，我国各族人民只能实现初步的共同繁荣。

我们只有认识到社会主义初级阶段民族关系中的这些特点，才能为进一步发展和完善民族关系采取适当的政策措施，避免盲目性。

人类社会是伴随着人类对自身认识的深化而逐步发展和完善的。因此，民族关系将随着社会的发展变化而不断发展变化。

二、和谐民族关系

中国古代儒家、道家等学派都有丰富的和谐思想。在构建社会主义和谐社会的今天，对传统文化中的和谐思想做一番梳理、审视，无疑具有重要的启迪和借鉴意义。

在人与自然的关系上，主张天人合一，肯定人与自然界的统一，强调人类应当认识自然，尊重自然，保护自然，而不能破坏自然，反对一味地向自然界索取，反对片面地利用自然与征服自然。道家创始人老子提出："人法地，地法天，天法道，道法自然。"（《老子》第25章）强调人要以尊重自然规律为最高准则，以崇尚自然、效法天地作为人生行为的基本依归。道家的另一代表人物庄子也强调人必须遵循自然规律，顺应自然，与自然和谐，达到"天地与我并生，而万物与我为一"的境界（《庄子·齐物论》）。儒家对天人合一观念进行了许多阐发。孔子主张以"仁"待人，也以"仁"待物，即所谓"推己及人""成物成己"。《中庸》说："致中和，天地位焉，万物育焉。"这都是在强调天、地、人的和谐发展。孟子提出："尽其心者，知其性也；知其性，则知天矣。"（《孟子·尽心上》）他所追求的是通过"尽心知性知天"的途径，达到"上下与天地同流"的境界。他还提出"亲亲""仁民""爱物"等主张，也就是要扩展"爱"，由己及人，由人及物，把仁爱精神扩展到宇宙万物。宋代张载在《正蒙》中首先使用了"天人合一"四字，并提出了"民吾同胞，物吾与也"的命题，意即人类是我的同胞，天地万物是我的朋友，天与人、万物与人类本质上是一致的。中国古代哲人根据天人合一的观念，要求以和善、友爱的态度对待自然万物，善待鸟、兽、草、木，提出了丰富的保护自然资源的思想。孔子提出"钓而不纲，弋不射宿"（《论语·述而》），主张只用鱼竿钓鱼，不用大挂网拦河捕鱼，并反对射猎夜宿之鸟。很显然，他反对人类的乱捕滥猎，破坏生态平衡。史书上记载的"网开三面""里革断罟"等典故也体现了古人善待自然万物的生态伦理思想。

在人与人的关系上，提倡宽和处世，协调人际关系，创造"人和"的人际环境，追求以形成和谐的人际关系为主题的大同社会。人所共知，儒家伦理对中国古代社会的影响最大。孔子所提出的理想人格是善于以宽厚处世，协和人我，从而创造和谐的人际环境。他说："君子和而不同，小人同而不和。"（《论语·子路》）又说："君子矜而不争，群而不党。"其意是说，保持和谐而不结党营私，行为庄重而不与他人争执，善于团结别人而不搞小团体，才称得上君子。在这里，孔子区别了"和"与"同"两个概念，"和"是多样性的统一，"同"是一味地附和乃至结党营私。孔子还明确主张，君子应取前者而弃后者。可见，能够宽厚待人，与人和谐相处，是君子人格中一个不可缺少的重要方面。孟子也认为，“天时不如地利，地利不如人和。”（《孟子·公孙丑下》）他还提出：“老吾老以及人之老，幼吾幼以及人之幼。”（《孟子·梁惠王上》）以孔孟为代表的儒家还提出了仁、义、礼、恭、宽、信、敏、惠、智、勇、忠、恕、孝等一系列旨在实现“人和”，实现社会和谐的道德原则，提出了建设大同社会的远景理想。正如《礼记·礼运》所云：“故人不独亲其亲，不独子其子。使老有所终，壮有所用，幼用所长，鳏寡孤独废疾者皆有所养。”主张无为而治的道家最反对社会冲突，最希望实现社会的和谐。《老子》给人们描绘了一个人与人之间“无欲”“无为”“无争”，彼此和谐相处，宽大为怀，人人“甘其食、美其服、安其居、乐其俗”的理想社会。老子提出：“天之道，损有余而补不足。人之道，损不足以奉有余。孰能以有余以奉天下，唯有道者。”（《老子》第77章）老子提出的“无欲”“无为”“无争”“去甚，去奢，去泰”“知止”“知足”等主张，无非是要人们效法天道，“有余以奉天下”，实现相对均衡。古人所设计的大同社会理想，带有乌托邦的性质，但它作为一种崇高的目标和理想境界，始终引导着中华民族的志士仁人追求以人际和谐为基本特征的社会发展目标。

在心与身的关系上，主张人之身心和谐，保持平和、恬淡的心态，正确处理利与欲的关系。儒家肯定人们对物质利益的正当追求，肯定人的正当欲求。孔子说：“富与贵，是人之所欲也。”（《论语·里仁》）“富而可求也，虽执鞭之士，吾亦为之。”（《论语·述而》）但他又强调“欲而不贪”（《论语·尧曰》），反对放纵欲念。他说：“君子有三戒，少之时，血气未定，戒之在色；及其壮也，血气方刚，戒之在斗；及其老也，血气既衰，戒之在得。”（《论语·季氏》）也就是说，人们在追求情欲上，在喜怒哀乐上，在追求物质利益上，要掌握中和的原则，要保持平衡谦和的心态。不能贪得无厌，不能把物质利益作为人生的全部追求，更不能见利忘义。这种把对生命价值的关怀与对道义价值的弘扬有机结合起来的人生观是值得肯定的。道家创始人老子也主张人之形体与精神的合一，他说：“载营魄抱一，能无离乎？”（《老子》第10章）“挫其锐，解其纷，和其光，同其尘。”（《老子》第56章）这是说，具有和谐的人格，就能“消除个我的痼弊，化除一切的封闭隔阂，超越于世俗偏狭的人伦关系局限，以开豁的心胸与无所偏的心境去看待一切人物”①。

在民族与民族、国家与国家的关系上，主张和谐共处，协和万邦。《尚书·尧典》说：“百姓昭苏，协和万邦。”《周易·乾卦》说：“首出庶物，万国咸宁。”即主张万邦团结，和睦共处。孔子提出“四海之内皆兄弟”（《论语·颜渊》），又说：“远人不服，则修文德以来之。既来之，则安之。”（《论语·季氏》）主张以文德感化外邦，反对轻率地诉诸武力。孟子提出“仁者无敌”（《孟子·梁惠王上》），主张“以德服人”（《孟子·公孙丑上》），提倡王道，反对霸道。王道与霸道相反，霸道是以武力做后盾，处理国内和国际关系；王道则是利用和平的手段，通过在国际建立相互间的信任关系而扩大自己的影响。

民族和谐是中国共产党从构建社会主义和谐社会总体目标出发，在我国社会主义民族关系中加入的新要素，成为我国社会主义民族关系的重要特征之一。是中国共产党社会主义民族关系理论的新发展。

民族和谐是指各民族间存在着特点的差异和文化的多样性，但各民族的特点和文化受到尊重，相互关系、利益得到合理调适，各民族相处和睦，关系融洽。民族和谐是社会整体和谐的重要内容，在多民族国家，若要实现全社会的和谐，首先要处理好国内民族问题，搞好民族关系，实现民族和谐。因此，民族和谐不仅是社会主义民族关系的重要特征之一，而且是建设社会主义和谐社会的前提和重要内容。社会主义和谐社会的实现不仅取决于经济建设、政治建设、文化建设和社会建设，而且取决于民族关系的和谐。所以，建设社会主义和谐的民族关系显得尤为重要。而民族和谐的实现，则取决于民族平等、民族团结、民族互助关系的实现。因为民族和谐与平等、团结、互助的关系是辩证统一关系，它们相互联系又互相制约，相互作用和相互依赖。三因素对民族和谐有以下几个方面的重要作用和影响：

民族平等是民族和谐的前提和基础；民族和谐是民族平等的结果，民族和谐是民族平等团结的象征。民族不分大小、不分历史长短、不分

① 陈鼓应：《老子注释及评介》，中华书局，1984年，第283页。

先进与落后一律平等，是党和国家解决民族问题的基本立场。民族平等，不仅是政治上、法律上的平等，而且也是经济、文化和社会生活方面的全面平等。共同发展、共同繁荣是实现完全平等的基本途径。然而，在现实条件下，要真正实现共同发展和共同繁荣是困难的，因为我国各民族所处的自然环境，经济社会发展阶段都不相同，从1949年中华人民共和国成立至20世纪80年代初的30多年间，走的是共同发展之路，但没有实现，究其原因是条件不具备。根据我国的情况，只能采取有条件快速发展的地区先发展，然后让先发展起来的地区支援和带动欠发达的民族地区发展，再实现各民族的共同发展和共同繁荣。我国在东部地区率先得到发展的基础上，实施西部大开发战略，加快少数民族和民族地区经济社会的发展，实现“两个共同”和完全平等，为民族和谐奠定坚实的基础。

民族团结是民族和谐的保障。民族团结是民族平等的必然结果，是促进各民族真正平等，实现民族和谐的保障，也是夺取革命和建设胜利的基本保证，并是衡量社会和谐程度最重要的指标。民族团结的基础是民族平等，团结的前提是根本利益的一致性，即通过团结奋斗实现共同发展和共同繁荣，而各民族共同发展繁荣，又促进各民族团结，实现民族和谐。

民族和谐，是社会主义民族时期民族关系发展的必然趋势，是社会主义本质特征的体现。社会主义消灭了民族压迫制度及其社会根源，开辟了我国民族平等团结的新纪元。为了保障各民族的平等，实现各民族的团结，党和国家制定了一系列关于民族平等和促进民族团结的政策、法令和措施。保证了社会主义民族关系的健康发展，随着民族平等的实现和民族团结的加强，必然呈现出民族和谐的历史趋势。党和国家坚持民族平等、团结和共同发展繁荣的原则，就是这种趋势的客观要求，也是民族发展的客观要求。为民族和谐奠定了基础，提供了保障机制。

民族互助是民族和谐的动力。各民族团结奋斗，共同发展繁荣是通过各民族间的互助来实现的。民族地区的经济社会建设并不是单单依靠某一个民族就能完成的，没有互助，就不可能实现共同发展繁荣。所以需要各民族的互助，发挥集体的创造力和能动性。然而，由于历史的原因，西部民族地区和东、中部汉族地区在经济发展水平上存在着极大的差距，改革开放以来，东西部的差距更拉大了，现已成为我国经济发展中的一个热点问题。这种经济发展上的差距有历史和现实的原因，而且也将是一个长期存在的问题。正确处理少数民族地区与发达地区经济发展差距的问题，不仅关系着少数民族地区经济发展，也关系到各民族的团结和现代化的实现进程。所以，为了共同的目标和共同的利益，各民族要更加紧密地团结起来，互相支援、互相帮助，共同发展。民族间的互助是民族关系和谐的动力，特别是汉族对少数民族的真诚帮助，将进一步加深各少数民族对汉族人民的感情，增强民族团结。

三、构建和谐民族关系的路径

（一）理论认同：以马克思主义民族理论为指导

民族平等与民族团结是民族关系中的重要命题，它们体现了民族关系的一种状态，也显现了人类社会民族关系发展的一种进程。民族平等是民族关系中的一种处理原则与立场。因此，马克思主义把民族平等作为处理民族问题的纲领。

（二）经济发展：建设社会主义和谐社会的物质基础

经济发展是社会进步与社会和谐的基础。在当代中国，紧紧抓住发展这个执政兴国的第一要务，创造更丰富的物质财富，增强国家的整体实力，提高人民群众的物质生活水平，社会和谐度就会不断提高。

其一，经济发展有助于维护社会稳定。一般而言，经济实力的强弱与社会是否稳定有序呈正相关关系。经济实力强、经济发展水平高的地方，人心思定，社会矛盾相对较少；而在经济落后的地方，人们往往因生活水平较低而产生心理波动，社会矛盾容易不断积累甚至加剧。因此，通过发展经济妥善地处理好各方面的利益关系，就会使各种社会力量得到有效的整合，从而保持整个社会的稳定有序。

其二，经济发展为社会难题的解决提供物质条件。我国正处于由计划经济体制向社会主义市场经济体制转变的进程中，经济体制转型带来了一些社会难题。经济发展不仅为社会和谐奠定物质基础，而且往往是解决各种社会问题的有效手段。如经济发展能够创造新的就业机会，促进就业结构的转型，有效解决失业问题。贫困是社会不安定的“病灶”，而经济发展则是减少甚至消除贫困现象的主要途径。尤其重要的是，只有占据经济发展的制高点，才能提高对群众的说服力，从而有效地避免和化解各种心理失衡与社会冲突等不和谐现象。

（三）完善体制：建设社会主义和谐社会的根本保障

社会和谐是指社会生活和社会结构的有序性，即社会主体、社会活动、社会行为在社会规范体系内融洽协调。诸多社会问题产生或长期得不到解决，最终根源在于体制不完善。体制在社会发展中带有根本性、全局性、稳定性和长期性。完善体制对于创造安定团结的社会秩序是非常重要的。

其一，体制完善能够优化社会秩序。体制以规范的形式确定社会资源使用的主要原则，保证经济社会资源在一定体系内得到有效配置与合理利用。法律、法规、规章、制度的完善，将减少人为因素不确定性的影响，使人们的利益诉求得到合理引导。并由此保障人们各居其位、各谋其政、各司其职、各尽其责。同时，体制作为对社会交往活动的规范，以统一的形式要求人们普遍接受并严格遵守，对符合社会整体利益的行为予以支持，对违反或破坏社会运行的行为则严加惩处，把人们千差万别的行为纳入统一的轨道中，使社会生活保持一种预期的秩序。当代中国的进一步发展凸显了法治化、民主化要求，加速完善社会主义法律体系和公共管理体制显得尤为迫切。

其二，体制完善能够保障人民群众的社会权益。由体制所确定的社会规则体系，能够确保大多数社会成员的应有权利得到合理行使，并获得相应的利益。权利的制度化、规范化和程序化确保广大人民当家做主，在公开公平的氛围中参政议政、建言献策，进而达到自我管理、自我服务、自我教育、自我监督的良好效果。如果体制不完善，人们合理的权益得不到保障，则会从根本上损害社会公平和稳定，也难以真正理顺社会成员之间的关系。随着社会主义市场经济的发展，我们需要完善收入分配、利益调节、社会保障、公民权利保障、政府施政、执法司法等方面的体制，便于社会成员维护自己的正当权益，平等地参与劳动创造、参与市场竞争、参与社会生活。

其三，体制完善能够协调社会矛盾。体制究其实质就是调节相互冲突的社会利益的秩序安排，建立一种高效、有序的运转和协调体系。体制能够引导人们正确处理个人利益与他人利益、当前利益与长远利益、局部利益与整体利益的关系，从而有效协调社会利益矛盾。体制完善有助于加强对日常利益矛盾的规范化监测和调控，把矛盾解决在萌芽状态、解决在局部和基层，把冲突产生的负面后果控制在社会可承受的范围内。良好的体制必须根据社会发展的需要，适时地进行创新，以此来保护不同社会阶层的利益，有效化解不断产生的新的利益矛盾，从而在动态中维护社会利益的合理格局。

（四）繁荣文化：建设社会主义和谐社会的精神支撑

文化繁荣是社会进步的重要特征。我们党始终代表中国先进文化的前进方向，为激励全体人民前进提供思想保证、精神动力和智力支持，并借助多种形式的文化建设来夯实社会凝聚力和向心力。

其一，文化繁荣为社会成员提供思想引导。社会成员一般通过社会化的途径，接受某种思想理论，实施一定的社会行为。没有科学理论指导，人们就会失去主心骨，社会将出现一盘散沙甚至四分五裂的局面。推进中国特色社会主义文化建设，牢牢坚持马克思主义在社会主义意识形态领域的指导地位，用邓小平理论、“三个代表”重要思想和科学发展观武装全党、教育人民，将有利于巩固全党全国人民团结奋斗的共同思想基础，有利于消除腐朽思想观念的影响，使全体人民积极投身于和谐社会的建设当中。

其二，文化繁荣为社会前进提供精神动力。社会发展需要一定的精神动力。在文化繁荣的过程中，人的心理、思维、道德和信仰、理想等因素将整合成强大的精神动力，形成对社会和谐发展的支持力量，具体表现为对发展战略、发展方向、发展道路的认同，进而在实践中能动地推动和谐社会建设的进程。具体来看，社会心理决定人们是否真心实意从事某项事业，进而影响社会发展的成败；人们的思维方式从多方面影响着发展策略的选择及发展方向的定位；伦理道德的健全是社会文明程度的重要尺度，为社会发展提供适宜的人文环境；信仰、理想是人生奋斗的精神力量源泉，反映出对历史发展规律的深刻认识，决定着社会发展能否一代接一代地传承相继。

其三，文化繁荣为社会发展提供素质支持。一个社会是否和谐，一个国家能否实现长治久安，很大程度上取决于全体社会成员的思想道德素质和科学文化素质。以道德信念为核心的道德人格对人的道德实践起着最稳固、最深层、最重要的作用。只有通过理性的自我选择，外部命令才能转化为内部责任，个人行为选择及人们之间的利益关系才能得到一种经常性的有效调控。发展教育科学文化事业，培养全面发展的中国特色社会主义建设者和接班人，可以为社会稳定奠定坚实的人才基础。在全社会普及科学知识，弘扬科学精神，形成崇尚科学，鼓励创新，反对迷信和伪科学的良好氛围，在一定程度上也能有效地减少社会不安定因素。

（五）加强社会管理：建设社会主义和谐社会的重要内容

加强社会管理是建设社会主义和谐社会的一个重要要求。只有通过建立有效的社会管理体制，才能以有效的机制保障社会安全，促进社会稳定，推动社会发展，从而实现社会和谐。

其一，发展社会事业将为建设和谐社会奠定坚实基础。以社会保险、社会救助、社会福利等为主要内容的社会事业，是和谐社会建设的有机组成部分。社会保险体系的完善可以提高整个社会的抗风险能力，大大增强社会成员的安全感。和谐社会建设要加强对困难群众的保护，在效率与公平的统一中切实保障困难群众的基本生活，进一步实施社会救助、社会互助，解决人们普遍关注的医疗、教育、住房等问题，可以缓解社会差距的扩大，使社会结构更趋合理。社会福利和慈善事业是社会和谐的高级融合剂，加大对社会福利和慈善事业的宣传力度，坚持按照投资主体多元化、服务对象公众化、运行机制市场化、服务方式多样化、服务队伍专业化与志愿者相结合等原则推进社会福利社会化，可以增强公民和企业的社会责任感，营造全社会参与合作的良好氛围。

其二，建立社会诚信是构建和谐社会的必然要求。社会主义和谐社会是安定有序的社会，也是诚信友爱的社会；是经济、政治、社会的平和稳定状态，也是社会组织程度较高的公信社会。建设社会主义和谐社会要提倡建设平等友爱、融洽和谐的人际环境，以促使整个社会互帮互助，全体人民和谐共处。在加强社会管理中推进社会诚信，必须大力弘扬正确的荣辱观，致力于构筑社会信用系统，最大限度地增加社会公信程度，降低社会运行成本。

其三，创新社会管理体制将为和谐社会建设提供组织保障。社会体制创新是社会活力的重要源泉。深入研究社会管理规律，完善社会管理体系和政策法规，整合社会管理资源，才能形成社会管理和社会服务的合力，推进社会体制的不断创新。党委领导、政府负责、社会协同、公众参与的社会管理格局，是符合中国特色社会主义实际的社会体制创新的方向。党在社会管理格局中要发挥总揽全局、协调各方的作用。随着政府职能的转变，政府必须有所为、有所不为，从根本上转变计划经济体制下形成的政府管理经济社会的方式、方法，提供与现代市场经济体制相适应的政府公共服务和社会管理。由于社会资源的扩散、单位控制向社区管理转化以及公共服务领域的泛化，社会事务不再只是政府与各级管理部门的公务，而是整个社会与每一个体都需要积极参与的事项，因而要采取多种形式开展创建和谐单位、和谐企业、和谐社区活动，为实现社会和谐的目标而不断努力。

大学与人生

因为我曾在旅游学院工作过，而且年逾五十，天命之年可谓老骥伏枥、老马识途。但凡带上老字，总有点悲凉的感觉，当然，“老”也是人生历练之果。在感叹人生短暂之际，总是想把自己的一些感悟说出来。应旅游学院之邀，在这里与2009级新生们讨论大学与人生的话题。

首先，我们讨论“大学是什么?”这是每一个在大学工作和在大学学习的人必须回答的问题。因为只有了解“大学”的意义，才可能自觉地工作和学习。

大学是提供教学和研究条件、授权颁发学位的高等教育机关。分为综合大学、专科大学或学院。通常设有许多专业，再由几个相近的专业组成系。

在中国古代，类似于大学的高等教育机构有国学以及后来的高等书院等，是指聚集在特定地点整理、研究和传播高深领域知识的机构。中国古代的高等学校可以追溯到公元前2000多年。如虞舜之时，即有上庠，“上庠”即“高等学校”的意思。不过，中国古代的高等学校和西方现代的大学存在差别，尤其官办学校以培养治理政府的仕人及从事文化教育的文人为主，学科上自然科学尤为缺乏，所以到近代整个的传统教育体系都面临着转型、革新。

在近代和西方交流以来，西方的“University”早期被翻译成“书院”等，后又称为“大学堂”“大学校”，民国以后“大学”成为正式的称呼。1894年中日甲午战争后，中国开始大量兴办近代学堂，日本的学校成为官办学堂最主要的借鉴对象。北洋大学（今天津大学）是中国近代第一所大学，成立于1895年。1912年中华民国成立，则转为效法美国的大学制度而延续至今。

大学之道，明明德，亲民，止于至善。“大学”是对“小学”而言，是说它不是讲“详训诂，明句读”的“小学”，而是讲治国安邦的“大学”。“大学”是大人之学。

《大学》为“初学入德之门也”。经一章提出了明明德、亲民、止于至善三条纲领，又提出了格物、致知、诚意、正心、修身、齐家、治国、平天下八个条目。八个条目是实现三条纲领的途径。在八个条目中，修身是根本的一条，“自天子以至于庶人，壹是皆以修身为本”。十章分别解释明明德、亲民、止于至善、本末、格物致知、诚意、正心、修身、齐家、治国平天下。明明德是指弘扬光明正大的品德。亲民是指让人们革旧图新。止于至善是指要达到最好的境界。本末是指做事要分清主次，抓住根本。格物致知是指穷究事物的原理来获得知识。诚意就是“勿自欺”，不要“掩其不善而著其善”。正心就是端正自己的心思。修身就是加强自身修养，提高自身素质。齐家就是管理好自己的家庭、家族。治国平天下是谈治理国家的事。怎样治理国家呢？首先要作表率；自己讨厌的，不加给别人；要得众、慎得、生财、举贤。“得众则得国，失众则失国”；“有德此有人，有人此有土，有土此有财”；见贤能举，举而能先。

大学的定义，规定了大学的任务。大学教师在教学过程中要明明德、亲民、此于至善，努力为学生提供优质的教学条件，努力在科学研究中引领学生探索未知的世界。只有这样，大学才能成为“引领社会风气之先”的团队。

根据大学的定义，同学们应当学会充分利用学校的资源，丰富和发展自己，依据自己的兴趣、爱好与老师、同学讨论问题，努力探索未知的领域；在学校里匡正自己的世界观、人生观和价值观，力争在学校里完成自己的“凤凰涅槃”，以崭新的面貌走入社会，成为社会主义建设事业的接班人。

其次，讨论“为什么读书？”书者，知识之载体是也。其分为两种类型：即纸质图书和电子图书。电子图书是科技发展的产物，网络技术的发展带来了人们学习方式的变化。因此，作为当代大学生，必须学会使用网络。网络是双刃剑，沉溺于网络游戏，就会毁了自己，因此，善于使用网络是每一个大学生必须过的关。

读书分为精读和泛读。基础性的、知识体系框架性的书籍必须精读，要完成一个由厚到薄，由薄到厚的过程。对于那些知识性，辅助性的书籍只需泛读就行。

为什么要读书呢？有两句耳熟能详的话："读书破万卷，下笔如有神。""书是人类进步的阶梯。"这两句话很老了，听起来大而空，又似乎虚幻。但作为一个过来人，我体会到了读书的功用。

读书是明志的基础。书对于人来说，是产生思想、谋命晋升的基石。腹有诗书气自华，人生得意枕书眠。读书决定着人的思想深度、厚度与广度。书能让人思接千里，心并八荒。"红楼一梦，万艳同悲。"人生之悲、家族之悲、社会之悲尽在"满纸荒唐言"中；水浒一传，通篇尽显人间义气；夜读鲁迅，人生风骨、时代风骨、社会风骨深烙于记忆深处；还有《聊斋》里的鬼怪故事折射着大千世界，人世百态。可以说读书是一个悟道的过程。

读书是识人的基础。不管工作在哪个行业，不管在哪一个职位上，都需要一定的识人本事。不但要识得上司，更要认得下属。这样，做事的时候才会得心应手，顺风顺水。想练就这般本事，读书是一种重要有效的途径。

读书是识己的基础。"我是谁?""我要做什么?""我能干什么?"此等命题困扰着成千上万的人。以清明之心读书，这些问题便会迎刃而解。事实上，大学的过程就是发现自己的过程，通过大学学习不断发现自己、修正自己，从而使自己成为一个合格的劳动者。

在明志悟道、明人的基础上，明己是读书的更高境界。当我们在读书的过程中发现了自己，就会在这个世界上找到自己的位置，和谐地与他人相处。

"少年不知愁滋味，为赋新词强说愁。而今识尽愁滋味，却道天凉好个秋。"何以消愁，唯有好书。

最后，我们讨论如何规划人生？世界顶尖潜能大师安东尼·罗宾曾说过："有什么样的目标就有什么样的人生。"每一个成功者，都应该有自己的人生目标，并应该根据主客观环境的变化设计出具体的人生规划。大学生作为最富有激情和潜在成功素质的知识群体，更应该有合理明确的人生规划。

凡事预则立，不预则废。所谓人生规划就是指每个希望成功的人，对自己人生的终极目标和阶段目标都有清晰明确的认识和计划，并围绕目标制订出一系列具体的可供操作的实施方案。制订人生规划是励志类书籍中津津乐道的话题，它对一个人的成功具有重要的指导意义。

人生规划有助于确立自己的人生目标。西方有句谚语："如果你不知道你要到哪儿去，那通常你哪儿也去不了。"因此，大学生们为自己确定人生规划，其中最重要就是选择人生的方向，确立人生的目标。一旦目标确立，并付诸实践，生命的能量就开始聚集，人生的轨道就开始转变，成功的可能性就会增大。

合理的人生规划有助于大学生的全面发展，在将来的社会竞争中获得较大的优势。18 世纪发明家兼政治家富兰克林在自传中曾说："我总认为一个能力很一般的人，如果有个好计划，就会有大作为。"要实现自己的目标，就需要一个人有综合的素质和较强的能力。

有良好人生规划的大学生，会更容易感觉到自信与快乐。台湾学者傅佩荣在《哲学与人生》中曾提到过："人生快乐的秘密在于'一'，只要能够设定一个目标，专心奋斗，就会快乐。"

立足自身，找准途径。要制订合理可行的人生规划，我们就必须了解社会，认识自己，在满足社会需要和发挥自己优势的同时，实现自己的人生目标。

第一，正确了解时代与社会的发展变化，调整自己的期望值。随着科学技术的发展，社会在不断地进步，人类社会生活的方方面面都发生变化。因此我们必须根据变化了的形势，不断地调整自己的期望值。

第二，正确认识自我，处理好专业、兴趣与能力各方面的关系。自身有哪些优势？有哪些不足？出现不足的自身原因是什么？如固执、易冲动、惰性、缺乏恒心等就是造成这些不足的根本。我们发现了不足，就应该"对症下药"，改正缺点，不断进步。同时要立足于自己的优势，学好专业知识，培养兴趣，使自己成长为既"专"又"博"的人才。

第三，积极寻求经验与建议。我们可以与同学、朋友、老师交流学习工作及对人生规划的心得体会，可以阅读相关书籍（如徐小平、俞敏洪等关于人生励志方面的著作），亦可尝试加入校友网络，和已毕业的师哥师姐交流了解求职情况。此外，我们还可以借助性格测试、职业测试等综合测试手段，寻求建议。

第四，要养成良好的学习习惯。在大学生活中，学习是大学生的天职，大学生不仅要学习本专业和非专业现有知识，而且要学会“学习”。作为大学生只有学会学习，通晓获得知识的方法、具有创新精神，才能形成面向未来的适应性和持续发展的后劲。

第五，积极实践。大学生在大一、大二时应该多参加学校活动，增加交流技巧，提高人际沟通能力；学习外语口语与计算机知识，并争取利用计算机和网络辅助自己学习。通过参加学生会或社团等组织，锻炼自己的逻辑性等各种能力，同时检验自己的知识技能；尝试兼职、社会实践活动，提高自己的责任感、主动性和耐挫能力。大学生在大三开始就可以试着参加各类招聘活动，积极了解学校提供的用人资料信息，强化求职技巧，进行模拟面试等训练，这将对未来就业大有裨益。

大学时段是最安静的，你可以在与名师的默默对话中找到生命的内核；大学阶段是最自由的，你可以尽情张开你的求知触角，吸纳属于你未来社会奋斗的朋友资源、媒介资源、情感资源、智慧资源。大学是人生的蜕变期，衷心希望同学们在美丽的花溪河畔收获知识，放飞理想，丰富人生，报答社会。

2009 年 9 月 5 日于觉悟斋

阳光心态、用心做事、成就自己

——在学生干部培训会上的讲话

在座的各位都是来自各个学院的思想品质非常优秀的同学，是辅导员、班主任的好助手，同学们的好榜样。学生干部培训是我校学生工作队伍建设的重要举措，每年春天我们都要举办学生干部培训班，希望通过培训，使每位学生干部具有阳光心态、用心做事、成就自己。阳光心态就是能够正确地看待自己的工作，端正自己的作风；用心做事就是从严要求自己，踏踏实实、勤勤恳恳的工作；成就自己就是在实际工作中不断提高自身的素质，改进工作方法，磨炼自己的意志，养成良好的品行，为今后走向社会奠定基础。同时，我们也希望通过培训，提升学生干部的素质，扎扎实实地推进我校学生管理工作，开创学生工作的新局面。下面我主要谈四个方面的问题，供全体学生干部参考。

一、举办学生干部培训班的必要性

学生干部是学生的代表、教师的助手、学生管理的有生力量，学生干部的作用发挥得如何，直接关系到校风、学风的建设以及学生管理工作的成效。因此，提高学生干部的素质，改进学生干部的工作方法，增强学生干部集体的凝聚力显得尤为重要。具体来说，举办学生干部培训班有四个方面的必要性。

（一）建设良好的校风，需要全体学生干部能够发挥火车头作用。学校把校风建设作为一项常抓不懈的工作，要求学生工作的各个部门抓好校风建设和学生规范化管理；严格考勤制度，每周各班出勤零报告制度；实行低年级早操和晚自习；实行每周一升国旗仪式，组建学生国旗护卫班；校、院领导值班制度，等等。所有这些活动，都紧紧围绕着校风建设来展开。应该说，我校学生管理工作成绩斐然，但与我们设定的优良校风比较（或者说与985学校比较）还有较大的差距。正是在这样的情况之下，要求全体学生干部一定要在建设优良校风活动中发挥更大的作用，因此，这个培训班可以说是“加油站”，主要为学生干部鼓劲和加油，让全体学生干部发挥更大的模范带头作用。

（二）需要学生干部提高综合素质。我校的育人目标是把学生培养成为自强不息，全面发展的未来合格公民。学生工作就是要围绕我校的育人目标来展开，学生干部作为学生工作的主力军，要切实提高综合素质，所以开办学生干部培训班，旨在提升学生干部的综合素质。

（三）从当前我校学生干部工作方法来看，急需提高学生干部的组织管理协调能力。目前我校学生干部队伍，主流是好的，多数干部工作有成效，有创新精神。但我们也看到，学生干部队伍素质不够齐整、作风不够硬朗、工作方法不够科学、工作思维不够灵活，从而导致工作不协调和不平衡。校、院学生会有些部门工作没有起到积极作用，没有把每一个成员的作用真正的发挥出来；有些学生干部工作“疲软”，没有积极主动地投入到为建设优秀集体而努力工作的洪流中去。因此，这次把大家集中起来，就是为了增强学生干部的组织管理能力，以便更好地推动工作。

（四）从学校发展的角度来看，学生干部必须与学院保持高度一致，密切配合学院的整体工作。当前我校正处在发展的大好时期，方方面面的工作都必须保持方向明确、认识一致、思路清晰、方法得当。学生干部如何正确看待学院与学生之间的热点和难点问题。学生干部如何站队呢？我认为必须与学院保持高度一致，密切配合学院的整体工作，关注学院的形象和声誉，为学校的发展增色生辉，是这次学生干部培训班的又一个目的。

二、当前我校学生干部中存在的主要问题

在肯定我校学生干部主流是好的同时，如果从更高标准、更严要求来看，我个人认为，当前我校的学生干部仍然存在下列主要问题：

（一）缺乏活力。各级学生干部能全身心投入工作中去，花了很多时间去做学生管理工作，但工作仍缺乏活力，表现为工作局面过于沉闷，按部就班，缺乏高潮，缺乏创新，缺乏精品。今后学生干部的工作要在“活”字上做文章，希望能看到充满活力、充满新意、充满朝气的工作局面。

（二）缺乏动力。学生干部是学生选举的“学生官”，当好“学生官”是一件不容易的事情，必须充分认识当学生干部的意义。当学生干部从某种意义上来说是“准干部”训练，可以提高组织指挥能力，可以增强公共关系能力，可以学会管理方法和管理艺术。这是一般学生不具有的锻炼机会。因此，学生干部要充分认识当好学生干部的意义，把它转化为当好干部的动力，不能患得患失。

（三）缺乏合力。学生干部是一个群体，是集体领导力量。团结合作可以增强凝聚力，产生新的战斗力。但在实践中，有的学生干部则表现出不合作的倾向和行为，干部之间闹矛盾，与老师合作不力，与学生工作部门沟通不够。因此，学生工作开展不顺，工作效果欠佳。我希望各级学生干部要加强合作，团结一致，齐心协力，共同营造学生工作的新局面。

（四）缺乏能力。这主要表现在个别学生干部身上，他们缺乏特长和优势，不能影响其他学生，起不到带头作用和引导作用。因此，学生干部要致力于提高综合素质，增长才干，发挥优势。学生干部必须具备优良的品德、过硬的特长、优秀的学业、良好的人缘、创新的精神等综合素质。

（五）缺乏魄力。学生干部既要成为学生的“工作领袖”，又要成为学生的“精神领袖”。当前有个别学生干部缺乏魄力，主要是个人影响力不够，不能指挥周围的人。因此，学生干部要注意品行修炼，提高自身的威信，增强工作魄力。

三、学生干部形象和作用

学生干部要注重良好形象的树立，并发挥学生干部应有的作用。

（一）学生干部形象。学生干部是学生代表，应让学生“称心”，让老师“放心”。学生干部形象应该是公正而不偏心、实干而不浮夸、勤奋而不懒惰、文明而不落俗、守纪而不违规。

（二）学生干部作用。学生干部在学生工作中，应发挥五个方面的作用。一是信息源的作用；二是参谋的作用；三是堡垒的作用；四是桥梁的作用；五是模范带头的作用。

四、学生干部工作方法

学生干部在工作中如果没有科学的方法和正确的途径，它的目的就不能实现。可见，学生干部要把工作做好，就必须讲究工作方法，通过正确的途径来实现自己的工作目标。我认为学生干部的工作方法和正确途径应当是：

（一）学生干部常用的工作方法：一是宣传鼓动方法。学生工作是群体性工作，学生干部必须注意宣传发动工作，学会号召全体同学共同参与工作的本领；二是以身作则，勇于实践方法。学生干部是学生工作带头人，必须处处以身作则，勇于实践，坚持身教重于言教的方法，通过自己的行动影响和感染学生；三是榜样教育法。树立学生榜样，教育同学，激励同学是学生干部做好学生工作的有效方法；四是请示汇报方法。学生干部要准确地把握学生工作的重点，切实解决好学生工作的难点、热点问题。必须经常与学院领导保持密切联系，及时请示汇报工作。

（二）学生干部正确处理与学生关系的方法：学生干部工作是服务全体同学的工作，在工作中，要注意三点：一是要尊重同学个性，动之以情，晓之以理；二是要团结同学，听取同学意见，真诚友爱相处；三是要正面引导和教育，善于指正同学的不良现象和行为。

（三）学生干部正确处理学院与学生关系的方法。学生干部是学院与学生之间的桥梁。在实际工作中，要求学生干部必须正确地处理好这两者的关系，保证学院工作和学生工作同步进行。如何处理这两者的关系呢？我认为学生干部必须做到四点：一是要确立主人翁地位，坚持从学院全局出发的原则；二要坚持从严治校的原则，坚持系统管理学生的工作方针；三是坚决维护学院的形象和声誉，敢于纠正同学中的不良行为和现象；四是一切服从学院的命令，令行禁止，有效地调整工作步伐。

学生干部开展工作的方法：

1. 统一思想认识，明确治班目标。

2. 制订工作计划，明确工作任务和要求。

3. 合理分工，加强协调，狠抓落实，建立管理机制。

4. 坚持树立正气，发挥优势，营造管理特色。

5. 及时总结经验教训，有效改进工作方法。

怎样带出优秀班级集体呢？我认为关键要狠抓下面几个环节：

1. 树立信心，调整心态，鼓足士气。

2. 善于抓住突破口，找到打开工作局面的路子。

3. 善于调动同学们的积极性和创造性，让更多的同学参与管理工作，增强集体荣誉感。

4. 与学院保持密切联系，接受学院和老师的指导。

5. 实事求是，及时总结经验和教训。如此，一个优秀的班集体将在你们的辛勤努力中出现。

总之，我希望在座的每位学生干部具有阳光心态、用心做事、成就自己。

2010 年 4 月

学生管理

——提高教育教学质量的重要途径

当下的中国已经进入社会主义市场经济时代，确立了以公有制经济为主，多种经济成分共存的基本经济制度。这个时代的特点之一就是，社会经济的强烈竞争，它的背后隐藏着商品竞争——科技和管理竞争——人才竞争——教育竞争的链条；这个时代的特点之二就是，社会经济的发展加速，它的背后隐藏着生产发展加速——人才成长加速——教育发展加速的链条。这两个链条背后隐藏着的根本问题，就是教育与人才问题。

高等学校是培育人才的摇篮，肩负着特殊的历史重任，而如何将每一个大学生培养成为人才，则是教育工作者必须面对的重要课题。作为民族学院的教育管理者，面对这个问题时，意义更加重大。民族学院是民族干部成长的摇篮，使每一个少数民族大学生成为人才，不仅涉及少数民族地区的繁荣和发展，而且还涉及国家的安定团结的大问题。

如何将大学生培养成对社会有用的人才呢？我们认为，除了加强师资队伍建设、校园环境建设等以外，还必须加强对学生的管理。因为教育活动的基本主体是教师和学生，教育教学过程是教学的双边活动，高质量的教师队伍固然是教学过程中的重要因素，但学生的学习积极性却是一个不容忽视的因素。学习的过程可以分为学与习的两个阶段，“学”是一种模仿与接受的阶段，“习”是一种内化阶段。所以，我们既要求学生去“学”，同时还必须要求学生去“习”。如果说学的过程可以带有强制性，把学生置于被动地位，而“习”的过程则要求学生必须主动去做，任何强制的手段则是无济于事的。如果学生只学而不习，不仅不能巩固学的成果，而且也不可能提高自己的能力。

检查我们的生源质量，我们发现，优秀的中学生大多数被重点大学和名牌大学录取走了，考分在我们录取的这个段上的考生，大多数学生的学习目的是模糊的，学习主动性较差，甚至有的学生到校学习是迫于父母的压力和社会的压力，形成了你们要我学的态度。这一类学生一旦离开父母，失去约束就非常放纵。当然我们的学生中有相当部分是因为中学阶段的师资问题、教学设备问题等因素，导致教学质量不高的结果，必然使他们失去进入重点大学或名牌大学的机会，而这类学生进校后大多数学习是很努力的。应该说这类学生是少之又少的。面对这样的生源，首要的问题就是如何转变他们的学习习惯，变被动学习为主动学习。

基于上述认识，我们采取了这样的管理措施：

第一，强化专业教育。每届新生入学，不管时间如何仓促，我们都要保证入学教育的时间，由系主任给学生讲解专业教育模式、专业学习与就业的方向、专业学习方法，以及系里对学生的要求。专业教育不是一蹴而就的事，要不断地给学生灌输。系里要求全体教职工利用各自的工作岗位适时地给学生强化专业意识，要求学生会和团总支利用各种学生活动，如演讲比赛、辩论赛等活动，加入专业教育的内容。此外，对一些专业思想不巩固，学习不认真的学生，除了班主任找其谈心帮助提高认识外，系领导还将他们排队，逐一找来谈话，肯定优点，指出不足，明确方向。

为了强化专业教育，我们给学生开展“修身活动”。要求学生根据专业教育模式，设计自己的大学生活，并写出修身计划。修身计划在班上进行交流后，交到班主任处，以后每年进行一次总结和修订。

在专业的教育过程中，我们要求学生在毕业时应该达到“四个一”，即一手好文章、一笔好书法、一副好口才、一个好键盘。因为这是敲开就业大门的有力武器。

第二，加强基础训练。为了使学生在毕业时达到“四个一”，我们在一年级配合写作课程，要求学生每月交两篇习作，课程结束后，习作交到班主任处，由班主任审读，然后挑选好的文章在班上交流，以促进学生写作。配合书法课程，要求学生每周交一篇八开纸的书法作业，由书法教师根据学生一年所交的作业、练习的态度和书法水平评定该科成绩。

第三，坚持晚自习制度。在我们实行晚自习的开始阶段，也有来自有关方面的压力，有的认为，我们这种管理方式是中学生的管理，不适合大学。有的认为这是限制学生个性发展的桎梏。对于这些议论，我们进行了认真的反省，对学生情况进行认真的分析，通过反省分析，我们更坚定了在大学生中实行晚自习的决心。这项工作主要由学生会学习部负责，他们负责对各班晚自习进行考勤登记，每周向全体学生公布。学生指导员、班主任每晚轮流值班，检查学生干部到岗情况。系领导轮流值班，负责当晚系里发生的有关问题。

第四，在高年级学生中实行“导师制”。为了进一步提高我系的教育、教学质量，发挥教师在教育、教学岗位的主导作用，树立“精品”意识，为少数民族地区培养一批具有一定科研能力的人才，我们从 1997 年开始，在本科高年级选拔那些政治素质好，勤学好问的学生，采取指导教师全面负责制、明确师徒关系的办法，进行重点培养。

实践证明，严格管理是对学生积极负责的态度，通过全体教职工的努力，我们的毕业生基本上能够适应社会的需要。

提高“三个魅力”：
以德立教　德识相长　创业创新

今年教师节前夕，9月9日上午，国务院总理温家宝和国务委员陈至立专程到北京师范大学，看望师生时动情地说道：“教育事业是人类最崇高的事业，教师是太阳下最光辉的职业。教师不仅可以影响一个学校的孩子，还可以影响整个社会。希望你们在这所有光荣传统的学校里，接受文化的熏陶，感受人文情怀的温暖，呼吸自由的空气，真正享有智慧之光、仁爱之美，成为德才兼备的人民教师。”这话，引起了所有人深深的共鸣。

今天，我校举办教师培训班，主要培训来校工作不到一年的青年教师和教辅人员，我认为很有必要。刚刚走上工作岗位的青年教师，由于你们社会阅历简单，缺乏社会磨炼和思想磨炼，没有形成完整的职业观念和师德观念，加之西方文化和传统不良观念的影响，离教师的职业标准、道德标准有一定的差距，人们往往忽视了这一事实，而放松了对青年教师职业道德的教育和引导。客观上，近些年来高校扩招，学生规模越来越大，我校从3000人规模扩大到1.3万多人，有的学院出现教师缺编现象，学校面临高素质教师“引进难”“稳住难”的新问题，在教师的选择和任职资格的把握上，教学能力指标硬、道德合格标准软，有的甚至“饥不择食”，没能完成对刚走上工作岗位的青年教师进行系统的职业道德培训，就让他们走上教学第一线。因此，现有的青年教师职业道德素质整体上不及中老年教师，这也成为客观事实。借此机会，我给青年教师提出“三个魅力”。

一、提高人格魅力，以德立教

大学教师的人格魅力，集中体现在高尚的师德上。只有道德高尚的教师，才能教出品学兼优的学生。有德无才会误事，有才无德必坏事。对肩负教书育人重任的大学教师来讲尤其是这样。教书育人是教师的天职，培育学生成人成才是教师职业的目标追求，也是教师实现人生价值、创造自身成就的最重要体现。教书与育人是个有机统一体，不可人为分开。如果说能否教好书更体现教师的“学识魅力”，那么，能否育成人则更体现教师的“人格魅力”，即师德风范。无德难为师，从师先立德，师德建设是师资队伍建设的基础和核心，必须把师德建设放在师资建设的首要位置，贯穿于教书育人的始终。针对当前师德建设中出现的新情况、新问题，应从强化教师职业道德和培育职业精神两方面花大力气。师德建设的实质，是引导教师树立坚定正确的政治信念和崇高理想，自觉担负起教书育人的岗位责任，让家长放心满意、促进社会和谐的社会责任，努力将沉重的人口负担转化为巨大人力资源的国家责任。当前主张立师德、铸师魂，要特别注意防止教师理想信念的动摇，爱心和责任心的悄然流失。

二、提升学识魅力，德识相长

学生感受教师的“学识魅力”，主要是从教师的教学能力和科研学术水平而来。没有高水平的教师队伍，就不会有高质量的高等教育。在知识经济时代，国民素质的高低、掌握知识的程度、拥有人才的数量以及知识创新和技术创新的能力，对一个国家、一个民族在国际竞争和世界格局中的地位至关重要。作为知识发源地和集散地的大学，开始从社会边缘走向社会中心，影响和引导着知识经济发展的方向和进程。在这样的大背景下，大学教师必须对知识更新、利益驱使、优化结构、竞争上岗和互促互动等观念进行科学认知。

发达国家大学生的创新能力之所以强于我们的大学生，主要归功于那些创新素质优秀的大学教师。我国的大学教师大多是在传统教育体制下成长起来的，占总数近三分之一的中老年教师已经过了成长可塑期，创新素质的培育显得较为艰难。在传统的教育过程中，教师处在一种信息优势的地位，教师在教育过程中比较容易树立威信，得到学生的尊重。但是随着社会的发展和科技的进步，尤其是互联网的应用和普及，如果高校教师对开放环境中出现的新形势、新观念、新事物、新手段把握不准、掌握不够，那么，教师在知识占有上的优势地位必将受到极大的挑战。这样也影响了教师原有的、已形成的自尊心，因此，提升高校教师的"学识魅力"成为一个重要课题。

高校师资力量是衡量学校办学水平的一个重要指标，没有一定数量的一流名师就不会对学生产生引领终身的影响。"学高为师、身正为范"是对大学教师的根本要求。名师出高徒，大学生所需的名师，不仅要学富五车，教学有方，而且要有崇高的师德，学生则"度德而师之"。大学教师应在教学能力、表达能力、应变能力等方面达到较高水平，使教学效果到位。

三、树立个人魅力，创业创新

大学教师的"个人魅力"除了必备的事业心、责任感以及学识水平外，还要保持健康的仪表和良好的授课心境去传道、授业、解惑、指路，保持良好的形象和心境站立于讲台，能起到以自己的人格感化学生的作用。虽然教师不是完人，但在学生心目中，应该是美好的化身和模仿的榜样，因此，教师必须做到以身立教，为人师表，学而不厌，诲人不倦。

全球形势的发展，知识更新节奏的加快，引发了一场知识与信息的革命，大学教师必须不断汲取新的知识，追踪时代前沿，并不断"充电"、修炼"内功"，以弥补知识的老化和陈旧造成的缺陷。我校要把教师的进修培训制度化、规范化和组织化，要把它列为学校教学管理和教学改革的重要内容。但现在面临的问题是：有些教师由于多方面因素，不想也不愿进行系统进修和参加岗位培训。这就要求学校要设法解决教师进修培训的动力问题，把"要我进修"转为"我要进修"。未来的大学将更加开放，知识经济要求教育在空间的拓展上呈现国际化的趋势，大学教师在教育思想和学术研究上要具有国际水平。学校这些年来在财力拮据的情况下，采取了多种措施，鼓励青年教师在职提升学历，也组织了一部分教授走出国门，在广泛的国际性文化交流中不断提高自身素质和学术水平。

美国未来学家托夫勒认为，知识经济的内驱力是在不断地变化中进行创造，而知识经济的生命力则是在创造中不断变革自我、更新自我、超越自我。从发达国家的情况看，高新技术产业从业人员一般要求高中毕业后接受两年专业训练，其中三分之一须具有大学学历，从事研究开发的人员比传统产业高出5倍以上。因此，大学要把培养具有创新精神和创造能力的人才作为办学的宗旨。

我们贵州民族学院，应当在继承优良教育传统的同时，学习和借鉴世界上一切先进的教育思想和教育方法，特别是借鉴发达国家培养学生创新能力的做法。教师还应具有创新素质生成的教学能力，成为学生模仿创新的典范。在教学中，不仅向学生传授已有的知识，更要引导学生善于站在前人的肩上，去探索未知的领域；不仅让学生接受现成的答案，更要引导学生开阔思路，去寻求解决问题的新途径；不仅向学生传授理论知识，更要教会学生掌握驾驭知识、实现知识价值的方法和手段；不仅随时为学生引进新的教学内容，更要及时淘汰那些已经陈旧过时的内容，避免教育资源的浪费；不仅教导学生虚心好学、尊师求教，更要鼓励学生充分开发自己的潜能，青出于蓝而胜于蓝。

只有杰出的教师，才会有先进的教育；只有先进的教育，才会有创新的科技；只有创新的科技，才会有先进的生产力。青年教师的培养是一项长期而艰巨的任务。我们要不断探索新形势下青年教师队伍建设的特点规律，努力改进，不断创新，把教师队伍建设提高到一个新的水平。

最后，祝各位青年老师魅力十足、魅力四射！

2011年9月于觉悟斋

论大学精神与大学文化建设

——贵州民族学院学生干部培训班讲话

学生工作部门的同志要我同大家一起讨论问题，并给我一个题目——大学精神和大学文化。虽然这个题目大了一点，应当是教育家回答的问题，但我还是冒昧地欣然接受，因为我分管学生工作和后勤保障工作，这些工作提升到哲学层面时，那就是关于大学的精神和大学的文化。

一、关于大学精神

大学是什么？20世纪30年代梅贻琦先生讲，大学之大不在大楼，而在大师。进入21世纪，我们发现大学只有大师还远远不够，因为现在的情况与20世纪30年代已经有了质的差别。大学之大在“四大”。

“四大”之首仍是大师，没有大师的大学，不能称其为大学，大师就预示着一所大学的水平和声望，也是一所大学的吸引力所在。大师之外要不要大楼？每所大学都需要一定的办学条件，中国进入市场经济以后，高校对大师的争夺异常残酷，要想获得大师，首先要建“大楼”。

这里的“大楼”除原有建筑之外，主要指办学条件，其中包括实验设备等，甚至包括教师的待遇。没有大楼就难招揽到大师，香港科技大学创造的奇迹就是最好的例证。大楼之外还应该有什么？《大学》有言：“大学之道，在明明德，在亲民，在止于至善。”

“德、亲、善”就是指大学里面应有仁爱、大爱，教师要爱学术，更要爱学生，管理者要爱服务，更要爱大学。没有大爱的大学，学生离校时带走的可能是仇恨。大学里的大爱是连接大学和校友的纽带。

大学里面还应该有“大树”。这里的“大树”不仅指植物与园林化的校园，更重要的是，有“大树”的大学才有学术氛围和自己的传统。只有学校历史悠久，传统已经深深扎根，才不会因其他诱惑而改变。

高等教育史上有一个经常提及的案例，当剑桥大学面临一家烟草公司高达数亿英镑捐款时，教授们集体表决予以拒绝，因为在他们看来，这些钱是肮脏的，用这些钱尽管可以很好地改善办学条件，让学校拥有世界一流的办学设施，但是却不符合本校传统的价值取向。这件事说明剑桥大学的传统已经形成，不可动摇。

当大家到曲阜去拜谒孔庙的时候，可以看到孔子当年亲手植下的桧树，这棵桧树向人们展示着孔府2500多年的悠久传统。大学里的“树”，是其文化之根的表征。常被利益与世俗所诱惑的大学，表明其传统尚未固化，这种大学的理念通常是肤浅的。

当代大学的职能在不断拓展，大学不但是知识传承的圣地，还是思想观念形成的殿堂；不但是科学研究的机构，还是服务社会的场所；不但是推动经济发展的摇篮，还是推动社会进步的阶梯。因此，大学教育既要遵循教育发展的规律，也要遵循服务社会的规律、服务人才的规律、形成思想道德的规律、进行科研的规律等多种规律。

大学精神就是“大树”，是一种传统，传统就是一种文化，当某种文化固化就成为传统。大学精神的生成，不是一朝一夕之功，必须诉诸长期的历史沉淀、凝聚、发展。它是特定范围的“文化体”和“文化群”共同的价值判断、价值选择和价值认同的自然结果。

大学精神实际上反映了一所学校所特有的哲学思想，认知世界的态度和方法，感受到它的理性光芒。大学是“研究学问之机关”，不是灌输固定知识的场所，更不是养成资格、贩卖毕业文凭的地方。蔡元培先生认为，大学应有着丰富的精神内涵，这些精神主要包括自由精神、平等精神、民主精神和科学精神。

从现在讨论的情况看，大学精神应当包括八个基本方面，即自由精神、独立精神、人文精神、科学精神、创新精神、批判精神、宽容精神和启蒙精神。

所谓自由精神，是指学术思想自由，不论什么学派，只要学有专长，自成一说，即任其存在发展，“同流并进”。学术思想自由要求我们敢于创新，汇集百家，博采众长，形成新的符合时代和民族需要的思想观念。这里要处理好学术思想自由与纪律的关系，要坚持学术无禁区，宣传有纪律。在任何国度、任何时期，学术思想（指人文社会科学领域）都有其主导思想线，学术研究可以在360度的任何角度展开，但在国家的建设过程中，必须要求思想战线有一条主线，否则，国家国民的思想就可能造成混乱。一般说来，这条主线正确，国家就发展，社会就进步；反之，则可能造成国家和社会的衰退。当主线出现问题时，需要新的思想主线取而代之，社会革命就此发生了。学术研究就是要寻找符合社会发展需要的思想资源。但是一种学术思想的获得，是多少人不懈努力的结果，一种学术思想的正确与否，需要在实践中检验。因此，需要若干时日，某种学术思想形成后，未经实践检验不能认为是正确的，因而不能广为传播，所以，宣传要有纪律。

所谓独立精神，包括人格独立、学术独立两个方面。人格独立，即我国传统文化中所讲的“君子群而不党”“三军可夺帅也，而匹夫不可夺志也”，“士可杀，不可辱”“富贵不能淫，贫贱不能移，威武不能屈”，具体是指一种在思想和行为上只服从真理而不依傍权威、金钱及其他外在压力的内在品质。而所谓学术独立，则包括两个方面的意义：其一是学术的外在独立，即学术独立于政治和法律；其二是学术内部各学派之间的相互独立。学术行为是一种独立的社会行为，它和其他社会行为具有不同的衡量标准。

所谓人文精神，分为广义和狭义。广义上，人文精神是指整个人类文化所体现的最根本的精神，或者说是整个人类文化生活的内在灵魂。它以追求真、善、美等崇高的价值理想为核心。以人的自由和全面发展为终极目的。在这个意义上，科学精神也是人文精神不可分割的重要组成部分。狭义上，人文精神专指对人生意义的追求。人一生下来，就要面对四种关系：自然、社会、他人、自己。人文精神就是处理这四种关系的价值观以及建立在这种价值观基础上的行为规范。人之所以为人，在于人有感情，有精神生活，有人性与灵性相统一的精神世界，有对自己、他人、社会、民族和国家的关心，缺乏这种灵性与关心，就不算人，只是行尸走肉。一个人仅仅具有科学知识和技术而不具备人文精神，不仅不能保证做到将科学技术用于造福人类，反而有可能比缺乏科学知识的人给人类造成更大的危害。

科学研究是大学的重要职能，科学精神自然也是大学精神不可分割的重要组成部分。所谓科学精神，是指科学所具有的优秀传统，即科学活动主体在科学研究和科学技术发展过程中经过长期的陶冶和磨砺积淀而成的价值观念、认知方式和行为方式的总和，它既包括从事科学研究的一系列行为规范，也包括从事科学研究的价值追求。

所谓创新精神，创新是人类的最高本性，也是地球生命圈内更新、变革和发展的最积极的力量。创新，就其本义来讲，意味着对现实的不满足和改造，意味着对现实中所没有的东西的探索与建构，也意味着对理想世界的追求与建设。

所谓批判精神，实质上就是一种怀疑精神，它指大学以真理为唯一标准："怀疑一切"，对学术问题和社会问题做出自己独立的思考和判断。大学以追求真理为己任，而世界上并没有绝对永恒的真理，人的认识是有局限性的，理论本身也有可错性。所以，在追求学术真理的过程中，人们应当不唯书、不唯上、不屈从外来压力和长官意志，对原有理论和同行们提出的问题始终保持清醒的头脑予以审视。在判断社会现象的是非时，大学更应以"价值中立"为基本原则，力求使自己的思考超越党派、群体、地域的利益，力求超越功利的诱惑，以得出客观、公正的结论。

大学的批判精神主要体现在学术批判和社会批判两大方面。学术批判就是一种学术观点对另一种学术观点的补充、完善、反驳，学术批判的目的不是证伪对方，而是开辟解决问题的另一种思路。社会批判是大学对社会现象的关注和对社会其他组织的监督，体现了大学高度的社会责任感。

所谓宽容精神，其本义有二：一是承认人们思想、理想、信仰的多样性，承认并尊重人们有表达不同观点的权利；二是允许别人犯错，当别人犯错的时候，不是一棍子打死，而是寄予同情和理解。宽容是自由的表现，社会没有容忍，也就不会有根本的自由。宽容也是近现代民主政治的基本准则之一。冯友兰先生认为，民主有两个原则：一是少数服从多数，多数容忍少数。少数服从多数容易做到，就是民主的一个较低境界；多数容忍少数是以少数服从多数为基础的，是民主的较高境界，也是民主的精髓之所在。二是“求同存异”。

大学的宽容主要是一种学术的宽容。大学是生产知识的地方，知识的多样性和真理的相对性决定了大学对待学术的基本态度只能是“百家争鸣”“百花齐放”。在大学中，各种学派林立，它们彼此论争，但“同不妨异、异不害同”，共同推动了学术的繁荣。如果“党同伐异”，则只能钳制思想、禁锢学术，最终对大学自身的发展不利。

所谓启蒙思想，启蒙，就其原初意义来说，就是开导蒙昧使之明白贯通之意。17、18世纪，法国兴起了声势浩大的启蒙运动，以卢梭、孟德斯鸠、狄德罗为代表的一批启蒙思想家一方面宣扬民主、自由、平等、人权等进步思想，另一方面无情抨击封建主义、教会势力。

启蒙思想在大学中，就是以宣扬理性、传播知识、改造社会为己任，当仁不让地站在社会变革前列，肩负起批判旧社会、建设新社会的历史责任。

这八个方面不能穷尽大学精神的所有层面，它的丰富内涵和多样性具体表现有待于人们进一步的认识。就这八个方面来看，一方面，它们相互关联、相辅相成，共同构建着大学精神这一整体。另一方面，这八个方面在大学精神中有主次之分。自由、独立是大学精神之根本、内核和灵魂。而其他方面均是附丽于其上的。大学以追求真理作为自己最高的价值目标，而自由与独立，本是追求真理的先决条件。没有自由意志和人格独立，学术研究势必扭曲，其思想锋芒也势必日益钝化，所谓创新、批判、价值中立等，都无从谈起。

二、关于大学文化

“文化”一词是近些年来使用最多的，“文化”是什么？文化是人的活动的内在规定性，是人类社会的特征，也是人类社会的实质，是社会的人的真正奥秘。从广义的角度来看，文化通常指人类社会的全部活动方式。它包括一个特定的“社会”或“民族”所特有的一切内隐的和外显的行为、行为方式，行为的产物及观念和态度。文化是人类创造出来适应环境，遵循客观规律改造环境的工具。人类通过劳动使自己的主体意识客体化为一些对象，也通过劳动使客观的物质符合自己的主观要求。在这一过程中，人类不仅创造了文化，而且同时也创造了自己。文化是一种社会现象，也是一种历史现象。每一社会都有与其相适应的文化。文化最为突出的特征或最具有根本性的内容是生活方式、行为方式、意识方式，概括说来就是人的活动方式，而在这种活动方式中内含着人的价值追求。

一种文化的发生是建立在一定的自然环境和人文环境之上的，有什么样的自然环境和人文环境就可能生成什么样的文化。同样，自然环境和人文环境发生变化，就可能导致文化的变迁。

当然我们还必须指出，自然环境和人文环境是文化生成的基础，一种文化的发生与变迁的决定性因素是人在文化创造中具有的主动性，以及由此表现出来的多样选择性。相同的环境由于文化选择的方向不同，而形成不同的文化模式。本尼迪克特认为：一个民族在这样无穷的可能性当中只能选择其中的一些作为自己的文化模式，选择的内容可以包括对待生死、青春期及婚姻的方式，也可以包括涉及经济、政治和社会交往各个领域的规矩和习俗。① 由此我们看到不同的民族在加工自然环境、加工工具和能力方面呈现出差异，体现了人的创造性。所以，我们有理由这样说，民族文化是一条流淌着的河流，它在不断地适应自然环境和人文环境的过程中，既有传承又有创新，民族文化是该民族的人民不断推陈出新的结果。

文化分为广义和狭义两种。广义的文化包括物质文化、制度（行为）文化、精神文化。物质文化是那些可触可摸的文化，如居处、服饰、饮食等文化事象，这种文化是外显于形的。制度（行为）文化是那些规范人们行为的文化事象，如家族制度、亲属制度、婚姻制度等。精神文化是指那些关于哲学、美学、伦理等理论的文化。狭义的文化则指精神文化。

什么是校园文化？校园文化是以校园为空间，以学生、教师为参与主体，以学习和研究人类文明为核心的物质文化、制度文化、精神文化相统一的具有时代特征的一种群体文化。

校园物质文化是校园文化的有形部分，是文化存在和发展的物质基础，是文化“内核”的载体。其内容丰富多样，包括学校地理环境、规划

① ［美］露丝·本尼迪克特著，何锡章、黄欢译：《文化模式》，华夏出版社，1987年。

布局、建筑、绿化、人文景观、师生衣饰、居处布局等。作为学校教育赖以进行的物质基础，物质文化以其特有的形式发挥着多重教育功能。校园物质文化，属于校园文化的硬件，是看得见摸得着的东西。校园物质文化的每一个实体，以及各实体之间结构的关系，无不反映了某种教育价值观。

校园制度文化作为校园文化的内在机制，包括学校的传统、仪式和规章制度，是维系学校正常秩序必不可少的保障机制，是校园文化建设的保障系统。“没有规矩，不成方圆”，只有建立起完整的规章制度、规范了师生的行为，才有可能建立起良好的校风，才能保证校园各方面工作和活动的开展与落实。但仅有完整的规章制度是远远不够的，还必须有负责将各项规章制度予以执行和落实的组织机构和队伍，因此，还必须加强相应的组织机构建设和队伍建设。也就是说，制度文化建设实际上包括制度建设、组织机构建设和队伍建设三个方面，组织机构建设和队伍建设是确保制度建设落到实处，并使其真正起到规范校园人言行的关键环节，校园文化组织机构的健全和完善，校园文化队伍的勤奋与能干，对正常开展校园文化活动，加强校园文化建设，具有十分重要的、决定性的作用。

校园精神文化建设是校园文化建设的核心内容，也是校园文化的最高层次。它主要包括校园历史传统和被全体师生员工认同的共同文化观念、价值观念、生活观念等意识形态，是一个学校本质、个性、精神面貌的集中反映。校园精神文化又被称为“学校精神”，并具体体现在校风、教风、学风、班风和学校人际关系上。

（1）校风建设。校风建设实际上就是校园精神的塑造，校风作为构成教育环境的独特的因素，体现着一个学校的精神风貌。在校风体现形式上，校风主要表现在校训、校歌、校徽和校旗上。好的校风具有深刻“强制性”的感染力，使不符合环境气氛要求的心理和行为时刻感受到一种无形的压力，使每一位校园人的集体感受日趋巩固和扩展，形成集体成员心理特性最协调的心理相容状态；好的校风具有对学校成员内在动力的激发作用，催人奋进；好的校风对学校成员的心理发展具有保护作用，对不良的心理倾向和行为具有强大的抵御力量，有效地排除各种不良心理和行为的侵蚀和干扰。

（2）教风建设。教风是教师在长期教育实践活动中形成的教育教学的特点、作风和风格，是教师道德品质、文化知识水平、教育理论、技能等素质的综合表现。要抓好校风建设首先必须抓好教风建设（包括工作作风建设），因为学校是育人的场所，是人才的摇篮，而教师是人才的培养者，理应在“三育人”（即管理育人、教书育人、服务育人）的过程中发挥主力军的作用。只有在干部职工中树立起实事求是、艰苦奋斗、勤政廉政、团结协作、高效严谨、服务周到、细心耐心的工作作风和在教师中树立起为人师表、教书育人、治学严谨、认真负责、耐心细致、开拓进取的教风，才能引导和促进勤奋学习、积极向上、严谨求实、尊师重教、遵纪守法、举止文明的优良学风的形成。总之，没有良好的工作作风和教风就难以形成良好的学风。

（3）学风建设。学风是指学生集体在学习过程中表现出来的治学态度和方法，是师生在长期学习过程中形成的学习习惯、生活习惯、卫生习惯、行为习惯等方面的表现。优良学风像校风、教风一样，对学校教育教学质量的提高，对学生人格品质的发展和完善，对培养学生成为德、智、体、美、劳全面发展的接班人，都有重要意义。

（4）学校人际关系建设。学校人际关系包括学校领导之间的关系、学校领导与教职工之间的关系、教师之间的关系、教师与学生之间的关系、学生与学生之间的关系。良好的学校人际关系有助于广大师生员工达到密切合作，形成一个团结统一的集体，更好地发挥整体效应。

校园文化建设渗透于学校的教学、科研、管理、生活及各种校园活动等方面，校园文化建设是学校实施素质教育和精神文明建设的重要组成部分，是青年学生成长成才的内在需要，更是推进学校和谐发展的重要载体。

2010年10月于觉悟斋

布依族族源与历史文化特征

一、布依族概况

勤劳、智慧的布依族是我国西南地区的一个古老民族，根据2000年第五次人口普查统计，布依族人口为2971460人，主要分布在贵州、云南、四川等省，其中以贵州省的布依族人口最多，占全国布依族人口的97%。主要聚居在黔南布依族苗族自治州和黔西南布依族苗族自治州，以及安顺市、贵阳市、六盘水市，其余各市、州、地均有散居。

布依族居住的地区，属我国南方隆起于四川盆地和广西丘陵之间的一个亚热带岩溶化高原，环境独特，自然资源丰富。布依族聚居区，苗岭山脉盘亘其中，山的主脉由西向东延伸，支脉绵亘全区，主峰云雾山在都匀、贵定之间。西北部有乌蒙山，由滇延伸至黔，海拔多在2500～2800米，其中韭菜坪达2900米，是贵州高原最高峰，也是贵州高原珠江水系和长江水系的分水岭。境内地形北高南低。贵阳、安顺、兴义、安龙、贵定、惠水一带，海拔在1000米以上，黔桂边界河谷地带，海拔降至400米左右，个别地方如黔南罗甸县摆金河与红水河汇合处的下大湾河口，海拔只有242米。地势起伏，海拔落差大。

整个布依族地区岩溶分布广泛，面积达80%，是世界上岩溶发育最完整、最典型的地区之一。岩溶地貌景观表现为石林、石丛、峰林、溶丘、洼地、漏斗、竖井、落水洞、盲谷、溶盆、槽谷、瀑布等。众多的岩溶泉流入地下，形成溶洞、伏流、暗河。

布依族地区河流密布，主要有分布于南部、西北部的南盘江、北盘江、红水河，北部的三岔河、六冲河，东南部的曹渡河、都柳江等。除了这些河流，还有蜿蜒于群山峡谷之间的众多溪流。这些都给布依族地区带来了丰富的水利资源。国家重点水利工程南盘江天生桥水电站、黄泥河鲁布格水电站等，不仅给布依族地区人民提供了照明方便，同时也为发展工农业生产创造了有利条件。

布依族地区属中、北亚热带湿润气候区，气候基本特点表现为：热量充足，雨量充沛，雨热同季，终年温暖湿润，“冬无严寒，夏无酷暑”；年平均温度为16℃左右，年降雨量在1000~1400毫米；无霜期270~350天，适宜各种农作物生长。布依族大多居住在土地肥沃的河谷、坝子，他们利用上述气温及水利条件，种植各种粮食作物：主要有水稻、玉米、小麦，其次为旱稻、小米、高粱、红稗、荞麦、薯类、豆类等。经济作物有棉花、油菜、苎麻、烤烟、甘蔗、茶叶、土靛、黄果（橙）、柚子、芭蕉、香蕉、木耳、板栗，等等。南、北盘江及红水河流域有大面积森林，江边盛产大楠竹。林木有松、杉、青冈、白杨，等等。都匀、兴义一带出产梦花树，是制造蜡纸和过滤纸的优质原料。深山密林中栖息着虎、豹、熊、麝、獐子、金鸡、水獭等多种珍禽异兽，并出产杜仲、天麻、五倍子、黄草、麝香等贵重药材。水产中鱼类很多，都匀、贵定、平塘、龙里、花溪出产的娃娃鱼（大鲵）是国家稀有的保护动物。地下矿藏十分丰富，尤以煤矿、金矿、锑矿、磷矿著名，各县市均有丰富的煤矿储藏量，故有“西南煤海”之美称。金矿集中分布在黔西南布依族苗族自治州和安顺市的镇宁、关岭、紫云等县，藏量丰富。锑矿分布在黔南布依族苗族自治州的独山、三都、惠水及黔西南布依族苗族自治州的晴隆、册亨、兴仁等县，仅晴隆县的大厂、兴仁县的放马坪两个矿点探明的储量约4.926万吨。磷矿分布在黔南布依族苗族自治州的瓮安、福泉两县市，“瓮福磷矿区”的磷矿蕴藏量约8亿吨，品位在24%~38%，居全国第一。

布依族地区风光秀丽、景色宜人。这里有被誉为“高原明珠”的花溪、驰名中外的黄果树大瀑布、安顺“龙宫”、兴义“马岭峡谷”、关岭“花江大峡谷”、荔波“小七孔”“樟江大峡谷”、镇宁“犀牛洞”、平塘“藏字石”、贞丰“三岔河”“双乳峰”、清镇“红枫湖”“百花湖”、普定“夜郎湖”、长顺“杜鹃湖”、安龙“招提”，等等。布依人常常几十户、上百户聚族而居，村寨依山临水，村前田畴纵横。独特的自然景观和浓郁的民族风情，已经成为中外友人和旅游者考察观光的胜地。旅游业正在成为布依族地区新的经济增长点。

二、布依族的族源

布依族具有悠久的历史。据历史学家考证，布依族源于古“百越”，秦汉以前称“濮越”或“濮夷”，东汉六朝称“僚”，唐宋称“蕃蛮”，元、明、清至中华人民共和国成立前称“八蕃”“仲家”“侬家”“布笼”“笼人”“土人”“夷族”等。布依族自称“濮越”或“濮夷”，用汉字记音写为“布夷”“布依”“布越依”“布绛”，等等。在布依族语言里，“布”是“族”或“人”的意思。故旧方志中，有将布依族记为“夷族”“夷家”“夷人”者。除自称之外，不同地区布依族之间还互相称为“布笼”“布那”“布土”“布都”“布央”“布笼哈”，等等。1953 年，根据本民族意愿并经国务院批准，统一命名为“布依族”。

布依族有自己的语言，属于汉藏语系壮侗语族壮傣语支。布依语和壮语有密切的亲属关系。壮语北部方言和贵州望谟、册亨、独山、平塘、安龙、兴义等市县的布依语基本相同。由于布依族与汉族长期的文化接触和交流，因此布依语词汇系统中有不少汉语借词。布依语有完整的语音系统、丰富的词汇和富于表现力的语法结构。布依语划分为黔南、黔中、黔西三个土语区（习惯上称第一、第二、第三土语区）。布依族有自己的文字，称为“方块布依文”。这种文字一般在摩经中使用。布依摩经中运用汉字的偏旁部首，依照汉字“六书”造字法创造文字记录经文。1956 年中央人民政府组织专家创制了以拉丁字母为基础的布依族拼音文字方案。该方案经过两次修订，现在布依族地区重点推行。

从民族语言、古称、自称及地理分布考察，布依族与壮族具有同源的关系。我国古代越人，人口众多，分布范围很广。分布于两广、贵州一带的西瓯、骆越等族是古代越人的组成部分。现代壮语、布依语与史书记载的骆越语（或称蒌语）相同或近似。这是壮族、布依族同骆越人渊源关系的有力证据。此外，古代越人的风俗习惯，如居住“干栏”、敲击铜鼓等，现代壮族、布依族中仍有遗存。

有学者认为，西汉时的“夜郎”国与布依族有一定渊源关系。其证据为：“夜郎”国辖地虽广，但其中心区当在布依族聚居的今贵阳市、安顺市、黔西南布依族苗族自治州或黔南布依族苗族自治州一带；其次，“夜”与“越”、“郎”与“骆”音近，而“郎夜”（即“夜郎”）与“骆越”含义也是一样的，“郎”“骆”是古代越人对王、官、领袖或头人的称呼。后来汉族逐步用来称呼其族或其地。

魏晋南北朝至唐代，布依族、壮族被称为“俚僚”“蛮僚”或“夷僚”。五代以后称布依族为“仲家”，宋代称壮族为“僮”。“仲”与“僮”同音异写。后来，由于长期分居，便逐步形成了布依与壮两个民族。

考古工作者在贵州省安顺市、贵阳市及黔南等布依族聚居区出土了数十件新石器时代的磨制石器，其中一些石器，如有肩石锛、带肩石斧等，其形状与东南沿海及华南地区的同类器物形状很相似，可能这些都是古代越人遗留下来的文化，同布依族先民有密切联系。

秦、汉时代的布依族地区，已经产生世袭的王或侯。王侯居住的地方已经形成了“邑聚”，并有强大的武装力量。这说明当时社会生产力已有较大发展。据考古证明，在布依族地区出土的两汉时代文物，主要是铜器和铁器。例如在黔西南布依族苗族自治州发现汉代的青铜犁、锄、斧、钺，清镇十八号墓出土汉代的青铜剑和钺，以及其他地区出土的汉代铁制锄、锸、铲等，表明当时布依族地区农业生产已经相当发达，但比中原地区落后，仍停留在铜铁并用阶段。这种情况，同史书上所说“畬山为田，无蚕桑，颇尚学书……寡畜产，虽有僮仆，方诸郡为贫”（《华阳国志》）是一致的。

西汉以后，“夜郎”地方政权被汉王朝所统一，置牂牁郡。从此，布依族地区和中原地区的接触逐渐增多。唐代，中原王朝在布依族地区设置了一些羁縻州县，以当地少数民族首领为刺史，世袭其地。五代时，增设了“八蕃”土司。宋朝继续推行“羁縻政策”，分别授给当地首领以刺史、司阶、司戈、将军等职衔，分别划归四川路、湖南路和广南西路节制。元代置罗甸宣慰司（安顺市属其地）、顺元路军民安抚司（贵阳地区）、都匀军民府（黔南州部分县属其地）、于矢部万户所（黔西南布依族苗族自治州及六盘水市盘县属其地）及泗城州军民府（黔南布依族苗族自治州部分县属其地）等。明代的土司制度更加趋于完备，一直到清雍正年间大规模推行“改土归流”以后，统治布依族地区达1000多年的羁縻制度和土司制度，才逐步结束。

三、布依族的文化

布依族民居有楼房、半楼房和平房数种。半楼房一般采取后半部是平房，前半部是楼房，或左（右）半部是平房，右（左）半部是楼房的建筑格局。楼房和半楼房建筑是布依族传统建筑形式。楼房上层高，住人，下层低，圈牲畜，古称“干栏”，或称“麻栏”。它的结构简单，形式美观，适用于南方山区的地形特点。在房间布局中，堂屋后壁设神龛供奉祖先，左右两侧分隔成灶房、寝室、客房。室内设有火堂，供一家人取暖炊薪。黔中一带，由于地产石头，从地基到墙体都用石头垒砌，屋顶也盖石板，称为石板房；加上石砌的寨墙和山顶的石砌古堡，形成典型的石头建筑群。如扁担山石头寨共230余户人家，所有房屋沿等高线排列，均以石料建成。村寨布局与寨前的田坝、小河及通向各处的石板平桥和石拱桥梁，相互映衬，彼此和谐。

布依族人民以大米为主食，兼食玉米、小麦、红稗、荞麦等。尤喜糯食，并有多种制作方法，如制成糍粑、圆糖粑、耳块粑、枕头粽和三角粽等。逢年过节，必食糯米饭，并以糯米粑赠送亲友。节日里还喜食用花汁和树叶汁染制的各色“糯饭”。副食有各种蔬菜、豆类和肉类。蔬菜加工制品有著名的“独山盐酸”“酸辣椒”等。肉类加工有熏腌腊肉和香肠；喜食狗肉，各地加工方式不一，风味独特，较著名的有“花江狗肉”“都匀黄焖狗肉”“册亨狗肉全席”等。豆类制品主要有豆豉、豆腐、血豆腐等。辣椒、酸菜、酸汤为日常生活不可缺少。布依人家户户皆能酿制糯米酒和大米、玉米烧酒。一些地方还制作糯米烧窖酒、薏仁米酒、蔗糖酒等，颇有特色。有的米酒用野生刺藜果掺和酿造，营养丰富，用以款待贵客。刺藜酒酿造技术已有数百年历史，如今已发展成大宗商品，畅销全国。

布依族服饰多为青、蓝、白等色。男子在20世纪70年代以前包头巾、穿对襟短衣或大襟长衫及长裤。老人多着长衫。20世纪70年代后男子服饰与汉装无异。妇女服饰式样颇多，镇宁、关岭、普定、六盘水一带目前仍保留布依族较古老的服饰：大襟短衣，领口、盘肩、衣袖和衣脚边沿，皆用织锦和蜡染各色几何图案镶制；下穿百褶长裙，用白底蓝色蜡染花布缝制，佩戴各种银质首饰。黔西南布依族苗族自治州和黔南布依族苗族自治州的罗甸等县布依族的妇女服饰，普遍为大襟衣，长裤脚；衣服的盘肩、袖口、襟沿镶有兰干；裤脚为大褶边，或蓝色裤脚镶青布和兰干。衣服的长短和裤脚的大小，各地区都不相同。自制的织锦和蜡染是布依族服饰的主要特点。布依族妇女讲究头饰，婚前头盘发辫，戴绣花头巾；婚后须改用竹笋壳作“骨架”的专门饰样，名曰“更考”，意为成家人。镇宁、关岭地区，姑娘喜绾高髻，形如拱桥，发髻上插着长约尺许的银簪，配上短衣长裙，绣花布鞋，走起路来风韵飘逸。其他地区则多着短衣长裤，或在衣襟、领口和裤脚镶上蜡染或刺绣花边。黔西南安龙、兴仁一带妇女喜用白布作头巾，戴各色绣花围腰，朴素无华，典雅大方。银、玉手镯、发簪和戒指、项圈等饰品为布依族妇女所喜爱，其样式别具一格，颇具民族特色。

历史上，各地布依族的婚姻习俗不尽相同。有父母包办的婚姻，也有完全自主的婚姻。从史书记载看，布依族在明代以前婚姻是自主的。明代以后，由于各民族的频繁交往和文化的相互交流，特别是以儒家文化为代表的汉文化的影响，布依族的婚姻礼俗才逐渐改变，婚姻缔结从自主择配变成父母绝对包办。包办婚姻导致早婚（俗称“背带亲”）的产生，即婚姻当事人在幼儿时就由父母订了婚约，然后在十几岁时就结婚。婚礼结束后返回娘家居住，此即学术界所谓的“不落夫家”。有的则实行“姑舅表婚”，即舅之子娶姑之女，或者相反。

婚姻的缔结，分为“开口亲”“订亲”“结婚”三个阶段。先由男方家请媒人数次往返于女方家。媒人第一次到女方家时，无须提及求亲之事，只需将礼物放在女方家神龛上，说明礼物是某家送的，闲聊一会即返回。如过几天女方不退还礼物，媒人可第二次登门求亲。获得同意后，男方就备办一些礼物，邀请家族中的老人、青年人和亲戚，同媒人去女方家吃定亲酒。这种仪式，称为吃“开口饭”，一些地区的布依族称为“吃鸡”或“吃鸡腿”“插毛香”等。第二次由男方家带酒、公鸡、猪肉及聘礼若干到女方家“定亲”。这一仪礼被称为“更客”（吃羊）或“更老尼”（吃小酒）“更甘”（甘是认定的意思）等。名称虽异，其内容均为“接八字”和议定聘礼。此后，男方家可以确定婚期，并请媒人通知女方家，以便准备嫁妆。婚礼期间，新郎新娘三天内不得同宿，婚礼第二天，新娘要拜见翁姑及男方亲戚。婚礼第三天早上，新娘挑水或到厨房看一看，其意义类似于汉族的“下厨”。此礼行毕，新娘即启程回娘家，谓之“回门”。布依族村寨的婚礼，远近的青年们都可以赶来听歌唱歌，有的地方唱七八个昼夜。

在实行包办婚姻的同时，布依族青年男女间的交往是比较自由的。青年男女可以利用节日、走亲访友或赶场的机会，聚集在一起“朗绍朗冒”（“朗绍”指会女朋友，“朗冒”指会男朋友）。如果男子相中某个姑娘，就请家族中的姐姐或妹妹充当“银雀”，传递信息，女子如若愿意，就把自己事先精心绣好的绣球抛给对方，男女双双走出人群，到不远处对歌。经过多次约会，建立了感情，就可盟誓终身。

“朗绍朗冒”这种社交活动不限于未婚男女，已婚者亦可参加。不过对于未婚者来说是谈恋爱；对于已婚者而言，则可能是炫耀自己唱歌的才能，或者是对父母包办婚姻的反抗。“朗绍朗冒”中除唱情歌外，还唱苦歌、告状歌和逃婚调等。过去，青年人常因不会唱歌，而找不到对象。现在，“朗绍朗冒”已经不再是布依族青年男女唯一的交际方式了。

布依族家庭实行父系家长制。家长有支配家中经济和指挥成员的权力。男性长辈皆受尊敬，为人正直者更有威望。族中纠纷，自行调解，无须上诉官府。妇女的地位低于男子，寡妇可以继承财产，如果再嫁则不能继承。一些地方有“兄终弟及”（俗称“填房”）的婚制。

家庭结构普遍是小家庭，也有三四代同堂的大家庭。一般情况下，人口较多的人家待儿子长大成婚后就分开居住。有的地区分家时，家中的财产必须先留父母的“养老田”和未嫁姑娘的“姑娘田”，其余田地、房产按子均分。若遇绝嗣人家，财产由其亲属继承。分家后，父母大多同满子（幼子）居住。有的地区没有留“养老田”，几个儿子轮流赡养父母，并共同承担安葬的职责。

布依族丧葬在清代以前，实行火葬，不垒坟。清代中叶后才逐渐垒坟、立碑。当老人逝世后，丧家即向舅家和至亲好友报丧，并请本民族的“布摩”（祭师）择定吉日，举办丧事。丧葬仪式繁简程度视家庭经济情况而定。富裕之家，要举行“古夜王”仪式，砍牛做斋，大办酒席，丧期甚至长达七天、九天。停柩期间，丧家一律素食。葬式有土坑墓、石棺墓、石室墓、岩洞葬、停棺待葬（二次葬）、瓮棺葬等。

布依族有许多传统节日，除过大年、端午节、中秋节等与汉族相似外，“三月三”“四月八”“六月六”等节日都具有本民族的固有特色。

大年节，据方志记载，布依族“以十一月为岁首”。平塘、荔波一带至今仍在十一月三十日“过小年”，但大多数地区已将年节并入春节。每到腊月，家家户户忙着酿酒、打糯米粑、腌制腊肉、制作血豆腐，或缝制新衣。除夕以丰盛酒菜供奉祖宗，并燃放爆竹，阖家守岁到鸡鸣。正月初一则有姑娘争挑第一担水回家（名曰“聪明水”）、男孩争先到土地庙旁用绳子牵来小块石头放入畜圈（意为“六畜兴旺”）之俗。大年期间，青年们相邀外出“朗绍朗冒”；中老年人则彼此拜年祝贺，一同饮酒为乐。有的地方还举行玩龙、舞狮、赛马、掷石、铜鼓、唢呐、歌舞、篮球等娱乐活动。一般到正月十五元宵节后，才开始下地干活。

二月二，主要是祭祀“土地神”，保佑全寨安宁，杀鸡敬祖，吃两色（白、黑）糯米饭。云南省的布依族，这个节日要过三天，进行以祭“老人房”为中心的祭祀活动。三月三，主要是祭山神或扫寨赶鬼，预祝丰收。贵阳附近村寨，举行“三月三对歌会”，又称“仙歌节”或“地蚕会”（传说这天害虫闻听歌声就不敢危害庄稼）。四月八，是纪念耕牛的节日。布依族各地将这一节日称为“牛王节”或“牧童节”“开秧节”等。这天家家吃“牛王粑”和糯米饭，并以之喂牛，让牛休息一天，用枫树叶泡水给牛洗澡。这一天也是惠水一带布依族青年男女坡上聚会吃糯米饭、唱歌玩乐的日子。

六月六，祭田神、土地神和山神，祭毕用鸡血沾上各色纸旗，或做成大鸟形分别插在田中。与此同时，召开“议榔”会议，宣布各种榔规榔约，且由榔头监督执行，借以保护社会财产安全。许多地方（如惠水县的董朗河两岸、兴义市的查白场等）还举行规模盛大的玩山活动。六月六节还有相关的传说。如兴义的查白场传说是为纪念被恶霸逼婚、双双殉情的一对青年男女；安龙县则是纪念布依族人民反抗封建统治的起义胜利。十一届三中全会以后，由于贯彻执行民族政策，经国家民委批准，确定“六月六”为布依族人民的共同佳节。其隆重程度，仅次于大年节。

吃新节，又叫尝新节。因各地的谷米成熟有先有后，过节日期不尽相同。一般在稻谷将成熟时，由家中男子到田中摘来少量谷穗，放在甑中与糯米一同蒸熟后敬祖。望谟、册亨等地，把新糯谷取来后，先煮熟晾干，舂去谷壳，再用开水泡胀蒸成糯饭，布依语称“根金毫模”。

汉族节日流传到布依族地区后，发生了一些变异。如清明节，布依族除了为新故老人上坟外，还要为所有已故祖先挂纸（俗称挂青）。但望谟县桑郎一带，清明不扫墓，三月三才上坟。红水河一带清明吃三色糯米饭。端午节在布依族中被区分为大端午节（农历五月初五）、小端午节(农历五月十五)。这天布依族除吃粽子外，还吃五色糯米饭。而七月半，布依族要杀鸡、杀猪或杀牛祭祖，为逝者烧纸钱或金银绿锭，送寒衣等生活用品。红水河沿岸要连过三天。十四日做“褡裢粑”供祖先。十五日晚到河边放冥船，让其随水漂流。十五、十六日年轻人和孩童聚集大榕树下，或荡秋千，或打陀螺，或去游泳。惠水断杉一带，集中于古桥堡对歌，跳粑棒舞和铜鼓舞，同时进行唢呐比赛。中秋节，布依族一些地方则有孩童“偷瓜”的习俗。孩童们将“偷”来的老瓜用红布包好，一路放着爆竹往送膝下无子的年轻夫妇家中，由无子夫妇将南瓜与糯米烹煮而食。被“偷”南瓜的主人不能打骂“偷瓜人”。人们相信用“偷”来的瓜煮糯饭吃，可以生子。

布依族的文化艺术丰富多彩。民间广泛流传的神话、故事、童话、寓言、谚语、诗歌等口头文学，传述着古老的民族历史，歌颂着人民的勤劳勇敢，揭露了旧社会的黑暗和残暴，展望着新社会的幸福和光明。其题材广泛，意境优美，内容健康，语言生动，富于想象力。神话传说如《洪水滔天》《十二个太阳》《赛胡细妹造人烟》《卜丁射太阳》《茫耶寻谷种》《黄果树瀑布的传说》等都是人们喜爱的作品。

布依族的民歌，富有民族特色，有叙事歌、古歌、生产劳动歌、习俗歌、情歌、苦歌、哭嫁歌、儿歌、新民歌等。或用布依语演唱，或用汉语演唱，句式和结构不尽相同。用布依语演唱的有五言、七言、杂言三种句式和单段、双段、长篇三种章法。单段歌又称“散花调”，即单独一段自成一首；双段歌又称“双调”，即一首分成两段；长篇歌由若干段组成，或篇幅虽长、不分段落。曲调有“大调”“小调”之分。“大调”用于婚丧等隆重的场合，音调高昂大方，引人入胜；“小调”则在月夜或“朗绍朗冒”谈情说爱的时候唱，音调柔和、婉转、活泼动听。演唱方式有独唱、对唱、重唱、齐唱等。凡遇建房造屋、迎亲嫁女、老人亡故、迎来送往等场合，都要唱相应内容的歌。有时要昼夜不停地唱数天，这往往带有互相比赛的性质。能歌者对身边的花草、雀鸟等，都可以激起其创作的灵感，编唱出优美含蓄的歌词来。

1950年以后，人民政府为布依族培养了自己的作家队伍，这些作家创作了不少布依族书面文学。如长篇小说《大古山的黎明》《将军被刺之谜》等，中短篇小说《山鹰飞过河谷》《儿女们的事情》《迷梦》《崖上花》等，散文集《绿色梦》《瀑乡风情录》《太阳女》等，诗歌集《盘江放歌》《叶影集》《山河恋》《远山》《古井》等，剧本《罗细杏》《金竹情》《黑山汉子》等，电视连续剧《六马兄妹》《布依女》等。十一届三中全会后，有三部《布依族文学史》正式出版。

布依族常用的乐器有唢呐、月琴、葫芦琴、竹琴、巴勒、洞箫、短箫、姊妹箫、铜鼓、牛骨胡等。铜鼓是布依族最古老、最具有民族特点的乐器。它全部用青铜铸成，鼓身铸有各种花纹图案。1950年以前，几乎每寨都有铜鼓，隆重节庆必敲击为乐。举行丧葬、祭祀，则只有摩公才能按照仪式的程序敲击铜鼓。

布依族的舞蹈主要有《织布舞》《糠包舞》《狮子舞》《龙舞》《转场舞》《铙钹舞》《花裙舞》《铜鼓舞》《铜鼓刷把舞》等，舞蹈动作优美动人。它们把布依族生产生活和风俗习惯融为一体，用艺术形式生动地表现出来，深受人民群众的喜爱。

贵阳、长顺及黔西南册亨县等地区流行布依地戏，多在春节期间组织演出。有专门的戏班子，演员面具多为三国人物及布依摩师等。独山、平塘、三都等县一带，流行一种在花灯歌舞基础上吸收广西彩调艺术发展而成的花灯剧。

布依戏大约始于明末清初，各个戏班的召集人、戏师和演员均为农民。其编排的剧目、演唱的形式，都具有浓郁的乡土气息。剧目大多取材于本民族的故事、传说，如《六月六》《王山打鸟》《四接亲》《金猫宝瓢》《马边月》等。也有汉族剧目，如《玉堂春》《柳荫记》《包公案》等。布依戏音乐由本民族的民歌和民间坐唱曲调衍生而来；语言富有寓意性，擅长使用“比”“兴”手法，显得诙谐、生动、传神；戏中武打，直接受到武术和木偶戏的影响，古朴而灵活，别具一格；演员的化妆，过去是借助于脸壳的夸张表情，性格化造型，曾引起戏剧界的关注。1956 年布依戏《四接亲》《玉堂春》参加了贵州省第一届工农业业余艺术会演，获得好评；1984 年布依戏《罗细杏》《金竹情》参加了贵州省少数民族戏曲研究汇报演出，《罗细杏》还被选拔参加全国少数民族戏曲剧种优秀剧目录像观摩演出，荣获“孔雀奖”。布依族工艺美术颇负盛名，主要有蜡染、刺绣、织锦、竹编、织染及陶瓷和雕刻等。色彩绚丽、图案美观的布依族蜡染，是中华民族文化艺术宝库中的珍品。其传统工艺有靛染、蜡染、枫染和扎染四种，其中以蜡染最为著名。制作方法先用铜蜡刀蘸蜡液在白布上绘成涡状纹、波浪纹、菱形、对称几何图案等，再以蓝靛溶液配合草药印染，去蜡后即成。成品的自然冰裂纹，形式多样，美观大方。1980 年以前，布依族地区有许多印染作坊。1953 年，为了发扬少数民族的优良工艺传统，当地政府曾在安顺市建立了一所蜡染工厂，在传统的图案、去蜡、清洗的基础上，又进行了许多革新，使传统的蜡染工艺得到进一步的发展，成为畅销海内外的珍贵工艺品之一。

织锦，亦称“纳锦”，布依语称“读桂”。有“羊羔锦”“鱼儿锦”“人物锦”“蝴蝶锦”等式样，图案为菱形、方形、三角形或回形字穿插组合，各色丝线衬托，花纹精致紧密，瑰丽美观。锦面类似丝绣，但却是在古老的布机上编织而成，且锦花背面向织者，编织中若要检阅花色，需用镜子从下面反照。妇女们就这样全凭记忆熟练操作，继承着祖辈的技术工艺。1984 年全国旅游产品评比会上，布依族织锦被评为优秀产品；1985 年在全国第五届工艺美术展中又获“优秀创作一等奖”，捧回了“希望杯”。

素有“土呢子”之称的布依族土花布，质地优良，品种多样，可制作成服装、床单、被面、桌布等用品。今日农村仍保持着自纺自织的传统。1985 年重庆博物馆在镇宁县六马区一个村寨，就征集到各色土花布 35 种之多。荔波县以土花布为开发项目，年生产200多个品种，产值250多万元，创外汇20多万元。

此外，荔波的凉席、独山的斗笠、平塘牙舟的陶器等都很有名。各地妇女的刺绣、剪纸技术、银铜首饰加工以及惠水的枫香印染蜡画等，亦甚精致。特别是平塘牙舟陶工艺考究，历史悠久。由本民族美术家设计制作的陶瓷，还曾作为贵州省政府的礼品赠送给新西兰总理等外国贵宾，为发展中外友谊做出了贡献。

布依族信仰祖先和多种神灵。山、水、井、洞及生长奇特的古树无不被认为是神灵的化身。各村寨建有土地庙。一些特定的宗教仪式，要供奉神竹。各地布依族还供奉雷神、门神、灶神、龙王等。这些反映了布依族作为农耕民族的原始宗教信仰。

"摩教"是布依族宗教信仰中一个比较成熟的宗教信仰形式，介乎于原始宗教向人为宗教过渡的类型。其宗教职业者分为"布摩"和"摩雅"。布摩是通过学习而成的，在师父的带领下学习一系列的经文和仪式的程序，能够继承师父的衣钵便可出道。布摩尊奉"报陆陀"为开山祖师。在举行各种祭祖活动中，首要的仪式是恭请"报陆陀"莅临，以示整个祭祀活动的权威性。在摩经里，"报陆陀"具有超凡的力量和智慧，能够洞察古今，能够解决人世间任何难题。摩经的基本思想是：人间万物是由始祖神"报陆陀"创造的，万物皆有灵，灵魂具有神秘力量，需要祭祀和崇拜，经过特定仪式和条件万物可以相互转变，达到禳灾祈福的目的。人患疾病是由某种鬼魂作祟，通过举行某种仪式可以驱逐疾病。人死后，灵魂不灭，通过仪式的超度，使灵魂进入仙境。布摩有较为完备的祭祀经典——摩经，还有比较固定和规范的宗教礼仪。举行祭祀活动除了要履行一定的宗教礼仪外，还要辅以对经典的诵读。典籍浩繁的摩经，大致可分为用于丧葬超度活动中的多卷本《殡亡经》《古谢经》等，也有用于祈福、驱邪、禳灾等目的的各类杂经。摩经包含了布依族古代社会的国家政治、经济和文化生活，乃至人们的社会交往和道德礼仪等内容。摩雅是在某种特定的场合下，通过鬼魂附体而后经布摩的点化（安坛）而形成的，摩雅的巫术活动称为"打迷纳"。

明、清以后，佛教、道教、天主教相继传入布依族地区，民间有少数信仰者。从摩经的内容和布摩在各种仪式中使用的道具，可以看到佛、道、儒对布依族文化的渗透。明、清时期天主教在布依族地区传教，设有主教署、咨询会，其下有总铎口、堂口等。但因为传教士的为非作歹和天主教与布依族人民信仰相左，天主教遭到了布依族人民的反对。

布依族传统社会组织，有“宗族制”“议榔制”“寨老制”等。它们源于古代氏族管理制度，是古代民主制的继承和发展，同时也具有阶级社会的特色。

布依族宗族制，是由同宗同族的一个或数个村寨组成，各地皆然。其血缘组织联系紧密，内部禁止通婚。每个宗族都有族长。族长在宗族成年人中自然产生，一般由辈分较高并有威望者担任；或辈分虽不算高，但属族中经济大户、在社会中有能力有威望者亦可担任。族长之职责，对内伸张家教家规，对族人进行道德品格的教育，教育内容包括办事公道、尊老爱幼、相互帮助、自立自强、与人为善、以理服人、热心公益、爱村爱家等。对违反族规者，族长可对之批评教育，甚至处罚。对外，族长代表本宗族利益，维护宗族尊严，体现宗族之风格气度。

宗族议事形式，体现为“家族长全体会议”“家族长代表会议”“当事人与评中人专门会议”“有关方面协商会议”，等等。遇事民主协商，决议后族长施行。

宗祠是宗族祭祖和聚会之所，平时有专人守护，定期由族长在祠内主持祭祀，宣布族规，合族聚宴。费用由家族“祭祀田”收入开支。

宗族聚会有“春节送铜鼓会”和“清明节祭扫祖坟聚会”。每个布依族宗族都有一面或数面铜鼓，作为本宗族祖传之宝。春节击鼓为乐，并祭祀铜鼓；至正月十五日晚收鼓，再祭一次。然后，集体送铜鼓到族长家保存，全族置酒宴饮，显示宗族的团结和意志。“清明节祭扫祖坟聚会”，由族长主持召开各家长会议，确定祭扫规模、分工及费用数额。每户出钱若干，届时聚于祖坟前，杀猪备酒祭祖，举行合族宴会。此举有忆祖思今，团结向上之功能。

“议榔制”，在平塘、惠水等县布依语称“议榔”；在望谟、册亨等县称“议各习”。“榔”源于布依族早期社会的血缘组织，又是本氏族对部落酋长的称谓。“议”即“集中”“聚会”之意。随着社会发展，“议榔”逐步变为以地缘关系为主的农村公社组织。

“议榔制”组织，小的包括一个或数个毗邻村寨；大的包括数十百寨。不分姓氏宗族，都可以参加。议榔设有榔头、巫师，以及分管军事、主持司法的头领。组织的最大权力机构是议榔大会。主要讨论议榔内重大问题；制定榔规榔约；选举各种执事头领。规约的主要内容是：保护私有财产不受侵犯；维护生产、生活秩序；维护公共道德纲纪伦常；决定保卫集体安全和抵御外侮的具体措施，等等。榔规榔约体现组织内群众的意志和愿望，并有较强的约束力，人人必须遵守，违者必究。在社会动乱时期，榔规榔约往往发挥较大作用。

布依族地区每个村寨都有寨老会，布依语称为“卜板”。寨老是一寨的自然领袖，由群众推举。寨老人数，二三人至五六人不等，视村寨大小、人选多少而定。寨老的威望和权力是自然形成的。他们是村寨中有处理事务能力的人，平时村寨中有什么事情都乐意找他们商量，听取他们的意见；在发生重大事件需要大家一致行动时，人们乐意听从他们的指挥，公认他们的地位。寨老无须经过正式的选举产生，也不存在世袭的问题。他没有任何特权和利益，其职责是排解寨内外的各种矛盾纠纷，与村民协商制定保护山林及农作物的“乡规民约”，做出制止或进行械斗的决定，主持村寨内的红白喜事、祭寨神仪式和各种集会。这种具有一定原始性的社会组织形式，直至20世纪80年代仍遗存于一些布依族村寨中。

举行祭寨神庙会，亦是寨老职能之一。民国年间布依族各地盛行祭寨神习俗。一般每年对寨神奉祭数次，时间分别为正月初三、三月初三、六月初六、七月十五。每次献祭牛、猪、公鸡等牺牲，由寨老主持祭仪，祭师念经文祈祷丰收。寨人同餐共宴，这对强化寨规、增强内聚力有较大作用。1950年后，寨神庙会渐趋消失，但寨老制尚存余绪。有的地区议榔制与寨老制融合，寨老亦即议榔的榔首。

（2010年10月赴中国台湾的演讲稿）

为了明天

由学工部主办的第五期学生干部心理健康教育培训班就要结束了，按照学校工作惯例，作为分管学生工作的校领导，到场与大家分享获得知识的快乐，与培训班的老师、管理者分享培训工作结束后的释怀快感，亦是必修之课。

建荣书记在开班典礼上和大家讨论了大学生身体健康、心理健康、道德健康的问题；程老师与大家讨论心理委员职责和人际沟通技巧；何教授与大家讨论了如何识别与帮助有心理问题的同学，常见心理问题的应对措施；周老师与大家讨论了如何面对挫折和学生心理减压问题；程老师、陈老师与大家一道进行拓展训练。以上专题已经把心理健康教育培训的主要目的都一一呈现给大家了，唐书记的几个健康阐述了意义之重要，几位专家口若悬河、行云流水般的讲解道出了技巧之实用。来自各学院的辅导员、班长、团总支书记、心理委员、心理协会成员等聚集一堂，讨论大学生心理教育的问题。可以说，通过培训，同志们的知识框架中又增添了一片新绿，这就是心理学方面的知识。我们充分相信同志们能够运用一些简单的危机干预原理去解决存在并常常困扰着我们现实生活中的一些心理问题，提升了发现校园心理问题的敏感性和处理危机的能力。这是可喜可贺的。

在分享大家的快乐之后，我想和大家讨论开展心理健康教育的路径问题。

一、我们自己应当是健康的

何为健康？“不但没有身体的缺陷，还要有生理、心理和社会适应能力的完美状态”——这是世界卫生组织给“健康”下的定义。对于这个定义，我不完全赞同，因为身体的缺陷是健全的问题，不属于健康的范围。事实上，在现实生活中，有些人身体有缺陷，但他（她）却是健康的人。还有“社会适应能力”“完美状态”也不能定义在健康的范畴，社会适应能力是在生理、心理健康的基础上生成的。至于“完美状态”事实上是不可能的，人是动物，经常处于一种动态之中，在健康和不健康之间摆动。健康应当是生理机能和心理机能正常。

心理健康是指具有正常的智力、积极的情绪、适度的情感、和谐的人际关系、良好的人格品质、坚强的意志和成熟的心理行为等。

生理健康可以通过加强体育锻炼获得。

心理健康通过学习、修养培育而获得。

给大家推荐一本书：《情商——决定个人命运的最关键因素》。

二、学会关注

何为“关注”？依据新华字典的解释，关注就是关心和重视。要学会关心同学，重视同学中存在的各种各样的问题。

要做一个关心人的人，首要的就是学会欣赏。茫茫人海，滚滚红尘，回眸四望，欣赏是一道绝美的风景，一隅人人渴望；四季相宜，风味独特的景观，学会欣赏，你便懂得享受，学会欣赏，你便拥有快乐；学会欣赏，你便走近幸福；学会欣赏，便成为一个大写的人。

欣赏是一种享受，是一种实实在在的享受，无论何时何地，你学会了欣赏，你便收获快乐，收获温馨。懂得欣赏，你的心空便永远阳光灿烂。

欣赏是一种情怀，是一种博大高雅的情怀，没有爱心的人，不懂得欣赏；缺少情趣的人，不知道欣赏。

欣赏是一种态度，是一种发自内心羡慕的态度，当你读到一首诗或看到一幅画，一首清新流丽、情味隽永的小诗，一幅别有格调、神韵悠然的国画，你不能不激动，你不能不羡慕，除非你是傻瓜，此时，激动与羡慕无须理由。

欣赏是一种风格，是一种独特自在的感悟，纷繁世界，无奇不有，有山有水，有花有草，有风有雨，时时刻刻，变幻无穷，懂得欣赏，便懂得感悟；感悟愈深，生活得愈滋润，愈轻松；轻松滋润的生活便是至高无上的生活，既然知道无上生活的秘诀，为何不学会欣赏？利人利己的欣赏，应当义不容辞，义无反顾！

欣赏是一种精神，是一种情高趣雅的精神，蚂蚁有蚂蚁的生活，大象有大象的情调，仙鹤有仙鹤的风姿，懂得欣赏，你便懂得生活的真谛；懂得欣赏，你便拥有别人所没有的情调；懂得欣赏，你也便拥有迷人的风姿。

欣赏是一种力量；是一种与时俱进，自强不息，自我奋斗的力量，人生在世，区区百年，匆匆一日，忽忽一生，若不见贤思齐，脚踏实地，真抓实干，争分夺秒，多做一些有利于人类文明发展的大事，好事，年老时，你就会后悔不迭，悔之晚矣，学会欣赏，你便懂得珍惜，你便拥有更多，奉献更多。

欣赏是阳光，是雨露，是冬天里的一把烈火；欣赏是玉液，是琼浆，是夏日里的一片浓荫，让我们学会欣赏，让我们温暖处处，让我们学会欣赏，让我们阴凉处处。

当我们把欣赏作为一种生活态度，当我们的血液里流淌着欣赏的因子，关心他人就会成为我们日常的行为，阳光就会普照校园，到处都是春暖花开，所有存在于群体中的一切所谓“问题”就不是问题了。

三、善于做好心理健康工作

心理健康是大学生成才的基础：

1. 心理健康是促进大学生全面发展的基本要求，也是将来走向社会在工作岗位上发挥智力水平、积极从事社会活动和不断向更高层次发展的重要条件。

2. 心理健康是大学生克服依赖性，增强独立性的要求。

3. 心理健康是大学生取得事业成功的坚实心理基础。

“少年强，则国强；少年弱，则国弱，少年胜于欧洲，则国胜于欧洲；少年雄于地球，则国雄于地球。”梁启超先生这一名言震荡着一代代年轻大学生的心灵，我们大学生要以良好的心理素质迎接未来的挑战，为国家的富强奉献自己的青春。

那么，如何消除他们的心理差距，使其顺利成才呢？其具体的途径和方法如下：

1. 培养良好的人格品质。良好的人格品质首先应该正确认识自我，培养悦纳自我的态度，扬长避短，不断完善自己。其次应该提高对挫折的承受能力，对挫折有正确的认识，在挫折面前不惊慌失措，采取理智的应付方法，化消极因素为积极因素。挫折承受能力的高低与个人的思想境界、对挫折的主观判断、挫折体验等有关。提高挫折承受能力应努力提高自身的思想境界，树立科学的人生观，积极参加各类实践活动，丰富人生经验。

2. 养成科学的生活方式。生活方式对心理健康的影响已为科学研究所证明。健康的生活方式指生活有规律、劳逸结合、科学用脑、坚持体育锻炼、少饮酒、不吸烟、讲究卫生等。大学生的学习负担较重，心理压力较大，为了长期保持学习的效率，必须科学地安排好每天的学习、锻炼、休息，使生活有规律。学会科学用脑就是要勤用脑、合理用脑、适时用脑，避免用脑过度引起神经衰弱，使思维、记忆能力减退。

3. 加强自我心理调节。自我调节心理健康的核心内容包括调整认识结构、情绪状态，锻炼意志品质，改善适应能力等。大学生处于青年期阶段，青年期的突出特点是人的性生理在经历了从萌发到成熟的过渡之后，逐渐进入活跃状态。从心理发展的意义上说，这个阶段是人生的多事之秋。一方面，因为经验的缺乏和知识的幼稚决定了这个时期人的心理发展的某些方面落后于生理机能的成长速度。因而，在其发展过程中难免会发生许多尴尬、困惑、烦恼和苦闷。另一方面，我国正处在建立社会主义市场经济和实现社会主义现代化战略目标的关键时期。社会情况正在发生复杂和深刻的变化，社会竞争日趋激烈，生活节奏日益加快，科学技术急剧发展。这种情况也会让进入社会的青年学生引发这样或那样的心理矛盾和心理冲突，例如父母下岗、家庭生活发生变故、学习成绩不佳、交友失败、失恋等。这些心理问题如果总是挥之不去，日积月累，就有可能成为心理障碍而影响学习和生活。让学生正视现实，学会自我调适，保持同现实的良好接触。进行自我调适，充分发挥主观能动性去改造环境，努力实现自己的理想目标。

所以大学生在学习过程中应学会自我心理调适，做到心理健康：

1. 保持浓厚的学习兴趣和求知欲望。学习是大学生的主要任务，有了学习兴趣就能够自觉地跃入浩瀚的知识海洋里遨游，拼命地吸取新知识，发展多方面的能力，以提高自身素质，更好地适应社会发展的需要。

2. 保持乐观的情绪和良好的心境，大学生应保持积极乐观的情绪、愉快开朗的心境，对未来充满信心和希望，当遇到悲伤和忧愁的事情要学会自我调适，适度地表达和控制情绪，做到胜不骄、败不馁、喜不狂、忧不绝。

3. 保持和谐的人际关系。心理健康的学生乐于与他人交往，在交往中能用理解、宽容、友谊、信任和尊重的态度与人和睦相处。通过人际交往，使他们能够认识大学生的社会责任，培养遵守纪律和社会道德规范的习惯。增强心理适应能力，能与他人同心协力、合作共事，与集体保持协调的关系，保证大学生心理的健康发展。

4. 保持良好的环境适应能力。对大学生心理产生影响和作用的环境包括生存环境、成长环境、学习环境、校园环境等。

5. 积极参加业余活动，发展社会交往。丰富多彩的业余活动不仅丰富了大学生的生活，而且为大学生的健康发展提供了课堂以外的活动机会。大学生应培养多种兴趣，发展业余爱好，通过参加各种课余活动，发挥潜能，振奋精神，缓解紧张，维护身心健康。通过社会交往才能实现思想交流和信息资料共享。发展社会交往可以不断地丰富和激活人们的内心世界，有利于心理保健。

6. 求助心理老师或心理咨询机构，获得心理咨询知识。心理老师具备了较雄厚的理论功底和生活实践经验，对学生所面临的心理问题具有良好的解答方式和处理技巧。大学生在必要时求助于有丰富经验的心理咨询医生或长期从事心理咨询的专业人员和心理老师。心理咨询是指通过人际关系，运用心理学方法和技巧，帮助来访者自强自立的过程。从心理咨询具有治疗功能的角度来说，心理咨询属于心理治疗，作为一种治疗方法和治疗手段，心理治疗的对象主要是正常人和有轻度心理障碍的人。通过咨询者与求询者的交谈、指导，针对求询者的各种心理适应和提出的问题，帮助求询者正确地认识到自身心理问题的根本原因；引导求询者更为有效地面对现实，为求询者提供建立新型人际关系的机会；增加求询者的心理自由度，帮助求询者改变过去的心理异常，最终恢复健康的心理。心理咨询兼有心理预防和心理治疗功能，通过心理咨询，为咨询对象创设一个良好的社会心理环境和条件，提高其精神生活质量和心理效能水平，以实现降低和减少心理障碍，防止精神疾病，保障心理健康的目的。

学习是一项艰苦的脑力劳动，在学习过程中会遇到许多困难和挫折，所以大学生要取得优秀的学习成绩，掌握更多的科学文化知识，没有意志，没有不屈不挠的向上精神是不可能的。健康的心理，以积极进取、服务于社会的人生观作为自己人格的核心，并以此为中心把自己的需要、愿望、目标和行为统一起来，树立远大理想，“以天下为已任”，从而产生强大的学习内驱力，推动大学生努力完成学业，自觉攀登科学高峰。心理健康是大学生掌握文化科学知识的重要保证，有了良好的心态，不仅能取得好的学习效果，而且有益于终身的发展。如果离开良好心理的培养，就培养不出具有先进文化知识的合格大学生。综上所述，心理健康教育不仅是提高大学生整体素质的要求，而且也是大学生全面发展，成为“四有”人才的重要保证和基础。

总之，大学生要做到心理健康，争取身心健康是关系到成才与否的头等大事。只有健康的心理素质和健康的生理素质相结合，加之其他积极因素的相互作用，大学生成才就有了可靠的内在条件，一颗颗人才的新星就有可能升起。

阳光体育

——全国亿万学生阳光体育冬季长跑活动开幕词

由教育部、国家体育总局、共青团中央组织的第二届全国亿万学生阳光冬季长跑活动已于昨天（10月26日）在北京和各省（区、市）举行了起跑仪式。这次活动的时间：2008年10月26日至2009年4月30日。活动的主题是：阳光体育与祖国同行。参加的对象：全国各级各类学校学生。

这一活动是全面贯彻落实《中共中央国务院关于加强青少年体育　增强青少年体质的意见》精神，广泛开展全国亿万学生阳光体育运动，用强身健体的实际行动迎接中华人民共和国成立60周年，通过开展冬季长跑运动，磨炼青少年学生的意志品质，培养良好的锻炼习惯，有效地提高学生体质，特别是耐力素质水平，进一步掀起阳光体育运动的新高潮。

根据《第二届全国亿万学生阳光体育冬季长跑活动方案》的要求，每天长跑距离（参考）基数为：小学生1000米，初中生1500米、高中生、高校学生2000米。学校各单位、班级要做好每日长跑活动情况记录，在冬季长跑活动结束时，统计每个学生冬季长跑的总里程。冬季长跑总里程以60公里为基数，象征中华人民共和国成立60周年。小学生为120公里，初中生为180公里，高中生、高校学生为240公里。

第二届全国亿万学生阳光体育冬季长跑活动将评选“优秀组织单位”奖，对长跑活动开展好的省、地、县级政府单位进行表彰。各级各类学校要对冬季长跑活动中表现突出的优秀单位、班级、学生和教师进行表彰，对学生的表彰应记入中小学生成长记录、素质报告书或档案。

老师们、同学们：冬季长跑运动是提高我们的身体素质、培养顽强意志的一种有效活动形式。我校在恢复建校之初，曾以冬季长跑运动项目获得教育部、国家体委的表彰，这是我校的光荣，也是我校的传统。学校希望各院（系）认真做好组织工作，使广大教师和学生加入冬季长跑运动之中，校（院）学生会体育部、各个班级的体育委员，要切实抓好冬季长跑活动的工作，让健康与我们同行，让冬季长跑运动再次给我校带来勃勃生机与活力，为学校的更名工作添上浓浓的一笔。已故毛泽东同志曾在《湘江评论》上撰文说："体者是载知识之车。"我们有了强壮的身体，才可能完成学习任务，更好地服务于社会。

最后，我要请同志们记住："每天锻炼一小时，健康工作五十年，幸福生活一辈子。"热切希望我校的冬季长跑活动取得优异的成绩。

2008 年 10 月 25 日于觉悟斋

成长与提高

——赴华南理工大学干部教师会上的讲话

“游子身上衣，临行密密缝。”同志们马上要去华南理工大学挂职和进修学习，所以，学校就像父母一样，总是千叮咛万嘱咐。刚才唐建荣副书记代表学校党委的讲话已经体现了党委的关怀。在此，我想强调三点：

第一，继承传统。我校与华南理工大学合作已经形成了许多好的传统，派出去挂职的干部和进修的教师均得到华南理工大学的肯定，“成长与提高”已经成为华南理工大学为我校培养干部、提升师资水平的中心词。希望同志们不虚此行。

第二，努力学习。同志们此行的目的就是学习，学习什么？挂职干部要认真学习华南理工大学的管理经验；进修教师要认真学习专业知识和教学科研工作秩序。大家知道，我们学校虽然已经更名成功，但这只是名字上的更换而已，事实上，一个学校要进入大学层次，需要一次次的蜕变和羽化，我们正在经历着一次蜕变过程。我们的管理思维需要从学院管理向大学管理转变，我们的教学思维需要从学院向大学转变。一句话，我们需要构建大学管理与教学思维，彻底摈弃过去学院式的思维。这样的构建仰仗于各位的学习归来。

第三，拜访名师。名师出高徒，得到名师点化是一个学者成长的便捷途径。古人云：读万卷书，行万里路。“行万里路”不仅是指实践的重要性，事实上，其中之奥秘就在于，在“行万里路”中拜访名师，以求名师指点迷津。因此，各位此行一定要虚心向华南理工大学的管理者和教授们学习，力争成为他们的高徒。当你们成为名师的高徒之后，这些名师就会青睐学校，有了名师的支撑，学校发展就会有长足的进步。

最后，祝同志们学有所成，因为你们是学校的未来。

2012年9月3日于觉悟斋

投身民族文化　致力民族教育

——贵州民族大学副校长杨昌儒教授专访

与杨校长约好上午10点在他的办公室进行访谈。如约到了办公室后，我们不由得感叹万分：校长事务真是繁忙，不断有人找他，有老师汇报工作、学生就选课问题和他进行磋商、电话上的工作交谈，等等，但杨校长始终面带微笑、和蔼可亲，他的平易近人很快拉近了我们的距离，于是访谈就这样愉快地开始了。每一位领导都有自己独到的管理理念，与杨昌儒副校长的一席谈话，让我体会到了杨校长把中国文化的精髓带到了工作、生活、学习、管理等各个方面，以中国深邃的文化的视角，来洞悉校园和社会。

记者　杨校长，又有一批学子要离开学校，开始新的人生旅途。校长对即将毕业的学子们有怎样的建议与叮嘱呢？

杨校长　第一，大四的同学应该做好就业的准备。我认为先就业再择业立业。找一份工作先做，这份工作是不是适合自己，也要在做了以后才知道。不要听从别人对这份工作的评价，有些工作形成的环境、知识的结构是不一样的。所以每个人对工作的适应也是不一样的。在工作的实践中再来选择自己的职业，现在社会给我们提供的就职机会还是很多的，我们选择的面很广。第二，大学是一个阶段的结束，是另一旅程的开始。我们不能有船到码头，车到站的思想。认为大学四年的学习已经结束，我们可以放松自己，不再继续学习。我希望我们贵州民族大学的学子们毕业后也要继续学习，“活到老，学到老”，毕竟学习放一段时间以后就会变得陌生，所以我们必须手不离卷。这个社会是一个“能力本位”的社会，别人为什么要你？那是看到你的能力，社会如何评价一个人呢，那就是看一个人有多大的能力。我们只有不断提高自身的综合素质，才可能在自己的事业上有所创新有所成就。

记者 面对社会的压力，在校大学生应该注意哪些方面的能力培养呢？

杨校长 一个人在社会上应该具有的素质的准备，可以分为政治素质与业务素质，还有一个人的智商与情商。政治素质和业务素质从哪里来呢？那就是要靠学习而来。政治素质就是要学习马克思主义、毛泽东思想、邓小平理论、“三个代表”以及科学发展观。虽然在许多人眼中，政治理论是枯燥的，但当你走上工作岗位以后才发现政治理论决定了你的发展方向。政治理论在构建人生观、价值观和世界观方面起到了很重要的作用，年轻人要以积极的态度来学习政治理论。我们是社会主义国家，是中国特色的社会主义，没有这样的政治理论的话，我们怎样构建我们的三观呢？而对于业务素质来说就是自己工作岗位与自己专业素质的提高与学习。对于文科的学生而言，语言文学的能力是一个基础。把一个一个的字串成句子，把句子串成段落，再把段落组成有逻辑思维的文章。我们有些学生在网上看到一些好的句子就粘贴复制下来，那只是借用，并不是属于你自己的东西。还有一个就是历史。这是属于文科学生的两大拐杖。一个国家，一个民族，一个人不懂得历史，那就属于背叛，并且意味着找不到自己的根。在现实生活中，我们的很多判断是来自于对历史的掌握，对当下现实就有了一个正确的判断认识，有一个正确的基本思维模式，有一个正确的逻辑思维。理科生也必须具备一定的人文科学知识，我们在网络所接触的很多文化都是粗制滥造。所以我们在学习的基础上去学习中国文化，中国文化经过时间的积淀已经从文化转变成了文明。

记者 对于社会的压力而言，我们的心里普遍的浮躁。那我们应该怎样调适自己的思想呢？

杨校长 面对社会的浮躁，我们应该微笑坦然地去面对。想用句通俗易懂的话来告诫年轻人：“千里之行，始于足下。”饭要一口一口吃，不要贪多。贪多了会消化不良的。有些人也在学习，但是看了很多东西却收效不大。学习是一种模仿，但是要内化成为自己的东西，这样才可以在运用上得心应手。我们怎样读书呢？那就是要把模仿来的东西内化为自己的东西。聪明的人在模仿之后，内化为自己的东西，再运用这些东西，创造出属于自己的东西。

记者 杨校长，您是否鼓励在校大学生自主创业或者兼职呢？同时对这个举动有什么样的建议呢？

杨校长 我不赞同在校大学生自主创业或兼职。人生有很多个阶段，每个阶段都有每个阶段要做的事情。在壮年时期之前，我们要大量的去学习模仿。而在壮年期以后才是属于自己的创造。我们在大学时期，最重要的任务是学习。自主创业或者兼职都不可避免地会浪费我们的时间和精力，人不可能一心二用，我们处于哪个阶段就应该做好哪个阶段的事情。作为大学生，现在我们的主要任务是学习，应该大量读书，积累并梳理自己的知识结构。现在学生自主创业属于找钱经商的状态。如果我们自己的能力达到一定的高度后，那就是钱来找你的情况了。所以我觉得除了自己有关专业以外的创业与兼职我还是不赞同去做的。

记者 学校十分重视中国民族文化的科研工作，先后成立了贵州民族文化艺术研究院、贵州民族科学研究院、西南夜郎文化研究院，等等，形成了强大的民族文化研究阵容。杨校长，您对于我校的民族学发展如何定位，未来又该朝哪个方向发展呢？

杨校长 我们是民族大学，民族学是我校的立校之本，起到了支柱性的作用。在学校几代民族学者的努力下，贵州民族大学的民族学、人类学在贵州有了一定的地位。比如我们的西南民族学会，就贵州的大学来说，只有我们学校的学者担任了副会长。在中国民族学人类学联合会里面，贵州省就有两个常务理事，一个由贵州省民委的专家担任，一个就是我们学校的学者。学校的科研工作也要围绕着民族学上的问题来展开。我们学校的民族学的学习、科研，学科发展应该起到支柱性的作用。以现在的情况来看，理论上的研究多了点，下一步应该向着民族实际这个方向发展，与民族实际紧密结合起来。另外就是我们的民族学不应该局限于贵州，应该拓展到西南，面向全国。今年 6 月份要召开一个西南民族论坛，由民族研究编辑部主办，由我们和西南民族大学承办，召开一个全国性的大会，目的就是把民族学拓展出去。

记者 杨校长，您觉得应该如何将民族教育工作方面运用到学校的管理与建设之中呢？

杨校长 学校一直都在关注这个问题，并将民族学运用于学校的管理中。比如学校的建筑与色彩的应用，就融合了民族美学，是民族美学的运用与延伸。民族文化最为突出的特征或最具有根本性的内容是生活方式、行为方式、意识方式，概括说来就是人的活动方式，而在这种活动方式中内含着人的价值追求。一种文化的发生是建立在一定的自然环境和人文环境之上的，有什么样的自然环境和人文环境就可能产生什么样的文化。同样，当自然环境和人文环境发生变化，就可能导致文化的变迁。当然我们还必须指出，自然环境和人文环境是文化生成的基础，一种文化的发生与变迁的决定性因素是人在文化创造中具有的主动性，以及由此表现出来的多样选择性。校园制度文化作为校园文化的内在机制，包括学校的传统、仪式和规章制度，是维系学校正常秩序必不可少的保障机制，是校园文化建设的保障系统。“没有规矩，不成方圆”，只有建立起完整的规章制度、规范了师生的行为，才有可能建立起良好的校风，才能保证校园各方面工作活动的开展与落实。制度文化建设实际上包括制度建设、组织机构建设和队伍建设三个方面，组织机构建设和队伍建设是确保制度建设落到实处、并使其真正起到规范校园人言行的关键环节，校园文化组织机构的健全和完善、校园精神文化建设是校园文化建设的核心内容，也是校园文化的最高层次。

记者 杨校长，你如何看待图书馆在学校里面充当的角色？与在学生生活、学习中发挥着怎样的作用呢？在学校提升校风方面，你希望图书馆应该有着怎样的担当呢？

杨校长 图书馆是高校的三大支柱之一。大学的三大支柱是教师、实验设备以及图书馆。而图书馆的藏书量是突显支柱性作用的基础。丰富的馆藏里面有着大量的知识等着我们去学习。图书馆领导着整个学校的学习氛围，指引着同学们如何在大学里学到更多的知识。我们应该不断地完善图书馆的服务，创造一个适合读书学习的环境，吸引更多的同学来到图书馆看书、学习。来图书馆看书学习的同学多了，学习的风气自然就提升上去了，建设一个有文化气息的校园就这样营造出来了。所以，我们应该加强图书馆的建设，为同学们提供更好的服务与更好的学习环境。

后记：杨校长是贵州人，布依族，资深民族学学者，一直致力于民族学研究并积极投身民族教育事业。学问的积淀让他有一种温文尔雅、含蓄低调的气质，而多年的领导经验又让他有一种坚定从容、沉稳大气的气度，是学者和领导气质的完美结合。不禁想起了学生对杨校长的评价，现摘录一二以飨读者："讲课非常精辟，杨老师为人豪爽、有魄力、不虚假，自身学识渊博，讲课相当有水平，一向以怀柔政策对待学生，深受学生的尊敬和爱戴。他给我们上经典名著导读，讲的是《起源》这本书，现在还记得他上课的样子，满脸笑容，平易近人，和大家一起讨论相关问题。一直到现在，杨老师还是这样教大家，不仅是学习上的，还有生活上的，是一位很不错的老师！杨老师在做学问上精益求精，学术心态海纳百川，能客观对待各种学术思想，并善采纳众家之长，再经刻苦钻研，而成一家之说。杨老师博学多才，上课很有激情。我和同学都很喜欢上他的课，在大家心中是最具有人格魅力的老师。"

（本报记者：谷　念　谢子奇）

共同促进人类文化多样性保护与和谐共生

——在韩国第八届国际学术联合研讨会上的开幕词

以“文化多样性与国际和谐交流”为主题的国际学术研讨会，在韩国国立釜庆大学人文科学大学和中国贵州民族大学的关心和支持下，今天成功召开了。在爽朗的贵阳，在美丽的花溪河畔，我谨代表贵州民族大学全体师生对来自韩国国立釜山大学人文科学大学参会的专家学者表示诚挚的欢迎和衷心的感谢。

贵州民族大学自建校以来，作为多民族地区的民族院校，民族学一直是我们的特色和优势重点学科，我们十分重视对民族文化多样性与社会和谐的研究、传播，在学术研究和社会实践方面都有一定的影响。全球化的浪潮已经席卷全球，我们生活在地球村，共处在一个文化多样性的社会。新的文化不断涌现，文化交流、碰撞，充满“濡化”和“涵化”的变迁，原有的文化格局面临很多挑战，对世界和平与发展、团结与进步、人类可持续的良性发展产生了深远的影响。如何理性应对这些挑战，顺应全球化趋势，积极有效地推动多元文化与国际和谐交流，促进人类社会进步，是摆在世界各国学术界面前的一个重要课题。“文化多样性”是事实，“国际和谐交流”是各国学者美好的愿景。然而，如何更有效地从理论上认识“文化多样性”，又该如何从实践上予以推进国际和谐交流都亟须各国政府、非政府组织以及学术界的共同关注与研究。

因此，韩国国立釜庆大学人文科学大学与中国贵州民族大学共同举办以“文化多样性与国际和谐交流”为主题的国际学术研讨会，以期推进学科间的对话与交流及更高层次的两校间的合作关系，并深入探讨“文化多样性”“国际和谐”等有关问题。我相信，通过此次学术研讨会的对话和交流，不仅会促进我们两所学校间的交流和合作，更会对有效地推动多元文化与国际和谐交流产生积极影响，对全世界人类的团结进步和繁荣发展意义深远。

最后，预祝“文化多样性与国际和谐交流”国际学术研讨会圆满成功!

2014 年 6 月 27 日

根固木长　源浚水远

唐朝大臣魏征在其《谏太宗十思疏》中指出："求木之长者，必固其根本；欲流之远者，必浚其泉源。"魏征的这句话告诉我们事物发展中的主次关系。在贵州，民族文化因其独特的文化审美价值而成为区域发展与民族发展的重要资本。省委书记、省长陈敏尔同志多次指出："民族文化是贵州的宝贝，要搞好传承和传播。"民族文化是"宝贝"这一提法，通过通俗而形象的比喻再次提醒我们，民族文化是贵州的"宝贝"，这意味着民族文化对贵州民族地区与当地民族具有重要的价值，民族文化也因此而成为贵州与外界在进行交往的重要筹码。特别是作为中国少数民族众多的西部省区之一，民族文化的传承与传播直接决定着贵州民族地区与当地民族的发展前景。

何为民族文化？"所谓民族文化，通常有两种含义，一是指国家民族的民族文化，二是指少数民族的民族文化。"① 这是中国当代语境下的表述。事实上，正确的理解应当是：一是指以国家为背景的民族文化，如中华文化、法兰西文化、印度文化等；二是指以民族为背景的民族文化，如汉族文化、苗族文化、布依族文化，等等。前者是从地域政治的角度在国际政治场域的表达，后者是从历史文化演进的角度在学术场域的表达。

我们从文化的结构与范畴的角度，可以把文化分为物质的、精神的、制度的等三个层次。

物质文化是指有形的可观察的文化事象。诸如居处、服饰、交通工

① 尹绍亭：《文化生态与物质文化（论文篇）》，云南大学出版社，2007 年，第 72 页。

具、饮食等文化事象。这种文化是外显于形的。

制度文化是指那些规范人们行为的文化事象，如家族制度、亲属制度、婚姻制度、伦理道德等。

精神文化是指那些满足人类精神需要的文化事象，如思维方式、宗教信仰、审美情趣、价值观等。人之所以为人，就在于不仅需要物质的东西满足物欲，而且还需要精神的追求、寄托和安慰。正如李亦园先生所说："人类必须创造一些东西，一方面表达自己的思想，一方面又因为这些表达的创造又倒过来安慰我们自己。"①

一种文化的发生是建立在一定的自然环境和人文环境之上，有什么样的自然环境和人文环境就可能生成什么样的文化。同样，当环境发生变化，就可能导致文化的变迁。

文化生成的基础是自然环境和人文环境，但是，一种文化的发生与变迁的决定性因素是人在文化创造中具有的主动性，以及由此表现出来的多样选择性。相同的环境由于文化选择的方向不同，形成不同的文化模式。美国民族学家露丝·本尼迪克特认为："一个民族在这样无穷的可能性当中只能选择其中的一些作为自己的文化模式，选择的内容可以包括对待生、死、青春期及婚姻的方式，也可以包括涉及经济、政治和社会交往各个领域的规矩和习俗。"② 由此，我们看到了不同的民族在加工自然环境、加工工具和能力方面呈现出来的差异，体现了人的创造性。我们有理由这样说，文化是一条流淌着的河流，它在不断地适应自然环境和人文环境的过程中，既有传承又有创新，民族文化是该民族的人民不断推陈出新的结果。

文化是人化，人的主动性是显而易见的，因此，文化执行者如何选择就更为重要了。我以为，正确的选择来自文化执行者对价值观的检阅或构建。

相对于贵州境内的其他资源类型，民族地区民族文化资源的保护与开发，已成为制约贵州区域发展与民族发展的"瓶颈"。在贵州民族地区与当地民族的发展过程中，一个不可回避的现实是如何在境内特殊而复杂的

---

① 李亦园：《田野图像——我的人类学研究生活》，山东画报出版社，1999 年，第 71 页。

② ［美］露丝·本尼迪克特著，何锡章、黄欢译：《文化模式》，华夏出版社，1987 年。

自然环境与文化环境中，利用好贵州民族地区得天独厚的文化资源优势，使民族文化推动民族地区与当地民族实现后发赶超，这也正是贵州民族文化的社会价值与文化意义所在。从早期的华夏、苗瑶、百濮、氐羌、百越到现今的汉、苗、布依、侗、土家、彝、仡佬等18个世居民族，各族人民用自己勤劳的双手创造了丰富多彩的文化资产，不断点缀着自身的生产与生活，这些文化事象也使偏于西南一隅的贵州不再孤寂。

对贵州民族地区的民族群体而言，实现发展的关键在于如何促使民族文化实现由价值向价格、资源向资本进行转变，并在此过程中，统筹协调好价值与价格、资源与资本之间的关系。虽然贵州民族地区的民族文化拥有极高的价值，但在实际中，人们关注更多的却是民族文化的市场价格。在民族地区的文化开发中，人们更愿意津津乐道的是区域资源的存量，而对资源的提炼还不足，对文化的创新选择不力，相应的资本积累观念也还较为欠缺。由此导致文化思维的局限，直接制约了贵州民族文化的传承与传播。从文化发展的历史规律来看，传承与传播构成了文化发展的两条主线：一方面，文化的存在必须依赖于一定的社会群体；另一方面，文化的产生与创新不可能依靠闭门造车便能实现，它必须通过一定的途径或渠道在异文化群体间进行不断流动。因而，当前贵州民族文化的发展有两个方面的内容必须引起我们的注意：首先是做好民族文化的传承工作；其次是在文化传承的基础上，经过筛选后，把民族文化中的代表性特质不断向外界进行宣传和推广。

21世纪，世界各国除了经济、军事实力的竞争以外，以文化为主要表现形式的“软实力”也越来越成为国际竞争的重要内容之一。自美国约瑟夫·奈于1990年提出这一概念以来，便不断受到世界各国的关注。简而言之，“软实力”即是吸引力。就贵州而言，贵州的吸引力不仅来自冬暖夏凉的宜人气候与秀丽的山川河流，而且还来自18个世居民族多元共生的文化格局与各民族独特的文化精神。尤其是贵州历史上各民族之间的交往、交流、交融，使各民族之间的文化既有共通之处，又彰显差异。无论是春秋战国，还是秦汉隋唐，甚至宋元明清与民国，历史的变迁并没有使民族文化黯然；相反，民族文化却因岁月的洗礼变得更加璀璨夺目。

20世纪50年代以来，在中国共产党的领导和关怀之下，贵州出台了一系列的民族文化政策与法规，为境内民族文化的发展提供了有效的政策保障，使贵州民族文化这一“软实力”通过相应的政策法规逐渐固化，为“软实力”的打造创造了制度环境。与此同时，随着大数据时代的到来，通过相应的技术手段，将境内各种民族文化特质与文化数据进行信息化加工处理，已成为贵州培育“软实力”的一项重要内容。大数据的出现，扩展了传统的信息处理路径，通过与传统民族文化传承方式的结合，大数据补充了传统文化传承方式的不足，确保了民族文化资料的翔实、全面、细致。在民族文化的传播上，除了传统传媒技术以外，依靠大数据技术，及时对贵州民族地区的文化资源进行整理、传播，从而提高文化传播的质量与效率。

文化存量的大小决定了文化传播的效果。一个不争的事实是，在民族文化富集的民族地区，往往因当地鲜明的文化特质而广为人知，在相应的条件下则容易形成一定的文化品牌并产生相应的品牌效应；反之，则难于形成品牌，品牌影响力也无从谈起。文化品牌的形成基于一定的文化信誉与文化质量，这也是品牌竞争力的核心内容。文化存量规模在一定程度上奠定了该区域文化品牌的资本。但是，在民族文化贫瘠的地区或文化涵化较为明显的地区，大多数民族群体在现代化潮流的影响下已逐渐发生变迁，如何利用民族文化盘活当地资源，为民族地区与民族的发展造势则成为“欠开发、欠发达”的文化贫困地区的当务之急，这也是激活贵州民族文化，使其为民族地区与当地民族发展服务的关键所在。为此，就必须强化民族文化的“资本”意识，在此基础上，加强对民族文化的调查研究，对贵州各民族的文化内容进行分门别类的整理，建立信息库对民族文化进行传承。与此同时，通过对区域间的外部环境与内部环境的比较研究，在区域间进行相应的文化传播，对文化贫困地区进行文化培植，甚至还可实行区域或社区联盟的策略，强化民族地区的社区联系与文化联系，从而加快贵州各民族间的文化发展。

总之，民族文化是贵州跨越发展的一项重要资本，民族文化的发展离不开文化的传承与传播。在贵州民族文化的发展中，我们应正确认识到民族文化这一“宝贝”的特殊价值，不仅要积极挖掘、发现民族文化，不断为贵州民族文化的传承与传播创造各种宣传平台。只有守住民族文化这个

"宝贝"，搞好民族文化的传承与传播，才能强化贵州民族之间、区域之间的文化联系，不断推动贵州民族文化走向外界，促进各民族间的文化交流。

2015年9月30日于贵州饭店第一会议室

一流学科建设的思考

——2016年7月21日在学校学科建设工作会议上的讲话

2015年8月，中央全面深化改革领导小组第15次会议审议通过《统筹推进世界一流大学和一流学科建设总体方案》。11月，国务院正式印发，对新时期高等教育重点建设做出部署，将“985工程”“211工程”“优势学科创新平台”“特色重点学科建设”等重点建设项目，统一纳入世界一流学科建设。要求贯彻全面深化改革要求，创新重点建设机制，以中国特色、世界一流为核心，以一流为目标、以学科为基础、以绩效为杠杆、以改革为动力，推一批高水平大学和学科进入世界一流行列或前列。

2016年6月27日，教育部宣布失效一批规范性文件，其中包括《关于继续实施“985工程”建设项目的意见》《关于补充高等教育“211工程”三期建设规划的通知》《关于实施“重点特色学科项目”的意见》《关于继续实施“优秀学科创新平台”建设的意见》等文件。新华社记者6月28日从教育部获悉，教育部、国家发改委、财政部正研究制定世界一流大学和一流学科建设实施办法和配套政策，拟于今年启动新一轮建设。

可见，一流大学和一流学科建设将是中国高等教育未来的趋势。

一、大学为什么要建设学科

学科建设与大学发展如影随形，最早的时候，在欧美称为大学必须有四个学科，即文科、医科、法科、神科。我国曾制定更名大学的条件为具有两个以上学科门类。

学科水平决定了一所大学的层次。

学科是学者聚集、成长并创新的土壤。有高水平的学科，才能聚集到高水平的学者。当然，高水平的学科带头人也决定了所在学校相关学科的层次水平。

- 基本结论

学科是大学的细胞。大学发展是否健康，是由学科来决定的。

- 学科的生成

从理论上说，学科就是人们对自然界、人类社会、人类思维中的某种问题进行探讨所生成的知识体系。

- 中国大学的学科生成类型

第一种是自然演变的。从教研室演变为一个学科。

第二种是内部裂变的。通过课题研究形成课题组，演变为一个学科。

第三种是外部催生的。在政府和企业依据社会重大需求引导下，给予资源支撑而形成的学科。

第四种是主动播种。学校认为这个事可以做，以对接社会的要求。

- 学科的生长

学科的生长是有规律的。就是通过科学研究、人才培养来获得学科有形和无形的资源，形成一定的学术成果，建立相应的资源平台，形成自己的学术声誉，提升学术能力，这样才能逐渐生长。

- 学科生长的烦恼

第一就是学科队伍结构不合理，进人难，平台不够；第二就是学术声誉不高，缺乏标志性成果，无法与外部进行交流；第三资源获取的能力比较薄弱，研究平台不够；第四是研究方向不稳定。研究方向不稳定是我校学者普遍存在的问题。

- 处于生长期的学科，应当做好四件事

第一是凝练学科研究方向，聚焦、催生新的学科增长点；第二是优化学科队伍结构，保持人才有序流动；第三是积极争取学科任务，建立高端的平台；第四是加快学科的制度建设和规范化，培育学科的组织文化。

- 学科生长的决定性因素

第一是学科带头人的学术志向和感召力；第二是学校的发展规划和学科政策；第三是学者的兴趣偏好和合作精神。

- 成熟学科的标准有八条

第一，不可替代的研究领域和方向。
第二，标志性的研究成果。
第三，可持续的知识产出。
第四，稳定的资源获取。
第五，明晰的组织结构，严密的分工。
第六，规范的学科制度。
第七，良好的学科文化。
第八，较高的国际化程度。

二、学科建设出现了什么问题

对我国大学学科建设的基本判断：第一是前所未有的重视；第二是前所未有的成就；第三是前所未有的问题。

出现了什么问题？

- 从政府的角度看

第一个问题是重点学科的学科布局结构不合理，重点学科集中在少数高校。

第二个问题是遴选取向的“择需”不足，缺少顶层设计。没有用战略导向来遴选重点学科。

第三个问题是“见物不见人”。投资的钱可以用来买设备，智力投资很少。李克强总理在北京大学讲，科学研究当中最昂贵的是什么？是智力，是科学家的脑袋，是Idea。

• 从学校的角度看

第一个问题是学科使命不清楚，人云亦云或者是邯郸学步，步人后尘。

第二个问题是学科与专业分不开，用专业管理代替学科管理。

第三个问题是用学校和学院的学术委员会代替学科的学术委员会。

• 从学者的角度看

第一个问题是学科带头人是一种荣誉而不是责任。

第二个问题是学科结构松散，基本上是拼盘状态，单打独斗，各行其是，没有凝聚力。

三、学科建设建什么

首先要搞清楚学科是什么。在教育部的文件中说了学科、专业是构成大学的元素。

学科双重形态说：一种是“形而上”的，它是知识分类体系；一种是“形而下”的，它是大学的一个组织形态。

所谓知识形态的学科就是对知识进行分类。柏拉图把知识分为三类，即理性知识、物理知识、伦理知识。联合国 1984 年把知识分为五大门类，美国分为七大门类，德国分为十大门类，我国分为十三个门类，这种分类方便传授、评价、管理。

组织形态的学科就是按照知识分类来建立的知识劳动组织。如球队……

学科是怎么样组织的？定义：以知识的发现、整合、传递和应用为使命，以学者为主体，以知识信息和各类学术资源为支撑，依据知识的具体分类，在一定的知识劳动平台上开展科学研究、人才培养及社会服务的大学基层学术组织。

第一就是学科使命。我们叫凝练学科方向。为什么要凝练？因为我们不可能成为全能冠军，只能做单项。

第二就是学科队伍，必须有梯队。

第三就是工作平台。

第四就是工作制度。

学科建设和质量保障的内在联系是什么？实际上，学科和专业关系是困扰我们很多高校的两个基本概念。专业是课程的组合。

学科与专业有四个差别：

第一，从划分设立的依据上，学科是根据知识分类体系划分，而专业是依据社会职业划分的。

第二，形成要素不一样。学科有特定的研究对象、理论体系和范式、特定的研究方法、而专业只要能够提供课程和培养模式。

第三，构成不一样。学科是使命、学者、平台、制度构成。专业是培养目标、培养方案、课程体系、训练条件、评价体系等。

第四，发展目标不一样。学科的发展目标是增进知识，不断地有新的知识发现和创新。它的结果是增进知识的进步。专业的目标是为人类社会培养各种各样的高质量、高水平的学生。

学科是大学的组织，专业是大学培养人才的一种方式。一个专业需要若干学科共同完成，课程把学科和专业联结在一起。所以学科带头人要关注课程。如同打仗，学科是营地，专业是阵地。

大学的学科建设就是建立组织，就是促进组织在知识生产、知识劳动能力上的提升。这才是学科建设的核心意义。当下中国大学的学科建设往往强调的是建学位点、实验室、引高水平师资，这些都是学科建设的要素。因为我们的学科建设是政府推动的，用钱驱动的，为了竞争到财政的钱，大学就拼凑学科，把在不同学院、不同的组织中的材料拼凑起来，成为一个学科建设的方案。

我们的学科建设必须从低效率的、无序的，走向有序的、高效率的，同时要成为一个学术共同体、一个知识共同体，这就是学术组织。

为什么要提高组织化？道理很简单，如玩足球。科学研究是一个深挖的过程，只有在一个点上不断地深挖，才能有所突破。现在的情况是，学者们打一枪换一个地方，而且是以发表论文为终极目标，所以做不了大课题。这就是学科建设组织化的价值意义。

从管理学的视角看，组织化有利于凝聚学者。它是一种正式组织，大家加入里面，有共同的目标，有利于资源的配置，更有利于推动科学决策。什么叫科学决策？科学研究领域最重要的事情是选题。这是我们研究的起点。团队讨论研究什么领域，形成什么样的科学问题，组织化往往很有效。在自然界这叫“雁群现象”。

组织化是有路径的。第一要进行组织使命分析；第二要进行体制设计、结构设计、运行设计，然后要进行系统评价。结论是：大学学科建设的主要任务是建设学科组织，提高组织化程度，以提升学科的学术生产能力与产出效率。这是大学学科建设的目标。

评价大学学科很重要的一个观察点就是可持续的产出能力。偶尔有一年出一个科研成果、发表一篇高水平论文不稀奇，难的是持续地产出，在一个领域不断地深挖。这就是组织化的意义所在。

- 学科建设的责任主体

三个主体：政府的学科、学校的学科、学者的学科。

所以，主体责任涉及三个问题：第一是确立每一个层次主体的责任意识；第二是不同主体应该承担的责任；第三是学科之间的关系不要出现越界行为。

- 学者的学科

作为学者的学科，实际上要做三件事。

第一，确定方向，争取研究任务。确定方向宜早不宜迟。确定学科方向，涉及学科的使命及组织化的问题。

第二，建设学科队伍，搭建学科平台。学科队伍建设首要人物是学科带头人。然后是学科团队，即大师加团队。这里有一个学科带头人的替换问题，因为学科的周期要比人的周期长。

第三，建设内部制度，形成学科文化。从愿景到目标，到制度文化，到战略，到流程，到人才。

- 学校的学科

学校应该做三件事。

第一，制定学校基于学科发展的战略规划，因为学校的发展基于学科的发展。

第二，整个学校的治理变革要围绕学科制的构建，基于学科实现整个内部管理体系的改变。

第三，建设学科的公共服务体系，体现内部资源共享。

学科作为学校的细胞、基本学术单位，应当有效地组织起来，实行学科制，就是作为一种基于组织而建起来的有关大学的学术组织结构、学术运行机制。它是大学最基本的学术组织制度。

- 学科制内容主要的三个方面

第一，基于学科组织使命的学者遴选和培养机制。学校要用制度遴选和培养“德才兼备”的领军人物，就是我们通常说的学科带头人；要用制度遴选和培养学科团队，就是说，学校选人、进人实际上是基于学科的。学术委员会确定每个学科组织的战略规划，以及整个学科的规模、编制，然后把进什么样的人和如何使用人的工作交给学科和学院，最终由学科确定。

第二，基于学科成长的现代大学理财制度，学校用钱必须基于学科发展。根据不同学科组织的发展阶段，确定学科建设经费数额，保证学科有财务权利，当然规范的财务制度是必须的。

第三，搭建实现学术资源共享的平台。

- 政府的学科

学科对于政府来说，关系到社会经济文化的发展。因此，首先应当有一个宏观的关于学科建设的战略规划。

政府用投入方式激励学科建设。对于学科前沿可以以竞争性投入，战略急需的可以布点性投入，面对某种现实问题可以两者结合。

政府的投入应当做到“见物见人”，制定合理的人力资源薪酬开支制度，要让学者的智力劳动有相应的报酬。

政府应当制定学科评价机制。要把学科整体向纵深方向发展，持续发展能力和生产知识能力作为考核的核心，不能以论文数量和论文发表刊物作为评价的主要内容。

四、什么是世界一流学科

世界一流学科意味着在人才培养、科学研究、社会服务、文化创新与传承上的国际影响力。对世界一流学科而言，在思想理论、科学技术、观念价值、制度文明等方面，要对人类进步有贡献。特别重要的是，具备帮助解决人类面临的困境、影响和改变人类社会进程的能力。

从组织化角度评价学科，要“体用结合”。现在的学科评价，最后是引导学者把论文作为科学研究的终极目标。论文是科学研究的副产品，论文只是把研究的过程和结果记录表达而已，最早论文产生是应同行交流的需要。现在把论文的功能异化了。过去追求 SCI，现在又来了个 ESI。其实，我们是被欧美大学的评价绑架了，台湾高校已经在反思。

从组织学的角度来审视世界一流学科建设，可以从五个方面入手：

第一，有一流的组织使命。

第二，有一流的组织结构与制度安排。这是我们最为缺失的。

第三，有一流的学者队伍。

第四，有一流的组织资源支撑。设备、实验室。

第五，有一流的组织传统与文化。要成为一流的组织，必须有传统有文化。这是学科建设的软实力。

2016 年 7 月 20 日于花溪觉悟斋

向民族学致敬

今天是“世界奥林匹克日”，也是贵州省唯一文科研究生导师工作室揭牌的日子，来自国家民委政策研究室、中央民族大学、云南民族大学、贵州省民族事务委员会、贵州省社会科学院、贵州民族研究院、贵州民族研究编辑部、《贵州民族报》、黔西南布依族苗族自治州民委、黔南布依族苗族自治州民族研究所等一批从事民族学研究、关注民族事业、崇尚世界和平的人们聚集在一起，怀揣着民族平等、民族团结的心情，庆祝贵州省唯一文科研究生导师工作室——杨昌儒“民族学”贵州省研究生导师工作室揭牌，讨论当下的社会热点问题。我谨代表工作室的同仁向各位领导和同行们的到来，表示热烈的欢迎，并借此机会向我们挚爱的民族学表达我们内心的敬意。

我们知道，民族学是以民族为研究对象的学问。民族是人类特有的社会现象，是一个历史范畴。对民族的研究必然涉及政治、经济、文化、社会、生态等维度，由此，民族学必然是多学科联合的研究范式。当人类从早期国家形态向帝国形态发展时，人们发现了与自己不一样的同类，古埃及金字塔绘制于第 19 王朝的图像，埃及人、亚洲人或闪米特人、南方黑人、西方白人显影其中。“历史之父”希罗多德在传世之作《历史》一书中，记述了西亚、北非和希腊地区许多族体的体形特征、居住环境、语言、习俗、制度和信仰。东方的甲骨文标注了“五方之民”；《山海经》记述传说时代的古国和古族；《史记》中记述匈奴、西南夷、东越、南越、朝鲜、大宛、乌孙、康居、大月氏、安息等，成为许多民族寻根的依据。所有这些反映了不同时期人们对不同人类集团的观察和认识，这些认识启发着人们去思索人类的起源以及人类社会文化的性质和发展问题。

1492年，哥伦布的“地理大发现”进一步沟通了世界。由英国开始继而在欧美主要资本主义国家发生工业革命，利润诱导资本家奔走世界各地。撒哈拉沙漠以南的非洲丛林中的狩猎采集者、澳大利亚和大洋洲岛屿上的土著、美洲的印第安人等进入了商人、资本家、传教士的视野，不同的生计方式、习俗、体态、眼睛、头发、肤色引起人们的思索。对“我从哪里来，我到哪里去?”“我是谁?”等问题的思考催生了民族学，1839年巴黎民族学会的成立，预告了民族学的诞生。从此之后，民族学就一直伴随人类智慧的增长，穿越时空，跨越国度，不断引领人们探寻人类的本源、审视社会的变革、追问文化的价值，一次又一次地诠释人与人、群与群、人与群之间的关系，使人与人之间握手言和；使群与群之间平等相待；使人更自觉地融入群，群更宽容人，由此获得了人们的敬仰和爱戴。

的确，民族学具有很多令人迷恋的独特禀赋和性格。“各美其美、美人之美、美美与共、世界大同”，利他之心、兼收并蓄、共同团结奋斗、共同发展繁荣，就是民族学品格的真实写照。当我们阅读并参悟进化论学派、文化传播论学派、社会学年刊派、功能——结构主义学派、历史学派、新结构主义学派、新进化论学派等理论和方法之后；当我们阅读并参悟马克思、恩格斯《德意志意识形态》《家庭、私有制和国家的起源》等有关民族问题的论述之后；当我们阅读并参悟《江村经济》《金翼》之后；我们总是感到有一种力量从我们心灵深处涌起，总是感到有一种终极的东西在召唤我们，仿佛我们也像这些先贤一样，在追寻人与群的关系的过程中，慢慢崇高起来，感悟到一种从未有的“超越”。如果说“人生活的意义是构建出来的”命题符合逻辑的话，民族学通过田野调查发现了许多地方性的知识，为不同人群之间的理解提供了知识，同时也发现了民族间平等、团结、互助、和谐是人类走向未来的必然。因此，真正被称为民族学人的人，是那些把“各美其美、美人之美、美美与共、世界大同”作为生命价值取向的人，是在整个生命旅途中终身与民族为伍，直接把民族学作为生活而生活的人们。这里，所说的民族学人和民族学已经融为一体——民族学通过民族学人得到升华，民族学人通过民族学获得生命的依托。

由于民族学这样睿智和深沉，能使懦弱的人变得勇敢、狭隘的人变得宽容，刻板的人变得幽默。因为在民族学人看来，勇敢是人们在对生活意义建构的基础上确立的一种从容不迫的境界；宽容是人们基于对不同民族文化的理解而形成的一种大度心态；幽默是源于各民族文化的一种深刻感知在稍许超脱状态下的轻松表现。这就是说勇敢、宽容、幽默，在本质上都是对生活的一种哲学态度，是民族学智慧在生活之树结下的硕果。总之，民族学是内秀于己、外慧于世的学问，它不仅赋予我们生活的智慧和勇气，而且赋予我们生活态度和生活艺术，使我们能够面对现实，又超越现实，去追求我们自己的理想和永恒。因此，只要热爱生活本身，热爱和平，我们就没有理由不热爱民族学，就没有理由远离民族学。

然而，在我们热情赞美民族学的时候，我们也要看到，一向以尊重多元、倡导和平为己任的民族学，也开始把目光转向自己，追问是时代不需要民族学了还是民族学远离了生活？答案应当是清晰的。问题是民族学不应当单向地满足于世俗对民族学的需要，而应当基于时代的需要创造出新的需要。这就要求当代民族学，必须以多学科的方式、而不是以某种科学方式或人文方式，把握以全球化为背景的时代发展主题，应对现代文明为人类发展带来的新的机遇和挑战，关注生活变化和观念多样化同民族发展之间产生的矛盾和冲突，努力给生活以新的价值选择和定位。马克思曾经指出，对一个时代来说，“主要的困难不是答案，而是问题”“问题就是时代的口号，是它表现自己精神状态的最实际的呼声”。现在口号已提出，行动已开始。因此，我们坚信，处在深刻变化时代的当今民族学，一定会担当使命，上下求索，让所有情系民族学的心灵能够在和平世界自由飞翔。事实上，马克思主义民族学作为人类迄今为止最富智慧的民族学，已经为我们科学认知世界、认知社会、认知民族提供最有力的思想武器，并引导我们为实现“美美与共”这一最高民族学目标而努力奋斗。

最后，请允许我以夏天的名义，向民族学致以崇高的敬意。就像这阳光温暖大地一样，愿民族学的光芒永驻我们每个人的精神家园，成为我们这个世界消除人群分隔的利器。

2017 年 6 月 23 日

会议综述篇

理论与方法的探究

——贵州民族文化保护与发展研讨会总结

2008年11月12日至14日，纪念贵州改革开放30周年暨贵州民族文化保护与发展研讨会在贵阳隆重召开。来自贵州省民族研究所、贵州民族学院、贵州省社科院、省社科联、各地州市民委以及在读的民族学专业的研究生出席了本次会议。会议收到论文36篇。开幕式由研究会会长翁家烈先生主持，省社科联徐静副主席、省民委徐飞副主任出席并发表重要讲话。仡佬学会和水家学会发来贺信，预祝会议圆满成功。

为期一天半的会议分为单一民族学会（八个学会）就本会成立以来的情况报告与总结，民族文化保护与发展学术研讨。会议论文及大会发言涵盖了学会经验交流、民族文化保护与发展的理论与方法、民族旅游开发与民族文化的再构建、各单一民族的文化保护与发展研究等，内容丰富、视野开阔，综合性、实践性、交流性和反思性强，具有跨学科、跨地区和跨历史时段的特点。

一、关于各学会经验交流

贵州省民族研究会、贵州省苗学研究会、贵州省布依学会、贵州省侗学会、贵州省彝学会、贵州省土家学会、贵州省水家学会、贵州省仡佬学会的代表在会上就本会成立以来的情况做了详细的报告，就本学会的成功经验做了介绍。

从各个学会介绍的情况看，各学会自成立以来，做了大量的卓有成效的工作，开展学术研究，培养了一批专家学者，出版了一批学术著作，发表了大量的论文，为贵州各民族地区的发展做出了积极的贡献。尤其值得一提的是，我们各个学会不仅有一批专家、学者，而且还有一批在民族工作一线的实践工作者，他们怀着一种振兴贵州，促进民族发展繁荣的热情，深入民族地区进行调查研究，把自己的所思所想发表出来，虽然我们从学理的角度去看这些文章时，会感到逻辑性不强，说理不充分，语言较为朴实，但是他们的调查资料为学界的进一步思考提供了现实的依据。

最为我们贵州民族学界感到自豪的应当是贵州省民族研究会所组织的“六山六水”调查，这是一项庞大的工程，参与者近千人次，25 年不间断，编辑出版了 25 辑调查资料集，近 2000 万字，现又分专题出版，700 多万字。当我们今天回顾这项工程时，我们应当向策划这项工程的前辈们深深地鞠躬，是他们的睿智为我们留下了这非常宝贵的资料，他们对学术的孜孜不倦的追求为我们树立了榜样。作为后学的我们，一定要学习、传承前辈的精神，扎扎实实地做学问，打造贵州民族研究队伍，不仅要为贵州民族地区做好服务，而且还应当在西南地区乃至全国的民族学界有我们的声音，或者说叫“话语权”。

在服务民族地区方面，各个单一的民族学会富有成效，因为他们与本民族的群众有一种“天然”的联系，他们的会员来自基层，了解情况。这是各个单一民族学会的优势，我们应当保持这种优势，力争成为贵州少数民族地区经济、政治、文化、社会的发展的智力库。

二、关于民族文化保护与发展的理论与方法

以民族文化保护与开发为题的讨论，是从贵州旅游兴起的时候就开始的，于是出现了三种观点：1. 认为对待民族文化应采取极其小心谨慎的态度，保护比开发重要；2. 认为开发比保护更重要，在开发中保护；3. 认为保护与开发同等重要。

到目前为止，理论学者和实践单位之间还欠缺有效的沟通和合理的合作，理论的讨论未能有效地指导实践，理论在实践中也得不到印证和改善。最后的结果是理论、实践两方面都停滞不前。尤其是在经济全球化，民族多方面全方位接触的今天，我们尤其感到力不从心。有 18 个世居民族，仅次于云南省。各民族都有自己独具特色的传统文化，多姿多彩的贵

州民族文化是“多元一体”的中华文化的重要组成部分。由于受经济全球化的影响，文化交流无论在广度和深度上都超过以往任何时代，民族传统文化的保护与发展面临前所未有的挑战。所以，本次会议的主题确定为保护与发展，其目的就是在当前语境下，深入讨论保护什么和如何保护。从我们收到的论文来看，应该说目的基本达到，与会学者的大会发言和书面发言，从不同的角度论述了这些问题，为民族文化的进一步研究奠定了基础，积累了经验。

关于如何更好地保护、传承和发展民族文化，本次研讨会做了较为深入的理论与方法的探讨。部分同仁主张理性地看问题，认为保护是为了更好地传承与创新。因为民族文化的存在形式是动态的，总是在不断地发展、变化着，正如人类总在不停地发展、变化一样，不会永远停滞在一个固定的阶段上。翁家烈先生在《实现中华民族伟大复兴的根本在于民族文化的传承与创新》一文中，认为民族文化历经千百年的发展变化，就整体而言，无论就其内容或形式早已远非民族形成初始阶段的文化形态，因此将其某一古老的民族文化成分笼统地视为原生态文化是与事实不符的，欠科学的。对于民族文化中含有的古老文化成分，以传统文化呼之较之为宜。我国民族文化的传统主要是构建于农业社会的基础之上。在由传统农业向现代化农业、由农业国向工业国、由自然经济向市场经济、由封闭向开放转型的今天，民族传统文化的经济基础和社会基础正在日趋动摇着根深叶茂的民族文化，传统文化的生机正面临空前巨大的冲击。如何根据国情、民情，切实处理好传统与现代化两者之间的关系，确实是时不我待、异常紧迫的历史职责和艰巨的时代使命。中华文化多元一体格局的今天，中国人民十分尊重各民族文化，热爱自己的民族文化，依靠自己的民族文化，与时俱进地在传统基础上使自己的民族文化得以不断完善和创新，又能自主地、有选择地吸纳适合于本民族文化的世界各国、各民族的优秀文化，使我古老的中华文化必然得以新生，使国家的主权和安全得到保证，进而促进中华民族的伟大复兴。史继忠先生也以《弘扬民族文化的理性思考》为题著文，指出对传统文化的反思是必要的，能够认识自己的不足是一种进步，是一种觉醒，我们要像欧洲的“文艺复兴”一样注重弘扬传统文化，认真对待几千年积累起来的文化遗产，走进“理性殿堂”，在继承的基础上创新。同时还提出振奋民族精神才能弘扬民族文化。认为在激烈竞争的情况下，振奋民族精神更显特别重要，必须有一种奋发图强的精神才能立于不败之地，才能使中华文化永葆青春，继续在日新月异的21世纪崛起。弘扬民族文化必须有"文化自觉"。"文化自觉"实际上是一种文化心态，它包括对原有文化的认同感，对外来文化的种种反映及新的文化取向。"文化认知"是"文化认同"和"文化自觉"的基础，倘若对自己的民族文化没有"自知之明"，在与外来文化接触、碰撞之后，便可能产生两种"不自觉"的倾向：一种是以为"美玉无瑕"，不加区别地继承传统，抱残守缺，抵制外来文化，成为时代的落伍者；另一种是认为自己"一切都不如人"，盲目"跟风"，在文化交流中完全失去"自我"，不自觉地被其他文化"同化"。因此，我们要弘扬民族文化，必须有"文化自觉"，对中华文化就必须有充分的"自信"，而这种"自信"要建立在对中华文化深入研究的基础上。李平凡先生则在《浅谈民族历史文化的保护》一文中，从目前民族文化抢救保护存在的困境出发，提出了保护的具体措施：建立健全民族历史文化艺人命名制度；普查民族文化资源，建立文化数字信息库；整理、翻译出版经籍，促进民族文化申报世界遗产；建立民族生态博物馆、民族文化村；利用民族节日，强化保护力度；民族文化进校园等。民族文化传承是保护与发展的基础和前提，也是保护和发展的目的，为了更好地保护和发展民族文化，有学者提出要从法律角度来研究民族文化的传承，认为民族地区有些优良的法文化，可以吸收、利用。另外，还有部分专家学者从文化遗产保护，民族文化保护法制化等角度论述了民族文化保护与发展的重要性，并提出了颇有见地的措施。

民族文化百花齐放、百家争鸣的情景是中华文化多元一体的基础。侯绍庄先生用"继往开来，推陈出新"八个字总结了我们应对传统文化所持的态度，认为如果我们过分地强调原汁原味的原生态保护，既是与现实的发展进程不相适应的，也是不现实的，那只会永远保持落后，一个在文化上、在精神上停滞不前的民族最终也会走向消亡，我们应保留传统文化的本质特征，其形式是要随时代的变化而变化的，所以我们不能固守陈规，要紧跟时代步伐，这个民族的文化才得以传扬，侯先生列举了很多生动有趣的例子来证明"继往开来，推陈出新"的文化态度，使我们深受启迪。

三、民族旅游开发与民族文化的再构建

关于民族旅游开发与民族文化的再构建问题也是本次研讨会的一个焦点问题，主要是围绕要不要开发民族旅游，如何开发，在开发中如何处理民族文化保护等问题展开的。有的学者从旅游的角度提出强化民族文化的构建，试图寻找一条经济与文化双赢之道；有不少的学者从某一民族的角度讨论和分析了民族文化的保护与发展问题，这些意见和建议，对当下我们建设社会主义新农村，构建和谐社会，重构民族文化，将起到积极的作用。

比如，龚锐先生的《断裂与重构——民族旅游开发与民族文化的再构建》一文，从什么是民族旅游、民族旅游的现状问题等方面的思考出发，最后从民族文化的发展规律中去做了进一步的解释性和对策性研究。龚先生认为，现代语境下的民族旅游的开发类似莎士比亚悲剧《哈姆雷特》中经典性的追问："开发还是保护？建设还是破坏？传承还是发展？"这种看似二律悖反的现实，让我们仿佛陷入了两难的境地。事实上，民族文化是一种持续建构，民族文化并非某种自我规定，它取决于与异族文化的相互关系，发生于具体的历史情境之中，是多种力量互动的结果。在现代语境之下，任何文化为了更新自己或影响其他文化，不可避免地会失去一些自身的东西，但这并不意味着民族文化的特质——民族性的去除，而是表明民族文化的发展。民族文化还取决于我们的认识。我们之所以对旅游开发中存在的商业化、程序化、雷同化的表演持批判的态度，是因为那些"文化秀"的制作者极大地忽略了作为民族文化符号的这些文本因"语境"的变化，其意义早已改变。结果，所表现的民族文化"传统"和"特征"只是制造者自身文化观的投影，因此，民族文化成为一种仪式狂欢，成为一种只有能指而缺乏所指的"空符号"。我们所提出的民族文化的开放性和流动性，并不是要我们丢弃民族文化的特性，而事实上，开发、发展是为了更好地保护，保护必须以发展为前提。应该用发展的眼光看待民族文化，而不应把民族文化作为文物保护起来。封闭的结果只能是更加的落后。我们要解决和处理在民族地区发展旅游时所遇到的问题，其一是要增强民族自信，实现民族文化的良性变迁，而其二是要实现民族文化的再构

建。民族文化的再构建取决于民族文化间的交流与碰撞，其前提是现代化，而实现现代化的捷径之一是开发和发展民族旅游。我们应该根据变化了的形势，不断地对民族文化进行阐释、提升和创新，构建新的民族文化。

另外，还有一些学者在文章中阐发了有关民族旅游与文化保护和建构的问题。比如，孙朝发的《从江县民族文化旅游开发的建议》、李永皇的《发展乡村旅游促民族文化的保护与开发——以黔南布依族苗族自治州为例》、敖惠和张庚斐的《矛与盾之间：在贵州少数民族地区发展经济与文化保护——以贵州隆里古城为出发点》，等等。他们从个案分析中，生动具体地探讨了民族旅游现状，旅游开发中民族文化的保护和发展问题，以及提出了具体建议。

这些有关民族旅游和民族文化的再构建问题的探讨，对于我们贵州在进一步推进民族文化旅游时如何处理经济发展与民族文化发展的关系提供了正反两个方面的思考，无疑是十分具有价值和意义的。民族旅游和民族文化的再构建问题也为学界研究提供了新思路。

四、各单一民族的文化保护与发展研究

从各位专家学者提交研讨会的论文情况和发言情况看，各单一民族的文化保护与发展研究也是本次研讨会的一大特色，是贵州学界一如既往的优势特色。学界同仁们从各单一民族的文化特点出发，进一步探讨了保护和发展该民族文化的相关具体问题。

世界在不断地变化，文化多元互相影响与互相渗透，不断改变着各单一民族的原有文化结构，于是在现代语境下，我们要如何认识各民族的文化，如何更好地保护与传承等问题日益引起学者们的关注。樊敏女士的《论全球化背景下布依族传统文化的保护与传承》一文，在分析了布依族传统文化保护与传承的现状基础上，找出问题，提出了保护与传承的对策：一是正确认识布依族传统文化，做到摒弃与弘扬并举；二是发展创新布依族传统文化，促进传统与现代结合；三是科学挖掘整理，丰富布依族传统文化内涵；四是政府主导，重视布依族传统文化的保护与传承；五是依托院校，加强对布依族传统文化的研究和人才培养；六是稳步“申遗”，

使布依族传统文化与世界文化交流和互动。周真刚在《彝族传统文化的保护传承与发展研究》一文中，则从彝族文化的重要性谈起，分析了彝族传统文化的保护、传承与发展既面临着巨大的考验，又面临新的发展机遇。其机遇主要表现在两个方面：首先，文化的封闭性将被打破，文化的交流和互动成为可能；其次，为传统文化实现转变的自觉、自愿和主动提供了可能。相信只要我们与时俱进，正确对待，该扬弃的就扬弃，该继承的就继承，能创新的就创新，我们的民族文化一定会更加灿烂美丽，绚丽多姿。还有，部分学者从地区和具体的民族文化事象等方面进行了分析，如任艳的《从节日文化变迁看苗族传统文化的传承和发展——以王卡杀鱼节为例》、余舒的《浅谈毕节地区彝族文化的保护》，等等。另外，一些与会专家学者还分析了某一民族的文化特点或具体的某一文化事象的特点，间接地表达出保护和发展民族文化的重要性，比如李锦平教授的《论苗族历史文化的几个显著特点》、杨毅的《侗族鼓楼的美学意蕴》，等等。

对各单一民族的文化保护与发展问题进行研究是十分必要的，这是我们提出宏观性和较为普遍性研究结论的基础。而且，从实践性的角度看，我们的很多理论，有待于在各民族地区得到相应的证实，并且各单一民族的文化保护与发展研究，其结论更具有可操作性。所以，从这个方面讲，足见我们本次研讨会的召开，基础是扎实的，结果是成功的。

夜郎文化与文化利用

——中国贵州石阡夜郎文化高峰论坛总结

这次论坛是我校西南夜郎文化研究院与石阡县人民政府共同主办的。根据我们的约定，论坛点评和总结由校方负责，我作为校方代表被历史地推上了发言席。在以往的学术论坛活动中，对各位专家观点的点评，应当由那些学术造诣很高的专家、教授来完成。显然，我在这里的发言只是完成一种历史的任务而已。如有不妥的地方，请各位同人批评。

这次论坛是2011年9月16日举办“梵天净土·桃园铜仁——中国苔茶之乡·石阡首届苔茶文化旅游节”的一项重要活动。来自云南民族大学、贵州省民族研究所、贵州省考古所、贵州大学、贵州省文联、贵州民族学院、贵州民族学院西南夜郎文化研究院的石阡、赫章、长顺、新晃四个分院的学者、专家、教授出席了本次论坛。在外地工作的石阡籍专家、石阡县的相关领导也莅临会议。此次论坛共收到论文41篇。论坛由石阡县政协副主席、西南夜郎文化研究院石阡分院常务副院长陈登寿主持，石阡县人大常委会主任周胜龙致辞。

论坛论文及大会发言涵盖了夜郎历史与考古、夜郎文化的形貌与流变、夜郎文化与民族旅游开发等，内容丰富、视野开阔，综合性、实践性、交流性和反思性强，具有跨学科和跨历史时段的特点。

一、关于夜郎历史与考古

中国社会科学院民族研究所纳日碧力戈先生曾在《现代背景下的族群构建》一书中表达了这样一个意思，即“我从哪里来，我到哪里去?”是人类生活的母题，人类所有问题都是由此而引发开来的。我个人认为：历史学的任务就是要回答“我从哪里来”的问题，在我们追问“我从哪里来”的时候，其间也获得了关于生命意义的诠释，同时，也会找到“我到哪里去”的路径。

贵州省文联刘渝安先生的《神秘的夜郎国》从五个方面讨论了夜郎国的地望和夜郎文化，虽然文章中的一些观点和材料的使用有待进一步讨论，但对石阡县历史的梳理确实是可以肯定的。贵州省民族研究所余宏模先生虽然年近古稀，毅然秉笔而书，引用丰富的史学资料论证了石阡县夜郎资源的历史性和现实性。蔡正国先生《秦汉以前的夜郎古都之发现》，倾其毕生精力，走访石阡县现存的各文化遗迹，搜集、分析石阡县的民间故事，推论古牂牁郡城在石阡县西部。贵州三农楮桃产业开发有限公司董事长黄大建先生《夜郎构酱与楮树开发利用》从构酱的生存环境的角度，讨论夜郎问题，这种从植物生态学的角度讨论夜郎问题不失为一种很好的角度。贵州考古所宋先世先生的《乌江水下文化遗存——葛闪渡遗址考古纪实》，翔实地描述了葛闪渡遗址考古情况，为我们展示了一个曾经的辉煌。坐落有致的建筑和通往乌江的暗道，都是乌江商贸繁荣的例证。贵州民族学院叶成勇博士在不长的时间里，探讨了河坝场城门遗址的时代与性质，得出了城门山遗址与唐宋时期活动的僚人有关的结论。

关于夜郎的历史研究，贵州省社会科学界近60年的研究，虽然没有最后结论，但正在逐渐地剥去夜郎神秘的面纱。今年3月在贵阳市委党校的讨论会上，专家们从各自掌握材料的角度，讨论夜郎国、夜郎县的地望问题，为我们进一步研究夜郎历史描绘了一个很好的线路图。

我是研究民族学理论的，对夜郎问题涉及不多。我认为，夜郎历史的研究需要考古学的积极参与。我们不仅要注重地下的发掘，还要注重民间口传资料的搜集、整理与研究，从中发现印证夜郎历史的资料。许多学者从石阡县现存的文化事象中证明其与夜郎的关系，虽然还有认真推敲的必要，但这种研究思路是可以借鉴的。这就是“史失而求诸于野”，要深入夜郎故地考察，将死的文献与活的事象研究结合起来，用多学科融合的方法，开拓出夜郎研究的新领域，打破僵硬与无奈交织的夜郎研究的学术氛围。

二、关于民族文化的发展

从收到的论文来看，专家学者们从石阡民歌文化、地名文化、图腾文化、石阡茶灯文化、建筑文化、石阡会馆文化、石阡丧葬文化、石阡饮食文化、仡佬族毛龙文化、仡佬族敬雀节等方面，讨论其与夜郎文化的关系。虽然我们不能肯定地说，这些文化就是夜郎文化，但与夜郎文化有着千丝万缕的联系仍然是不争的现实。

民族文化的存在形式是动态的，总是在不断地发展、变化着，正如人类总在不停地发展、变化一样，不会永远停滞在一个固定的阶段上。民族文化历经千百年的发展变化，就整体而言，无论就其内容或形式早已远非民族形成初始阶段的文化形态，因此将其某一古老的文化成分笼统地视为原生态文化是与事实不符的，欠科学的。对于民族文化中含有的古老文化成分，以传统文化呼之为宜。

我国民族文化的传统主要是构建于农业社会的基础之上。在由传统农业向现代化农业、由农业国向工业国、由自然经济向市场经济转型的今天，民族传统文化的经济基础和社会基础正在日趋动摇根深蒂固的民族文化，传统的生机正面临巨大而空前的冲击。如何根据国情、民情，切实处理好传统与现代化两者之间的关系，确实是时不我待、异常紧迫的历史职责和艰巨的时代使命。我中华民族万众一心地尊重自己的民族文化，热爱自己的民族文化，依靠自己的民族文化，与时俱进地在传统的基础上使自己的民族文化得以不断创新，又能自主地、有选择地吸纳适合于自己的世界各国、各族的优秀文化，则我古老的中华民族文化必然得以新生，就能使国家民族文化的主权和安全得到保证，进而促进中华民族的伟大复兴。

如何保护和发展民族文化呢？史继忠先生提出振奋民族精神才能弘扬民族文化，在激烈竞争的情况下，振奋民族精神更显重要，必须有一种奋发图强的精神才能立于不败之地，才能使中华民族文化永葆青春，继续在日新月异的21世纪崛起。弘扬民族文化必须有“文化自觉”。“文化自觉”实际上是一种文化心态，它包括对原有文化的认同感，对外来文化的种种反映及新的文化取向。“文化自知”是“文化自信”和“文化自觉”的基础，倘若对自己的民族文化没有“自知之明”，在与外来文化接触、碰撞之后，便可能产生两种“不自觉”的倾向：一种是以为“美玉无瑕”，不加区别地继承传统，抱残守缺，抵制外来文化，成为时代的落伍者；另一种是认为自己“一切都不如人”，盲目“跟风”，在文化交流中完全失去“自我”，不自觉地被其他文化“同化”。因此，我们要弘扬民族文化，必须有“文化自觉”，对中华民族文化必须有充分的“自信”，而这种“自信”要建立在对中华民族文化深入研究的基础上。专家们对石阡县文化的发掘与整理，就是“文化自知”的重要基础工作。

文化的多样性是人类文明长期发展的结果，也是世界文化繁荣昌盛的根本原因。从长时段来考察人类文明，尽管最初兴起的文明往往处于孤立的发展状态，但终究要汇入其间相互影响、渗透，共同推动人类文明的发展。人类六千年的文明史表明，当今世界达到的辉煌，是人类共同创造的。因此，我们必须坚持“和而不同”的文化发展观。中华民族的历史，验证了“和而不同”思想的正确性。

三、关于民族文化的利用

贵州民族学院陈玉平先生《泉茶、非遗与夜郎》，从石阡的优质资源角度，提出了推动石阡县经济文化发展的思路。王子尧、李平凡先生、珠尼阿依女士详细论说了石阡如何利用夜郎文化推动旅游经济发展策略。周胜龙先生的《“三点一线”打造文化品牌推进石阡旅游业发展》一文，提出以古夜郎县所在地本庄、河坝场“夜郎文化”、县城所在地“府城文化”、石固公鹅坳长官司“土司文化”，打造品牌，使之成为三颗明珠。虽然这些策略不等于民族文化利用的方案，但作为石阡县发展民族文化旅游的参考是可以肯定的。

文化就是人化，人的主动性是显而易见的，因此，文化执行者选择什么，抛弃什么是至关重要的，人们正是在文化选择中重构民族文化。这就要求我们在做民族文化旅游的过程中，一定要展示我们现实的文化，不可将伪文化引入旅游场域，因为这种引入本身就是一种选择，就会弄巧成拙，弄假成真。

四、结语

这次会议虽然是由贵州民族学院西南夜郎文化研究院与石阡县人民政府主办，但会议经费是由石阡县人民政府提供的，具体承办这次会议的是石阡分院，其间的石阡县人民政府还邀请了专家学者到石阡考察采风，正是石阡人民政府的支持和石阡分院的同志们辛勤工作，为会议的圆满完成各项议题提供了保障，为此，我建议让我们用热烈的掌声表示谢意！

收获军训

——2010级学生军事训练总结大会上的讲话

在这金色的九月，在中华人民共和国成立61周年即将到来之际，贵州民族学院迎来了2010级学生军事训练总结汇报暨表彰大会。首先，我代表校党委、行政和军训师向前来指导的省军区军训办和省武警二支队的领导及全体教官，表示衷心的感谢，向圆满完成军训任务，并取得优异成绩的全体参训学生表示热烈的祝贺。在军训中，全体官兵严格按军训大纲的内容要求和军训课程计划安排，认真组织军事训练。今天，通过阅兵，分列式汇报，擒敌术、应急棍、刺杀操、队列操、广播操等表演，充分显示了参训官兵骄人的成绩。

本次军训，严格按照军训大纲的内容要求，先后进行了队列训练、实弹射击、内务卫生与行军拉练等科目的训练，开展了广播体操、拉歌比赛、学唱部队歌曲和文艺联欢等活动，受到了全体参训官兵的欢迎，圆满完成了预定的训练任务。

本次军训，是由中国人民武装警察部队贵州省总队第二支队担任军事训练的教官。二支队派出了作风优良、军事素质过硬的干部担任主教官、团长和营长；派出了思想作风过硬，军事素质较好的士官担任连长。我校派出了政治思想好、业务水平高、工作责任心强的教师担任团政委、营教导员，在军训师的统一组织管理下实施军事训练。在整个军训工作中，贵州省总队二支队的60名教官，在张先华副参谋长的带领下，以身作则、吃苦耐劳、率先垂范、严格要求、严格训练，为军训任务的圆满完成付出了辛勤的汗水和劳动，为全体参训的师生树立了良好的榜样。在此，我代表校党委、行政、军训师对武警二支队领导和全体教官表示由衷的感谢和最诚挚的谢意!

这次军训，使同学们亲身体验了一次难忘的军事生活，受到了一次具体而生动的爱国主义、集体主义、革命传统、组织纪律和国防观念的教育，也是同学们一次切实履行兵役义务的体现。通过军训，使学生的爱国主义觉悟得到了提高、国防观念得到了增强、集体观念得到了培养；通过军事技能训练，不仅磨砺了同学们的意志，培养了学生的优良作风，增强了全体同学爱军、拥军的思想观念，而且还锻炼了同学们吃苦耐劳、团结互助的能力，为四年的大学生活打下牢固基础。

本次参训的学生人数多、规模大、任务重，前段时间烈日高温，后段时间毛风细雨，能否搞好军训、圆满完成任务，今天同学们的表现就是最好的答卷。军训期间，学校党委、部队党委、省军区学生军训办高度重视，主要领导都参加了军训动员大会，校党委书记高万能同志做了军训动员讲话，并向军训师授旗；校党委副书记唐建荣、副校长杨昌儒深入训练场、靶场看望学生；唐建荣副书记还冒雨参加了军训联欢会，并引吭高歌，使同学们深受感染；刘黔生副书记、刘雷副书记、吴晓萍副校长、范允龙副校长莅临训练场视察，指导学生军训工作，给全体参训学生以极大的精神鼓舞，提高了部队的士气；二支队参谋长杨旭同志、省军区学生军训办李汉华同志莅临靶场指导，给全体参训官兵和学生予以亲切的关怀，军训师三机关干部和各职能部门及各学院的领导积极配合，确保军训按计划顺利进行。同学们在军训师的组织指挥下，思想上高度重视，配合教导员的管理，服从教官的指挥。训练中严肃认真，刻苦训练，斗高温，战酷暑，冒细雨，面对困难不退缩。值得一提的是在行军拉练中，尽管毛风细雨，道路泥泞，但同学们气势高，斗志强，相互鼓励，相互帮助，凭借顽强的意志战胜了自我。有位女战士用草铺在泥泞的道路上，提醒同学们注意安全，有的同学还帮助老乡推车，受到沿途人民群众的好评，做到了走一路，红一线，驻一地，红一遍，圆满地完成了拉练任务！在军事训练中，有的同学脚起了水泡，有的同学感冒生病，但轻伤不下火线，同学们勇于拼搏的顽强意志，团结互助的团队精神，斗志昂扬、奋发向上的精神风貌，以及今天阅兵场上同学们的整齐步伐、响亮的口号、排山倒海的气势、威武飒爽的英姿，充分展现了新世纪民族大学生的精神风采。

本次军训，各团的政委和教导员以身作则，与同学们同甘共苦，顶着烈日、踏着泥泞和学生战斗在一起，积极配合教官搞好军训，他们以军人的标准要求自己、管理部队，尤其令人感动的是，他们放弃与家人团聚的中秋节假期，与学生们共度中秋节。有的指导员受伤生病，但仍坚持工作岗位与同学们战斗在一起，特别值得一提的是，二团政委张志龙同志尽管身体有所不适，但仍每天和学生一样坚持出早操，准时出现在训练场，做好学生的思想工作，受到学生们的赞誉。所有参训的武警二支队教官，作风扎实，严于律己。在训练场上，他们不厌其烦，教授动作一丝不苟；实弹射击场上，他们循循教导，精心组织安排，帮助学生战胜心理负担；军事拉练路上，他们充当学生的护卫者，处处展现了部队的优良作风和光辉形象。他们和参训学生、教导员及连队集体融为一体，结下了深深的情谊，共建之花、文明之果得到了升华，为我校军训史又增添了浓墨重彩的一笔，真正体现了“二十六载鱼水情，校警共建谱新篇”。在国庆佳节来临之际，我代表全校1万多名师生向武警二支队的所有官兵和省军区学生军训办的同志们表示节日的慰问和良好的祝愿！

这次军训，不论是教官、指导员还是学生，在军训工作中，严格要求自己，积极主动工作。作为军训工作的职能部门，校学工部、武装部全体老师不负学校党委的重托，在校党委的领导下，对军训工作周密计划，精心安排，以身作则，为军训工作的顺利开展费尽心血；校团委为军训师全体参训学生准备了一台精彩联欢会；校党委宣传部充分利用网站、广播台为军训活动做了充分的报道；后勤处、保卫处等相关职能部门周密配合，互相支持，使军训工作有序、安全、高效；广大共产党员充分发挥党员先锋模范作用，好人好事不断，奋勇争先蔚然成风，每天的三星评比，优秀战士不断涌现。司、政、后机关相互支持，紧密配合，确保了这次军训工作的顺利完成。

同学们，短暂的军训生活已经结束，在挥汗如雨的军训中，你们收获了军人的勇敢顽强与遵守纪律的精神，希望大家做到脱下军装仍然是一名战士，把我们在军训中的优良成果和所学到的知识融入今后的学习、生活中，并进一步将其发扬光大。积极投身学校各项工作和警民共建活动中，从小事，从自己做起，树立良好的学风、班风、校风，刻苦学习、积极进取，把自己培养成德、智、体、美等全面发展的中国特色社会主义事业可靠的建设者和合格的接班人，为振兴中华民族，为建设和谐小康社会，为推进社会主义现代化做出应有的贡献。

访问篇

南宁归来

2011 年 12 月 9—12 日，中国人类学民族学年会在广西民族大学召开，会议由中国人类学、民族学研究会主办，广西民族大学承办。中国人类学、民族学研究会常务副会长、全国政协民族宗教委员会副主任周明甫出席会议。

12 月 9 日晚上 9 时，召开中国人类学、民族学研究会 2011 年常务理事会议。会议的主要议题有：1. 广西民族大学民族学与社会学学院院长周建新汇报 2011 年年会的筹备情况；2. 讨论审议《中国人类学、民族学研究会工作经费筹集办法》；3. 中国人类学、民族学研究会秘书长黄忠彩做 2011 年研究会工作总结；4. 中国人类学、民族学研究会常务副会长周明甫讲话；5. 布置和安排 2012 年年会的工作。

周建新院长说，广西民族大学是 9 月份才获得承办资格，时间紧、任务重，学校出资 21 万元作为会议经费，原计划 150 人左右，现在已经达到 350 多人。所以，有许多不尽如人意的地方，请大家原谅。这次会议是以专题形式进行，原计划 6 个专题，现在是 14 个专题，力争按照研究会的意见，做成样板。

关于研究会经费筹集。方案中提出：1. 会员会费，个人会员每年交 100 元；团体会员 50 人以下每年会费 5000 元，50 人以上每年会费 1 万元。2. 副会长定额资助，每年不低于 2 万元。3. 专业委员会管理费，各专业委员会每年不少于 1 万元。关于这个方案，各位副会长提出了许多异议，因为经费要从科研经费中支出，人文社会科学的科研经费相对要少，所以无力承担。建议由各民族院校、民族研究机构来具体承担。比如，各民族院校每年出资 5 万元，这样就有几十万元了。周副会长说，因为分歧较大，再思考、再修改方案。

关于中国人类学、民族学研究会2011年工作总结，黄忠彩秘书长说，2011年是一个丰收年，研究会做了大量的工作，成功举办2011年年会，参加美国、加拿大民族学年会，与美国、加拿大民族学学会建立联系。这次在广西召开的2011年年会，邀请了加拿大民族学学会常务副会长出席会议。为中国人类学、民族学走出国门，与世界同行奠定了基础。

关于2012年年会，会议决定：2012年中国人类学、民族学年会由兰州大学主持，兰州大学民族研究中心主任徐黎丽在会上表示热烈欢迎。

中国人类学、民族学常务副会长周明甫最后强调：中国人类学、民族学研究是应第十六届世界人类学、民族学大会而成立的，她是经中央批准成立的研究会，所以由国家民族事务委员会主任担任会长，研究会应当成为与世界各国联系的桥梁，沟通与世界人类学、民族学的联系。研究会是以各专业委员会作为开展工作的抓手，各专业委员会应当是研究会的主要战斗部队。我们认为，研究会应当设置30—50个专业委员会，现在只有为数不多的几个专业委员会，希望各位同仁思考这个问题，尽可能多地设置一些专业委员会。既然研究会是极具权威的民间学术机构，我们应当思考如何开展研究工作，要研究对中国共产党和国家有意义的大事，为国家决策做出贡献，要做一些如“马工程”一样的研究成果，要做出具有里程碑意义的东西出来。

12月10日上午9时，中国人类学、民族学年会在广西民族大学科技楼报告厅如期举行，开幕式由副会长杨圣敏主持。广西民族大学校长何龙群致辞，研究会秘书长宣读国际人类学与民族学联合会贺信，加拿大民族学学会常务副会长致贺词，张昌东、刘夏蓓分别代表研究单位和专家学者发言，周明甫常务副会长做重要讲话。大会主旨发言由景军主持，杨圣敏教授、徐黎丽教授、庄孔韶教授、许宪隆教授做主旨发言。下午是专题会议，由专题主席主持。这些专题是：

中国南方与东南亚民族研究——主席：周建新

中国西南与东南亚的族群互动——主席：何明

人类学视野下的藏族及周边民族研究——主席：刘志扬

边疆民族与国家安全——主席：徐黎丽

散杂居民族研究——主席：许宪隆

苗学研究——主席：张晓

博物馆与文化遗产——主席：韦荣慧

非物质文化遗产保护的中国经验研究——主席：张跃

现代民族学与构建民族和谐社会——主席：周光大

民族间信任和谐与社会稳定发展——主席：金炳镐

公共健康与人类学研究——主席：景军

都市人类学——主席：程瑜 田阡

旅游人类学——主席：吴忠军

语言—文化人类学——主席：赵杰

12 月 11 日下午，各专题会议代表发言，黄忠彩秘书长做会议总结。

从参加会议的情况来看，有如下几点想法。

1. 中国人类学、民族学年会的规格较高。根据世界惯例，研究会年会是最基础的一个层次，其次为学科年会，最高层次是学科大会。因为这次学科年会是继 2009 年世界人类学、民族学大会以来的第一次学科年会，9 月份才正式确定，筹备比较仓促，没有很好的发动，所以，我校参加的人数较少，2012 年要在兰州大学召开学科年会，希望人类学、民族学学科带头人早做准备，力争明年更多的人参加年会。这次贵州大学张晓教授主持了苗学研究专题，对于提升贵州大学的民族学声望起到了很大的作用。

2. 如此规格的年会汇集了全国同行，对于提升承办单位的声望极具效率。建议科研处召集人类学民族学学科的带头人认真研究，提出方案报校长办公会，我校就适时地承办一次学科年会。

3. 专家以专题见长，能够以某一专题的研究赢得全国同行认可，对于提升学科地位是有极大好处的，因此，我建议我校人类学、民族学的各位专家应当清理我们的研究指向，尤其是各位教授，应当在某一专题上有所建树。只有这样，我校人类学、民族学才会在全国同行中有一席之地。

4. 根据周明甫常务副会长的讲话精神，要研究对中国共产党和国家有意义的大事，这些研究成果应具有里程碑意义。建议人类学、民族学的专家教授们要认真思考这个问题，在贵州、在全国我们能够做什么？

2011 年 12 月 12 日星期一于觉悟斋

考察报告

为学习借鉴江苏省、浙江省高等学校在科技创新、高层次人才培养、服务地方经济、社会发展等方面的做法和经验，深入推进高校党的群众路线教育实践活动，落实“省校战略合作”协议，加快推进我省高等教育的发展，省政府决定由陈鸣明副省长率团赴江苏省、浙江省部分高校考察学习。这次参与考察团的单位有：贵州省教育厅、贵州省科技厅、贵州大学、贵州师范大学、贵州民族大学、贵州财经大学、贵阳医学院、贵阳中医学院、遵义医学院、贵州师范学院、贵州理工学院。时间是 2014 年 5 月 12 日至 16 日。这次参加考察活动的高校副职只有我和贵州财经大学张晓阳，贵州师范大学伍校长有事，韩卉书记参加考察活动。

5 月 12 日，我们乘坐 CZ3655 航班从贵阳出发，中午 11 时多到达南京禄口国际机场。下午考察南京大学仙林校区。5 月 13 日上午考察东南大学九龙校区，中午乘坐 G7013 车次前往苏州，下午考察苏州大学独墅湖校区。5 月 14 日上午乘坐 G7581 车次前往宁波，下午考察宁波大学。5 月 15 日上午乘坐 G7586 车次前往杭州，下午考察浙江大学紫金港校区。5 月 16 日上午考察中国美术学院象山校区，下午在杭州萧山国际机场乘坐 ZH9166 航班返回贵阳。

这次考察的内容是：

（一）科技创新

1. 科技创新平台建设的政策与举措；

2. 产学研结合的模式与政策；

3. 科研成果转化、服务地方经济社会发展的举措和经验；
4. 科研评价体系。

（二）人才培养

1. 提高教学质量的主要管理制度和措施；
2. 优化学科专业建设的主要措施和经验；
3. 高层次人才培养和引进的政策和措施；
4. 学校教学、科研经费投入情况。

（三）深化改革

1. 全面深化高等教育综合改革的思路和措施；
2. 扩大高校办学自主权的有关政策和措施。

考察的情况

南京大学、东南大学、浙江大学是教育部直属“985 工程”高校、苏州大学、宁波大学是省管“211 工程”大学，中国美术学院虽不是“211 工程”大学，但是教育部直属大学，且是美术教育类具有博士层次教育的大学。这些高校地处发达地区，教育经费充裕，人才富足，尤其是教育直属高校积极探索高校教育、教学改革，属于中国高校改革的第一方阵。具有很好的改革思路、政策和措施。

- 科技创新方面

1. 多学科联合攻关。多学科交叉渗透是学术、科技创新的基本路径，南京大学在多学科联合之中，在材料学方面做出可喜的成就；东南大学在移动通信、生物电子学方面领跑；浙江大学则在多学科联合之下，聚焦农村和农业发展，成立农村与农业信息化研究中心，领跑农村、农业研究。

2. 走产学研相结合的路。“985 工程”高校紧扣国家发展需要积极引领科技，如东南大学的移动通信研究中心，就是移动公司投资与学校共同组建的研究基地，现在开始研发 5G，概念已经出炉。苏州大学紧紧围绕江苏省经济发展的需要，提出了“政产学研”结合的工作思路，即地方提出需要，行业出资与学校共建研究基地。学校要求每个专业必须与一个企业联合，在科学研究、人才培养、成果转化方面形成互赢共生的共同体。

3. 积极构建学校科研管理体制。浙江大学成立了科研院，下设若干研究中心，每个研究中心带领若干学科专业。每个老师有一定的教学、科研工作量（基本理念是：大学教师必须有一定的科研成果，这样才能做好教学工作。大学教师不做科研是不能完成大学的任务的。学校不可能专门养一批搞科研的人员和一批专门从事教学的人员），教学与科研的工作量是可以互换的。东南大学成立由科研院、人事、财务、国有资产、研究生院、设备处等部门组成的科研基地建设管理委员会，依托国家科技转移示范中心和省科技转移示范中心组建应用技术院，下设区域研究院、专业研究院、技术转移中心、校企联合科研机构。

4. 改革用人机制。这些大学教师一般为博士，博士进入学校的前几年作为聘用制人员，在规定年限内必须评上副教授，并且成功申报国家或省级项目，如果不如期晋升副教授或没有成功申报国家或省级项目，就不能成为学校的正式在编职工。无论是聘用的职工还是正式职工，在校工作期间一视同仁。浙江大学对新聘用或新入职的职工，要求各学科和各单位举行“欢迎你”仪式；对获得省或国家奖励的职工，举行“祝贺你”仪式；对为学校建设贡献力量而退休的职工，举行“祝福你”仪式。这样可以增强职工对学校的归属感。

- 人才培养方面

1. 回归大学本位，提高办学质量。大学教育应当是以学生的需要和社会的需要作为逻辑起点。因此，这些高校都在改革教学方式。如苏州大学制订了学术创新型、应用创新型和国际联合培养型等多元化培养方案，建立本科生导师制，特聘教授全部担任本科生导师；实行大类招生，构建“通识+专业”课程体系，前两年通识教育，后两年专业学习；打通本、硕、博课程，学分可累积；实行小班化教学；建立科研资源进课堂机制，使学生早进课题、早进实验室、早进团队。

2. 树立全方位育人理念，以学生为根本，构建育人体系。一是突破了传统单一的教育模式，着力彰显德育为先、全面发展的育人理念。二是纠正了只重视学生学业的倾向，成功发挥了第二课堂的育人功能。三是打破了学科专业的界限，成功体现了文理渗透、学科交叉的学习模式。四是革新了以班级为单位的学生管理方式，成功实现了由班级管理向社区管理的实质性转变。五是克服了师生逐渐疏远的趋势，成功构建了亲密互动、教学相长的新型师生关系。苏州大学还提出了争取向“一个学生一张课程表”的方向努力。东南大学规定学生培养方案中有10%的学生有研究课程。

3. 改革现有教学体系，管理重心下移。落实学院教学、科研和管理自主权；学术至上，教授治学，学院相关事务由教授委员会、教学委员会、学位委员会、学术委员会负责处理；学院不设行政级别，行政人员全面实行职员制，由学院自主招聘、考核、管理、解聘；学院内部形成了上下一心、朝气蓬勃的氛围，群策群力谋划学院的发展。

- 深化改革方面

依据现代大学制度，积极推进改革。

1. 深化人事制度改革。东南大学、浙江大学、苏州大学在做人事制度的破冰改革，他们以学科为单位进人。把教师分为五个层次：第一层次，院士与学术大师等；第二层次，千人计划、长江学者、杰出青年、百千万人才、校特聘教授等；第三层次，校青年特聘、省部专家等；第四层次，新世纪人才、青蓝工程、35岁以下青年学者等；第五层次，青年骨干教师等。对每一层次的人才均配套实施相应的引进、培养和使用计划，先后制定或修改人事制度改革文件。东南大学实施《东南大学高水平人才引进暂行办法》，大力引进高层次、高水平人才；实施《东南大学特聘教授试行条例》和《东南大学青年特聘教授计划》，对入选人员给予特殊政策和生活待遇；实施《东南大学青年骨干教师资助计划》，每年新引进人才至少三分之一以上在海外获得学位或具有海外1年以上工作、学习的经历；每年资助100名青年教师出国进修；给予优秀青年骨干教师连续3—5年高额科研经费和特殊校内津贴；东南大学为破解我国事业单位现行人事制度带来的人员流动困难、薪酬机制僵化等对高校高水平师资队伍建设带来的种种制约，大力推进学术特区建设。

2. 加快院系改革。充分借鉴世界一流大学建设经验，在试点院（系）综合推进人才培养模式、师资队伍建设与内部治理结构等方面的综合改革；通过三到五年努力，试点院（系）在现代大学制度建设方面取得突破性进展，初步构建科学、高效的现代制度体系；一方面为加快建成国际一流的高水平学科提供强有力的制度保障，另一方面为学校的全面深化改革探索新思路和新途径，提供示范。

3. 人才培养模式改革。试点院（系）大力推进人才培养模式改革，参照世界一流大学人才培养方案优化课程设置；积极推进小班化、互动式和研讨式教学；改革只依据考试分数的学生学业评价方法，实施学生学业的综合评价；建立严格的教学质量监控体系，形成学生评价和同行评价相结合的课堂教学质量评价机制；积极推进硕士生和博士生招生制度改革。

考察的建议

根据贵州民族大学的情况，我提出以下建议：

1. 在科技创新方面。科学研究是提升学校声誉的路径，因此，强化科技创新是我校当前的主要任务。科技创新的基本方法应当是多学科联合攻关。找准少数民族和民族地区的问题，组织多学科联合攻关，组建若干跨学科的研究团队，形成相应的研究平台，设立学术特区。给予研究团队首席专家相应的人事、财务的权利。制定相应的规定，如打破教学、科研分离的界限，不设专职科研工作岗位，规定教师一定的教学和科研工作量，教学和科研工作量可以互换。允许各学科聘用硕士和博士，在申报课题、晋升职称方面有相应的规定，达到规定要求者可以入职贵州民族大学，成为正式在册职工。

2. 在人才培养方面。第一，要树立以学生为根本的理念，改变以教师、课堂为中心的教学模式，实行小班制研究性学习的模式。第二，推进大类招生（文理兼收），构建“通识+专业”课程体系，前两年通识教育，后两年专业学习；大文科要把文、史、哲的概论课程和各一级学科概论课程作为通识课，大理科要把数、理、化入门课程和各一级学科概论课程作为通识课；各一级学科概论性课程是便于学生选专业。第三，实行大类招生后，在后两年的专业学习中，要让学生进入专业方向，融入学科研究之中，参与课题组的活动。

3. 在深化改革方面。首先是改革人事制度，争取人事厅同意我校实行多元用工制度。通过自主聘用硕士、博士到校工作，从聘用的硕士、博士中挑选优秀者入职。这样才能保证人才的成长。从我校近几年进人的情况看，有部分硕士、博士到校工作后，不思进取，以学校作为生活的依托，在外面干自己的私活。这种养懒人的机制，要想提升学校整体的形象，建成国内一流民族大学是不可能的。对现有在册教师长期不从事科研、不愿意担任教学工作的，又不能晋升职称的，改任行政管理工作岗位。其次，各学院、系不设行政级别，只给岗位津贴，做到能者上，庸者下。第三，加强与企业、行业合作。我们的重心应当放在校企合作上，要求各学科与相应的企业或行业合作，在卓越人才培养、实习实训基地甚至在毕业生就业等方面广泛合作。苏州大学在这方面做得比较好，如传媒学院与凤凰卫视合作，共同组建凤凰传媒学院。商学院与东吴证券合作，组建东吴商学院。这些企业与高校联手共建学科、共同培养人才，这是值得我们学习的。第四，加快国际化的步伐。学校国际化由教师国际化和学生国际化组成。教师国际化一方面要大力引进学成归来的学子，也要引进国际友人到校开设讲座。另一方面要制定相应的制度鼓励教师到国外进修。学生国际化要加大招生力度，招收不同国家的学生到校就读本科、硕士。国际化的进程就是学校走向世界，提升知名度的过程。

总之，这次考察学习收获多多，感觉我校的开放程度不够，经常出去与不同大学交流，可以促进我们反思。

2014 年 5 月 17 日

随 想 篇

好花红情韵

“好花红，好花生在刺黎蓬，好花生在刺黎树，哪朵当阳哪朵红。”这首曲调悠扬、旋律优美的经典民歌经惠水县好花红（原名为毛家苑）乡布依族歌手杨光英带到北京而闻名遐迩、妇孺皆知。

布依族聚居区属我国南方隆起于四川盆地和广西丘陵之间的一个亚热带岩溶化高原，环境独特，自然资源丰富。苗岭山脉盘亘其中，山的主脉由西向东延伸，支脉绵亘全区。检阅历史，“兴义人”“穿洞人”“白岩脚洞人”“观音洞人”曾是晚期智人留下的足迹，有肩石锛、带肩石斧等诉说了百越文化的肇始。夜郎的自信与反抗，由国而郡，由郡而县，最后归于沉寂。秦汉以前的“濮越”或“濮夷”，东汉六朝的“僚”，唐宋的“蕃蛮”，元、明、清以降的“八蕃”“仲家”“侬家”“布笼”“笼人”“土人”“夷族”等称谓，都在证明布依族久远悠长的历史。生于斯长于斯的布依族，不管是雄立西南，还是沉寂西南，在经历一次次劫难洗礼之后，这个勇敢的民族完成了整体意义上的脱胎换骨，用歌声诉说一切。也许这就是民族精神的升华！于是这个民族的历史上镌刻着坚韧与快乐。

亚热带气候与多山的地理地貌，铸就了布依族的文化特点，于是，以敬畏、崇拜自然，以生命呵护生态，以快乐装点生活便成为布依族的生活写照。被誉为“高原明珠”的花溪、驰名中外的“黄果树大瀑布”、安顺“龙宫”、兴义“马岭峡谷”、关岭“花江大峡谷”、荔波“小七孔”“樟江大峡谷”、镇宁的“犀牛洞”、平塘“藏字石”、贞丰“三岔河”“双乳峰”、清镇的“红枫湖”“百花湖”、普定的“夜郎湖”、长顺“杜鹃湖”、安龙的“招提”，等等，都是布依族先民留给子孙的珍贵礼物。悠扬的曲调弥漫于山间沟壑，处处流淌着快乐与优美的旋律，彰显了布依族人与自然的和谐与互渗，孕育出尊重自然，呵护自然，敬畏自然的精神理念，一派人文生态与自然生态和谐相处的稻作文明成为贵州大地上亮丽的风景。

在布依族田园诗画般的村寨里，山川河流、森林翠竹、珍禽异兽无不成为其衣食父母，成为自然之神。布依族以历史上存续下来的稻作文化思维，对自然生态景仰着、敬畏着、膜拜着、呵护着，有村寨必有青山绿水，门前绿水浇灌了阡陌的禾苗，屋旁翠竹映衬着子孙的繁衍，屋后青山支撑着生存的秩序。这里处处展现人与自然相依相存的画面：以敬畏来崇拜自然，体现了人与自然的和谐。

走进布依村寨，面对快乐而悠扬的歌声，喝着醇厚的米酒，踏着铜鼓铿锵的节奏就会发现，这里有史籍记载的古越人茆榫“干栏”式建筑；有记录生存技术的蜡染、刺绣、织锦、竹编、织染、陶瓷、雕刻；有流淌千百年的“歌养心、饭养身、酒养神”的布依人的普通生活；更有集信仰文化、民间知识精粹，直接反映布依人哲学思想、文学艺术、伦理道德、生产生活的摩教与摩经。摩经记载的人文始祖——布洛陀的神圣性，通过摩教的仪式成为布依族各支系的认同根基，摩经在平凡岁月的流淌中铸造了布依族的民族精神。他们以快乐来面对陌生，体现了人与人的和谐；以歌声来回答苦难，体现了繁衍的坚韧；以平凡来彰显传统，体现了生存的坦诚。

走进布依村寨，宛如置身于欢乐的海洋。那里的人们在节日里彰显快乐，在婚礼的场域和起房造屋的互助中分享亲情，在丧礼的哀乐中感悟生命。他们在年复一年的时间记忆里生存着、快乐着，每当节日和喜庆之日来临，那种万人欢乐祥和的场面，优美的歌声与悠扬的木叶声弥漫山野，直叫人心旌摇曳。布依族在与汉族的接触中吸纳了一些节日文化，并整合到自己的节日系统之中，形成了月月均有节的节日体系，除过大年、端午节、中秋节等与汉族相似外，“三月三”“四月八”“六月六”等节日都具有本民族的特色。每逢婚礼大典和起房造屋，他们都会依亲疏顺序解囊相助，人类学家莫斯的赠予理论在这里表现得淋漓尽致。仪式完毕，来自四村八寨的人们用歌声为新人祝福，用歌声为新落成的华居祝贺。当逝者西去，孝歌声声和沉重舞步敬挽逝者西行，铜鼓的铿锵与摩经的颂诵激发人们对生命的感悟。

走进布依村寨，悠扬的歌声不绝于耳。因酒而歌，以歌达情，是为酒歌。在这里不仅“无酒不成礼仪”，而且有酒无歌也不成礼仪了。所以，有酒必有歌！当你来到布依村寨，一种朴素的人情便随着浓浓的酒香沁入你的心田，“酒不醉人人自醉”的诗意在这里得到了很好的诠释。以歌传情，歌为情之声，此乃情歌。优美的歌声，朴素的话语，表达了一代又一代布依人对人世间情感的体验。如果你愿意去体会布依人的情歌，你将会对人世间的情与义，情与性的价值判断重新认识。布依族的古歌，也就是布依族的古史歌或史诗。布依族的古歌是以韵文体形式在民间流传。它反映了布依族先民对人类社会、自然界的认识，同时也在一定程度上反映了布依族远古社会的发展情形。用歌来表达感情是布依族人民情感宣泄的一种方式。每当人们对生活环境产生高兴与郁闷的情绪时，都可能会生发出一些抒情的歌来。这一类的歌，称为新民歌。当下的新民歌以歌颂中国共产党、歌颂社会主义，歌唱社会主义的新生活，歌唱新时代的婚姻、爱情生活等最为普遍。可以说，各种场域成了布依人歌舞的载体，亲朋好友聚首必然要叙情与述事，相互间要祝福与鼓舞，于是，以歌为媒。人们在劳作中歌舞，在歌舞中快乐，在快乐中生活。布依儿女以悠扬的歌声，曼妙的舞姿，铿锵的铜鼓，醇香的米酒，向世人展示“快乐地生活着”的生活样式。

正是在这种快乐地生活着的生存样式中，使这个民族的心性结构中又平添了几多善良、智慧、坚韧与坦诚。

走进布依村寨，恬静的原野传来琅琅书声，崇尚知识的布依族人民已经形成了幼儿教育、基础教育、民族教育、职业教育、高等教育相配套的教育体系。过去“家有读书子”的自豪已经化为人民普遍的现实存在。他们沐浴着中国共产党民族教育的春风，更为自信、更为快乐地走向现代化。

自然生态保护的丰硕成果和众多的旅游景区景点，使布依族地区在旅游发展的道路上阔步前进。他们正在努力打造布依族文化品牌，将布依族文化注入“花溪风景区”“黄果树景区”“龙宫景区”“樟江景区”“平塘景区”“马岭峡谷景区”等，使布依水乡真正成为自然风光与民族生态文化有机结合的生态文化旅游经济圈。

好花红的情韵向世人诠释了快乐地生活着。

好花红的情韵将引领着布依族以豁达的气概建设小康社会。

链接：布依族

布依族约有2971460人（2000年），主要分布在贵州、云南、四川等省，其中以贵州省的布依族人口最多，占全国布依族人口的98%。主要聚居在贵州省的黔南和黔西南两个布依族苗族自治州，以及安顺市、贵阳市、六盘水市，其余各市、州、地均有散居。

布依语属汉藏语系壮侗语族壮傣语支。布依语和壮语有密切的亲属关系。壮语北部方言和望谟、册亨、独山、平塘、安龙、兴义等市县的布依语基本相同。由于与汉族长期的文化接触和交流，因此其词汇系统中汉语借词也不少。布依语有完整的语音系统、丰富的词汇和富于表现力的语法结构。布依语划分为黔南、黔中、黔西三个土语区（习惯上称第一、第二、第三土语区）。布依族有自己的文字，一般使用汉字记音或运用偏旁部首按汉字“六书”造字法创造文字、记录经文。

2008年9月5日于觉悟斋

读书感悟

书汇集了前人的智慧。那些娓娓动听的文字、那些令人热血沸腾的文字、那些无数次唤醒了良知的文字，是先辈们经验的总结，流淌着他们的热血，也彰显了他们的智慧。

我的岁月存活在书里，我的血液漫流在书里，我一生的所爱在书里。读书的时候，但觉天高地宽心也宽，书的馨香驱散了身心的疲惫与烦恼、世事的纷争与烦琐。心灵仿佛逃脱了尘世的羁绊，融入了山野的空灵。听淙淙流泉，看云霞舒卷，心灵静静地在书中沐浴、浸染，不再为一次次小小的人生挫折而肝肠寸断，不再为他人的误解和刻意的中伤而烦恼无边。“人到无求品自高”，这时，你便会具有了一种云水悠悠的心情，就能够体味出一种人淡如菊的境界了。

读书的时候，心里会生出一种沉甸甸的充实。是书，带我走出了那片人生的沼泽地。人生本来就不可避免地会平添许多的痛苦和悲哀，会遇见许多令人厌恶和闹心的事与情，是书使我避开了“人生不满百，常怀千岁忧”的误区，学会高瞻远瞩，用自己的眼光来看待人间冷暖与尘世悲欢，用自己的脚步去丈量自己的人生之路，用自己的笔墨书写自己的人生——尽管这人生平凡而又平凡，但它毕竟是独属于自己的。我始终相信：一个对书籍敬而远之的现代人，无论他怎样刻意包装，始终是难得潇洒起来；唯有经过书卷的浸润，才有可能超越自我、丰富自我、辉煌自我。

读书读累了的时候，我便会启开窗扉，相看两不厌，独对一山青——静静地读山，尽情地领略那大自然的俏丽：那“山路原无雨，空翠湿人衣”的韵；那“陵岑耸逸峰，遥瞻皆奇绝”的艳；那“古木无人径，深山何处钟”的幽，无不给你立体的感染。而更多的时候，则是读山的巍峨与特别、庄严与永恒：在山的面前，人是何等的渺小！无论你地位多高，名望多大，它绝不会俯仰于你的地位和名望，而总是高举起嶙峋的风骨，撑起了一片绝俗的蓝天。多少占山为王的英雄而今安在？岁月流逝淘尽了多少的风流人物？而山仍横空出世卓然独存！这时，你便会自然联想到歌德的一句名言：大自然是最伟大的一部书！

我是山的儿子，是山赋予我一颗心灵，是山给我风骨支起一个生命，是山给我灵性铸就一种性格。读山，就是读山的气质、山的情怀、山的希冀——这使我从中领悟到不少人生的真谛，使我明白了如何去珍惜这短促的人生，如何去走一条光明磊落的人生之路。

有时候，我也读人——包括自己，那往往是在某种外因诱发而勾起种种往事回忆的时候。这时候，一个个曾经认识过、交往过的人都“活”了，尽管他们面颊上没印有任何文字，但仍然可读。人！其实就是一部大百科全书。

读人时，我能透过温文尔雅的各色面纱和面具，像看马戏般欣赏着一条条变色龙在季风中的蜕变表演；我还善于在道貌岸然的某些“官袍”加身的人物身上，洞见无耻和无能；我更能在一些朴实无华活得并不滋润的人们身上，透视出一种可贵的良知和一颗颗鲜红的良心……也许是因为爱读书、爱读山的缘故吧，我读人时就有了一种大肚欢喜佛洞悉人世的千奇百妙之乐。真的。

有时候，我也读自己——读自己的灵魂，读自己的文字。读自己的时候，我总是扪心自问：你能一生问心无愧吗？读自己的文字的时候，我常常汗颜：虽然“文章总是自己的好”已流传千古，而我从自己那些可怜的文字中总是读出它与自己的年龄、阅历的极不相称。

读书能增加知识，扩大视野；读人能丰富自己、提高自己；读己能匡正灵魂、自律笔锋。

读书、读山、读人——其实也是读人生。人生是一部难以读懂的“大书”，我读它 50 多年了，总算是开始多多少少读懂一些了。

2010 年 9 月 10 日于觉悟斋

人生的诠释

哲人喜论人生，先生总是要求后生做好人生规划。在孤独无眠的夜里，我扪心自问，人生，到底是什么？

人生就是一本精彩的书，每人一本，别人永远无法复制粘贴。可以分为精装版和简装版，可以分为短篇、中篇、长篇。有的人开篇潦草而结尾异彩纷呈；有的人开篇工整而结尾草就；有的人有始无终，中途戛然而止。

人生就是一壶多年陈酿的女儿红，经年的岁月越久，越是醇香甘美。

人生=童年+青少年+成年+中年+老年+晚年。

“人之初，性本善。”童言无忌，开心快乐美好，有水晶般的纯净心灵，有灿烂如花的阳光笑容，想哭，就放声号哭，想笑，就开怀大笑，不必顾忌别人的感受，无遮无拦的天真与纯美，一尘不染的明亮。

随着时光的流逝，生命在岁月中渐渐成长，青春、激情、豪迈、懵懂、向往、憧憬，如梦幻般飞扬潇洒，如烟花绚丽奇美，怀揣着激情梦想，迈着铿锵坚定的步伐，义无反顾地走向前方。

历经风风雨雨的摇曳涤荡，看过了太多的人世沧桑，曾经那颗激情万丈的心，也会随着时光的磨砺，渐渐地磨出茧霜，心也开始蒙尘迷惘，再次问自己，心在何方？梦在何方？

人生百态的变幻，让你慢慢地明白，人生其实有太多的迷惘、惆怅和彷徨，也有太多的无奈和选择；让你慢慢地感悟，一个人要想改变现实社会其实很难，只有学会适应当下的环境与社会；你渐渐地明白了，成长之痛，痛并快乐着。生活不是规划好了才做，而是边做边修改，修改是生命过程的常项；迷惘是一叶障目，惆怅是情绪的考量，彷徨是心中毫无主张；你渐渐明白了，小时候的天真和纯美，是多么的可爱和轻狂，只要自己喜欢的东西，就一定要拥有，伸手就给爸爸妈妈要，不给，就哭，而且大声地哭，就会兑现自己的愿望。长大之后，世界上有太多的东西，让你渴望向往，而你却不能拥有，一旦你企图占有，欲望的精灵就会将你毁掉。

在纷纷扰扰的人世间行走，有时不得不强迫自己戴上一副面具，试着去适应一些自己不喜欢的人和事，让你不得不学会为人处世的圆滑和虚伪。你慢慢学会了，带着牵强的笑容，去应付你自己不喜欢的人和事；你慢慢地学会了克制自己，约束自己，去看、去忍耐看不惯的人和事，都要去面对，再也不是你小的时候，率性而为，想哭，就哭，想笑，就笑。因为，现在的你，要学会把幸福放大，把痛苦缩小，要学会把苦涩的泪水，往肚子里面流淌，因为，你现在已经没有大声痛哭的权利，忘情大哭，要么伤到要害，要么悲到极点，否则，别人会把你误为神经不正常。

你还要学会适当地用美丽善良的谎言，去润滑亲人、朋友和同事间的关系。

你要学会即便你再辛苦劳累，也要笑着轻轻对妈妈说："您放心，我很好，不要牵挂我。"

你就是再疲惫，再不如意，也要笑着对朋友轻轻地说："我一切都好，您要有困难，请告诉我，我一定会尽力而为。"

你就是再不喜欢和某些人打交道，你也要牵强地送给对方一个浅笑："嗯，有事，您就尽管说，也许，我会帮助你。"

是啊，人生一世不容易，为何总让自己扮演一个让别人烦的角色？

你一定要明白，在现实生活中，大家都喜欢听好听的，看好看的，有谁总愿意听你倾诉那没完没了的苦痛絮语？千万不要让自己的痛苦四处播散，一定要学会承载自己的苦与痛，苦了、痛了，舔一舔伤口，继续前行，顶多让最亲的人看看伤口。其实，人生学会承载，也是一种心境历练、升华的过程，不是吗？

真实的自己，总想做自己喜欢的事，说自己喜欢说的话。那样，真的不行，因为，这个世界不是你的，不可能让你随心所欲。

其实，人生学会了忍耐和克制，也是一种成熟的睿智。

流年的经历，渐渐地磨砺了你那曾经张扬跋扈的棱角，你也就学会了淡定与淡然，不再信口开河，不再执拗专横。因为，世事柔软了那颗曾经坚硬狂放的心。

人在江湖走，不得不委屈自己，不得不接受一些自己不愿意接受的人和事，即使有时感觉自己都不知道把自己丢在哪里？

说到底，人生就是一个个生命，经历凡尘俗世，历练自己的生命过程。人生就像一幅绚丽多彩的画，或者是一曲美妙绝伦的五线谱，就看你自己如何去描绘，去弹唱。

岁月流年，一路走一路看，风光无限。走过、看过、苦过、疼过、笑过、泪过、爱过、恨过、幸福甜蜜过、刻骨铭心骨肉分离聚散过，历经风霜雪雨后，明天，天空依然彩虹绚丽。

人生，一路走一路歌，慢慢地你就学会了淡定、沉稳而睿智的“难得糊涂”。

流年岁月，净化了心灵，升华了魅力生命，馨香了人间的甜美甘苦，沉淀了你我的故事。

其实，人生，就是一部永远读不完，讲不完，写不完的无法复制粘贴的精彩著作。

2010 年 10 月 17 日于觉悟斋

人生的选择

人生就是一本精彩的书，每人一本，别人永远无法复制粘贴。可以分为精装版和简装版，可以分为短篇、中篇、长篇。有的人开篇潦草而结尾异彩纷呈；有的人开篇工整而结尾草就；有的人有始无终，中途戛然而止。这是每个人选择的结果。选择就是从一群或一组中挑选出需要的。这是一个主动语态，主动权在选择者手里。如何使用好这个主动权？前提有二：首先是我选择什么？用什么标准去选择？其次是我在什么环境和范围中选择？

选择什么是一个目的性的问题，马丁·路德：金的《我有一个梦》是目的性的文学表述。事实上，人人都有一个梦，只是经常与自己心灵对话的人，知道这个梦是什么，而从不与自己心灵交谈的人不知道自己的梦是什么，仅此而已。我们每天做什么不做什么，其实就是一种选择。在某种意义上讲，我们最终会成为一个什么样的人，得到什么样的墓志铭，决定权在我们自己，每天我们都在做各种各样的选择，早上你可以选择吃或者不吃早餐；你可以选择不刮胡子就出门，也可以选择出门前照照镜子；在课堂上，你可以选择不听课或者缄口不言，也可以选择认真听教师讲解和同学们热烈的讨论；工作中，你可以选择主动而认真地完成任何一项工作，把工作看成你的事业，看成实现你的梦想的路径，你也可以选择消极而被动地去做事，把你的工作当作挣钱的筹码；在生活中，你可以选择与人为善，也可以选择与人为恶。如此种种。每天，每一刻我们都在做这样或那样的决定，我们可以漫不经心，也可以多花些心思，成千上万的小选择累计起来，就决定了最终我们是个什么样的人。

用什么标准去选择？这是一个价值判断的问题。价值观就是人们由心中发出，对世界上万事万物的认识以及所持有的对待万事万物的态度。价值观念是后天形成的，是通过社会化培养起来的。家庭、学校、所处工作环境等群体对个人价值观念的形成起着关键的作用，其他社会环境也有重要的影响。价值观一方面表现为价值取向、价值追求，凝结为一定的价值目标；另一方面表现为价值尺度和准则，成为人们判断价值事物有无价值及价值大小、是光荣还是可耻的评价标准。价值观不仅是哲学家的话语，同时也是人类的日常生活实践。哲学家只是把它从实践的层面上升到了理性的高度而已，事实上，每个人都有自己的价值观和价值体系，并在现实生活中运用自己的价值观和价值体系去做各种各样的选择。如果你选择了健康，那么，早餐是非吃不可的，因为医学研究表明，人在清晨的时候，胆汁较浓，如果早上不吃早餐，可能会得胆结石方面的疾病；如果你想仪表端庄地出现在众人面前，那么，你就会在出门前照照镜子；如果你想在学业上有所进步，那么，你肯定要选择认真听老师讲解和积极参与同学们的讨论；如果你把工作当作一种事业来做，你就会选择主动而认真的工作态度。如果你确定了“人之初，性本善”的原则，你就会坦然地面对任何人，学会欣赏，学会感恩。

在什么环境和范围中选择？这是选择的前提。社会的相关规定、个人所具有的能力、个人生活当下的处境和地理位置，等等，都可能构成选择中的门槛。很多人会说我命苦啊，没得选择啊，如果你认为去做县长还是去做省长，当教授还是当厂长？这种才叫选择的话，的确你没有什么选择，大多数人都没有条件去选择。但是，如果你是一个大学生，每天你都可以选择是否认真读书和思考问题；如果你是一名教师，每天你可以选择是否备课认真些，是否讲课投入些，是否从事某些学术上的研究；如果你是一个市场营销人员，每天你可以选择是否为客户服务更周到一些；如果你是一名国家公务员，每天你可以选择是否对同事更耐心一些，是否把工作做得更细致一些，是否把情况了解得更清楚一些，是否把不清楚的问题再弄清楚一些……你也可以选择是否在痛苦中继续坚持，是否抛弃自己的消极态度，是否原谅一个人的错误，是否不再犯同样的错误……

生活每天都在给你选择的机会，每天都在给你改变自己人生的机会，你可以选择赖在地上撒泼打滚，也可以选择咬牙站起来。你永远都有选择。有些选择不是立竿见影的，需要积累，比如农民可以选择自己去浇地，也可以选择让老天去浇地，诚然你今天浇水下去苗不见得今天马上就长出来，但常常浇水，大部分苗终究会长出来的，如果你不浇，收成一定很糟糕。20世纪50年代出生的一代人其实更有理由抱怨，他们什么也没得到，年轻的时候赶上“文化大革命”，没有书读；该结婚时，国家提倡晚婚；该生育时，国家实行计划生育；到该生病的时候，国家实行医疗制度改革；等到老了，却要给年轻人机会。他们有足够的理由坐在那里抱怨生不逢时，怨气冲天。然而他们选择了咬紧牙关站起来，怀揣着一颗平常的心积极投入到改革开放中来，生活并没有放弃他们，他们也没有放弃生活。他们人生的开篇显然是潦草了点，但很多人正在做人生精彩的结尾。

你选择相信什么？你选择和谁交朋友？你选择做什么？你选择怎么做？……我们面临太多的选择，而这些选择当中，意识形态层面的选择又远比客观环境条件的选择来得重要得多，比如选择做什么工作其实并不那么重要，而选择怎么做才重要。一般来说，社会之所以构成社会，它是由若干行业组成的，我们通常把它简化为三十六行或者七十二行，每个行当都得有人去做，这是社会分工使然，工作的选择并没有好与不好之分，要紧的是选择后怎么做。一个人选择做公务员也好，选择做农民也好，选择做小生意也好，只要不犯法，不害人，都没有什么关系，要紧的是，选择了以后，怎么把事情做好。

我不敢说所有的事情你都可能去选择，但是绝大部分事情你有选择的机会，只是往往你不把它当作一种选择。认真对待每一次选择，才会有比较好的未来，才可能书写绚丽的人生。

2011年1月22日于花溪觉悟斋

人生拾遗

有一种享受是阅读，有一种美丽是静谧，有一种境界是诗意的栖居。

在依山临水的树林中，置一小屋，与书为伴，在幽静中沉思，在静思中体会人生的真谛。读书！可以从喧嚣中逃离，从红尘中隐逸。在杂乱中理顺思路，在迷惘中找到归途。“人散后，一钩残月天如洗”的静夜，沏一杯清茶，点一盏心灯，伴一窗幽竹，持卷低吟。享受字里行间流淌的真理，笑看人世间谁主沉浮。在书香的氤氲中，一洗尘心，陶冶情操，脱胎换骨！

与书相伴是智者的爱好！热闹之中的静虑，幽静之处深思的心得，“行到水穷处，笑看云起时。”“山重水复疑无路，柳暗花明又一村。”那些曾经热闹的、貌似真理的一隅，随着时间的流逝早已销声匿迹；正在热闹中的、被众人追捧的东西，也许有一天注定会尘埃落定；唯有寂寞的守望，平淡的读书声，世代相传，绵绵延续，孕育济世良才。沉淀浮躁，远离喧哗，在庄子“藏天下于天下”的虚静空灵之中，在一片绿水青山之间，一片净土之上，用一颗赤子之心，包容世态炎凉，超越人生博弈，聆听纯净的天籁，细数花瓣上露珠滴落的声音。落花无语，人淡如菊。动中取静，静中升华，净化灵魂。

与书相伴是智者的追求！智者与书是会心的相遇。“谁教岁岁红莲夜，两处沉吟各自知”。穿过历史的烟云，拂去岁月的尘埃。一声轻轻的问候，在千万年时间的路口，见到了你。月明林下，柔情似水，露痕轻啜，渲淡气息。冰凉的额头，是遥远的记忆；清亮的双眸，是岁月的泪滴；飘垂的青丝，是不变的情怀。一曲清笛胡音，冷香飞上诗句，是惜别的幽怨，还是承诺的约期？红颜知己，似水柔情，千古绝唱。“书中自有黄金屋，书中自有颜如玉。”“尔曹身与名俱灭，不废江河万古流。”书中指点人生灵魂飞升路。

与书相伴是智者的志向！书是智者漂泊中的锚地。“名利场上人翻滚，乡野荒村心听雨。”曾几何时，手携行装，怀揣豪情，背井离乡，浪迹天涯，起步于平塘，成名于贵阳，试图去证明生命的意义。可叹年华一瞬，依然是客舟孤旅。贵阳虽好，奈征鸿声断，山高云低，只落得梦沉书远，宏图难展。转眼间秋风渐起，不由得顿生归意。你的声音在耳边响起：别忘了回家的路，记清楚自己是谁，从哪里来，要到哪里去！累了，倦了，不如归去。再回生我养我的胞衣之地。

与书相伴是智者的归宿！书是智者永恒的栖居。城市的繁华与喧嚣，犹可觅食于其下，但“暧暧远人村，依依墟里烟”的宁静，躬身于“晨兴理荒秽，戴月荷锄归”的充实，沉醉于“采菊东篱下，悠然见南山”的散淡，在“飘飘西来风，悠悠东去云”的隐逸中，回归生命的本体，在心灵的深处，向诗意虔诚地皈依。何时何地何处去？贵阳、平塘，携卷归何处？

“书卷多情似故人，晨昏忧乐每相亲。眼前直下三千字，胸次全无一点尘。”在与书相伴的日子里，荡漾在书海之中，细细地品味书香、书魂、书音、书韵，静静地感受怡然、泰然、淡然、超然的情趣。

书存入电脑汇集在网络中，电脑成了我的伴侣，更显现它的博大浩瀚，无边无际，奥妙无穷！

读你、念你、懂你，闲看潮起潮落，云卷云舒。陪你、伴你、看你，不管是艳阳高照，还是凄风苦雨。随你永远，此心无悔，此情不渝！

2011 年 2 月 14 日于花溪觉悟斋

诗意生活

诗意生活，是物质的，也是精神的。

人们常常说“人生不如意，十之常八九”。何来诗意？

那么，就让我们把生活当作诗来读。

快乐是一首诗，悲伤也是一首诗。把生活当作一首诗去读，去悟，去创作，这不就是诗意的生活吗？生活是日子一天一天的重复，无论快乐与悲伤，都不会影响岁月的脚步。唯一能够影响的是我们的心情，而我们的心情决定我们的生活质量。快乐与悲伤，并不是生活的本质，是我们看待生活的角度或心态。

把生活当作诗来读，可以把清贫变得富有，把辛劳当作享受。刘禹锡身居陋室可谓清贫，他却能从清贫中寻找精神上的富足。没有锦衣玉食，可以调素琴，阅金经。成不了膏粱子弟，却成了“子云”“诸葛”式的人物。有何不可？没有了车水马龙迎来送往，却正好省却了丝竹的噪音，案牍的劳形。有了空闲，可以和那些鸿儒谈古论今俯仰天地，岂不快哉？陶渊明“环堵萧然，不蔽风日。短褐穿结，箪瓢屡空”，可谓清贫之极；“晨兴理荒秽，戴月荷锄归”，可谓辛劳之极，但他却能将这贫困辛劳诗意化，为我们留下了“采菊东篱下，悠然见南山”这样脍炙人口的诗句。人们只看见了悠然自得，却读不出含辛茹苦。就是诗人于贫困辛劳中享受生活的快乐，传达给我们的自然没有丝毫的萎靡与沮丧。这就是诗意的生活，就是精神的富有。所以，我们的生活内容可能不会有任何变化，然而，我们的心态可以使生活本身发生质的变化。

将生活诗意化，并非生活就没有烦恼。陶渊明在《五柳先生传》中写道："性嗜酒，家贫不能常得。"这样的生活在一般人的眼里是何等困顿呢？但我们从中看到的却是乐观旷达，"常著文章自娱"。这就是人生的态度，这才是享受生活。

享受生活，并非指荣华富贵夜夜笙歌。真诚面对生活中的点点滴滴，感激快乐、感激幸福、感激挫折、感激痛苦。生活中的每一个音符，都是上苍对我们的恩赐，我们都应心怀感激将它收下，用心编曲，来吟唱我们自己的生活。

在悲伤中看到希望，将平凡变得鲜亮，这就是诗意生活。我儿时的一个发小，40岁不到，妻子在一场病痛中撒手而去，上有老母，膝下有三个儿女。可他总是乐呵呵地，每每听见他开怀大笑，叫人觉得是那样明朗、透彻，从心底直上云霄。有人问他怎会如此快乐，他笑着反问："不快乐日子就会变得轻松吗？人不能被生活压垮了。"假期返乡，特意去看望他，走进家门，低矮的木屋稍显杂乱，他随即叫小儿子去捉鸡，我告诉他，此行目的就是看望他，妻儿还在父母家等我回去吃饭呢。他说："怎么能这样，孔子说了有朋自远方来，不亦乐乎，更何况两个伟大的历史人物在这偏僻的小山村会面了，历史将记住这一时刻。"我不禁有些感慨：这样的人，有如此心态，生活中还有什么困难不能战胜呢？单位中的一位前辈，20多岁就是共青团省委的处级干部，直到退休了还是处级干部，大家都为他鸣不平。他对此却看得很淡，对我们说，看看那些因公、因病而死去的人，还有什么不平衡的呢？

我们总喜欢谈论"精神境界"，能够将生活诗意化，就是一种很高的精神境界。在我们日常琐碎的生活里，物质只是最基本的因素，精神境界才是决定我们生活质量的根本。就如那句著名的话，"不汲汲于富贵，不戚戚于贫贱"，这就是境界。

无论卑微还是伟大，任何人都无法叫岁月停下匆匆的脚步。无论是悲伤还是快乐，贫穷还是富有，满怀希望还是苟且偷生，都得早看朝阳暮送霞光。日子得一天天挨下去，等待列车进站，等待日落西山。与其在痛苦中等待，为什么不换一种心情，让生活阳光普照，四季如春呢？卑微的人有卑微的快乐，伟大的人有伟大的痛苦。谁都不会一直生活在阳光或黑暗之中。所不同的是在阳光普照的时候将温暖贮藏，留待他人或明日分享；

黑暗的时候用心灵将天空照亮，让所有身处黑暗的人知道，黑暗遮不住太阳。因为太阳不在空中，在我们每个人的心里。所以，著名诗人普希金在诗中写道：“假如生活欺骗了你，不要悲伤，不要心急！忧郁的日子里须要镇静；相信吧，快乐的日子将会来临！心儿永远向往着未来；现在却常是忧郁。一切都是瞬息，一切都将会过去；而那过去了的，就会成为亲切的怀恋。”

生活就是一首诗，如果用心去阅读，就会从那些柴米油盐中读出生活的哲理；生活就是一首诗，如果用心去品味，就会从那些甜酸苦辣中品味出生活的真谛；生活就是一首诗，如果我们用心去创造，就会让那些一日一日的平凡，变成一句一句的箴言，一句一句的警句，一首一首闪光的诗篇。

2011 年 6 月 7 日于觉悟斋

写首校歌

5月17日是母校的生日，今年刚好一个甲子。按照中国人的习惯，六十年一个花甲，是要好好庆祝的。于是我想写一首校歌。

校歌是校园文化的重要组成部分，常常是一个学校对内的号召和激励，对外的形象展示和宣言，它反映的既有办学者、教育者的理想、要求、愿望，又有受教育者的感受、追求和成长心声。

我是1977年恢复高考而进入母校的，大学毕业后，服从组织安排留校工作，从教师兼任工作员到教师兼管理者，从助教、讲师、副教授到教授，从一个风华正茂的青年到一个两鬓染霜的老者，一路走来，见证了母校从恢复时的借校办学到落户花溪之滨，从工棚到现代建筑，从2个系2个专业到18个学院51个本科专业和6个研究生硕士学位点、1个专业硕士学位点。受教育者和教育者的双重身份，我获得了写校歌的最佳角色。

自然地理人文历史环境是校歌的基本要素。从自然地理的角度，学校坐落在花溪区的董家堰（现为溪北办事处的董家堰社区），山脚下是美丽的花溪河，可称为贵阳市母亲河，现在贵阳市正在这美丽的十里河滩建造湿地公园，学校的东大门和南大门与湿地公园的景点隔路相望。从人文环境来说，花溪在20世纪40年代就接纳了贵州大学，20世纪50年代母校就在花溪最美丽的地方建校，1959年与贵州大学合并后，这里成为贵州大学的校本部。现在学校所在社区的居民，几乎是清一色的布依族。记得我从中央民族学院进修回来，同事到火车站接我到校舍——修铁路的工程队留下的工棚。早上起床后发现周边老乡与我是一个民族。从学校的历史来看，虽然基层民族干部培训是母校的滥觞，但从建校初期贵州省委对贵州民族学院班子配备中，我们看到了中国共产党和人民政府对民族干部培养重视的高度，因为第一任院长是由贵州省委副书记徐运北担任的。一次并校、两次搬迁、四易校址的经历稍显蹉跎，却铸造了师生“奋发蹈厉，庄敬自强”的精神。六万多名莘莘学子，无论是干部班的学员、专科生、本科生还是硕士研究生，无论是在极其简陋的工棚里，还是在窗明几净的现代建筑中，他们孜孜不倦、心笃好之、探求真理，奔赴工作岗位后默默无闻地奉献，以民族发展为己任，在“平等、团结、互助、和谐”的旗帜下，奏响民族发展之歌。法科学生彭文忠在检察官的岗位上，书写了17年无一例错案的历史；政治学专业的学生韦祖宏，勤奋好学，挤进了全国十佳法官的行列；在全国人大常委会的议事大厅里，端坐着贵州省的三位全国人大常委会委员，其中有两位常委就是我校培养的学生。许许多多的毕业生虽然没有荣誉和头衔，他们或在山川田野，或在工矿企业，或在课堂，或在市场，架起了一座座国家联系少数民族的桥梁。

在我依据校歌的基本要素对照之后，似乎感觉到校歌已经书就。山清水秀的布依族村庄接纳和滋养了母校，一代代来自天南海北的学子在这里起航，为国家富强、为民族振兴，他们义无反顾。

其实，校歌就是那些影响、塑造着一批批莘莘学子的学魂和价值观，渐渐形成一个学校独特的校风、校貌特色，成为一个学校的个性风格传之后世。

老之将至，来日可数，唯愿后生谨记校魂。

2011年4月10日于觉悟斋

枕着墨香入眠

已经记不清从何时开始与文字结成了不解之缘，有时候是一份期待；有时候是一份牵挂；有时候更是一种释怀。它魂牵梦萦于我的心际任其翱翔，幸亏还有它在以飞鸟的姿态展翅；晓月微蓝时，我与文字共飨一世欢愉、愁楚，沉醉于此；笔随意走，衣袖飘飘，心语嫣然，花开默默，指染墨香，浸润心情。

时光在眼前飞驰而过，新年我又回到曾经刻满心愿的门前，推开门，我仍是我，你依旧是你。我从来都没有放慢过脚步去追逐时间，只是它走得太快，一句诺言无法追上爱情，一副双眼无法看透现实，我更像一位老人站在命运的石磨前，漠然无语，由着如浆的时间从指缝间和发梢前悄然流过！

爱过，宛若伊甸园里的一场花事，花开时分，惊心动魄，花落过后，寂静无声，花谢了，芳香又是否依然在行走？那正是记忆的芬芳已融于我一呼一吸间。静静的岁月早已在身后流淌成河，河面在月色下泛起亮晶晶的粼粼波光，如同曾经的快乐与忧伤缠绕在一起织成的毛衣，温暖着我那颗怕冷的心灵。

累了，真想带着一家人住在父母生活的小木屋里，最好时逢雨过天晴的日子，享受那满山的翠绿，小鸟肆意地啼叫，夜晚，皎洁的月光斜照山梁，更显小山村宁静怡人，平添几分世外桃源的气息和柔美的韵味。最爱那条连户的小路，满眼的粗犷与古朴，高高的大树、黑黑的怪石、绿油油的禾苗、青青的小草、幽幽的路巷、淙淙流淌的小水沟……很是叫人憧憬。

文字足以勾勒出一幅安静的画，那是作者揉碎了自己的心灵，蘸着往事，描绘出来的梦，欣赏这样的画卷，读者也要先揉碎自己的心灵，才能走进去。我喜欢那些长长的句子，每个汉字之间，都灌满了文字的香，每个段落之间的留白，都隐含了一际想象的天空。

夜深人静的此刻，一个人伏在键盘上专心敲打着心灵碎片，呼吸间我清楚地听到时钟秒针走动的声音，似乎是在与我的心跳遥相呼应，均匀而有力，心中不由产生一种莫名的感动，感动自己的存在，感动时间的行走，感动文字的陪伴！

终于还是静了下来，今日之前的往事在心底渐渐融化，压缩在小小的空间里，那是心事的盒子，装满了一篇篇心灵编织起来的文章，一首首胡言乱语的诗，一条条良师益友的留言。我跟着光阴朝着阳光升起的方向奔跑，即便是形单影只，也有着数不清的快乐，数不清的眼泪，这或许就是成长的路程吧，我想。

不知不觉间，又到凌晨了，且枕着这些散发着墨香的文字，静静入眠吧……

2012 年 2 月于觉悟斋

凝心聚力　共谋发展

——写在兴仁县成立布依学会之际

又一个县一级的布依学会成立，是可喜可贺的。之所以可喜，是因为布依族同胞们在中国共产党民族政策的感召下，在科学发展观的指导下，民族自我意识得到增强，自觉地组织起来，在兴仁县委的领导下，共同为布依族的发展贡献力量，为各民族的发展繁荣做出积极的贡献；之所以可贺，是因为贵州省布依学会自1988年12月9日在贵阳花溪区成立以来，经历了从小到大的过程，现在不仅贵州省有布依学会，云南省也有布依学会，北京、湖北等地也有布依学会，不仅有省一级的布依学会，也有州市级布依学会和众多县一级的学会。这些学术团体将聚集各方面的力量，致力于布依族地区发展的研究，相信一定能够为党委、政府提供一些有益的决策参考。

布依族是中国南方的一个古老民族，检阅历史，"兴义人""穿洞人""白岩脚洞人""观音洞人"曾是晚期智人留下的足迹，有肩石锛、带肩石斧等诉说了百越文化的肇始。夜郎的自信与反抗，由国而郡，由郡而县，最后归于沉寂。秦汉以前的"濮越"或"濮夷"，东汉六朝的"僚"，唐宋的"蕃蛮"，元、明、清以降的"八蕃""仲家""侬家""布笼""笼人""土人""夷族"等称谓，都在证明布依族久远悠长的历史。生于斯长于斯的布依族，不管是雄立西南，还是沉寂西南，在经历一次次劫难洗礼之后，这个勇敢的民族完成了整体意义上的脱胎换骨，用歌声诉说一切。也许这就是民族精神的升华！于是这个民族的历史上镌刻着坚韧与快乐。

当历史发展到 21 世纪的时候，我们陡然发现地球的各个角落通过互联网把彼此的距离拉得越来越近，近距离的交往与接触，在比较中发现和认识自己。于是，“我从哪里来，我将到哪里去”的古老话题又旧话重提，许多有识之士企图去回答“我将到哪里去”的问题，由此，“现代化”成为当下最响亮的口号和目标。在这样的语境之下，无论是思想者还是行动者都在“现代化”的昭示下做出了种种关于现代化的诠释和设计了种种通往现代化的路径。在这样的社会大潮之中，布依人怎么办？我想，努力实现传统与现代的对接应当是我们当下的任务，携带着坚韧与快乐的精神去建设家园是我们的必然选择。

今年是中华人民共和国成立 60 周年，改革开放 31 周年，当我们回眸这段辉煌的历史，无数事实证明了民族政策的正确性，正是民族平等政策开启了中国民族和睦相处的局面。因此，布依学会的全体同人应当按照中国共产党十七届四中全会公报的要求：在新形势下把民族团结进步事业继续推向前进，维护和发展各族人民根本利益、保持社会和谐稳定、实现国家长治久安和中华民族伟大复兴。要牢牢把握各民族共同团结奋斗、共同繁荣发展的主题，全面贯彻落实党的民族政策和民族区域自治制度，加快少数民族和民族地区经济社会发展，广泛、深入、持久开展民族团结宣传教育活动，有效防范和坚决打击民族分裂活动，巩固和发展平等、团结、互助、和谐的社会主义民族关系。让《好花红》《桂花谣》等成为传世的优美乐章！

“朋友”的诠释

朋友是我们平时使用较多的一个词语，也是一个让人怦然心动的字眼。朋友，我们经常唱的歌曲就有好多关于朋友的，比如：朋友哇朋友，你可曾想起了我，如果你承受不幸，请你告诉我！再比如：朋友一生一起走，那些日子不再有，一句话一辈子，一生情一杯酒，朋友不曾孤单过，一声朋友你最懂！这些歌词中的朋友那是相当够朋友。我们都说，在家靠父母，出门靠朋友；还说，多一个朋友多条道，等等。朋友，真正的朋友有几个？我们先考证一下朋友的来历，究竟什么是朋友？

何为朋友？甲骨文中“朋”是海贝的计量单位。五枚贝玉为一系，合二系为一朋。“朋”表达的是一种赠与受的社会关系，因此，朋友是指具有一定社会关系交换的人。《论语》开篇第一段第二句话就是“有朋自远方来，不亦乐乎”，旧注中一个经典的说法是：“同门为朋，同志为友”，同一师门、念一个学校的叫“朋”，志同道合的叫“友”。我们开博客的“博友”、在网上结识的“网友”、女孩子的“闺室密友”，这些有共同志向和共同爱好的可以称作“友”。当然，朋友的含义也在不断扩展：一个青年如果说，那位是我朋友，那位很可能就是人家自己的恋人！还有一些人经常说，某些事儿是一个朋友给办的，这个朋友可能只是一面之交、也可能仅仅间接知道人家一些情况而已！朋友，在当今经济社会也要分一分级别，你说呢？

我非常赞成将朋友分为五个级别的说法：一是“风云级”朋友。以诚相待，以义相交，可以说风云际会，肝胆相照，生活上互相关心、事业上互相帮助、思想上互相交流、道德上互相砥砺，为了共同的正义事业。可以物我两忘，可以两肋插刀，风云级朋友是人们心中的灿烂阳光，让人羡慕；二是“风光级”朋友。攀龙附凤，狐假虎威，可以说扯大旗装自己的脸面，好像朋友的身份就是他的身份，成了炫耀的资本。有道是“穷在闹市无人问，富在深山有远亲”，富者需要帮手、需要摆阔，穷者需要提携、需要依附，如此这般，风光朋友圈越来越大，注意：风光级大树一旦倒下，猢狲呼啦就会散去，可怜；三是“风味级”朋友。整天吃喝，沉湎牌桌，好像交情挺深、友谊挺厚，一旦成了穷光蛋，你再看，利尽交疏，一个比一个跑得快，你找都找不着，实在可恨；四是“风情级”朋友。邂逅浪漫，秋波缠绵，这些不乏以权谋色、以色谋钱等，怎能不鄙视他们；五是“风险级”朋友。各怀鬼胎，同流合污，表面微笑，背地使刀。可憎之极！

环视四方，盘点周围，我们都有一些何等级别的朋友？多一个朋友多条道，要擦亮眼睛，看看是何类朋友，不然前途未卜，路有通向天堂的登天梯，也有通向地狱的不归路！

2012 年 6 月于觉悟斋

生命是一场聚散

生命是一场聚散，初涉人世的第一声啼哭就拉开了聚的序幕。于是以后的岁月里，花开花落，云卷云舒，就有了数不清的相遇、相识、相处、相爱、相恨，到最后的相离。

所谓“天下无不散的筵席”，生命的最终归宿永远是死亡。合眼长眠的那一刻亦是一场盛装舞会的散场。在那场舞会里邂逅的人，发生的故事，随着那灵魂的飘逝，终究是灰飞烟灭。聚时的热闹与喧哗，散时的清冷与凄凉，都是预料中的，也都是定数，谁也无法更改。

虽说我们都知道人生如戏，也都知道岁月无情、生命易逝，但每个人在自己的生命戏剧里扮演的总是主角，身边其他的人总是配角。所以谁都想尽力把自己的角色塑造好，但有时候，人的生命是一场悲剧还是喜剧，抑或是闹剧，决定权却并非全在你的手里。因为人若为一演员，就要明白自己不是导演，甚至连谁是导演也不知道，无法事先知道所有生命的情节和过程。这正是生命之剧和其他戏剧最大的区别，也是生命之剧最大的魅力吧。

生命是一个谜，我们永远不知道下一步会是怎么样，会出现一个怎么样的局面，那么，不妨让我们尽力去做一个优秀的演员，尽情地去投入，该笑的时候就开心地笑，该哭的时候就痛快地哭，该爱的时候就爱个轰轰烈烈，该恨的时候就恨个彻彻底底。用我们的生命里所有的时间和精力，所有的真心和真情，所有的欢笑和泪水，去演绎这场生命之剧，使自己的角色完美无瑕。在剧终谢幕的时候，或许会有人流着泪水给予我们掌声。

刹那芳华，红颜弹指老，人生如梦，醒时万事空。生命真的太脆弱，如那精美的陶瓷花瓶，不知道什么时候不经意地轻轻一碰，便会哗啦啦地碎了一地。那么就让我们在未碎之前尽情展现我们最美的风姿吧，以一个最佳的姿态去面对命运之神赋予我们的一切悲欢。

生命只是一个过程，在这个过程中，有鲜花和掌声，也有荆棘和泪水，有欢乐，也有痛苦，而我们为了追求那醇美的欢乐，就必须忍受那酸涩的痛苦。而生命的意义也就在无尽的追求之中了，在追求中创新，在追求中超越，最终给了生命一个最美的诠释。

人的一生就如一盏点燃的灯，所以迟早都会熄灭的。死亡之际就是灯熄之时，但仔细想想，其实死亡并不是上帝对我们的惩罚，而是命运之神对我们的钟爱。如同我们需要睡眠一样，我们同样需要死亡。正是死亡的黑暗背景才衬托出了生命的璀璨光彩。试想：如果生命是无限的，没有了死亡，那么活着又有多大的意义呢？

所以，死亡并不可怕，无非是生命的长眠。而在这长眠之前，我们应该珍惜我们拥有的每一天，想清楚到底什么才是我们该追求的，才是能让我们真正快乐的？是物欲？是名利？还是灵魂的安宁？让我们用心聆听天籁圣洁的歌声，永葆一个清澈净透的灵魂，始终微笑着善待生命，享受生命，珍惜生命，超越生命，在岁月的风霜雪雨中轻松安然地走完一世的红尘！

2012 年 6 月 14 日于觉悟斋

阅读是神秘王国的探险

我大学毕业后，留校担任教师，在行政管理和教学科研工作之间不断地转换角色，从此，阅读便成为我生活中的一部分。

阅读是以兴趣为前提的，“在商言商”“在什么山上唱什么歌”，显然，兴趣通常与所从事的职业相关。正是职业所需，我的阅读分为两类：一类是提升个人素养的阅读；另一类则是专业阅读。

因为我肩负着行政管理工作，个人素养的提升尤其显得重要。在提升个人素养方面，我以为必须广泛涉猎文史哲的书籍。

哲学的书是必须阅读的。哲学从某种意义上说，就是与智者对话，讨论自然界、人类社会和人类思维存在的根由，寻找认识世界的起点与方法论。

历史的典籍非读不可。“我们从哪里来，我们要到哪里去”的历史追问，也许在历史的典籍中可以找到相应的答案。人的生命有限，如果想领略人类经历的甜酸苦辣、成功和失败、生命和死亡，就只能去读历史。

心理学要读。像弗洛伊德这样的心理学家，他解析的是人的意识的存在，探寻的是一个人的意识和心灵究竟怎样协调运行，如何保持人之为人的内在本质。

人是情感动物。那些穿透情感层面，展示情感宇宙奇景的一定是好诗和乐曲。所以为了情感成长的丰富，一定要读诗、听音乐。在这个世界上只有两种东西最能抚慰灵魂，一种是诗，一种是音乐。所以我读诗，听音乐。

文学不可不读。无论小说、散文、杂文，都是作家通过语言挑战人的想象力。他们笔触社会和人群，深刻地捕捉社会文明里飘浮的人的存在本质和表征。

人类学、民族学、社会学的书也是要读的。摩尔根、泰勒、孔德、马林诺夫斯基、布朗、博厄斯、列维-斯特劳斯等学者，从不同的角度揭示了人的行为与文化、人群、社会的团结与运行规律。

自然科学领域的一流读物也要读。因为世界是浑然一体的，文理的分开是学习的需要，而在运用领域，文理知识则是相互交叉与观照的，我坚信在科学思想和人文思想方面存在着某种意义上平行发展的东西。

日常阅读应该融合以上种种知识，这样我们的生存才不会偏颇。当然这是“读书人”的读书，专家学者另当别论。就终极目的而言，读书是建造一个完全属于自己心灵世界的过程。一个人读书越多，就不会被外在的环境所困扰，就不会被寂寞孤独的东西所吞噬，因为书籍世界里栖居着令人神往的古今中外睿智而伟大的灵魂。当一个人的心灵完全拥有这样一个王国的时候，他的承受能力就会坚强起来！因为他完全不需要依靠任何外力来支撑他的生命。

关于专业阅读，因为我从事民族学的教学与科研工作，专业阅读是基础。那么如何阅读呢？

第一，养成连接概念与经验的阅读习惯。读书必须掌握作者的中心论点，而为了精确地掌握一本书，也是为了锻炼自己概括能力与养成连接经验与概念的思维习惯，读书笔记显得十分必要。读书笔记要总结作者对中心论点的主要经验支撑证据，并同时照顾到中心论点次一级的阐发性概念及其经验根据。最后要回答这样一个问题：作者把你说服了没有？为什么？这样的读书习惯也是做科学研究，写学术论著的一种锻炼。

第二，理论学习。前人有众多的理论著作，对我们来说是有用且珍贵的资源。那是学者们用文字给我们描述的客观世界，掌握主要不同流派的理论，是科学研究的入门途径。阅读时要求与之对话，而不是简单的死记硬背。而对话、决定取舍的最好方法，就是看该学者是从什么角度去认识客观世界的。学习理论的目的不是寻求或掌握全能性的真理，而是提出问题。较高的一个境界是在理论和实际的节点上，或不同流派理论的交锋点上提出问题，并试图超越前人的视野。另一用途是通过现存理论与客观实际的对话来澄清、推进自己的分析概念。这样，理论更多的是工具或对手，而不是答案。

第三，写读书报告。用自己的话（一段，甚或是一句话）把学术著作的中心论点表达出来，总结其经验证据。因为用自己的话语表达是一次转换过程，这样才能使你阅读的理论变成自己认识客观世界的工具。一个可行的阅读次序是先看首尾，掌握其中心论点之后才逐章阅读，每章看完之后用自己的话总结。最后要回答这样一个问题：作者把你说服了没有，为什么？至于比较纯理论性的著作，我们要问：它对了解客观世界或你自己的研究课题有什么用？阅读与写笔记的方法是一种思维的锻炼，也是养成独立思考、写作习惯的路径。关键在于养成阅读后就写系统笔记的习惯，不可依赖自己的记忆，因为几个月（最多一两年）之后肯定会变得模糊不清。笔记最好既不要太简短也不要太详细，应在1000—2000字的范围之内。这样长年积累，随时可供研究和教学之用。

总之，阅读是精神王国的探险，是灵魂的壮游，是内在灵性不断成长的源泉。书籍改变了世界，阅读丰富了人生。

（原载《当代贵州》2014年第12期）

地方建设要有一定的“符号”意味

这些年来，在国内天南海北地到处走，看到很多城市成了钢筋水泥的森林，生活其间的人们内心处于游牧状态，困惑迷茫、精神匮乏与心理焦虑成了居民的生活常态，城市中的孤独漫游，慢慢地湮没了这些曾与古城、远山、炊烟产生和谐共振的心灵。一些地方政府高呼着“文化搭台，经济唱戏”的口号，把文化当作生财之道，把文化遗产当作立项圈钱的噱头。事实上，文化遗产不是那些造假的古代建筑赝品，也不是胡编乱造的野史逸闻，它是弥漫在当地建筑与景观当中一种内在的文化精神，是居民的生活方式和心灵状态。这种文化精神的形成是复杂而缓慢的，需要漫长的成长期。

如今，大规模的城市改造和规划，无法满足居民心理的主要原因，是因为这些规划往往缺少天然历史记忆，更没有文化遗产可言。虽然城市环境是人为创造的，人们可以花几万元、甚至几十万元到农村把古树移到城市，古树进城和成行的巡道树也并不意味着城市文化的形成。人与自然的生态关系，应当是互动、互补与和谐的文化。正如爱伦堡在谈到巴黎的奇妙时所说，它是像树林那样自然成长起来的，好的城市形态也如同自然界的有机体一样，需要经过一系列复杂而无意识的历史进化。城市不仅意味着拥有高楼和繁华的市场，更应该被看成社会权利、历史文化最大限度地集中地，它已成为人类文明的推手，将人类文明不断演变为真实可感的符号，并以最社会化、最丰富和最贴切的视觉、听觉形式呈现出来，在时间历史和空间历史中延展成一地生民永恒的记忆。

而这，大概就是我们平常言说的“根”！我离开家乡多年，对于家乡的印象多少有些模糊，但是再模糊，有些东西却是无论如何也抹不去，比如这段不知什么时候写下的手记：

平塘，一个山环水绕的小城市，那里有山的绿意和水的清冽，时常让我魂牵梦绕，寤寐思服。众多的山峦掩映着绿色的衣裳，山下的河，像温柔的女儿，守护着那岸边的万家灯火，河的蜿蜒，水的潺湲，在山水间的纳洛坝子，孕育了一方水土的儿女，生长出许多青绿，在蓝天白云与广阔的田野间弥漫；那里有农田的稻香，有瓜果的芬芳，有菜籽的金黄，有蚕丝的曼妙，还有那城市里的现代化大道与乡间羊肠小道之间交映的历史和文化，当黑夜来临的时候，河上、岸上的灯火，繁衍南方不尽的妩媚和安逸。

浅处去说，它是一些画面，一些场景，一种情调；深处来讲，既是一种自然生境，更是一种文化生境。它钩沉着平塘的历史记忆，模塑着平塘的文化。它的存在恰如人类学之父爱德华·泰勒所言：“遗留的历史……随着人们的智慧在发达文化的影响之下的改变，旧的习俗和看法在新的与它们不相合的氛围中逐渐消失，或者转变成适合它们周围的新生活的形态……任何一种信仰或习俗都可能几世纪中露出衰退的征兆，我们忽然注意到社会环境不但不压制它，反而帮助它发展。已经完全灭亡了的遗留又以那样的力量兴盛起来，这种力量令人吃惊到有害的程度。虽然这种复兴不能永远保持，虽然在意见转变的新情况下，会遭到比以前更加无情的毁灭，但是复活了的遗留可能保持几个世纪，它可以渗透到社会组织的最里层去，甚至变成时代的典型标志和特征。”

细加回味，觉得泰勒的这番言语，与上海社会科学院研究员赵鑫珊对“保根工程”的回应颇多异曲同工：“根，是物化的历史记忆，是积淀的精神渴求。我常常会在老家后院里一待就是一天，看着浓荫匝地的老桑树，看着井沿一道道的绳痕，仿佛又见到了母亲的慈祥，又听到了外婆的呢喃。刻着绳痕的老井是我的根，是我情感寄托的所在。无论一个人还是一座城，不知来路的失忆，会是一种怎样的存在？”

不言自明的，一个地方如果能够找到自己的历史记忆和文化个性，人民也就能够共享这份集体记忆，也就留住了乡愁。找到了自己的历史记忆和文化个性，也就找到了地方的形象，生活其间的人民也就有了自豪和自信，这个地方也就有了活力。

近闻历时 15 年选址最终落户平塘大窝凼、耗时 8 年建造方大功告成的世界最大单口径球面射电望远镜将于 2016 年 9 月竣工并投入运行，又闻贵州省第二届旅游产业发展大会将以平塘为主会场在黔南召开，平塘到了该“露脸”的时候了。

这个“脸”，既要露给自己看，也要露给外人看，更要和世界面对面。而乡愁，正是这张“脸”上最能与天下人产生共鸣的符号。一般以为，只有那些远离家乡的人才会生发浓烈的乡愁，但这只是空间距离上产生的怀想之情。在时间意义上，生于斯长于斯老于斯甚至一辈子未离开家乡半步的人，也有强烈的乡愁，那就是对自己已经远去的先辈们那种淡泊、率真、质朴的生活的追溯和畅想。更为主要的，有着核心影响的乡愁文化，要生成具有世界先进性的文化成果。只有这样，“地球村”才会真正成为“地球人”共有的对话平台、交流舞台和生活家园。

办大节，做大事，地方配套建设要跟上，但“跟上”不是“跟风”。前行的路上，要坚决守住生态和发展的底线，而文化也有自己的底线。当家乡人都模糊了回家的“路”，外面来的人自然也就难辨东西了。所以，一些标志性的“路牌”“路口”，千万不能少了地方文化的印痕。因为，一切竞争、社会发展，都离不开文化。即便经济、科技上去了，如果文化发展跟不上，也会难以为继。

2016 年 3 月 14 日于觉悟斋

三十而立　砥砺前行

——写在《贵州民族报》创刊30周年之际

30年前的1986年1月1日《贵州民族报》创刊了，弹指间30年矣。孔子曾说："三十而立"，虽然后人解释颇多，普遍认同的理解是"三十岁依靠自己的本领独立承担应担当的责任，已经确定人生目标与发展方向"。我想，借用这个理解来评价《贵州民族报》这30年的发展创新和累累硕果，甚为贴切与精准。

从最初的铅印黑白报到如今的对开彩色大报，从寂寂无闻的地方媒体到如今具有全国影响力的区域主流纸媒，从曾经的单一纸媒体到如今报、网、手机数字报及多种形式的文化产业经营；30年来，这张报纸主打"民族牌"——为党的民族政策鼓与呼，为贵州各民族同胞服务，为多彩贵州唱响"民族好声音"……

30多年来，我倾注于民族学相关研究，同时在贵州民族大学从事教学与管理工作，与《贵州民族报》交集甚多；师友、学生中也有很多聪明才智之士在这份报纸工作，感佩于《贵州民族报》的文脉传承、铁肩妙手，目睹这份报纸30年来的执着与创新，遂有如下建议就教方家与办报同仁。

"政治家办报"的党性原则毫不动摇。60多年的风雨兼程，贵州各民族形成了平等、团结、互助、和谐的民族关系，各少数民族获得了前所未有的发展，充分说明了中国共产党是中华各民族人民真正的忠实代表，说明了只有党才能团结带领各族人民走上富强、民主、文明的康庄大道，终将实现"两个一百年"奋斗目标。所以，"政治家办报"对《贵州民族报》的采编同仁们依然是一个法宝，是保证报纸更好地宣传党的民族理论，贯彻党的民族政策并更快成长壮大的法宝。

坚持“民族、民生、本土”的办报之魂。《贵州民族报》为民族而生，服务各民族人民是其天然使命，要更加主动地服务民族文化的繁荣发展和民族地区经济社会建设。民生为本才能团结凝聚一批忠实读者，才会有读者愿意为报纸买单，为报纸写稿，与报纸同呼吸共命运。拥有本土情怀与责任担当的记者编辑们会更好地服务桑梓与群众，不忘初心并坚守职业高水准与道德制高点。

“人文关怀”吸引更多眼球与读者。一个媒体不仅要有客观公正，还要有浓浓的人文关怀。时下的部分媒体，或暴力美学或鸡鸣狗盗或无聊炒作，长久下去，终将被读者摒弃。期望《贵州民族报》更多一些人文的因素和笔墨，以正能量塑造社会的温暖与和谐，以新的视角发现、发掘并传播好“民族好声音”。

“文化张力”打造具有思想厚度的媒体。一方面，在新媒体汹涌而来的时代，一份纸媒的优势是做深度、做文化、做原创。记录贵州特别是少数民族地区政治、经济、社会、文化、生态等领域的突破、发展与创新，以鞭辟入里的深度报道和独特的话语结构向全国和世界发出贵州声音。另一方面，带着全球视野来审视我们的本土文化，探求贵州民族民间文化的价值与未来走向。

作为《贵州民族报》的热心读者与作者，谨以以上几点建议表达个人对这份报纸的热爱、表达对民族新闻传播事业的关注、表达一名少数民族学者的期许。期待《贵州民族报》——传播多彩贵州，续写民族华章。

2015 年 12 月 29 日于觉悟斋

（原载《贵州民族报》创刊 30 年贺信）

思亲篇

父亲母亲

我的父亲是个教师。国民党统治时期，为了躲避被抓壮丁，祖父将父亲送进了国立平塘中学，初级中学毕业后，先后到者密、卡蒲等地教书。1949年是兵荒马乱的年月，国民党要做最后的挣扎，到处抓兵，组建反共救国军。国民党县党部的一位官员到父亲所在的学校，要父亲参加反共救国军，父亲看到几个随从五大三粗，不敢造次。当天晚上父亲请他们喝酒，待他们个个酣醉后，父亲趁着黑夜离开学校。回到家后，凡有陌生人进村，父亲就会很快跑到后山躲起来。1951年共产党在恢复社会秩序的过程中，需要一批本地人，当时父亲在当地也算是知识分子，自然也是共产党依靠的对象，父亲参加了土改工作队，当时父亲的领导是卓子仪（南下干部），父亲所在的土改工作队在卡蒲。因为父亲在卡蒲当过教师，所以在卡蒲小学恢复的过程中，父亲自告奋勇地承担恢复卡蒲小学的工作。当时父亲的领导卓子仪动员他做政府的工作员，父亲谢绝他的好意，义无反顾地加入教师的行列。从那时候起，"杨校长"成为人们对父亲的称谓。

卡蒲小学恢复建立后，组织上又派父亲去组建掌布小学，从1952年干到1957年。1956年父亲在掌布加入了中国共产党，当时组织上给父亲定级为行政22级。1957年父亲又奉命调任免场小学校长。1961年父亲调任平湖第一小学担任校长，1963年调任卡蒲小学校长，1968年调任关上小学教师，1969年调任平湖第二小学主持工作，1974年调任新平小学校长，1975年调任新州小学校长，1976年调任平湖农业中学主持工作，1978年改为平湖中学（后改为平塘第二中学）……总之，在我的记忆里，父亲的工作调动很频繁，职位没有任何改变，但从未听到父亲发过任何牢骚与怨言，他总是高兴地接受，然后每到一个学校，总是全身心地投入工作。所以，在父亲退休后，平塘县成立退休教师协会时，父亲被公推为退休教师协会理事长。

我的父亲工作很认真。可以说，在姊妹中我与父亲在一起的时间较长。因为父亲是校长，新学期开学他必须是第一个到达学校，打扫卫生，迎接老师们的到来，每天上午他总是第一个到办公室，每天又是最后一个离开办公室。他经常与教导主任一道去听老师们上课，然后与老师们讨论。在卡蒲小学工作期间，他经常下到村寨进行家访，帮助那些后进的学生。有一次父亲下村去了解一个辍学的学生情况，并动员他返校学习。我把晚饭煮好，菜洗好，一边做作业一边等父亲回来吃饭，因为玩了一天，累极了，就进入了梦乡。父亲大约是在晚上10点钟左右回来的，他把菜做好后叫我起来吃饭，我在吃饭的时候，看到父亲的眼角是湿的。

因为我母亲是农民，当时称我们这种家庭为“亦工亦农”。父亲在休息的时候回家帮助母亲做农活，每个星期六的下午放学后，父亲带着我往家里赶，一回到家，父亲就下地干活。卡蒲小学离我家大约有10公里，偶尔遇到熟悉的货车司机，我们可以很快到家，不过父亲走路很快，10公里的路大概一个小时左右就可以到家，我经常是小跑地跟着父亲。走不动了父亲就背着我。我们经常是星期天傍晚又回到学校。尽管生活很辛苦，但父亲总是乐呵呵的。

在我的记忆里，父亲对所有的人都很宽厚，从来不和别人吵架和计较，总是站在别人的立场上思考问题。“文化大革命”初期，父亲是校长，在当时就是当然的走资派。学校里成立了红卫兵战斗队，到处乱哄哄的，父亲星夜将我送回家。过了一个星期，父亲回来了，照样下地干活。晚饭时，他一边喝酒一边与祖父和母亲说学校的情况，他说学校里一个姓甘的教师带领一帮学生揪他去斗争，窗外站着一大群农民，那些农民用佯僙话（毛南话）说，如果学生们对杨校长动手，他们就冲进去。批斗会结束了，那些农民兄弟争先恐后地请父亲去喝酒。虽然当时我还不懂事，但父亲的为人与淡定让我佩服。1978年教育系统调整工资，父亲在调资范围，因为指标很少，父亲主动放弃，把指标让给别人。所以，父亲直到退休，工资级别没有升过，一直拿行政22级工资。当我们问及为什么把调资指标让给别人时，他说："我是校长、共产党员，工资又比别人高，理应让给别人才是。"

父亲的乡党应酬知识比较扎实，帮助邻里写对联、操办婚礼成为经常的事，退休之后几乎成了他的第一职业，他爽朗的笑声和诙谐的语言，常常为喜事增添了色彩。许多人慕名而来请他去帮写对联、主持婚礼。

父亲对我们的教育从来都是平等的。1963 年，大哥考上师范不去读书非要去当兵，父亲尊重他的选择。1970 年已经当教师（教师是干部编制）的二哥要去当兵，父亲同样尊重他的选择。1977 年恢复高考的信息公布后，父亲当天就赶回家告诉我，要我准备参加高考。因为 1975 年推荐上大学时，我被推荐到贵阳师范学院，后被别人顶替了，所以只好就读平塘县师范，师范毕业又"社来社去"，着实让我失望，于是我下决心当农民。父亲对我的决定虽然很失望，但他不强迫我，他把这个信息告诉我的两个哥哥，哥哥很生气，提出要与我分家产，而父母亲的财产就是一栋木屋和几亩薄田，如此分产，我在农村的生存根基没有了，只好去参加考试。父亲听说我要去参加高考，对我百依百顺，要什么给什么，还破天荒地为我买了一双皮鞋。1978 年 3 月 23 日，一大早父亲劝我同他们去赶集，我执意不去，因为许多学校的通知书已经到了，别人都在办理入学手续，面对那些春风得意的入学者，我很是难堪。如此落魄的状态让父母不安，父母连哄带骗要我换上赶集的服装与他们同行，一路上我总是无精打采地走着、想着，渐渐与他们拉开了距离。父母先到县城，平湖区教育辅导站的王辅导员告诉父亲，说我被录取到贵州民族学院政治学专业，并要求父亲请客，父亲拿出仅有的 20 元人民币，同母亲到处找我，大约下午 3 点钟我刚到县城集市口，父母亲就叫我一道去平湖区教育辅导站。那一天，父母的兴致甭提有多高了，父亲与同事们喝酒，母亲不停地给他们上酒，一直喝到深夜。当我怀揣贵州民族学院入学通知书，踏着皎洁的月光，在凌晨 1 点钟回到家时，祖父端坐在大门口等着我们，祖父拿着我的入学通知放在祖宗牌位前，像是对杨氏列祖列宗的一种交代。村子里的亲戚朋友听说我收到了入学通知书，也前来祝贺。接着母亲摆上酒菜，大家一边喝酒一边告诫我到贵阳后要注意的事。直到天亮人们才散去。父亲对我们没有什么要求，唯一的要求就是春节回家。逢年过节一家人要在一起说说各自的所见所闻、亲力亲为的事，父亲会为我们的成功高兴，也会对我们的不足一一给予评价，所以我们每次回家都会聊到深夜。正是这种父子、兄妹之间的亲密无间的交流，使我从他们那里获得了许多经验，这些经验于我的成长可以说是一笔宝贵的财富。

父亲于2000年9月13日（农历八月十六日）12时离世。7月妻带着儿子到平塘看望他们，在妻儿准备返回时，父亲突然生病，在平塘住了两天的医院，病情在恶化，妻子将情况告诉我后，立即将父亲送到贵阳，那天是妻与弟媳两个女人护送他，我和弟弟联系床位。在贵阳住院的一个多月的时间里，他总是怕影响我和弟弟的工作，一再要求我们做好自己的工作，后来当他得知自己得的是癌症后，坚决要求回家。在最后的日子里，他总是隐忍着，当着子女的面，他总是装成若无其事的样子，疼痛时就用手紧紧地拽住木沙发的扶手。母亲告诉我，去世前一天，他总是往大门方向看，估计在等我和弟弟回家。我和弟弟得到消息后连夜往回赶，13日早晨，我和弟弟回到家时，父亲的意识已经不清楚了。按照家乡的习惯，所谓送终就是让老人家在子女的簇拥下离开人世。轮到我抱父亲时，我看到父亲点了点头，就这样，父亲完成了他的人生旅程。那天是个阴天，我哭了整整一天，这是我记忆中哭的时间最长的一次，泪水如断线的珠子默默地流着。

我从小知道生活的艰辛和不易，需要坚韧和努力，这种个性其实是来自我的母亲。

我母亲总共生了七个孩子，存活下来的有六个。我上面有三个哥哥和一个姐姐，但我上面的一个哥哥在三岁的时候突然生病死了。母亲撕心裂肺地哭了很长时间，我大概是在那个时候来到这个世界的，所以我的面貌很抑郁。1957年父亲将我们一家搬到县城的东街落户，租住梁家的房子，1958年妹妹降生，1959年祖母生病去世，为了照顾祖父，1960年我们又搬回老家。那时候是大食堂时期，因为我们的手续没有到，所以，食堂没有我们的口粮，吃野菜成了我们唯一的选择。大约一个星期之后，我们可以到食堂吃饭了，那就别提有多高兴了，吃饭的时候才发现，饭少得可怜，两岁的妹妹挨饿的模样真叫人心酸，她两口把饭吃完，然后眼睛盯着母亲，母亲又将碗里的饭给了妹妹。这是我童年最为深刻的记忆之一，至今想起这事，泪水都会模糊我的双眼，使我懂得了母爱的意义。

中国共产党执政时，母亲才二十几岁，在土改的过程中自然就成为积极分子，曾被选为县、乡人民代表，村、生产大队、生产小队的妇女主任。虽然母亲不识字，但记忆力极好，能够把上级会议的精神梗概传达下去。实行新法接生后，乡里派母亲去县卫生院培训，通过一个星期的培训，母亲能够记住许多药名和药品的用量，以后成为我们大队助产士，成为迎接许多人来到这个世界的第一人。她从大队妇女主任的职位上下来时，郁闷了好一阵子，对我说，他们不要她当妇女主任，是因为她不识字。在村子里，谁家吵架了，闹了矛盾，母亲总会出现。直到母亲去世前，村子里谁家有矛盾，都来找母亲诉说，母亲也会不厌其烦地劝说，直到矛盾解决。

我母亲是个个性很刚强的女人。母亲有兄弟姐妹六个，我有四个舅舅和一个姨，谁家要是有了问题，母亲就会倾力帮助。但因为母亲个性刚烈，听不得半点意见，经常为一些小事与舅舅、姨闹翻。从我记事起，我家的事情当然也都由我妈说了算，父亲落得什么都不管的快活，所以就养成了他什么都无所谓的宽厚的个性。两个哥哥工作了，姐姐出嫁了，家里就是我和妹妹、弟弟，祖父认为家里应当有一个帮手，建议让妹妹在家帮母亲，当父亲把这一想法告诉母亲后，母亲与父亲大吵一场，她说，她就是因为没有文化才吃了那么多的亏，再苦她也一个人扛着，无论如何必须让她读书，不能让妹妹走我的路。在母亲的坚持下，妹妹又回到课堂，以后成为人民教师。后来，母亲跟我说："你姐只读到三年级就回家了，因为当时家庭比较困难。怪我当时没有坚持要她去读书，我对不起她。"所以，母亲对姐姐一直怀着一颗内疚的心，总是怕我们这些姊妹说话、办事伤害姐姐的自尊心。

尽管母亲很爱我们，但却从来不宠我们。也许她太能够理解生活的艰难了，所以从小就训练我们面对生活的勇气。我从小就在农田里干活，插秧、割稻、撒猪粪，样样都干，从来没有过被娇宠的感觉。父母下地干活，子女们也跟着下地。放学回家，我就忙着割草、砍柴、喂猪、放牛。在我的记忆中，我的母亲也几乎没有打过我，她根本不需要打我，只要看我两眼，我就知道自己必须加倍努力，否则后果会很严重。所以我的勤奋很大程度上是被母亲逼出来的。如果没有母亲，我肯定到不了今天这个地步。母亲唯一打我的一次是因为一双鞋。农村孩子从小赤脚，很少穿鞋，大概在我八岁的时候，母亲给我买了一双崭新的鞋，我穿上鞋子就到地里去了，回家后母亲一眼就看到了泥鞋，把我一顿臭打。晚上我疼得屁股都坐不下去，母亲又抱着我哭了一夜。

我后来能够上大学，成为老师，也是因为母亲。从小母亲就说在农村一辈子太苦了，希望我们能够像父亲一样当个先生最好。先生在农村人的嘴里就是老师的意思，所以我从小被母亲念叨得对老师充满了憧憬。还好我从小就喜欢读书，尽管上学成绩不好，但不厌学。1973 年高中毕业后，母亲和父亲商量让我到新平小学做代课教师。1974 年生产队的小学教师与队长闹翻了，队长与母亲商量要我取而代之，母亲马上爽快地答应了。1977 年中国恢复高考，我考上了，拿到通知书的那天，母亲问我“读大学出来可以到中学当老师吧”，我说“当然可以”，母亲听后非常高兴。所以在我毕业时，学校要我留校，我却要求回平塘中学教书，系主任把我狠狠地批了一通。

母亲于2009 年4 月27 日（农历四月初三）清晨5 点离世。春节期间，我们一家人在平塘过年，非常开心。2 月 11 日（农历正月十七日），我在贵定参加布依学会的新春团拜会，下午时分得到母亲生病的信息，我立即请假回家，诊断的结果是脑梗引起偏瘫。在母亲生病的日子里，大哥、二哥、弟弟、大姐和妹妹日夜守候在病床前。4 月 27 日凌晨 5 点 16 分母亲完成了她人生的旅程。我回到家时，母亲已经躺在冰冷的棺材里了，那一刻，我陡然失去了一切依赖，我似乎又明白了生之偶然、死之必然的道理，我必须支撑起父母留下的这个家，泪水一下全流到肚子里了。

我从父亲那里学到了宽厚，学到了退一步海阔天高的态度，我从母亲那里继承了坚忍不拔、绝不放弃的精神。我父母成就了我的个性，我的个性融入父母的优点，也把他们的个性矛盾地结合到了我一个人身上。今天我做事的风格和为人处世的态度，几乎每一点都能够从我父母身上找到根源。

2011 年 4 月于觉悟斋

我的祖父

通池公乃吾之祖父，号凤廷。1903年生，1978年逝世，享年75岁。祖母系关上村石氏，1901年生，1959年逝世，享年58岁。育有一男三女。

我与祖父共同生活了22个春秋。在我的眼里，祖父是个人才，虽然以农业为主要的营生，却也学会了木匠的活儿，供奉着鲁班师傅，给乡邻起房造屋；学会染布，家里置办染布行的所有行头，蜡染、扎染等手艺，给人们增添了许多艺术的元素，当然也给家里增添了财富。祖母去世后，只有3年私塾学历的祖父选择教授生徒为业，在本村和大冲等地做私塾先生。20世纪60年代，政府彻底改造私塾，普设新学，面对现实，祖父主动请教我的父亲，学习算术，竟然在两个月的时间里拿下加减乘除，然后堂而皇之地成为民办老师，在马坡小学、冗塘小学、关上小学、长冲小学等学校担任小学教师。所以，在1975年全县教师集中学习时，我们祖孙三代一起在大礼堂听报告。

祖父晚年之所以选择教授生徒为业，绝不是图“先生”之名，也不是逃避体力劳动，而是出于对人生的感悟。祖父做过甲长，在维持里甲秩序的过程中，未能使家族兄弟团结。族内子孙降生、生长、长成均在一种纯粹自然的状态中完成，一代代人都在重复“昨天”的故事，愚顽与视短成为他们偏执与嗜酒的根源。于是，祖父做出一个前所未有的决定，将我的父亲和伯父送到县城读书，在县城租房，动员他的父亲到县城为两个孙子做饭。为了让父亲求学，倾家荡产在所不辞，据母亲讲，父亲在平塘读中学时，所有能够变卖的东西都上了市场，家无存粮衣无袖。祖父拼命地给别人染布，每个场期（12天，以12地支计）的收入都不够父亲在学校的开支。在父亲读中学的岁月里，家里经济虽然非常拮据，但祖父非常开心。父亲中学毕业后，成为村里唯一的“知识分子”，到者密小学担任教师，家里的经济慢慢有所好转。从父亲的成长过程中，祖父看到了知识的力量，所以，当我们兄弟姊妹到了读书的年龄，祖父总会对父亲说，“该让他（她）上学了”。无论家里有什么活，只要我们在读书，祖父总不会让人打扰。1978 年 9 月，我刚到学校不久，祖父病入膏肓，临终时还告诫父亲，“不要告诉在贵阳读书的人”，甚至连在平塘中学读书的弟弟妹妹也不让守护在病榻旁，1979 年元月学校放假我回到家才知道祖父已经离开。祖父平生最讨厌不读书的人，记得“文化大革命”时期，我所在的卡蒲小学闹革命了，学校不上课，我就到本村的教学点去旁听，祖父是这个点的教师。一天我与伙伴们玩耍去了，忘记做功课，祖父知道后非常生气，坐在火塘旁边念道：“家无读书子，官从何处来。少壮不努力，老大徒伤悲。”虽然当时我还不明白这几句话的意思，但祖父一脸的严肃和愤怒的声调，让我知道自己错了，同时，这几句话深深地印在我的大脑硬盘上了。

祖父的选择是想让知识改变命运！

祖父在四兄弟中排行老三。我没有见过大祖父，大祖父是我的祖父的堂兄，因其父逝世较早，母亲改嫁，是其叔父将他养大成人。二祖父和四祖父与我的祖父是同胞共乳的兄弟，在我印象中，他们兄弟间从不吵嘴，相互安慰着、搀扶着一路风尘地走来。每年春节和清明，他们都会相聚，他们的相聚，无疑给这个大家族平添了许多乐趣，无论在哪一个子女家里，总会听到他们爽朗的笑声。大祖父走了，大祖母带着两个孩子生活，他们也将两个孩子视为己出，照看着他们，直到他们成家立业。子女们偶尔会发生一些矛盾，祖父会利用晚上的时间走东家到西家，帮助他们化解矛盾，如果有谁不听规劝，祖父也会大发脾气，这个时候，二祖父总是站在祖父一边，将不听话的子女镇住。谁家的子女该上学了，祖父总会去发号施令，谁家要筹办大事，如接亲嫁女、起房造屋等，总是要征得祖父的首肯方可行事。事实上，祖父扮演着大家族的家长角色。

祖父非常勤劳，遵循着日出而作的规律，在学校里，他早早起来打扫卫生，迎接学生的到来；在家里，天刚蒙蒙亮，他就割一挑草回来了。每个假期回家后，村里被水冲垮的路，他会去修筑，我说："您就休息吧，生产队都不管，您去费力做什么？"他说："也许他们太忙，顾不过来，再说，我们自己也要走啊。"每当我回到老家，看到祖父曾经修筑的路基和常年失修的道路，我就想起了美国斯坦福大学一位教授提出的"破窗理论"，公共设施损坏了，没有及时修补，别人就可能受到某种暗示性的纵容，久而久之，这种现状会给人一种无序的感觉，那么在公众麻木不仁的环境中，犯罪就会滋生、蔓延。于是，我明白了，祖父不仅在维护公共设施，而且还维护了一种社会秩序。就是这种努力，使当年年少轻狂的我们，少了些野性，多了些理性。所以，当时的村子可以用"夜不闭户"来形容。

祖父逝世已经 33 年了，33 年来，每当我想到祖父临终的遗言，我不敢懈怠，一直努力着。2000 年父亲走了，2009 年母亲也走了，身为大学民族学（人类学）二级教授的我，似乎应当做点什么，回忆他们虽然是件痛苦的事，但是，从大处讲，这毕竟是人类社会的一种生存经验，从小处上说，这是我家族的一路风尘一路歌！于是，我用文字把它串通一气，形成小文，权且作为家族仓库货架上的一种存量。

2011 年 5 月 19 日于觉悟斋

后 记

西南地区是我国少数民族最为集中的地区，仅贵州省就有少数民族17个。对这些少数民族历史文化的研究，不仅对其优秀文化的传承意义重大，同时也将有力推动其社会经济的全面发展。

贵州民族大学建校66年来，一直高度重视西南地区少数民族特别是贵州各少数民族的研究，涌现出张正东、杨庭硕、史继忠、顾朴光、侯绍庄、潘定智、杨昌儒、石开忠等著名学者，他们的研究视角触及历史、宗教、哲学、政治、经济、社会、文学等领域，其研究成果大多具有较高的学术价值和社会价值。

贵州民族大学的民族学专业是区域一流学科，也是贵州省级特色重点学科。建设好这一特色学科，对我校几十年来的民族学研究做一个总结，在副校长杨昌儒教授的亲切关怀下，我们编辑出版“贵州民族大学民族学学人丛书”，相信本文丛的出版一定能推动我校民族学专业的发展，同时也是对我校民族学研究成果的一次集中展示。

“贵州民族大学民族学学人丛书”编委会

2017年12月8日